KB122444

韓國古代 自然觀과 王道政治

韓國古代
自然觀과 王道政治

李 熙 德 著

혜안

책머리에

이 책은 지난 1994년 재단법인 韓國硏究院에서 韓國硏究叢書 제64집으로 간행된 바 있다. 이번에 신판을 간행하면서 요즈음 한글세대에 맞도록 인용사료를 모두 국문으로 옮겨 싣기로 하였다. 그리하여 분량도 많이 늘고 의외의 오류도 고칠 수 있게 되었다. 또한 구판은 발행 부수도 너무 한정되어 있었던데다 비매품이어서 널리 배포되지 못했었다. 그러므로 이번 신판 간행으로 한국사 관계 학자나 그 밖의 독자들에게도 널리 보급될 수 있게 되었다.

이 책은 구판의 머리말에서 밝혔듯이 『高麗史』五行志와 天文志를 분석 고찰하여 고려시대의 自然觀과 王道政治를 밝혀 내고, 이것을 삼국 및 통일신라시대로까지 거슬러 올라가게 됨으로써 이루어졌다. 그러나 주지하는 바와 같이 『三國史記』에는 『高麗史』와 같이 五行志와 天文志가 설정되어 있지 않다. 다만 同書의 本紀에는 『高麗史』本紀나 중국의 각 시대 正史 帝紀와 같이 적지 않게 天災地變의 기사가 실려 있다. 그러므로 『三國史記』각 本紀에 수록되어 있는 천재지변 기사를 분석 검토하고 그 의미를 추구한다면, 동시대의 自然觀과 政治思想의 새로운 면목을 밝힐 수 있다고 생각된다.

과연 『三國史記』의 고구려·백제·신라의 本紀에서 살펴보면, 日食, 日暈, 月變, 五星變異, 彗星 출현, 星隕의 발생 등 여러 가지 天變(災)과 龍, 大風拔木, 地震, 旱, 大石自移, 枯木復生, 多産, 奇形産, 嘉禾, 連理木(樹), 桃李再花, 白雉, 赤烏, 白魚 등의 地異(變)가 실려 있다. 이러한 天變地異들은 전형적인 중국의 재이사상에서 유래된 명칭

인 동시에 또한 이러한 사상을 토대로 관찰되고 기록되어 전승된 것으로 생각된다.

이러한 사상의 기원은 멀리 중국의 先秦시대로까지 거슬러 올라가나 아무래도 漢代 이후에 정착된 것으로 보인다. 天災에 관해서는 이미 『史記』 天官書에 보이고 있으나, 아무래도 『漢書』 五行志에서 비로소 정돈된 사상으로 나타난다. 그리하여 중국 역대 正史에서는 대부분 천문지와 오행지를 설정하여 천재지변에 관한 동시대의 자연관을 전개시키고 있다.

일찍이 漢의 董仲舒는 武帝의 策問에 답하여, "臣이 삼가 『春秋』에 기록되어 있는 바를 생각하고 前代에 있어서 이미 행해진 것으로 보아, 이에 따라 天人相關의 관계를 살펴보면 매우 두려워할 바가 있습니다"라고 전제하고 국가가 장차 政道를 잃고 頹廢에 빠지려고 할 때 天은 먼저 災異를 나타내어 譴告하고 그래도 스스로 반성할 줄 모르면 또 變怪를 보여서 두려워하게 하며, 그래도 고칠 줄 모르면 파멸을 오게 한다고 하였다. 그리고 이러한 것은 天이 人君을 仁愛하여 그 亂을 그치게 하려는 것이라고 하였다. 따라서 이것은 天人合一思想의 전형을 보여주는 내용이다.

『三國史記』에는 신라 진평왕 7년 봄 정월에, '旱 王避正殿減常膳 御南堂親錄囚', 고구려 차대왕 4년 여름 4월에 '日有食之', 동 5월에 '五星聚於東方 日者畏王之怒 誣告曰 是君之德也 國之福也 王喜', 그리고 백제 다루왕 25년 春夏에 '旱 慮囚 赦死罪'라고 해서 삼국에 있어서 災異說에 기초한 天譴說을 나타내는 뚜렷한 사례를 전해 주고 있다. 가뭄이 들면 왕은 호화스러운 正殿에서 물러나 聽政하고, 음식도 평상시의 山海珍味를 줄이고, 죄수의 실상을 재조사하고 刑을 감면한다던지 日食이나 五星의 출현이 帝王의 덕이나 복에 관계된다던지 하는 내용은 앞서 董仲舒의 사상과 일치하고 있다. 그러나 『三國史記』에 실린 삼국의 天災地變 기사들이 그 의미를 파악할 수 있을 만큼 설명되어 있는 것은 매우 드물다. 그러므로 이들 기사의 사상적 바탕이 되는 『漢書』, 『後漢書』, 『新唐書』 등의 천재지변 기사와 대비하여 그 의미를 유추하게 되었다. 그런데 이들 중국 정사의 오행지나 천문지에 인용되고 있는 洪範五行傳이나 그 내용을 구성하고 있는 『書經』의 洪範編이 이 災異思想의 연원을 이루고 있음을 알 수 있다. 특히 홍범편의 五行・五事・瑞徵・咎徵 등을 보면, 군주의 德治 혹은 不德한 정치가 天에 의하여 판단되며 그 결과가 여러 자연현상에 天變, 地異 또는 천재지변으로 나타나 天意의 소재를 알리고 이로써 군주로 하여금 天命에 부응할 수 있도록 일깨워 준다고 되어 있다. 그러므로 재이설은 결국 『書經』의 정치사상이며 王道論이라 할 수 있다. 고구려・백제・신라의 삼국이 유교를 수용하고, 또 이를 교육하고 있었으므로 이와 같은 『書經』 등의 유교정치사상이 점차 침투되어 治者의 덕치를 지향하게 되었다고 보인다.

  이러한 사상을 『三國史記』의 천재지변 기사를 통하여 밝히는 데 있어서, 먼저 삼국시대를 고구려, 백제, 신라의 순으로 天災와 地變을 분리하여 분석 검토하고, 통일신라 부분도 역시 天災와 地變으로 나누어 분석한 후 당시 중국의 같은 천재지변과 대비하여 그 사상적 의미를 밝혀 보려고 한다. 이로써 『三國史記』에 실려 있는 상당히 많은 天災와 地變의 사상적 실체를 음미하고 나아가 零星한 우리 고대사료의 복원에도 보탬이 되리라 믿는다. 그러나 『三國史記』에 실린 자연 관계 기사들은 대부분 고립된 자료로 전승되고 있으므로, 그 사상적 배경을 담고 있는 중국 正史의 같은 기사들과 대비하여 그 의미를 유추하게 되었다. 따라서 더러는 무리해 보이는 추론도 거듭되고 있음을 자인하지 않을 수 없다. 그리고 삼국의 경우 각기 건국 초기의 천재지변 기사들에 대한 사료적 가치의 평가 문제 등 부실한 점도 적지 않다. 그러나 통일신라시대는 물론이고 삼국시대의 天災와 地變 기사를 분석하고 종합해 보면, 이것이 분명 동시대인들의 역사적 경험의 소산이라고 믿게 될 것이다. 그러므로 이 시대의 천재지변 기사에서 개개의 사건에서 보이는 결함에도 불구하고 이를 종합한다면, 중국적인 자연관에 기초한 우리 고대정치사상의 새로운 측면을 발견할 수 있게 될 것이다.

본서는 그 동안 발표한 10여 편의 개별적인 논문을 모아 구성하였으므로 행간에 중복된 점도 있는 등 하나의 정연한 체재를 이루지 못하고 있다. 그리고 각개의 논문을 하나로 묶는 과정에서 명칭, 형식, 내용에서 수정과 보완을 가하였다. 여러 가지로 미흡한 점이 적지 않다. 諸賢의 꾸짖음과 가르침을 바란다. 그리고 본서의 英文要約을 써 준 전 유네스코 한국위원회 위원 고 白承吉 仁兄의 영전에 감사한다.

끝으로 어려운 여건 밑에서 신판 간행을 선뜻 맡아 본서가 출간되도록 해 준 혜안의 오일주 사장과 유난히 무더운 날씨를 무릅쓰고 편집에 수고한 김현숙 석사에게도 감사한다.

1999년 9월 9일
저자

韓國古代 自然觀과 王道政治
차 례

본서 수록 논문 發表誌名 및 年月

序 言

　高麗時代의 天災地變에 대하여 이를 儒敎政治思想의 측면에서 살펴보면서, 한편으로 거슬러 三國 및 統一新羅時代의 문제에 관해서도 관심을 가지게 되었다.『三國史記』의 고구려, 백제, 신라의 각 本紀에는 당시의 정치, 군사, 경제, 사회 등의 여러 가지 기사와 더불어 日食, 日變, 月變, 五星變, 星隕 등의 天變(災) 기사와, 龍, 桃李再華, 大風拔木, 地震, 山崩, 大石自移, 白魚, 白雉, 赤烏, 木連理, 嘉禾 등 地異(變) 현상이 상당한 비중을 차지하며 실려 있다. 이것은 이른바 천재지변으로서, 이들 기사의 관측과 기록이 당대인들의 어떠한 사상적 배경과 인식에서 연유한 것인지를 밝히는 것은 우리 고대사 이해에 있어서 하나의 새로운 과제라 할 수 있다. 더구나 사료의 부족과 한계로 말미암아 고대사 해명이 벽에 부딪힌 듯한 이 시점에서『三國史記』천재지변 기사의 역사적 의미를 추구하는 작업은 부족한 사료를 보완하는 동시에 이 시대에 있어 하나의 사상적 측면을 밝히게 될 것이다.

　『三國史記』에 실린 천재지변의 기사를 살펴보면 일부 예외는 있으나 대체로 중국 正史 五行志나 天文志의 기사와 대비할 경우 그 의미를 이해할 수가 있다. 그러므로 이들 천재지변 기사를 중국의 역대 천문지나 오행지는 물론 帝紀 등과도 대비해 보고, 이 천재지변 기사가 근거하고 있는 사상적 배경도 이들 중국 정사의 내용과 같은 범주에서 밝혀야 할 것으로 본다. 물론 이와 같은 천재와 지변의 의미를 밝히는 과정에서 우리 고유의 자연관이나 전개 방식이 있다는 것도 간과해서는 안 될 것이다. 그러나 본질적으로는 중국의 자연관과 그 역사적 전개방식이 『三國史記』에도 표현되어 있다고 믿는다. 중국 정사로서 최초로 오행지를 설정한 『漢書』이래 『後漢書』, 『隋書』 등의 오행지는 각기 기본적으로 五行傳, 즉 伏生의 『尙書大傳』중의 한 편목인 洪範五行傳에 의해 그 사상적 바탕을 이루고 있는 것으로 여겨진다. 그러므로 『三國史記』에 실린 천재·지변의 기사는 정사 오행지의 바탕을 이루는 홍범오행전에 연계된 것이라 생각된다. 물론 홍범오행전 이후에 나타난 董仲舒나 劉向, 劉歆, 京房 등의 사상도 섞여 있을 것이다. 홍범오행전은 군주의 도덕정치를 구현하기 위해 체계화된 정치사상을 담은 것으로 이른바 帝王學을 전개한 것이다.

　이것은 『書經』의 洪範편에서 사상적 바탕을 찾을 수 있다. 洪範九疇 가운데 五行·五事·皇極·瑞徵·休徵·咎徵·六極이 핵심을 이루고 있으며, 특히 오행·황극·오사가 중심을 이룬다.

　홍범오행전의 첫째 단계는 오행이 그 본성을 상실할 때에 자연에 변이가 나타난다는 것이다. 오행이란 만물의 근본을 이루는 것으로, 천지 사이에 다섯 가지로 생성된 원소에 따라 여러 가지 물체의 성질이 정해진다. 水는 사물을 적시며 아래로 흐르므로 水潤下라 한다. 火는 위로 타오르는 본성을 가졌으므로 火炎上이라 한다. 木은 구부리거나 곧은 채로도 쓸 수 있으므로 木曲直이 그 본성이다. 金은 불에 녹여 여러 가지 모습으로 만들어 사용한다. 따라서 그 속성은 金從革이다. 土는 흙이므로 곡식을 심고 가꾸는 농업의 바탕으로 인간의 생명을 이어나갈 근본으로 삼는데 이를 土爰稼穡이라 한다. 그러나 군주의 부덕한 정치나 행위로 말미암아 오행이 그 본성을 상실하게 되고 따라서 木不曲直, 金不從革, 火不炎上, 水不潤下, 稼穡不成으로 된다. 홍범오행전에는 이에 따라 여러 가지 災異가 자연현상에 나타난다고 하였다. 이것은 결국 天이 군주의 부덕한 행위에 대하여 譴責으로 나타내는 徵兆로서 天譴이라 한다.

　이어서 오행전은 『書經』의 홍범의 五事를 발전시켜 구체적으로 군주가 이를 제대로 실행하지 못하면 또한 咎徵으로서 자연현상에 나타나는 여러 가지 災異를 체계화하고 있다. 五事란 貌·言·視·聽·事로서 군주가 정치를 펴는 데 있어 다섯 가지의 도리를 말한다. 첫째, 貌는 외모를 주의해야 하는데 남의 감정을 건드리지 않고 오해를 사는 자태를 해서는 안 된다. 둘째는 言으로서 스스로의 의견을 표하고, 남의 의견을 들어 판단하는 말에 주의해야 한다. 셋째로 視 즉 사물을 바로 관찰하는 일이다. 사물을 보고 그 성질을 이해하고 계획을 세우므로 사물의 관찰이 중요하다. 다섯째는 思 곧 바르게 생각하는 것이 중요하다. 잘못된 생각은 행동이 통일되지 않고 주위 사람들에게까지 괴로움을 끼치므로 생각은 중요한 것이다. 이 오사는 요컨대 용모를 단정히 하고, 말은 正道에 따라 하고, 보는 것을 밝게 보아 일체 행동의 근본을 세우고, 총명하게 듣고 만사를 바로 이해하고, 생각은 깊이 하여야 한다는 것이다. 이 오사를 군주는 늘 명심하여 스스로는 물론 많은 사람을 敎導하여 도덕적인 행동을 하도록 해야 하며, 왕이 五事에 주력하면 세상은 반드시 잘 다스려진다는 것이다.

만일 그렇지 않으면 貌之不恭, 言之不從, 視之不明, 聽之不聰, 思心不容이라 하여 五事가 不正할 때의 여러 가지 구징으로서 자연현상에 災異가 발생하게 된다고 하였다.

오행과 오사에 이어서 皇極이 뒤따르고 있다. 황극은『書經』홍범편 九疇의 하나이다. 군주가 모든 행동의 근본인 도를 세워야 하고 스스로 도를 실행하여 인민을 교도하면 인민도 왕을 본받아 선행을 행하게 되고 五福이 주어진다고 하였다. 이것이 황극이다. 그러나 군주가 왕도의 中正을 잃고 도를 바로세우지 못하면 皇之不極이 되고 이로써 여러 가지 구징이 재이로서 자연현상에 드러난다고 한다.

이처럼 홍범오행전은『書經』의 洪範五行, 五事, 皇極이 正常을 잃었을 때 자연현상에 여러 가지 재이가 나타나게 된다는 것을 내용으로 하고 있다. 재이는 다름 아닌 군주의 부덕한 정치나 행위를 譴告하는 이른바 天譴인 것이다. 이같이 군주의 행위에 대한 天의 응답은 곧 天人合一思想을 뜻하는 것이며 중국의 정사 오행지는 이러한 천인합일사상을 기반으로 이루어진 것이다.

한편 天變(災)에 관해서는 오행전의 끝에 실린 황극에도 日月亂行, 星變 등으로 편성되고 있다. 그러나 다양한 천변에 관해서는 역시 정사 천문지에 주로 수록되어 있다. 따라서『三國史記』의 천변 기사는 오행지의 황극 기사와 더불어 역시 중국 정사 천문지와 대비하여 장을 달리하여 검토하기로 한다.

끝으로 瑞祥說의 문제이다.『三國史記』에는 赤烏, 白魚, 連理木, 嘉禾 등 전형적인 서상 기사가 있다. 서상에 대해서는 이미 先秦시대부터 중국에서 통행되고 있던 것으로 漢代 董仲舒에 이르러 더욱 명확해지게 되었다. 瑞祥이란 간단하게 말하면 군주가 이상적 덕치를 이룩하면 자연현상에 좋은 징조가 나타난다는 것이다. 이 서상에 관해서는『漢書』나『後漢書』에서도 독자적인 편목을 설정하지 않고 있고 다만 帝紀나 오행지 등에 부수적으로 기록되어 있을 따름이다. 그러다가 후대『宋書』등에서 符瑞志로 편성되고 있다.

『三國史記』의 천재와 지변의 기사를 밝히는 데 있어서 먼저 삼국시대에 해당되는 부분은『後漢書』의 오행지와 천문지를 중심으로 비교 검토하고, 통일신라시대에 관한 기사는『新唐書』오행지와 천문지를 기준으로 살피고자 한다. 이 밖에『漢書』이래 역대 정사의 오행지나 천문지의 기사는 물론 제기 등도 크게 참고할 것이다.

한편 瑞祥에 대해서는『宋書』符瑞志를 기준으로 삼국 및 통일신라시대의 서상 기록을 검토하게 될 것이다. 이 경우에 있어서도 다른 역대 중국 정사의 서상 기사들과 비교 검토될 것이다.

제1장 고대의 자연관과 유교정치사상

1. 序言

『三國史記』의 기사에서 매우 큰 비중을 차지하고 있는 天災・地變
등의 내용에서 그 중 日食記事만은 오래 전부터 주목된 바 있으나[1]
그 밖의 사항들은 극히 최근에 와서야 연구의 대상이 되었다.[2] 그러나
이들 天文이나 地變 기록이 당대 사회에서 갖는 참된 의미가 무엇인
지를 인식할 수 있기에는 아직 먼 감이 있다. 그것은 『三國史記』자체
가 갖는 史書로서 혹은 史料로서의 성격에 대한 오랜 부정적 견해와
깊이 연결되어 있다. 그러다 최근에 와서 『三國史記』에 대한 종래의
부정적 비판에 대하여 자못 긍정적인 인식이 증가하고[3] 이와 더불어

---

1) 飯島忠夫, 「三國史記の日食記事に就いて」, 『東洋學報』 15-3, 1925/『支那古
   代史と天文學』所收 ; 鈴木武樹, 『三國史記倭國關係 編譯』, 1975.
2) Kim Young-Un, "A Study of Records of Solar Eclipses in Samguk Sagi"
   (Ⅰ)(Ⅱ), *Korea Journal*, Vol. 16, No. 7, 8, 1976/金容雲・金容局, 『韓國數學
   史』, 1977 ; Park Seong-rae, "Portentography in Korea", *Journal of Social
   Sciences and Humanities*, No. 46, Dec. 1977 ; "Porent in Korean History",
   Journal of Social Sciences and Humanities, No. 47, June. 1978 ; 李熙德,
   「『三國史記』에 나타난 天災地變記事의 性格」, 『東方學志』 23・24합집,
   1980/『高麗儒教政治思想의 研究』, 1984 ; 申瀅植, 『三國史記研究』, 1981 ;
   「韓國古代史에 있어서 地變의 政治的意味」, 『東洋學』 14, 1984 참조.
3) 李鍾旭의 『新羅上代王位繼承研究』(1980)와 『新羅國家形成史研究』(1982)의
   두 저서에서는 『三國史記』의 내물왕 이전 기록에 대한 종래의 부정적인 선
   입견을 버리고 이 사료를 긍적적으로 평가하고 신라국가 형성에 대한 체계를

자연관에 대해서도 보다 과학적인 탐구가 이루어짐으로써 다소 새로운 활력을 불어넣고 있다.[4] 물론 그렇다고 해서 종래의 『三國史記』의 평가에서 괄목할 만한 가치를 인정할 수 있을 만큼 어떤 결정적인 성과가 있는 것은 아니다. 그러나 매우 전진적인 노력과 방향이 제시되고 있다. 구체적인 예로 『三國史記』의 사료적 가치를 기본적으로 긍정하고, 또한 이에 수록되어 있는 日食이나 星變 기사를 한반도의 독자적인 관측으로 인정하려는 노력들을 들 수 있다.[5] 본서는 이러한 『三國史記』 기록에 대하여 기본적으로 긍정적 입장을 보이는 추세에 힘입어 天文의 變異를 포함하여 地變에 이르기까지 자연 관계 기사에 관해서도 보다 전면적인 검토와 분석, 그리고 종합을 위한 하나의 시도로서 기획된 것이다. 다시 말하면 중국적 자연관의 수용과 전개를 추구할 수 있는 가능성을 발견하고자 하는 것이며, 자연의 변이를 천인합일사상으로 설명하려는 유교적 정치윤리의 수용 여부를 추구하려는 것이다.[6] 그러나 본서는 문제의 제기로서 그 예비적 작업에 불과하며 우선 『三國史記』에서 삼국기에 속하는 측면에 한정하여 검토하게 될 것이다.

잡고 있다. 한편 앞서 金元龍의 「三國時代의 開始에 관한 一考察」(『東亞文化』 7, 1967)에서도 『三國史記』의 초기 기록에 대한 적극적인 해석이 필요하다고 하였다.

4) 주 2)의 연구성과와 아울러 최근에 윤창환이 「삼국사기에 실린 천문기사에 대한 연구」(『연세춘추』 1002호, 1984. 12)에서 『三國史記』의 彗星 기록을 중심으로 하여 삼국 및 신라의 星變의 독자적 관측 가능성을 추정하고 있다.

5) 주 4) 참조.

6) 필자는 『高麗儒敎政治思想의 硏究』 제1편에서, 고려시대의 天文·五行說을 검토하고 이 시대에 중국적인 천인합일사상이 수용·전개되고 있었음을 밝힌 바 있는데, 여기에서 시대를 소급하여 그 수용의 연원을 추구하고자 한다.

2. 자연관의 두 가지 측면

(1) 天變

삼국시대의 자연관은『三國史記』기사에서 天災와 地變의 두 측면으로 나누어 파악할 수 있다. 일반으로 이는 천재지변이라고 하는데 여기서는 천문의 변이인 天災에 관하여 보기로 한다. 천변의 대표적인 현상은 日食이며, 月에 관한 變異, 그리고 五星, 彗星, 流星, 衆星, 慶雲, 白虹 등의 현상이나 變異도 보이고 있다. 삼국시대의 천문현상을 구체적으로『三國史記』에서 뽑아 보면 대체로 다음과 같다.

- 삼국에 공통된 천문현상
  日食, 客星犯月, 彗星, 太白晝見, 熒惑守心星, 大星流西北, 星隕如雨, 星孛, 雷 등
- 신라와 백제 두 나라에 공통된 천문현상
  蚩尤旗, 長星竟天, 隕霜, 白氣如匹練, 白虹 등
- 고구려에만 보이는 천문현상
  日無光, 夜赤氣貫於太微
- 백제에만 보이는 천문현상
  日有暈, 靑紫雲 등
- 신라에만 보이는 천문현상
  衆星, 土星犯月 등

이와 같이『三國史記』에 기록된 삼국의 천문현상의 종류는 대부분 공통되어 있고 약간의 차이만 있을 뿐이다. 이러한 천문현상은 대부분 중국 정사에 나오는 천문기사와 같거나 비슷하다. 그러나 그 동안『三國史記』의 기록 가운데 삼국의 초기 기사에 대해서는 믿을 수 없다는 비판이 지배적이었다. 따라서 이들 천문기사 중 일식기사는 중국 정사의 기사를 그대로 옮긴 것이라는 견해가 발표됨으로써『三國史記』와 더불어 삼국 초기의 역사적 상황을 더욱 파악하기 어려운 혼돈 속에 몰아넣고 말았다.[7]

그러나『三國史記』의 일식기사는 대부분 중국의 일식기사와 일치하고 있으나 그 중에는 예외적인 것도 있어 이것은 한반도에서만 관측할 수 있거나 혹은 중국기록에는 없는 독자적인 천문기록이라고 파악하게 됨으로써 종래의 불신론에 제동을 걸게 되었다.[8] 나아가『三國史記』의 천문기사는 원래 삼국 고유의 전승으로 내려온 자료를 金富軾이『三國史記』를 편찬할 때 중국기록과 대조하여 더욱 합리적인 용어로 정리하였다는 견해도 나오게 되었다.

그리고 최근에 와서『三國史記』의 星變, 특히 彗星기사를 중심으로 한 새로운 知見이 나오고 있다.[9] 즉『三國史記』에 실린 천문기사에는 두 가지의 뚜렷한 기록상의 특징이 있는데, 첫째로 혜성의 정확한 방향이 星宿로 표시되어 있지 않고 동·서·남·북 혹은 中天, 달과의 관계 등으로 표시된 경우다. 둘째로는 정확하게 혜성이 보이는 星宿가 표시되어 있는 경우이다. 첫째의 경우 막연히 방향만 표시되어 있는 혜성 기록은 모두 중국 기록에 없는 것으로 삼국의 독자적인 기록으로서 파악할 수 있다고 하였다. 그리고 두번째의 성수까지 정확히 기록되어 있는 경우에는 중국 정사의 제기나 천문지의 기록과 부합되고 있는 점으로 미루어, 아마도 혜성의 방향만 표시되어 있었을 삼국 고유의 기록을 중국 기록과 대조하여 보완하고 그 星宿까지 정확히 기록한 것이라고 파악하고 있다.

이와 같이『三國史記』에 실린 천문 관계 기사의 분석과 검토를 통하여 종래 중국 정사로부터 옮겨왔다는 일본인 학자들의 부정론은 그대로 수긍하기 어렵게 되었으며, 따라서 이들 천문기사를 삼국 독자의 천문 관측기록으로 긍정하려는 인식이 증가하고 있다. 이러한 노력의 결과『三國史記』에 있어, 특히 삼국 초기의 기사에 대한 종래의 불신론을 완화하고 삼국의 초기 국가건설에 대한 보다 긍정적인 지견을 더하게 되었다. 이와 더불어 최근에 와서『三國史記』에 체계화된 삼국의

---

7) 주 1) 참조.
8) 金容雲과 朴星來의 앞의 논저 참조.
9) 윤창한, 앞의 논문.

건국과 국가체제의 정비 과정을 기본적으로 인정해야 한다는 연구가
나오고 있다.10) 이와 같은 두 방향의 긍정적 추세는『三國史記』에 실
린 천문기사를 긍정적으로 인식할 수 있는 기반을 마련해 주게 되었
다. 여기에서는『三國史記』에 실린 천문기사를 기본적으로 삼국 독자
의 관측기록으로 간주하려는 이러한 지견에 힘입어 살펴보기로 한다.

『三國史記』에 전하는 삼국의 천문기록들은 매우 복잡하거나 관측하
기 어려운 천문현상은 그리 많지 않고 대부분 육안으로 비교적 쉽게
관찰할 수 있는 것들을 대상으로 하고 있다. 예컨대 첫째로는 日食, 日
暈, 日無光, 二日並現, 土星犯月 등 일·월에 관한 기사, 둘째로는 太
白, 熒惑, 土星 등 五星과 大星, 衆星 등 星變에 관한 기사, 그리고 셋
째로는 星變 중에서도 가장 빈번히 나타나는 혜성에 관한 기사인 것이
다. 혜성은 星孛, 長星, 客星, 妖星, 蚩尤旗 등으로도 기록되어 있다.
이 밖에 白虹, 隕霜, 慶雲 등의 기록도 있다. 이 중에서도 太陽, 月, 五
星, 彗星 등의 이변은 일찍부터 인류 역사에서 중요한 경이의 대상이
되어 왔다. 고대인들은 때때로 일어나는 자연의 재해나 이상한 천문현
상을 보고 놀라며 불안을 느꼈다. 지상의 재해는 직접으로 사람들의
생활을 파괴하기도 하고 불안을 자아내었다. 그러나 천문현상은 인간
의 생활과 직접 이해관계가 없는 경우가 대부분이다. 고대 중국인들은
일식에 관해서 가장 큰 관심을 기울여, 이를 흉조로 보고 祈禳하는 의
식을 일찍부터 행하고 있었다.11) 월식이나 그 밖에 달에 관한 관찰, 그
리고 五星이나 혜성 등 星變에 관한 관심도 중요한 비중을 차지하였
다. 이처럼 日·月·星辰의 변이는 직접 인간의 실제 생활과는 관계가
없었고, 일반적으로 占星術의 측면에서 중요시된 것이었다. 이와 같은

---

10) 金元龍, 李鍾旭의 앞의 논저 참조.
11)『春秋左傳』, 莊公 25년(B.C. 669), "六月辛未朔 日有食之 皷用牲于社"라 하
   여 日食이 일어났는데 북을 치면서 희생을 토지신에게 바쳤다고 하였다. 북
   을 치는 것은 陰의 달이 陽의 해를 침식했다고 생각하여 음기를 꾸짖는 뜻이
   며 신하가 임금을 침범하는 일이 없는가 하고 자책하는 뜻을 나타낸 것이라
   한다(李錫浩 譯,『春秋左傳』上, 222쪽 참조).

점성술적인 관심은 동서양을 막론하고 하나의 보편적인 현상이었다. 물론 중국에서의 점성술적인 관심은 서방의 그것과 차이를 나타내고 있을 뿐 아니라, 이른바 天災는 地變과 아울러 治者의 도덕적인 행위와 밀접한 연관을 맺고 있었다는 점에서 매우 큰 차이를 보인다.[12] 『三國史記』에 수록된 천변 기사는 삼국 독자의 전통적인 자연관도 內숨하고 있었을 것이나 그 내용으로 보건대 거의 중국적인 천문관에 의해 이루어져 있다. 여기에서 『三國史記』에 실린 천문기사들이 과연 어느 정도나 중국적 천문관에 영향을 받고 있는 것일까 하는 것이 문제가 된다.

(2) 地變

天變과 대비하여 지상에서 일어나는 변이는 매우 다양하며 인간의 생활과 밀접한 관계를 갖는 경우가 많다.[13] 가장 뚜렷한 지변은 旱災와 地震이다. 아마 『三國史記』의 천재지변을 통틀어 볼 때 한재 기록이 가장 많을 것이며, 인간의 재산이나 생명을 위협하는 지진 기록도 적지 않다. 물론 지변인 경우에도 예컨대 河水血色이라고 하여 강물이 핏빛으로 보인다든지 泉湧이라 하여 샘이 용솟음친다든지, 大石自移라 하여 큰 돌이 스스로 움직인다든지, 小雀의 알에서 大鳥가 나온다든지, 牛生馬八足二尾라 하여 소가 말을 낳았는데 그 발이 여덟에 꼬리가 둘이나 되는 기형이라든지 하는 따위의 지변은 인간에게 매우 신기하거나 기이하게 느껴지게 하는 점은 있으나 직접 인간생활이나 생존을 파괴하거나 위협하는 것이 아닌 경우도 있다. 다음에 『三國史記』에 기록되어 있는 지변의 개황을 열거하면 다음과 같다.

---

12) 藪內淸, 『中國文明の形成』, 1974, 제5장 중국에 있어서 星座의 成立과 占星術 참조.

13) 천변과 지변을 구별하는 데는 매우 애매한 점이 있다. 예컨대 白虹 등의 무지개 현상이나 白氣의 현상 등이 그렇다. 그러나 중국의 正史·천문지, 오행지에서는 이를 구분하고 있으며 『高麗史』의 천문지나 오행지도 여기에 따르고 있다. 위의 두 예는 물론 天變에 속해 있다.

첫째, 삼국에 공통된 지변

　　大水, 山崩, 大旱, 旱, 蝗, 雹, 暴風拔樹, 王宮東門自毀, 地震, 雪, 無冰, 河水血色, 大疫, 狼狐入城, 白狐, 蛙

둘째, 고구려와 신라에만 공통된 지변

　　黃霧四塞, 女産子一身兩頭

셋째, 고구려와 백제에만 공통된 지변

　　虎入王都

넷째, 신라와 백제에만 공통된 지변

　　雨魚, 地裂, 濁水湧, 井水爲血, 大石自移, 桃李花, 宮門災, 海魚死

다섯째, 고구려에만 고유한 지변

　　十月 梅花發, 王都雨鐵, 京都無雪, 羣獐渡河, 牛生馬八足二尾, 蚡穴, 鯨魚

여섯째, 백제에만 고유한 지변

　　宮中樹自拔, 老嫗化男, 雌鷄小雀交, 槐樹鳴, 王都人無故驚走, 震塔, 群犬哭, 雨土竟內, 天有聲

일곱째, 신라에만 고유한 지변

　　泉湧, 地流廣血, 佛自壞, 蛇鳴, 馬鳴, 黃龍, 小雀生大鳥, 丈六出淚, 地燒, 大宮庭裂, 白狗 등

이는 지변 기록을 삼국 전체에 공통된 지변, 그 중 두 나라에만 공통된 지변, 그리고 삼국 중 일국만의 독자적인 지변 등 일곱 가지로 나누어 본 것이다. 여기에서 발견되는 특색은 각국에 공통점과 독자성이 발견되고 있는 것으로, 이는 삼국의 독자적 관측기록으로 간주될 수 있는 하나의 근거가 되며[14] 『三國史記』 편찬시의 조작이나 중국 사서로부터 옮겨왔다는 종래의 견해를 수긍하기 어렵게 한다.

한편 地變의 내용으로 보아서 특히 삼국에 공통된 기록으로서 大水,

---

14) 가령 『三國史記』의 천재·지변 기사를 김부식이 편찬할 때 중국 사서에서 그대로 옮겨왔다면 삼국이 동일하게 기록되었을 것이다. 그러나 삼국의 천문 기사가 서로 발생 시기상 거의 공통점이 없는 점에서도 중국 사서에서 옮겨 왔다고는 믿기 어렵다.

山崩, 大旱, 蝗災, 雷, 暴風拔樹, 地震, 大疫 등은 인간생활의 생존을 위협하는 실로 무서운 자연재해이다. 이처럼 생존을 위협하는 재이를 기억이나 기록으로 오래 간직하였음을 쉽게 알 수 있다. 이 가운데서 도 가장 중대한 재이는 旱魃이다. 『三國史記』에 실려 있는 고구려·백제·신라 초기의 한발에 관한 기사를 보면 다음과 같다.

먼저 고구려에는,

① 태조왕 20년 … 여름 4월에 경도에 가뭄이 들었다.
   太祖王二十年 … 夏四月 京都旱
② 태조왕 56년 봄부터 가뭄이 계속되어 여름에는 땅이 붉게 타고 백성들이 굶주리므로 왕이 사신을 보내 구제하였다.
   太祖王五十六年春 大旱 夏赤地 民饑 王發使賑恤
③ 서천왕 3년 6월 크게 가뭄이 들었다.
   西川王三年六月 大旱
④ 고국양왕 5년 여름 4월 크게 가물고 가을 8월에 누리가 발생하였다. 6년 봄에는 기근이 들어 사람들이 서로 잡아먹으므로 왕은 창고를 열어 구제하였다.
   故國壤王五年夏四月 大旱 秋八月 蝗 六年春 饑 人相食 王發倉賑給

등의 기사가 보이고 있으며, 백제에 관한 한발기사로는,

① 온조왕 4년 봄과 여름에 가물어서 기근이 들고 전염병이 발생하였다.
   溫祚王四年春夏 旱 饑 疫
② 온조왕 33년 봄과 여름에 크게 가뭄이 들어 백성들이 굶주려 서로 잡아먹고 도적이 크게 일어나서 왕이 이들을 위로하고 안정시켰다.
   溫祚王三十三年春夏 大旱 民饑相食 盜賊大起 王撫安之
③ 온조왕 37년 여름 4월부터 가물더니 6월이 되어 비가 왔다. 한수의 서북 부락에 기근이 들어 고구려로 도망해 가는 자가 1천여 호에 달하였고 浿水와 帶水 사이가 비어 사는 사람이 없었다.
   溫祚王三十七年夏四月 旱 至六月 乃雨 漢水東北部落 饑荒 亡入

高句麗者一千餘戶 浿帶之間 空無居人
④ 온조왕 45년 봄과 여름에 크게 가물어 초목이 말랐다.
　　溫祚王四十五年春夏 大旱 草木焦枯
⑤ 다루왕 28년 봄과 여름에 가뭄이 발생하여 죄수들을 재심사하고 사
　　형수를 사면하였다.
　　多婁王二十八年春夏 旱 慮囚 赦死罪

신라에 관한 한발기사로는,

① 남해차차웅 15년 경성에 가뭄이 들고 가을 7월에는 누리가 발생하
　　여 백성들이 굶주리게 되자 창고를 열어 구제하였다.
　　南解次次雄十五年 京城 旱 秋七月 蝗 民饑 發倉廩救之
② 탈해이사금 19년 크게 가물어 백성들이 굶주리게 되자 창고를 열어
　　구제하였다.
　　脫解尼師今十九年 大旱 民饑 發倉賑給
③ 파사이사금 19년 여름 4월 서울에 가뭄이 들었다.
　　婆娑尼師今十九年夏四月 京都旱
④ 내해이사금 31년 봄에 비가 오지 않더니 가을 7월에야 비가 왔다.
　　백성들이 굶주리자 창고를 열어 구제하였다. 겨울 10월에 서울과
　　지방의 죄수를 재심사하여 가벼운 죄수는 놓아주었다.
　　奈解尼師今三十一年春 不雨 至秋 七月 乃雨 民飢 發倉廩賑給 冬
　　十月 錄內外獄囚 原輕罪

　이상의 한재에 관한 기록에서 보면 이러한 災變을 당하면 창고를
헐어 饑民을 구하기도 하지만 당면한 災異에 대해 죄수를 석방하거나
형벌을 감면하는 사례를 볼 수 있다. 가뭄으로 기근이 발생하면 직접
구호의 손길을 펴는 것은 당연한 것이지만 감옥을 점검하고 죄수를 석
방하거나 감형시키는 정책을 펴고 있는 점은 한발이 治者의 부덕한 정
치에서 발생한다는 天人合一說에서 유래된 것이다.
　이와 같이 천재와 지변 기록이 삼국 고유의 관측기록일 것이라는 전
제하에 이들 기사가 당시 삼국사회에서 어떠한 역사적 의미와 성격을
지니고 있었는가에 대해서는 다음 장에서 고찰하게 될 것이다.

3. 天變의 성격

위에서 본『三國史記』에 실린 천변이 중국의 正史로부터 단순히 옮겨온 것이 아니고 그 중 얼마간 착오나 불확실한 점이 있기는 하지만 각기 삼국시대에 실제로 일어난 천변의 기록으로 간주한다면 과연 이들 기록은 당시의 삼국사회와 어떠한 관련을 지니고 있을까. 물론 삼국이 이러한 천변에 대해서 관측하고 또한 이것을 기록으로 남긴 데는 그만한 이유가 있었을 것이다. 먼저 생각되는 것은 삼국이 각기 이들 천문 관측을 당시에 성행하던 점성술에 이용하였을 것이라는 점이다. 일식, 달의 움직임, 五星의 변동, 혜성의 출현 등은 국가사회와 인간의 운명에 대해서 어떠한 예시를 주는 것이라고 믿었다.

日食(蝕)에 대해서는 태양이 군주를 상징하는 것으로 되어 있어 군주에 대한 반역이나 惡勢力의 침범으로 해석되었다.[15]『三國史記』에는 삼국의 일식기사가 상당수 기록되어 있음은 주지의 사실이다. 중국 정사의 帝紀에도 일식에 관한 기사가 많다. 그리고『漢書』의 경우에는 오행지의 끝에 일식기사를 싣고 있다. 제기에는 대체로 단순히 일식이 있었음을 기록한 경우가 많다. 그러나 오행지에는 일식기사에 관해서 일정한 해석이 가해지는 예가 많다. 예컨대『漢書』五行志7 下之下에,

> 원수 원년 5월 을사 그믐에 일식이 있었는데, 柳宿의 6도에 위치하고 있었다. 京房易傳에서는 이 때 해가 오른쪽에서 먹히기 시작하였다고 추정하고 법에서는 임금이 신하를 잃게 되는 것이라 하였다. 다음 해 승상 公孫弘이 돌아갔다.
> 　　　元狩元年五月乙巳晦 日有食之 在柳六度 京房易傳 推以爲是時日食 從旁右 法曰君失臣 明年丞相公孫弘薨

라 하여 京房易傳을 인용하여 일식을 군주가 신하를 잃을 징조로서

---

　15)『漢書』孔光傳 ; 拙稿,「高麗時代의 天文觀과 儒教主義的 政治理念」,『韓國史研究』17, 1977/『高麗儒教政治思想의 研究』, 1984 참조.

다음 해 공손홍의 죽음을 예시한 것이라 하고 있다. 그러나 『三國史記』에는 이러한 해설을 붙인 일식기사는 눈에 띄지 않고 『三國史記』高句麗本紀3 次大王 20年條에,

> 봄 정월 그믐에 일식이 있었다. 3월에 태조대왕이 별궁에서 돌아갔다. 나이 119세였다. 겨울 10월에 연나조의 명림답부는 백성들이 참을 수 없음을 이유로 왕을 죽였다. 호를 차대왕이라 하였다.
> 春正月晦 日有食之 三月 太祖大王 薨於別宮 年百十九歲 冬十月 椽那皂衣明臨答夫 因民不忍 弑王 號爲次大王

라 하여 일식에 뒤이어 일어난 태조왕의 죽음과 차대왕의 살해 사실이 기록되어 얼른 보아 일식과 인과관계가 있는 듯이 보인다. 그러나 이 기록의 성격으로 보아 반드시 일식이 두 왕의 흉조로서 기록된 것이라고는 믿기 어렵다. 중국의 정사에서는 일식과 더불어 그 占과 대책이 詔書로 나타나 있는 것을 볼 수 있다. 그러므로 『三國史記』에 실린 일식의 기록이 구체적으로 중국에서와 같이 흉조에 대한 예시로 해석되었는지 어떤지는 알 수가 없다.

다음에는 彗星에 관한 『三國史記』의 기사를 검토하기로 한다. 혜성의 출현이 전쟁이나 변란을 예보하는 조짐으로 해석되고 있는 것은 주지하는 바이다. 『漢書』에 보이는 董仲舒나 劉向의 견해는 군주의 弑害나 諸侯의 誅滅 등으로 나타나 있으며[16] 『漢書』 천문지의 元封年間에 혜성이 나타났다는 사실에 대한 星占이 기록되었으며, 그 뒤 漢兵이 조선을 격파하고 낙랑·현도 2郡을 설치하였다는 기록이 나온다.[17] 『三國史記』에 많은 혜성 기록이 있는데 이 중 전쟁의 豫兆로 보이는 기록으로는 『三國史記』 권5 新羅本紀5 眞德王 元年條가 있다.

> 8월에 혜성이 남쪽에 나타나고 또 뭇 별이 북쪽으로 흘러갔다. 겨울

---

16) 『漢書』 卷27, 五行志 ; 李熙德, 「高麗時代의 天文觀과 儒敎主義的政治理念」, 『韓國史硏究』 17, 1977, 제2절 天文變異의 解釋과 그 消災 참조.

17) 『漢書』 天文志6.

10월 백제군이 무산, 감물, 동잠의 세 성을 포위하였으므로 왕이 김유신으로 하여금 가서 막게 하였다.

　　八月 彗星出於南方 又衆星北流 冬十月 百濟兵圍茂山甘勿桐岑三城 王遣庾信率步騎一萬以拒之

　진덕왕 원년 8월의 혜성 출현이 그 뒤 10월의 백제 내침과 관련이 있는 것처럼 보이나 반드시 연관된 기사라고는 볼 수 없다. 중국의 경우처럼 구체적으로 星占이 없고, 星占에 따른 豫兆로서 기록하고 있지 않았기 때문이다. 혜성이 전쟁의 예시로 기록된 예는『三國遺事』의 彗星歌에 대한 기사에서 볼 수 있다. 여기서는 혜성의 출현을 왜병의 내침을 예시한 것으로 보고 있으며, 融天師의 慧星歌 제작과 歌唱으로 혜성의 星怪가 사라지고 왜병도 환국하였다고 되어 있다.[18] 이로써 혜성의 출현이 전쟁과 관련되고 있음을 알 수 있다. 그러나 실제로는 혜성의 출현으로 곧 전쟁이 발생하는 것이 아니므로 중국의 정사는 물론『三國史記』의 대부분의 혜성 기록은 전쟁이나 기타 변란과 관계없이 고립된 기사다.

　다음에 五星에 관한 것을 보기로 한다. 오성이란 惑星에 속하는 辰星(水), 太白(金), 熒惑(火), 歲星(木), 塡(鎭)星(土)을 가리키는데 이것은 오행의 水·金·火·木·土에 배당되어 있으며,『史記』天官書에는 혹성에 관한 점성기사가 五行相生說에 의해 木·火·土·金·水의 순서로 기록되어 있다.[19] 오행설의 설명에 따르면 예컨대 熒惑은 火, 南方으로서 夏에 배당되며『周禮』夏官에 보이는 바와 같이 軍事를 맡고 있는 혹성이다.『史記』천관서에서 보면 火星은,

　　나타나면 전쟁이 있고, 들어가면 군사들이 흩어진다. 그 위치에 國名을 대응시킨다. 형혹은 그 나라에 전쟁이 일어나는 것, 적의 해가 일어날 것, 질병, 죽음, 기근, 전쟁을 지배하는 것이다.

　　出則有兵 入則兵散 以其舍命國 熒惑爲勃亂 殘賊疾喪饑兵

　18)『三國遺事』感通7 融天師 慧星歌.
　19) 藪內淸, 앞의 책, 184쪽, 天官書 占星術 참조.

라고 하여 병란과 관계되는 불길한 별이다. 서방에서도 火星, 즉 Mars
는 전쟁의 신을 의미하므로 이 점에서 서로 일맥 상통하지만 본래 화
성은 붉게 빛나는 大星으로 뭔가 불안감을 갖게 한다. 또『史記』천관
서에는 화성이 金星과 합쳐지면 녹아 없어진다는 징조이므로 전쟁을
일으켜서는 안 되고 전쟁을 하면 대패한다고 되어 있다. 이것은 화성
이 금성에 접근하는 경우 火가 金을 消鑠해 버린다는 불길한 전조로
해석한 것으로, 오행설을 기본으로 하고 있다.[20]『三國史記』에도 太
白, 熒惑, 土星(塡, 鎭星), 辰星, 歲星의 오성 기사가 있다. 고구려에서
는 天文圖를 石刻하였던 것으로 보이는데, 이것은 조선 태조 4년의 天
文石本에 權近이 쓴 天文圖詩에 의해 알려져 있다.[21] 오늘날 그 印本
의 한 장이 남아 있는데, 星圖에 그려진 星數가 1,464星으로 중국 삼국
시대(222~238)의 三家星圖에 나타난 283座, 1,465星과 일치한다고 한
다.[22]

그러므로 이러한 많은 성수 가운데 오성에 속하는 별이 당연히 파악
되고 있었을 것이다.

오성 가운데 태백·형혹은 삼국 공통으로 관찰기록이 있으나, 토성
(鎭星)의 기사는 신라에서만 보이며『三國史記』김유신전(상)에도 보
인다. 歲星에 관한 것은 통일신라시대 孝昭王 9년 6월 기사가 유일하
며, 辰星 기사는 통일신라기인 元聖王本紀에 보인다. 한편 五星이란
기록은 고구려본기 次大王條에 하나 있으며, 五星祭란 기사가 역시
『三國史記』의 祭祀志에 보이고 있다. 그러므로 오성 기사는 태백과
형혹을 제외한다면 삼국을 통하여 매우 드물게 기사가 나타남을 알 수 ·

---

20) 주 19) 참조.
21) 全相運,『韓國科學技術史』, 1966, 39~42쪽 ; 末永雅雄·片上光貞 編,『高松
塚古墳と飛鳥』, 1972, 80~88쪽, 高松塚古墳の天井星宿 참조.
22) 橋本增吉,『支那古代曆法の硏究』, 1982, 502~504쪽에서 28수와 日月五星의
운행과 관계 있음을 밝히고 있다. 고구려고분에 28星宿圖가 그려져 있음은
중국의 천문사상을 수용한 증거이며 구체적으로 어떠한 별이나 성수가 그려
져 있는가에 따라 피장자의 신분을 드러낼 수 있을 것이나 과문한 필자로서
는 단순한 문제제기에 그친다.

있다.

오성이 구체적으로 어떠한 징조를 나타내는가를 『漢書』 천문지에
의거하여 살펴보면 다음과 같다.

歲星 : 병란, 국가의 흥망, 군주의 패망 등
熒惑 : 대병란, 국가의 재앙 등
太白 : 諸侯와 왕의 근심, 망국, 兵象, 장군과 재상의 죽음, 人民流亡,
　　　女主의 득세 등
辰星 : 살벌한 기운, 전쟁, 기후 불순, 대란, 지진 등
塡星 : 길조, 토지의 획득과 상실, 여자의 迎入과 상실, 군의 상실, 后
　　　妃의 근심, 음양의 부조화, 지진 등

오성의 운동에 따라 나타나는 징조는 별에 따라 차이가 있기는 하나
공통적으로 국가나 왕실의 흥망, 군사행동의 승패 등이다. 특히 전란
등 군사행위로 인해 일어나는 국가의 화란이 구체적으로 보인다. 『三
國史記』에 기록되어 있는 오성기사는 다음과 같다.

① (소지왕) 6년 3월에 토성이 달을 범하고 우박이 내렸다. 가을 7월에
　고구려가 북쪽 변경을 침범하므로 우리 군사가 백제와 함께 군사를
　합하여 모산성 아래에서 이를 크게 쳐서 이겼다.
　　(炤知王) 六年三月 土星犯月 雨雹 秋七月 高句麗侵北邊 我軍與百
　　濟合擊於母山城下 大破之(新羅本紀3)
② (문무왕) 10년 12월 토성이 달에 들어가고 경도에 지진이 있었다.
　중시 지경이 물러났다. 왜국이 나라 이름을 일본으로 고치고 스스
　로 말하기를 해돋는 곳에서 가까우므로 이로써 이름을 지었다고 하
　였다. 한성주 총관 수세가 백제의 □□□□□□ 나라를 빼앗으려다
　가 마침 일이 발각되어 대아찬 진주를 보내어 목을 베었다.
　　(文武王) 十年十二月 土星入月 京都地震 中侍智鏡退 倭國更號日
　　本　自言近日所出以爲名　漢城州摠官藪世　取百濟□□□□□□國
　　適彼事覺 遣大阿湌眞珠誅之(新羅本紀6)[23]

---

23) 李丙燾, 『國譯 三國史記』, 105쪽 참조.

③ (고국천왕) 8년 여름 4월 을묘에 熒惑星이 心星 자리에 머물렀다. 5
월 임진 그믐에 일식이 있었다.

    (故國川王) 八年夏四月 乙卯 熒惑守心 五月 壬辰晦 日有食之(高
    句麗本紀4)

④ (양원왕) 11년 겨울 10월 호랑이가 왕도에 들어와 산 채로 잡았다.
11월 태백성이 낮에 나타났다. 북제에 사신을 보내 조공하였다.

    (陽原王) 十一年冬十月 虎入王都 擒之 十一月 太白晝見 遣使入北
    齊朝貢(高句麗本紀7)

⑤ (초고왕) 40년 가을 7월 태백성이 달을 범하였다

    (肖古王) 四十年秋七月 太白犯月(百濟本紀1)

⑥ 서현이 경진일 밤에 熒惑과 鎭星 두 별이 자기에게로 내려오는 꿈
을 꾸었다 …

    舒玄 庚辰之夜夢 熒惑鎭二星降於己 …(金庾信列傳 上)

⑦ (효소왕) 9년 다시 寅月로 정월을 삼았다. 여름 5월 이찬 慶永(永을
玄이라고도 한다)이 모반을 꾀하다가 사형을 받고 중시 순원이 연
좌되어 파면되었다. 6월에 歲星이 달에 들어갔다.

    (孝昭王) 九年 復以立寅月爲正 夏五月 伊飡慶永(永一作玄)謀叛
    伏誅 中侍順元緣坐罷免 六月 歲星入月(新羅本紀8)

⑧ (원성왕) 6년 여름 4월 太白星과 辰星이 東井 성좌에 모였다. 5월
에 좁쌀을 내어 한산·웅천 2주의 굶주린 백성들을 구제하였다.

    (元聖王) 六年夏四月 太白辰星 聚于東井 五月 出粟賑漢山熊川二
    州饑民(新羅本紀10)

사료 ①·②의 土星의 犯月에 관한 기사는 적군의 침입과 아군의
격퇴, 중시의 퇴관과 아울러 본국에서 배반과 적국으로의 투항 미수사
건 등과 관련지어져 있다. 이 경우 앞서 『漢書』 천문지에 실려 있는 토
성의 속성과는 반드시 일치하고 있지 않다. 그러나 크게 보아 결국 국
가나 왕실의 안위와 관련된 내용임에는 틀림없다. 이어서 ④·⑤의 太
白星 출현 기사는 실제로 당시 어떤 사건과 관련해서 설명되고 있는지
전후에 연결된 기사가 보이지 않는다. 그리고 ③의 熒惑星 기록 또한
어떠한 일과 관련지어 있는지 알 수 없다. 다만 사료 ⑥의 김유신 탄생
의 태몽으로 되어 있는 熒惑은 같이 기록된 鎭星과 함께 영웅의 탄생

징조로서 설명되어 있다. 앞서 본 바와 같이 형혹성의 출현은 兵難이
나 국가의 재앙을 초래하는 징조로서 길조로는 보이지 않고 있다. 사
료 ⑥에 역시 김유신 탄생의 태몽으로 나타나는 鎭星은 사료 ①・②의
土星으로서 이 별이 있는 천하의 나라는 吉하다고 되어 있을 뿐 어떤
영웅의 탄생을 예시하는 속성은 드러나 있지 않다. 또한 태몽에 형혹
성과 진성 2星이 동시에 김유신의 父 舒玄에게 내려왔다고 하는데,
『漢書』천문지에 의하면 이는 근심이 되고 불길한 징후를 나타낸다고
되어 있다. 사료 ⑦의 歲星은 모반사건 뒤에 나타나고 있어『漢書』천
문지 내용과 대비된다. 전체적으로 이들 五星의 출현은 반드시『漢書』
의 그것과 일치하는 것은 아니지만 軍國의 안위와 관련되어 있음을 볼
수 있다. 물론『三國史記』에 기록된 오성의 기록을 그 기사의 前後 기
사와 모두 유기적으로 관련지을 수 있을지는 의문이다.

　　한편 오성이 모두 한데 모여 나타나는 현상에 대한 기록과 그 징조
에 대한 기사가 주목된다. 즉『三國史記』高句麗本紀3 次大王 4年條
에,

　　　5월 오성이 동방에 모였다. 일관은 왕의 노여움을 두려워하여 무고
　　하기를, 이것은 임금의 덕이며 나라의 복이라 하니 왕은 기뻐하였다.
　　　　五月 五星聚於東方 日者畏王之怒 誣告曰 是君之德也 國之福也 王
　　喜

라고 보인다. 즉 이 때에 나타난 오성의 징조에 대하여 천문관은 왕이
노여워할 것을 두려워하여 거짓으로 고하기를, 이 현상은 임금의 덕이
요 나라의 복이라고 하였더니 차대왕이 기뻐하였다는 것이다. 이 기록
으로 보면 五星이 한데 모인 현상은 분명 어떠한 흉한 징조를 드러내
고 있음을 암시하고 있다. 이러한 오성의 속성에 관해『漢書』천문지6
에는 다음과 같은 기록이 나온다.

　　　오성이 하늘 가운데 흩어져 동쪽에 모일 때는 중국은 큰 이로움을
　　얻고 서쪽에 모일 때는 夷狄의 用兵자가 이로움을 얻는다.

五星分天之中 積于東方 中國大利 積于西方 夷狄用兵者利

이 내용을 앞의 고구려 오성 출현기사와 관련시켜 본다면, 차대왕 4년에 동방에 모인 오성은 『漢書』와 같이 중국에 크게 이로운 징조를 나타내는 것으로서 고구려에 대해서는 불리한 징조로 해석된다. 이같이 고구려에게 불리한 이 오성의 출현에 대해 고구려의 천문관은 왕의 덕이요 나라의 복이라고 거짓 설명했다는 것이다. 그러나 실제로 오성의 집합은 그 밑의 국가에 대해 천하를 지배하는 王者를 낳게 하는 길조로 해석되는 경우도 있으며, 덕이 있는 사람이면 경사를 맞이하고 빼어난 인물이 새로운 군주로 세워져 천하가 평화스럽게 유지되고 자손까지도 번창한다고 되어 있다. 반면 반대로 덕망이 없는 사람이라면 재해를 받고 국가와 宗廟가 멸망에 이르게 된다고 한다.[24] 이처럼 오성의 집합은 길·흉의 두 징조를 나타내는 것이며, 길·흉을 가르는 원인으로는 군주의 덕·부덕이 중요한 관건이 되었다. 오성의 기능을 군주의 덕과 관련시켜 설명하고 있는 것은 『漢書』 천문지이다. 여기서는 五星을 五事·五常과 결부시켜 설명하고 있는 점이 주목된다. 즉,

① 歲星은 동방에 있고 春季를 맡으며 木의 精氣이다. 사람에게 있어서는 五常의 仁이요 五事의 貌에 해당한다. 仁이 결여되고 貌가 整齊하지 않으면 春季에 시행해야 할 政令을 거스르게 되고 木의 氣를 손상하게 되고 그 벌이 歲星으로 나타난다.
② 熒惑은 남방에 있고 夏季를 맡으며 火의 精氣이다. 사람에게 있어서는 五常 중 禮에 해당하고 五事에 있어서는 視에 해당한다. 禮가 결여되고 視를 제대로 행하지 못하면 夏季의 政令을 거스르게 되고 火의 정기를 손상케 하고 그 벌이 熒惑으로 나타난다.
③ 太白은 서방에 있고 秋季를 담당하며 金의 精氣이다. 五常에서는 義이고, 五事에서는 言이다. 義가 결하고 言을 제대로 실천하지 않으면 秋季의 政令을 어기게 되고 金의 정기를 손상하게 되면 이 때의 벌은 太白에 나타난다.

---

24) 『史記』 天官書 五星 부분 ; 『漢書』 天文志6.

④ 辰星은 북방에 있고 冬季를 맡으며 水의 정기이다. 五常에서는 知에 해당하고 五事에서는 聽이다. 知를 결하고 聽을 잃으면 冬季의 政令을 어기고 水의 정기를 손상시키게 되면 그 벌은 辰星에 나타난다.

⑤ 塡星은 중앙에 있고 晚夏를 맡으며 土의 정기에 해당한다. 五常에서는 信에 해당하고 五事에서는 思心에 당한다. 仁義禮智는 信으로써 主를 삼고 貌言視聽은 心으로써 正을 삼는다. 그러므로 四星이 失度하더라도 塡星은 도리어 그 때문에 움직인다. 塡星이 있는 곳에 그 밑의 국가는 吉하다.[25]

漢代의 학자들은 거의 모두 五常을 五行에 관련시켰다. 특히 董仲舒는 仁을 木과 東에, 義를 金과 西에, 禮를 火와 南에, 智를 水와 北에, 信을 土와 中央에 관련시켰다.[26] 그런데 오성을 오행과 연결시키고 오상을 오성에 연결시킨 예는 이미『史記』천관서에도 나타난다. 그러나 오성을 五事와 연관시킨 예는『漢書』천문지에서 볼 수 있다.

이처럼 하늘의 오성의 운행은 戰爭・禍亂 등의 흉조와, 전쟁에서의 승리나 제왕의 지배권 확보, 국가의 번영 등 길조를 나타내는 점성술의 측면을 예시하고 있으며 아울러 유가의 五常이나 五事의 실천윤리와도 결부되어 있음을 알 수 있다. 오상은 유가에 있어서 보편적인 사회윤리임에 비하여, 五事는 원래『書經』洪範편의 내용인 홍범의 五事로서 제왕의 실천윤리이다. 물론 홍범의 오사는 伏勝의『尚書大傳』중에 있는 홍범오행전에 의해서 보다 확충되었다. 즉 군주가 貌・言・視・聽・思의 실천윤리를 구현하지 못하면 하늘은 天災를 나타내어 군주를 경고하고, 만약 군주가 이러한 天譴에도 불구하고 修省과 善政을 베풀지 않는다면 마침내 君國을 패망에까지 이르게 한다는 것이다. 여기서 군주의 도덕주의 정치의 구현이 촉구된다.

앞서 열거한『三國史記』고구려본기에 수록된 차대왕 4년의 오성기

---

25)『漢書』天文志6.
26)『白虎通義』卷8 ; 馮友蘭 著, 鄭仁在 譯,『中國哲學史』, 1977, 258~259쪽 참조.

록을 군주의 덕과 관련시켜 생각해야 하는 것은 위와 같은 이유에서이다. 차대왕은 즉위하여 2년에 충신 右輔 高福章을 죽이고 3년에는 태조왕의 장자 莫勤을 죽였으며 그의 아우 莫德도 두려워 마침내 자살케 하였다. 그리고 白狐가 잡히는 흉조가 일어나자 修省을 요청한 巫師를 죽였다. 마침내 왕은 재위 20년 椽那皂衣 明臨荅夫에 의해 시해된다. 즉위 초기에 연중행사처럼 살상을 계속하던 왕에 대하여 4년 5월의 五星 집합을 日官은 왕에 대한 매우 불길한 징조로서 해석하였을지도 모르겠다.

오성이 오사나 오상과 관련되어 설명된 예는 중국의 『史記』나 『漢書』에 의해 확인할 수 있으나, 이러한 중국의 天文觀이 삼국시대에 어느 정도 수용되고 있는지 뚜렷한 기록이 잘 보이지 않는 가운데 고구려 차대왕 만년에 보이는 이 五星聚合 기사는 그 의미를 짐작케 하는 드문 기사라고 할 수 있다. 사실 『三國史記』의 星變기사 가운데 나타나는 五星의 기록에서 그 의미를 짐작케 할 수 있는 것은 거의 없다.

다만 『三國史記』 김유신전(상)의 김유신 탄생기록 중에 그의 아버지 金舒玄 각간이 꾼 태몽으로 다음과 같은 이야기가 나온다.

> 서현이 경진일 밤에 형혹·진성 두 별이 자기에게로 내려오는 꿈을 꾸었다. 만명도 역시 신축일 밤에 동자가 금색 갑옷을 입고 구름을 타고 堂中에 들어오는 꿈을 꾸었는데 얼마 후에 임신하여 20개월 만에 유신을 낳았다
> 舒玄 庚辰之夜夢 熒惑鎭二星 降於己 萬明亦以辛丑之夜夢 見童子 衣金甲乘雲入堂中 尋而有娠 二十月而生庾信

熒惑(火星)과 鎭星(土星) 두 별이 舒玄의 몸에 내려왔고 그것이 길몽이었다고 밝힌 글이다. 한편 같은 김유신전(상)에는 다음과 같은 선덕여왕 16년 大臣 毗曇·廉宗 등의 반란기사가 나온다.

> 王軍이 월성에 진영을 갖추고 열흘 동안 공방을 계속하였지만 풀리지 않았다. 한밤중에 큰 별이 월성에 떨어졌다. 비담 등이 군사들에게

"내가 들으니 별이 떨어진 아래에는 반드시 유혈이 있다고 하였다. 이것은 아마 여왕이 패전할 조짐일 것이다"라고 하였다. 사졸들이 외치는 소리가 땅에 진동하니 대왕은 이것을 듣고 두려워서 어찌할 바를 몰랐다. 유신이 왕을 뵙고 말하기를, "길흉은 무상하여 오직 사람이 하기에 달려 있습니다. 그러므로 紂王은 赤雀이 나타남으로써 망하였으며, 노나라는 기린을 잡음으로써 쇠퇴하였으며, 고종은 꿩이 옮으로써 일어나고 鄭公은 용이 싸움으로써 창성하였습니다. 그러므로 德이 요사를 이길 수 있으니 별의 변괴는 두려워할 것이 없습니다. 왕은 근심하지 마소서" 하고, 곧 허수아비를 만들어 여기에 불을 안겨 연에 실어 날려 하늘로 올라가는 것처럼 보이게 하였다. 이튿날 사람을 시켜 길거리에서 말을 퍼뜨리기를, 어제 밤에 떨어진 별이 도로 올라갔다고 하여 적군으로 하여금 의아하게 만들었다. 또 흰 말을 잡아 별이 떨어진 곳에 제사하며 축원하기를 "天道에는 陽이 剛하고 陰이 柔하며 人道에는 임금이 높고 신하가 낮습니다. 진실로 혹시라도 바뀌면 큰 난이 될 것입니다. 지금 비담 등은 신하로서 임금이 되고자 하며 아래가 위를 범하니 이는 亂臣賊子로서 사람과 신이 함께 근심할 일이요 하늘과 땅 사이에 용납되지 못할 것입니다. 이제 하늘이 만일 무심하여 도리어 별의 변괴를 왕성에 나타나게 한 것이라면 이것은 신의 의혹하는 바 비할 데 없습니다. 오직 하늘의 위엄으로 사람의 욕망에 따라 선을 선으로, 악을 악으로 하여 신령의 부끄러움을 없게 하소서" 하였다. 그리고 여러 장병을 독려하여 분격하니 비담 등이 패주하고 이를 쫓아가 九族을 멸하였다.

王師營於月城 攻守十日不解 丙夜大星落於月城 毗曇等謂士卒曰 吾聞落星之下必有流血 此殆女主敗績之兆也 士卒呼吼聲振地 大王聞之恐懼失次 庾信見王曰 吉凶無常 惟人所召 故紂以赤雀亡 魯以獲麟衰 高宗以雉雊興 鄭公以龍鬪昌 故知德勝於妖 則星辰變異不足畏也 請王勿憂 乃造偶人 抱火載於風鳶而颺之 若上天然 翌日 使人傳言於路曰 昨夜落星還上 使賊軍疑焉 又刑白馬祭於落星之地 祝曰 天道則陽剛而陰柔 人道則君尊而臣卑 苟或易之 即爲大亂 今毗曇等以臣而謀君 自下而犯上 此所謂亂臣賊子 人神所同疾 天地所不容 今天若無意於此 而反見星怪於王城 此臣之所疑惑而不喩者也 惟天之威 從人之欲 善善惡惡 無作神羞 於是督諸將卒奮擊之 毗曇等敗走 追斬之 夷九族

선덕여왕 말년에 일어난 비담 등의 반란기사로서, 선덕여왕의 왕권
이 중대한 위기에 직면하고 있을 때 王軍에게 더욱 치명적인 충격을
던진 大星의 낙하를 둘러싼 기사이다. 이 낙하에 대해 당시 반란군의
지도자 비담은 선덕여왕의 敗績을 알리는 흉조로 설명하고 있고, 이에
대해 왕군의 총사령관 김유신은 선덕여왕을 안심시키는 설명을 하고
있어 매우 대조를 보이는데, 여기에서 星變의 의미가 단순히 점성적인
측면 이상의 것으로 표명되고 있음이 주목된다. 김유신의 해명을 보면,
길흉은 결코 星變에서 유래되는 것이 아니라 필경 인간 스스로에 의해
초래되는 것이라 하고 있다. 그 예증으로서,

① 殷의 紂王은 赤雀과 같은 瑞祥이 나타났는데도 亡하였다.[27]
② 魯나라는 기린을 획득하여 좋은 징조를 얻었어도 衰退하였다.[28]
③ 高宗은 雉雛가 나타나 凶兆가 나타났음에도 興하였다.[29]
④ 鄭公은 龍의 싸움과 같은 흉조에도 昌盛하였다.[30]

는 등의 역사적으로 뚜렷한 사례를 들어 天災나 地變은 인간이 실천
한 덕에 의해 극복되며 따라서 星辰變異는 두려워할 바가 못 된다고
克明하게 설득하고 있다. 그리고 鳶에다 불을 달아 올리고 간밤에 떨
어진 大星이 도로 천상으로 올라간 것처럼 보이게 하여 적에게 의아심
을 갖게 하는 심리전술을 펴는 한편, 天道의 陰陽 剛柔의 질서, 人道
의 君尊臣卑의 질서를 뒤집으려는 비담 등의 반란은 人神・天地가 용
납할 수 없는 無道한 일인데 도리어 叛軍이 아닌 王軍 진영의 落星
變怪라니 실로 天道를 의아하게 여기지 않을 수 없게 하는 것이라며,
天의 위엄으로 선악을 구별하여 善을 따라 神의 羞恥를 짓지 않게 하
라고 축원하고 있다. 이러한 김유신의 설득과 기지는 마침내 선덕여왕
과 그 왕군에게 사기를 불러일으켜 비담군을 패퇴시키고 승리로 이끌

---

27)『史記』周本紀4.
28)『春秋左傳』哀公 14年條 ;『宋書』卷27, 符瑞上 참조.
29)『書經』商書 高宗肜日 ;『史記』殷本紀3.
30)『春秋左傳』昭公 19年條.

게 하였다. 이 기사에서 미루어 大星의 낙하가 반드시 五星에 속한 것
이었는지 알 수 없다. 어쨌든 星變이 왕과 군사들을 공포로 몰아넣은
怪變이었음에 틀림이 없다. 김유신은 星變으로 말미암아 吉과 凶이 나
타나는 것이 아니며 길과 흉은 사람이 하기에 달려 있다고 하여 星變
이 길흉과 무관하다고 왕을 위로하고 있다. 그러나 김유신은 大星이
天道와 人道를 거역한 비담군 진영이 아니라 도리어 王軍 진영에 떨
어진 星變에 대해 天道의 소행에 의혹을 표하고 있다. 그러므로 大星
의 낙하를 둘러싸고 기술된 이 내용을 통해서 보건대, 이 때의 성변은
분명 凶兆를 나타낸다는 신념이 깔려 있음을 알 수 있으며, 그 성변의
발생 요인은 통상 인간의 선악과 관련되어 있다고 믿고 있었다고 할
것이다. 이러한 신념을 더욱 구체적으로 보여주는 기사가 다시 金庾信
傳(中)에 다음과 같이 나온다.

> 영휘 6년 을묘 가을 9월에 유신이 백제에 들어가 刀比川城을 쳐서
> 이겼다. 이 때에 백제는 君臣이 사치하고 음란을 일삼아 나라 일을 돌
> 보지 않으므로 백성이 원망하고 신령이 노하여 재앙과 변괴가 자주 나
> 타났다. 유신이 왕께 고하기를 "백제가 무도하여 그 죄가 桀紂보다 더
> 하니 참으로 하늘의 뜻에 따라 처단하고 백성을 구원할 때입니다"라고
> 하였다.
> 　永徽六年乙卯秋九月 庾信入百濟 攻刀比川城克之 是時百濟君臣奢
> 泰淫逸 不恤國事 民怨神怒 災怪屢見 庾信告於王曰 百濟無道 其罪過
> 於桀紂 此誠順天吊民伐罪之秋也

백제의 義慈王과 君臣이 사치, 방자, 음탕, 안일에 빠져 국사를 돌보
지 않아 백성이 원망하고 神明이 노하여 재앙과 변괴가 자주 나타났다
는 것이다.31) 결국 治者의 無道한 정치가 백성의 원성을 자아냈고 그
것이 필경 天災와 地變의 원인이 되었다고 지적한 것임을 알 수 있다.

---

31) 『三國史記』 卷28, 百濟本紀6 義慈王 15年 5月 駬馬(赤色馬)가 北岳의 烏含
寺에 들어와 울면서 佛寺를 돌기 며칠 만에 죽었다.

4. 地變의 성격

天災나 天變의 경우에는 중국의 역대 정사의 기록과 일치되는 것도 있지만, 지변의 경우에는 그 성격상 완전히 삼국의 독자적인 기록으로 간주되고 있다. 가뭄이나 홍수와 같은 경우 혹 일치하는 일이 있다고 하더라도 그것은 우연한 것이다. 그렇다면『三國史記』에 기재되어 있는 地變의 성격은 어떤 것일까? 필자는 이에 관해 중국의 天人合一思想에 근거한 五行說과 연관되었으리라는 의견을 제시한 바가 있다.[32]

과연『三國史記』에 실려 있는 지변의 기사를 살펴보면 대부분이 중국 정사에 보이는 중국의 전형적인 지변기사와 같거나 유사하게 되어 있다. 물론 이들 지변기사가 중국 것과 같다고 하더라도 修史 과정에서 삼국의 토속적인 俗信이 유교주의적 사관에 의해 變改되었거나 윤색된 것일 가능성도 있다.[33] 어쨌든 이『三國史記』의 지변기사만으로는 삼국시대 자연관의 진실한 면목을 잘 알 수 없는 것이 분명하다. 그렇다면 이러한 지변기사들이 대체로 어떠한 성격의 것인가를 파악하기 위해 먼저 중국의 五行的 自然觀과 대비해 보는 것도 가능한 접근법의 하나라고 생각된다. 중국의 지변기사는 크게 咎徵과 祥瑞로 나누어지며[34] 삼국시대의 지변기사 또한 두 가지로 나누어 살펴볼 수 있다.

(1) 咎徵에 관한 기사

지변을 기록한 기사 가운데 가장 많은 비중을 차지한 것이 咎徵에 관한 기사다. 예컨대 旱, 大水, 蝗, 雹, 暴風拔樹, 門自毀, 地震, 河水血

32) 李熙德,「三國史記에 나타난 天災地變記事의 性格」,『東方學志』23·24합집, 1980/『高麗儒敎政治思想의 硏究』, 1984.
33) 徐永大,「三國史記와 原始宗敎」,『歷史學報』105, 1985 ; 金瑛河,『고구려의 巡狩制』, 1985 등 참조.
34)『書經』洪範編 ;『呂氏春秋』名類編 ;『荀子』哀公編 등 참조.

色, 羣獐渡河, 女産子一身兩頭, 牛生馬八足二尾, 桃李花, 大石自移, 小雀生大鳥, 雌鷄與小雀交, 井水爲血, 王都人無故驚走 등이 그것으로 거의 모두 중국 정사의 五行志에서 쉽게 발견할 수 있다. 『三國史記』에 기록된 지변기사의 사상적 배경은 어떤 것일까? 우선 고구려의 지변기사를 예로 들어 사상적 기반을 추정해 보겠다. 『三國史記』고구려본기3 차대왕 3년조에,

> 가을 7월 平儒原에서 사냥을 하다가 흰 여우가 따라오면서 우는 것을 왕이 쏘았으나 맞추지 못하였다. 왕이 師巫에게 물으니 대답하기를, "여우는 원래 요사스러운 짐승으로 상서러운 것이 아닌데 더구나 그것이 흰색이니 더욱 괴이합니다. 그러나 하늘이 거듭하여 말씀을 할 수 없으므로 요괴를 나타내는 것은 임금으로 하여금 두렵게 하여 반성케 함으로써 스스로 새롭게 하려는 것입니다. 만일 임금이 덕을 닦게 되면 화가 복으로 될 수 있습니다"라고 하였다. 왕이 말하기를, "흉하면 흉하고 길하면 길하다고 할 것이지 먼저는 요사하다 하면서 또 복이 될 수 있다 하니 이 무슨 거짓말이냐" 하고 드디어 그를 죽였다.
>
> 　秋七月 王田于平儒原 白狐隨而鳴 王射之不中 問於師巫 曰狐者妖
> 獸非吉祥 況白其色 尤可怪也 然天不能諄諄其言 故示以妖怪者 欲令
> 人君恐懼修省 以自新也 君若修德 則可以轉禍爲福 王曰 凶則爲凶 吉
> 則爲吉爾 旣以爲妖 又以爲福 何其誣耶 遂殺之

라 하였다. 次大王 遂成은 태조왕의 동생으로 태조왕의 長壽와 94년에 이르는 장기집권에 불만을 품고 반란까지 꾀한 잔인한 성품의 인물인데, 태조왕 94년 왕위를 강압적으로 이어받았다. 次大王은 집권 초기에 그의 왕위계승에 반대한 政敵 右輔 高福章과 태조왕의 元子 莫勤 등을 살해하고 자신의 권력기반을 공고히 하였다. 위에서 인용한 사료는 白狐의 출현과 이를 쏘아 맞추지 못한 妖怪를 점치고 그 흉조를 가시게 할 방법을 제시한 師巫를 차대왕이 誣告者로서 처단한 기사이다. 즉 차대왕의 물음을 받은 師巫는 여우는 妖獸로서 吉祥이 아니며 더욱이 白狐는 요괴라고 하였다.[35] 그런데 하늘이 자상히 말을 못하므로 짐직 요괴로써 징조를 보여주는 것은 임금된 이로 하여금 恐

懼修省하여 스스로 새롭게 하라는 것이며 임금이 만약 덕을 닦으면 화가 도리어 복이 될 것이라고 말하였다. 이에 대해 차대왕은 흉하면 흉하고 길하면 길하지 아까는 요물이라고 하고, 또 복이 될 수 있다고 하니 이 무슨 거짓말이냐며 巫師를 죽여 버린 것이다. 이 사건에서 巫師가 답한 내용은 전형적인 오행설에 의거한 천인합일관이다. 흉조와 이에 대한 祈禳은 군주의 修德이었다. 그러나 이러한 巫師의 해석은 차대왕에게 납득될 수 없었다. 군주의 修德으로 흉조를 길조로 바꿀 수 있다는 말을 받아들일 수 없었다. 이 사건을 곧 이듬해인 차대왕 4년에 일어난 다음의 天變과 대비하면 매우 흥미롭다.

> (차대왕) 4년 여름 정묘 그믐에 일식이 있었다. 5월에 오성이 동쪽에 모였다. 일관은 왕이 노할까 두려워 왕을 속여 말하기를, "이것은 임금의 덕이요 나라의 복입니다" 하니 왕이 기뻐하였다. 겨울 12월에 얼음이 얼지 않았다.
>   (次大王) 四年夏四月丁卯晦 日有食之 五月 五星聚於東方 日者畏王之怒 誣告曰 是君之德也 國之福也 王喜 冬十二月 無氷(『三國史記』高句麗本紀3)

이는 앞서 천변기사에서 살핀 바 있는데, 여기에서는 일식기사에 관한 설명은 없고, 단지 오성이 동방에 집합한 천문현상에 대하여 천문관이 차대왕의 노여움이 두려워 오히려 誣告로써 차대왕의 덕치의 반영이라고 말하였다는 사실만 기록되어 있다. 『漢書』 천문지에 의하면 五星이 동방에 모이면 중국에 大利가 있고 서방에 모이면 夷狄의 用兵者가 利를 본다[36]고 한 내용을 참고한다면, 이는 夷狄이라 할 고구려에는 불리한 성변임에 틀림없다. 이것을 誣告함으로써 日官은 전년의 巫師와 같은 불행을 면하였다고 보인다. 여기서 고구려의 당시 천재지변에 대한 일정한 인식을 엿볼 수 있으며, 천재·지변을 王者의

---

35) 『宋書』 卷28, 符瑞中에는 "白狐 王者仁智則至"라 하여 오히려 瑞祥으로 기록되어 있다.
36) 『漢書』 天文志6 참조.

德·不德과 관련지어 생각하고 있음을 알 수가 있다. 그러나 이 같은 천재·지변에 관한 인식을 왕이 거부하고 있는 점이 주목된다. 즉 중국과 같은 災異觀이 아직은 고구려사회에 제대로 적용되고 있지 못하다고 하겠다. 이와 관련하여 또 하나의 기사를 보기로 하자. 『三國史記』 고구려본기3에,

> (태조왕) 90년 가을 9월 丸都에 지진이 있었다. 왕이 밤에 꿈을 꾸었는데 한 표범이 호랑이의 꼬리를 물어 끊는 것을 보고 깨어 그 길흉을 물으니 어떤 자가 말하기를 "호랑이는 모든 짐승의 어른이요, 표범은 호랑이와 같은 종류로서 작은 것입니다. 아마 왕의 친족으로 왕의 뒤를 끊고자 꾀하는 자가 있을까 합니다" 하였다. 왕이 기뻐하지 아니하여 우보 右輔 高福章에게 "내가 어제 밤 꿈에 본 것에 대해 점치는 자가 이와 같이 말하니 어찌하면 좋겠느냐?"하고 물으니 대답하기를, "착한 일을 하지 아니하면 吉이 凶으로 변하고 착한 일을 하면 재앙이 도리어 복으로 화하는 것입니다. 지금 대왕이 나라를 내 집과 같이 걱정하시고 백성을 내 아들과 같이 사랑하시니 비록 조그만 변괴가 있다한들 무엇을 염려하겠습니까" 하였다.
>
> (太祖王) 九十年秋九月 丸都地震 王夜夢一豹齧斷虎尾 覺而問其吉凶 或曰 虎者百獸之長 豹者同類而小者也 意者王之族類 殆有謀絶大王之後者乎 王不悅 謂右輔高福章曰 我昨夢有所見 占者之言如此 爲之奈何 答曰 作不善則吉變爲凶 作善則災反爲福 今大王憂國如家 愛民如子 雖有小異 庸何傷乎

라고 하였는데 이 사건은 후에 차대왕에 오르는 遂成이 태조왕 80년 가을 倭山에서 사냥을 하면서 앞으로 태조왕의 적자계승을 막고 스스로 후계왕이 될 異圖를 드러낸 뒤의 일이었다. 이후 재위 90여 년의 고령에 이른 태조왕에게는 불안이 감돌고 있었고 그러한 잠재의식 속에서 이러한 꿈을 꾸게 된 것으로 보이며 해몽 또한 遂成의 모반에 대한 예시로서 암시되고 있다. 그런데 여기에서 우보 고복장의 대답은 선정을 베풀면 災異가 복이 된다고 하여 王者의 덕치와 재이를 연결시켜 태조왕을 위로하고 있어 당시 자연관의 일단을 엿보게 한다.

이와 같이 고구려 태조왕·차대왕 시기에 고구려의 자연관은 군주의 덕치와 연관되어 인식되고 있음을 알 수 있다. 다만 차대왕이 이러한 자연관을 받아들이지 않고 있어 그 수용의 미숙성이 드러나고 있기는 하다.

한편 『三國史記』의 백제기사 중에는 많은 천재지변이 기록되어 있으나 그 천재지변이 구체적으로 군주의 덕치와 관련되어 서술된 것은 찾기 어렵다. 다만,

> (다루왕) 28년 봄과 여름에 가물었다. 죄수를 재심하고 死罪人을 사면하였다.
> (多婁王) 二十八年春夏旱 慮囚 赦死罪(百濟本紀1)

라고 하여 가뭄이란 재이를 물리치기 위하여 죄수를 특사하는 선정을 베푼 기록이 보인다.

다음 신라기사의 경우는 고구려와 백제에 비하여 천재지변에 대응하는 태도가 구체적으로 기록된 예가 다소 많은 편이다. 특히 旱에 관한 기사가 많으며 이것에 대응하는 祈禳策 실시가 눈에 띈다.

① (나해이사금) 6년 3월 초하루 정묘에 일식이 있었다. 크게 가물어 서울과 지방의 죄수를 재심하여 가벼운 죄인은 석방하였다.
   (奈解尼師今) 六年三月丁卯朔 日有食之 大旱 錄內外繫囚 原輕罪(『三國史記』新羅本紀2)
② (나해이사금) 15년 봄과 여름에 가물었다. 사신을 보내어 郡邑의 죄수들을 재심하고 두 가지의 사형수를 제하고 다 석방하였다.
   (奈解尼師今) 十五年春夏旱 發使錄郡邑獄囚 除二死餘悉原之(『三國史記』新羅本紀2)
③ (미추이사금) 7년 봄과 여름에 비가 오지 않았다. 南堂에서 군신회의를 열어 왕이 친히 정치와 형벌의 잘잘못을 묻고 또 5인의 사신을 파견하여 백성들의 고통과 근심을 위문하였다.
   (味鄒尼師今) 七年春夏 不雨 會群臣於南堂 親問政刑得失 又遣使五人 巡問百姓苦患(『三國史記』新羅本紀2)

④ (소지마립간) 14년 봄과 여름에 가물었다. 왕은 스스로 반성하고 평소의 음식을 감하였다.
(炤知麻立干) 十四年春夏 旱 王責己減常膳(『三國史記』新羅本紀 3)

⑤ (진평왕) 봄 3월에 가물었다. 왕은 正殿에 거처하지 않고 평소의 음식을 감하고 南堂에 나아가 친히 죄수를 재심하였다.
(眞平王) 春三月 旱 王避正殿減常膳 御南堂親錄囚(『三國史記』新羅本紀4)

이들 신라의 가뭄기사와 그 대책을 보면, 첫째로 죄수를 조사하여 특사를 내려 석방하는 선정을 베풀고 있다. 둘째로는 군주가 王責己減常膳이라 하여 왕이 몸소 그 책임을 느끼고 평상시의 호화로운 식사를 줄여 검소한 식사를 함으로써 반성을 하고, 셋째로는 가뭄이 들면 왕은 正殿을 피하여 政事를 처리하고 있는데 이는 호화로운 궁전에서 나와 聽政함으로써 하늘의 譴責에 근신하려는 뜻이었다.

한편 고구려의 가뭄에 대한 기사에서 구체적으로 咎徵에 관한 것을 전하는 것으로는,

(평원왕) 5년 여름 크게 가물어 왕은 평소의 음식을 감하고 산천에 기도하였다.
(平原王) 五年夏 大旱 王減常膳 祈禱山川(『三國史記』高句麗本紀)

가 있다. 大旱의 대응조치로서 왕이 常膳을 감하고 산천에 기도를 하고 있다. 여기서 常膳을 감하는 儀式이 바로 天譴에 대해 自責修德하는 것이고 여기에서 천인합일설의 일단을 엿볼 수 있다.

구징에 관한 삼국의 구체적인 예를 위에서 제시하였는데, 이 같은 사례를 중국에서 찾아보면 일찍이 『後漢書』에,

화제 영원 6년 가을 京都에 가뭄이 들었다. 당시 雒陽에 억울한 죄수가 있어 화제는 雒陽寺에 행차하고 죄수들을 재심사하고 억울한 죄수의 일을 바로잡고 令을 거두어 죄의 경중에 따라 형량을 정하였다.

행차중 궁궐에 돌아오기 전에 단비가 내렸다.

　　和帝永元六年秋 京都旱 時雒陽有冤囚 和帝幸雒陽寺 錄囚徒 理冤
囚 (收)令下獄抵罪 行未還宮 澍雨降(同書 五行志1)

라고 하여 雒陽의 冤囚를 풀어주자 단비가 내렸다는 기사가 나온다.
또한 뒤의 『新唐書』에,

　　태종 정관 13년 5월 갑인에 가뭄이 있자 正殿에서 거처하지 않고 5
품 이상의 관리에게 상소하도록 조서를 내리고 평상시의 음식을 감하
고 役事를 파하고 죄수를 바르게 재심하고 가난한 백성을 구제하니,
곧 비가 내렸다.
　　太宗貞觀十三年五月 甲寅以旱 避正殿 詔五品以上言事 減膳 罷役
理囚 賑乏 乃雨(同書 太宗本紀)

라고 하여 避正殿, 言事 즉 上書, 왕의 減膳, 罷役, 理囚, 賑乏 등에 의
한 제왕의 自責修己와 선정의 구현으로써 비를 내리게 하였다고 기록
되어 있다. 여기서 『三國史記』에 보이는 삼국의 가뭄대책으로서의 여
러 가지 善政, 自責의 유형을 발견할 수 있다. 물론 보다 근원이 되는
것은 洪範五行傳이나 『尙書』의 洪範編에서 찾을 수 있다.

　　여기서 『三國史記』에 실린 삼국의 지변기사 중 특히 가뭄에 대한
것을 중국의 經典이나 正史의 오행지와 대비하여 연관을 지을 수 있
게 되었다. 그러나 이러한 중국적인 자연관이 과연 『三國史記』에 기록
되어 있는 그러한 시기부터 수용되고 있었는지 알 수 없으며, 설령 그
렇다 하더라도 그러한 자연관이 삼국의 각 왕조에서 정치윤리로서 어
느 정도 작용하고 있었는지에 대해서는 금후 본격적으로 천착하여야
할 과제이다.

　　(2) 瑞祥

　　咎徵에 반대되는 현상은 瑞祥이다. 서상은 정치가 이상적으로 실현
되었을 때 나타나는 특수한 자연현상이다.[37] 즉 瑞祥은 덕치주의가 잘

실현되었을 때 그 聖君의 치적을 자연현상에서 드러내는 것으로, 당대의 군주들에게는 참으로 기대되는 바였다.『三國史記』에는 삼국에 있어서의 구징 현상과 더불어 서상과 관련된 현상이 다양하게 기록되어 있다. 예컨대 赤烏, 白獐, 神馬, 紫獐, 白鹿, 三角鹿, 長尾兎, 赤趐白魚, 神雀, 黃龍, 慶雲, 神鹿, 雙鹿, 鴻鴈, 黑龍, 白鷹, 一角鹿, 白鳥, 白雉, 六眼龜, 紫雲, 玄雲, 梨樹連理, 樹連理, 合穎禾, 嘉禾, 麥連岐, 靑牛 등은 서상을 나타내는 것이거나 서상과 관련을 가진 것으로 생각된다. 이들 특이한 동물이나 식물, 또는 자연현상은 중국의 瑞祥說로는 설명할 수 없는 것도 있다. 또한 비록 중국적 서상설과 일치되는 명칭이나 현상이라 하더라도 삼국의 독자적인 관행에서 유래된 것도 있을 것이다. 그러나 赤烏, 白魚, 梨樹連理, 嘉禾 등은 명확히 중국적인 瑞祥物이다. 먼저 赤烏에 대한 것을 보면『三國史記』高句麗本紀2에,

　　(대무신왕) 3년 가을 9월 왕은 骨句川에서 사냥을 하다가 신마를 얻어 그 이름을 駏驤라고 지었다. 겨울 10월에 부여왕 帶素가 사신을 파견하여 赤烏를 보내왔는데 머리는 하나요 몸은 둘이었다. 처음에 부여인이 이 까마귀를 얻어 부여왕에게 바쳤는데 어떤 자가 말하기를, "까마귀는 검은데 이제 변하여 붉게 되었으며 또 머리 하나에 몸이 둘이니 두 나라를 병합할 징조로서 왕께서 고구려를 병합하실지 모르겠습니다" 하였다. 대소는 기뻐하여 이것을 고구려에 보내고 어떤 자의 말을 전달하였다. 왕이 군신과 의논하고 부여왕에게 대답하기를, "검은 것은 북방의 색인데 지금 이것이 변하여 남방의 색이 되고 또 赤烏는 상서로운 것인데 그대가 이것을 얻어서 갖지 않고 나에게 보냈으니 두 나라의 흥망을 알 수 없다"고 하였다. 대소는 이 말을 듣고 놀라며 후회하였다.
　　(大武神王) 三年秋九月 王田骨句川得神馬 名駏驤 冬十月 扶餘王帶素遣使送赤烏 一頭二身 初扶餘人得此烏 獻之王 或曰 烏者黑也 今變而爲赤 又一頭二身 幷二國之徵也 王其兼高句麗乎 帶素喜送之 兼示或者之言 王與群臣議答曰 黑者 北方之色 今變而爲南方之色 又赤烏

37)『呂氏春秋』名類編;『荀子』哀公編;李熙德, 앞의 책 참조.

瑞物也 君得而不有之 以送於我 兩國存亡 未可知也 帶素聞之 驚悔

라고 하여 적오를 둘러싼 징조를 五行說이나 瑞祥의 관념으로 해석하고 있다. 즉 부여왕 대소는 一頭二身의 奇形 赤鳥를 고구려 대무신왕에게 선물하였는데, 까마귀란 본래 검은 것인데 지금 붉게 변하였고, 또 一頭二身의 기형은 장차 부여가 고구려를 합병할 징조라고 보고 의기양양하게 고구려왕에게 까마귀를 선물로 보낸 것이다. 그러나 고구려의 해석은 달랐다. 검은 빛을 지닌 까마귀가 붉은 빛으로 바뀐 것은 북방을 상징하는 黑이 남방을 상징하는 赤으로 바뀐 것이며, 따라서 오히려 남방의 고구려가 북방의 부여를 합병한다는 것으로 풀이하였다. 또한 赤鳥는 瑞祥物이기 때문에 그것을 선물로 받은 고구려가 또한 瑞祥의 조짐을 입게 된다고 보았다. 이로써 赤鳥는 瑞祥物임이 확인되는데, 이는 저 周 武王이 殷의 紂王을 멸망시키기에 앞서 나타났던 『史記』周本紀4의 赤鳥와 白魚의 瑞祥기사와 매우 유사하다. 즉,

9년 … 마침내 출정군을 일으켰다. 師尙父(太公望)가 "제후들이여! 너희 백성과 배를 가지고 오라. 늦게 오는 자는 斬罪에 처할 것이다"라고 호령을 내렸다. 武王이 황하를 건너는데 중류까지 나아가자 白魚가 왕의 배로 뛰어 들어왔다. 무왕이 몸을 구부려 이것을 잡아 제사지냈다. 강을 건너자 하류 쪽에서 일어난 불이 상류 쪽으로 올라와 다시 하류에 와서 무왕의 陣屋에 이르자 까마귀가 되었다. 그 색은 붉고 그 우는 소리는 안정되어 있었다. 이 때 기약없이 盟津에 모인 제후가 800이었다. 제후들이 모두 "紂王을 토벌해야 합니다"라고 말하자 무왕이 말하기를, "너희들은 아직 天命이 殷에 있는 것을 모른다. 아직 정벌할 때가 아니다"라고 했다. 이에 군사를 이끌고 周로 되돌아왔다.

九年 … 遂興師 師尙父號曰 總爾衆庶 與爾舟楫 後至者斬 武王渡河 中流 白魚躍入王舟中 武王 俯取以祭 旣渡 有火自上復于下 至于王屋 流爲鳥 其色赤 其聲魄云 是時諸侯不期而 會盟津者 八百諸侯 諸侯皆 曰 紂可伐矣 武王曰 汝未知天命 未可也 乃還師歸

주 무왕 즉위 9년 은나라의 紂王을 정벌하기 위해 출정했을 때의 사

건으로, 여기에서 나오는 白魚와 赤烏는 모두 주 무왕에 대한 瑞祥이다. 이것으로 미루어 고구려 대무신왕 때의 赤烏기사는 바로 주 무왕의 赤烏에서 비롯된 것이라 생각된다. 은나라와 주나라의 상황도 부여왕 帶素의 전사를 앞둔 부여와 고구려의 상황과도 비슷하다.

한편 여기에 나오는 白魚에 관련된 기사로는『三國史記』高句麗本紀3 太祖大王條에,

> 7년 여름 4월에 왕은 孤岸淵에 가서 고기잡는 것을 구경하다가 붉은 날개가 달린 白魚를 얻었다.
> 七年夏四月 王如孤岸淵觀魚釣 得赤翅白魚

라 한 데서 찾을 수 있다. 태조왕이 낚은 白魚는 붉은 날개가 달린 백어라는 점에서 주 무왕의 경우와 똑같지는 않지만, 어쨌든 이 때의 백어도 祥瑞로 간주된 것으로 보인다. 태조왕대에는 동으로 沃沮의 병탄과 뒤이어 曷思王國의 내항, 貫那・朱那部의 정벌이 있었다. 그러나태조왕의 중요 공격 목표는 현도군의 구축과 요동 공격 등 대중국 전선이었으며, 94년에 걸친 긴 재위 기간을 통하여 정복국가로서의 기틀을 다졌다. 실제로『魏志』東夷傳에 의하면 태조왕은 중국측에게 매우공포의 대상으로 되어 있었다. 그러므로 이러한 왕의 업적에 걸맞게태조왕대에는 이 밖에 다른 瑞祥物도 나타나곤 하였던 것이다.[38]

이 밖에 連理樹의 기록으로서『三國史記』高句麗本紀7에,

> (양원왕) 2년 봄 2월 王都에 있는 배나무의 連理가 있었다.
> (陽原王) 二年春二月 王都梨樹連理

라 보이고, 同書 新羅本紀3에,

> (내물이사금) 7년 여름 4월 시조묘의 뜰에 있는 나무가 連理하였다.
> (奈勿尼師今) 七年夏四月 始祖廟庭樹連理

---

38) 예컨대 太祖王 25年, "冬十月 扶餘使 來獻三角鹿長尾兎 王以爲瑞物 大赦".

란 기사가 있다.

木連理는 『宋書』 卷29 符瑞下에,

> 木連理는 왕의 德澤이 純洽하여 팔방이 합하여 하나를 이루면 나타
> 난다.
> 木連理 王者德澤純洽 八方合爲一則生

라 한 데서 알 수 있듯이 祥瑞를 나타내는 것으로서 중국의 역대 정사
에 흔히 보이는 祥瑞 현상이다. 물론 고구려의 양원왕 2년과 신라 내
물왕 7년의 상서기사가 구체적으로 어떻게 설명될 것인지는 갑자기 짐
작할 수 없다.

끝으로 嘉禾의 祥瑞는 麥連岐, 그리고 백제의 合穎禾와 함께 米麥
의 재배를 나타내는 농경생활을 반영한 것이다. 이는 고구려 기사에는
보이지 않고 『三國史記』 신라본기2 伐休尼師今條에,

> 3년 가을 7월 南新縣에서 嘉禾를 바쳤다.
> 三年秋七月 南新縣進嘉禾

라 하였고, 同書 助賁尼師今條에,

> 13년 가을 7월 크게 풍년이 들고 古陁郡에서 嘉禾를 바쳤다.
> 十三年秋 大有年 古陁郡進嘉禾

등에서 볼 수 있다.

『宋書』 卷29 符書下에 따르면,

> 嘉禾는 五穀의 長으로 왕의 덕이 성하면 두 줄기에서 함께 이삭이
> 난다. 주나라의 덕은 세 줄기에 함께 이삭이 나오고, 商나라의 덕은 같
> 은 포기에 다른 이삭이 나오고, 하나라의 덕은 다른 포기에 같은 이삭
> 이 패었다.
> 嘉禾 五穀之長 王者德盛 則二苗共秀 於周德 三苗共穗 於商德 同本
> 異稷 於夏德 異本同秀

라 하여 가화가 王者의 성덕을 나타내는 상서임을 알 수 있거니와, 同
符書下에는 漢代 이래의 嘉禾기사가 많이 수록되어 있어 嘉禾가 상서
에서 차지하는 비중이 적지 않음을 알 수 있다.

5. 結言

이상에서『三國史記』에 실려 있는 천문·지변 기사의 해석에 관한
하나의 가능성을 얻을 수 있게 되었다. 그것은 그 동안 과학사 분야의
연구의 진전과 함께 얻어진 결과로서,『三國史記』에 실려 있는 천문·
지변의 기록이 중국 정사의 기록들을 단순히 그대로 옮겨온 것이라는
종래의 주장에서 벗어나 최근에는 이들 기록이 삼국시대와 통일신라
기에 각기 독자적으로 관측된 기록으로 볼 수 있다는 견해가 매우 유
력해지고 있다. 한편으로는『三國史記』의 초기 기록에 해당하는 것들
을 대부분 허구로 돌리려 했던 否定論에 대하여, 최근에 와서는 이를
긍정적으로 보려는 견해가 대두하고 있다.

이러한『三國史記』에 대한 보다 긍정적 평가를 바탕으로『三國史
記』의 천재지변에 관한 기록들을 살펴보면, 먼저 중국적인 자연관과
대비해 볼 때 천재·지변은 중국의 災異說에 의해 설명할 수 있을 것이
다. 우선 천문현상으로서 일식이나 오성, 혜성이나 지변현상으로서
旱魃·地震·大風拔木·桃李再華 등 대부분의 기록이 전형적인 중국
적 자연관의 관찰 대상들과 거의 일치하고 있기 때문이다. 그리고 天
變의 경우, 이들 현상을 咎徵과 祥瑞로 구분해서 파악하고 있는데 특
히 오성의 운행을『書經』의 洪範五事나 儒家의 덕목인 仁義禮智信의
五常과도 연결지어 해석할 수 있을 것으로 보인다. 이어 地變에 있어
서도 천변과 마찬가지로 구징과 상서로 나누어 해석할 수 있으며 역시
홍범의 오사와 관련지어 설명할 수 있다. 이리하여『三國史記』에 기록
된 천재·지변 기사를 중국의 천인합일설에 의해서 해석할 수 있는 가

능성을 얻게 되었고, 따라서『三國史記』의 천재・지변 기사를 유가의 정치윤리관과 연관지을 수 있을 것이다.

제2장 삼국의 地變과 정치

1. 序言

『三國史記』가 중국의 正史體를 본받아 편찬된 것은 주지의 사실이다. 그런데 日食, 星變 등의 天變을 비롯하여 旱, 大風折木, 地震, 桃李再華, 一産四男一女, 出大魚, 連理木, 嘉禾 등의 地變에 대해서는 『漢書』이래로 天文志와 五行志를 편성하여 따로 독립된 기사로서 전승하고 있다. 그러나 『三國史記』의 경우는 地理志나 職官志 등 일부 중국 정사와 같이 志를 설정하고 있음에도 불구하고 천문지나 오행지는 마련하지 않고 이것들을 삼국의 각 본기에만 수록하고 있다. 물론 중국에서도 천재지변 기사는 각 시대의 帝紀에 그 발생 시기에 따라 편년되어 있다.

이 장에서는 삼국시대의 地變기사와 더불어 이러한 지변을 파악하고 수록한 사상적 배경을 추구할 것이다. 그러나 『三國史記』에 실려 있는 대부분의 자연관계 기사들은 그 사상적 기반을 이해할 수 있는 지식이 전승되지 않고 단순히 천재지변 현상만을 남기고 있다. 그러므로 이들 삼국의 천재지변 기사의 사상적 의미를 파악하기 위해서는 동시대의 중국의 그것과 대비하지 않으면 안 된다. 여기에서는 우리의 삼국시대와 거의 비슷한 시기에 해당하는 後漢의 역사를 기록한 『後漢書』를 그 대상으로 삼기로 한다. 물론 『後漢書』 오행지를 중심으로 하고 帝紀도 비교·검토하게 될 것이다. 따라서 『三國史記』에 실린 地

變기사를 분석·파악하려는 본 장은 자연히『後漢書』오행지의 木·
金·水·火·土의 五行 순서에 따라 논의를 진행할 것이다. 그런데
『後漢書』오행지에서는 위의 五行에 이어 五行六을 설정하고 이를 皇
之不極이라 하여 日食·日赤無光·日黃珥·虹貫日 등 천문기사까지
수록하고 있다. 그러나 본 장에서는 이 천문기사는 다루지 않고 다음
의 삼국의 천변기사와 정치 부분에서 검토하기로 한다.

삼국의 지변기사를 검토하는 데 있어서 순서는 고구려·백제·신라
순으로 진행할 것이며, 통일신라 부분은 장을 달리하여 독립된 분석과
검토를 할 것이다.

2. 고구려의 地變

(1) 五行一（Ⅰ）: 木

먼저『三國史記』를 중심으로 하여 고구려의 자연관을 검토하기로
한다. 고구려의 자연관을 편의상『後漢書』오행지와 대비하여 분석·
대비하고자 한다.

『後漢書』오행지1에는 五行의 木·金 두 범주를 포괄하고 있다. 먼
저 木에 대해서 보기로 한다.

木의 경우, 그 본성을 잃고 군주가 貌不恭하게 되면 淫雨·服妖·
雞禍·靑眚靑祥·屋自壞의 재이가 발생하는데, 이러한 災異 발생의
사상적 근거로서 다음과 같이 洪範五行傳의 기사를 들고 있다.

오행전에서 말하기를, (군주)가 사냥을 하는데 그 적당한 시기를 가
리지 않고 음식을 예법에 따라 들지 않고, (궁전)을 출입하는 데 절도
가 없고, 백성의 農期를 빼앗아 사역하고 이리하여 姦謀를 꾸미면 木
은 구부리고 바르게 하는 曲直의 성질을 잃게 된다. 木이 그 성질을
잃으면 재이가 발생한다. 또 (오행전)에서 말하기를, 외모를 공손하게

하지 않으면 정숙하지 않다고 한다. 그 문책은 광기로 나타나고 그 벌은 장마이고 그 궁극의 재앙은 邪惡이다. 어느 때는 복식의 妖가 일어나고, 어느 때는 거북의 요물이 생기고 어느 때는 닭의 화가 있고 어느 때는 하체의 기관이 상체에 발생하는 (기형)의 병이 생기고, 어느 때는 靑眚·靑祥이 일어난다. 이것은 金이 木에 손상을 준 것이다.

> 五行傳曰 田獵不宿 飮食不享 出入不節 奪民農時 及有姦謀 則木不曲直 謂木失其性而爲災也 又曰 貌之不恭 是謂不肅 厥咎狂 厥罰恒雨 厥極惡 時則有服妖 則有龜孼 時則有雞禍 時則有下體生上之痾 時則有靑眚靑祥 惟金沴木(『後漢書』五行志1)

기사의 내용은 통치자인 군주가 수렵하는 때를 가리지 않고, 음식을 예법에 따라 취하지 않고, 궁전출입에 절도가 없으며, 백성들의 農時를 박탈하고 奸謀를 일삼을 경우 木이 曲直의 성질을 상실하여 災異가 초래된다는 것이다. 그리고 군주가 外貌를 不恭하게 흐트러뜨리면 위에서 열거한 災異가 발생한다. 고구려의 지변기사 중 여기에 해당되는 것을 검토해 보면 다음과 같다.

• 屋自壞

『三國史記』의 기사에는 '(文咨明王) 二十七年三月 王宮南門自毁'라 하였으며 이듬해인 동왕 28년에 문자왕의 훙거 기사가 나온다. 이와 대비되는 중국측 기사로는 '永康元年十月壬戌 南宮平城門內屋自壞 金沴木 木動也 其十二月 宮車晏駕'(『後漢書』五行志 五行1)라 하여 평성문 內屋이 무너진 두 달 뒤 桓帝의 죽음을 전하고 있다. 屋自壞의 지변이 군주의 죽음과 관련되고 있음을 알 수 있다.

(2) 五行一(Ⅱ) : 金

계속하여 『後漢書』오행지1에 의하면,

오행전에서 말하기를, (군주)가 전쟁을 즐겨하고 백성을 가벼이하고

성곽을 치장하며 변경을 침범하면 金이 그 본성을 잃고 從革, 즉 변형
이 되지 않게 된다. 金이 그 본성을 잃으면 재이가 된다. 또 (오행전)에
서 말하기를, 말이 순하지 않으면 다스려지지 않는다고 한다. 그 문책
은 어긋나는 것이고 그 벌은 가뭄이며 그 궁극의 재앙은 걱정이다. 어
느 때는 詩妖가 있고 어느 때는 介蟲의 요물이 생기고 어느 때는 개의
화가 있고 어느 때는 口舌의 병이 생기고 어느 때는 白眚白祥이 생긴
다. 이것은 木이 金에 손상을 준 것이다. 介虫은 劉歆傳에서는 毛虫으
로 되어 있다. 乂는 治와 같다.

> 五行傳曰 好攻戰 輕百姓 飾城郭 侵邊境 則金不從革 謂金失其性而
> 爲災也 又曰 言之不從 是謂不乂 厥咎僭 厥罰恒陽 厥極憂 時則有詩
> 妖 時則有介蟲之孼 時則有犬禍 時則有口舌之痾 時則有白眚白祥 惟
> 木沴金 介虫 劉歆傳以爲毛虫 乂治也

라 하였다. 군주가 전쟁을 즐기고 백성을 가벼이 하며 성곽을 꾸미고
변경을 침공하면 金이 그 본성을 잃는다. 그리고 또 군주가 언지부종
즉 말을 순하게 하지 못하면 旱, 訛言, 謠, 狼食人 등의 재이가 발생한
다는 것이다. 고구려 기사에서는 이 중 旱·狼 관계 기사만이 보인다.

•旱

旱災에 관한 기사는 다른 나라와 마찬가지로 고구려에도 가장 많이
수록되어 있다. 『三國史記』 고구려본기3 태조대왕조에 '五十六年春
大旱 至夏赤地 民饑 王發使賑恤'이란 기사를 비롯하여 西川王 3년 6
월, 小獸林王 8년, 故國壤王 5년 4월, 廣開土王 15년, 文咨明王 4년 봄
3월, 安原王 6년 봄여름, 平原王 5년, 13년 등에 한재기사가 보인다. 이
가운데 '平原王五年夏 大旱 王減常膳 祈禱山川 平原王十三年 … 八
月 重修宮室 蝗旱罷役'이라 하여 大旱에 대한 대책으로서 통상적인
진휼 외에 왕이 減膳하고 산천에 기도한 것이라던지 궁실의 重修工事
를 중지한다는 것이 기록되어 있다. 한재에 대한 대책으로 왕이 산천
에 기도하고 일상적인 호화로운 식사를 간소화함으로써 일종의 도덕
적인 책임을 느낀다는 점은 중국의 경우와 유사하다. 즉 『後漢書』 오

행지1에,

　　화제 영원 6년 가을 京都에 가뭄이 들었다. 당시 雒陽에 억울한 죄
수가 있어 화제는 雒陽寺에 행차하고 죄수들을 재심사하고 억울한 죄
수의 일을 바로잡고 슥을 거두어 죄의 경중에 따라 형량을 정하였다.
행차중 궁궐에 돌아오기 전에 단비가 내렸다.
　　和帝永元六年秋 京都旱 時雒陽有冤囚 和帝幸雒陽寺 錄囚徒 理冤
　　囚 (收)令下獄抵罪 行未還宮 澍雨降

라고 하였고『新唐書』高宗本紀3에,

　　(건봉) 2년 5월 정축에 가뭄이 들어 正殿을 피하고 평상시의 음식을
감하고 죄수를 재심하였다.
　　(乾封) 二年五月丁丑 以旱避正殿 減膳 慮囚

라 하여 죄수에 대한 재심 조치를 취하고 정전을 피하고 減膳을 하는
등 일련의 善政과 도덕적 修德으로 한재에 대비하였음을 알 수 있다.
중국의 것과 대비해 보건대 고구려에서도 減膳 이외에 避正殿이나 慮
囚 등의 德治가 있었음직하나 기사는 보이지 않는다.

・狼食人

　이것은 이리가 사람을 殺食하는 사건을 말한다.『三國史記』高句麗
本紀10에,

　　(보장왕) 27년 2월 … 이리와 여우가 성에 들어오고 문 밑에 두더지
굴이 생기고 인심이 흉흉하니 이번 원정은 다시 거듭하지 않게 될 것
입니다.
　　(寶臧王) 二十七年二月 … 狼狐入城 蚡穴於門 人心危駭 是行不再
　　擧矣

라 하여 사람을 殺食하는 기사는 아니나 도성에 이리와 여우가 횡행한
사실을 전하고 있다. 이와 대비하여 중국측 기사를 보면『後漢書』오

행지1 말미에,

① 순제 양가 원년 10월중 望都와 浦陰 지방에서 이리가 어린이 97명
을 물어죽였다. 당시 李固는 그 대책에서 京房易傳을 인용하여 말
하기를, "군주가 무도하면 그 해가 곧 백성에게 미치는 것이므로 온
몸을 깊은 산으로 내쫓는 것과 같아서 그 요사함은 이리가 사람을
잡아먹는 것입니다. 폐하는 깊이 깨달아 隱滯됨을 자주 반성하시면
이리의 재앙이 그치게 될 것입니다" 하였다.
　　順帝陽嘉元年十月中 望都浦陰狼殺童兒九十七人 時李固對策 引京
　　房易傳曰 君將無道 害將及人 去之深山[以]全身 厥(災)妖狼食人
　　陛下覺寤 比求隱滯 故狼災息
② 영제 乾寧中에 이리떼 수십 마리가 晉陽南城門으로 들어가 사람을
물었다.
　　靈帝 乾寧中 羣狼數十頭入晉陽南城門齧人

라 하여 군주의 無道 즉 부덕한 정치가 狼食人의 妖災를 가져온다고
하였다. 이 지변들은 고구려나 후한의 멸망기에 일어났다는 점에서 공
통된다.

　이상에서『三國史記』고구려 기사를『後漢書』등의 중국측 오행기
사와 대비해 보았는데, 고구려의 경우는『後漢書』오행1의 서두에 제
시한 淫雨·服妖·雞禍·靑眚·屋自壞·訛言·旱·謠·狼食人 중
에 屋自壞·旱·狼食人의 세 가지 재이만 나타나 있다. 그러나 그 재
이 발생의 성격이나 消災의 방법이 모두 중국과 같은 사상적 배경에서
이루어지고 있음을 추정할 수 있다.

　　(3) 五行二 : 火

　여기에 나타나는 재이로는 災火·草妖·羽虫孼·羊禍가 있고 그
발생근거는 다음과 같이 기록되어 있다.

　오행전에 말하기를, 법률을 버리고 공신을 내몰고 태자를 죽이고 첩

을 처로 삼으면 火가 그 본성을 잃어 不炎上 즉 타오르지 않는다. 火가 그 본성을 잃으면 재이를 드러낸다. 또한 (오행전)에 말하기를, 보는 것이 밝지 못하면 이것을 분명치 못하다고 한다. 그 책망은 느슨함이요, 그 벌은 더위의 계속이며 그 궁극의 재앙은 병이다. 어느 때는 草木의 妖가 생기고, 어느 때는 껍질과 털이 없는 동물의 요물이 일어나고, 어느 때는 양의 화가 일어나고, 어느 때는 눈의 병이 생기고, 어느 때는 赤眚赤祥이 일어난다. 水가 火에 손상을 끼친 것이다. 蠃蟲은 劉歆傳에는 羽蟲으로 되어 있다.

> 五行傳曰 棄法律 逐功臣 殺太子 以妾爲妻 則火不炎上 謂火失其性 而爲災也 又曰 視之不明 是謂不悊 厥咎舒 厥罰常燠 厥極疾 時則有 草妖 時則有蠃蟲之孼 時則有羊禍 時則有赤眚赤祥 有水沴火 蠃蟲 劉 歆傳以爲羽蟲(『後漢書』志 五行2)

재이 발생의 원인으로서, 오행전을 인용하여 王者가 법률을 포기하고, 공신을 내몰고, 태자를 죽이고, 첩을 처로 삼으면 火가 그 본성을 잃어 재이를 드러내게 된다고 하였다. 또 五行傳은 군주가 五事 중에 視之不明 즉 바르게 보지 못할 때 위와 같은 재이가 발생한다고 하였다. 『三國史記』의 자연현상 기록에서 이와 공통되거나 유사한 재이를 찾아보면 다음과 같다.

• 羽虫孼

蠃虫之孼에 속한 것은 보이지 않고, 羽虫之孼에 속하는 것이 보이며 이는 劉歆傳을 따르고 있음을 알 수 있다. 여기에 속하는 것으로서 『三國史記』 高句麗本紀1에 다음과 같은 기사가 나온다.

① (시조동명성왕) 6년 가을 8월 神雀이 궁정에 모였다. 겨울 10월 왕은 烏伊, 扶芬奴에게 명하여 太白山 동남쪽 荇人國을 정벌하고 그 땅을 취하여 성읍으로 삼았다.
  (始祖東明聖王) 六年秋八月 神雀集宮庭 冬十月 王命烏伊扶芬奴 伐太白山東南荇人國 取其地爲城邑
② (유리명왕) 2년 가을 7월 多勿侯 松讓의 딸을 왕비로 삼았다. 9월

서쪽으로 사냥을 나가 白獐을 잡았다. 겨울 10월 神雀이 모였다. 백
제시조 온조왕이 왕위에 올랐다.

（琉璃明王）二年秋七月 納多勿侯松讓之女爲妃 九月 西狩獲白獐.
冬十月 神雀集王庭 百濟始祖溫祚立

③ (유리명왕) 3년 … 겨울 10월 왕비 松氏가 돌아갔다. 왕은 다시 두
여자를 취하여 繼室로 삼았다. 하나는 禾姬로서 鶻川人의 딸이며
하나는 雉姬로서 漢人의 딸이다. 두 여자는 사랑다툼으로 서로 불
화를 일으켜 … 치희는 화가 나서 돌아오지 않아 왕은 어느 날 나
무 밑에 쉬다가 黃鳥가 모여드는 것을 보고 느낀 바 있어 노래하되
…

（琉璃明王）三年 … 冬十月 王妃松氏薨 王更娶二女繼室 一曰禾姬
鶻川人之女也 一曰雉姬漢人之女也 二女爭寵不相和 … 雉姬怒不
還 王嘗息樹下 見黃鳥飛集 乃感而歌曰 …

이에 대비되는 것으로 『後漢書』 오행지2에 다음과 같은 기사가 나
온다.

① 환제 원가 원년 11월 오색의 큰 새가 濟陰・己氏지방에 나타났다.
당시 이것을 봉황이라 하였다. 이 때 정치는 쇠잔하고 梁冀가 정권
을 잡고 아부하고 굽혔으며, 황제는 亳后에게 행차하고 있었다. 모
두 羽孽이 이른 때라 하였다.

桓帝元嘉元年十一月 五色大鳥見濟陰己氏 時以爲鳳凰 此時政治衰
缺 梁冀秉政阿枉 上幸亳后 皆羽孽時也

② 영제 광화 4년 가을 오색의 큰 새가 新城에 나타나고 많은 새가 이
를 따랐다. 당시 이것을 봉황이라 하였는데 그 때 영제는 국사를 돌
보지 않고 常侍와 黃門이 정치를 오로지하여 羽孽이 나타날 때라
하였다.

靈帝光和四年秋 五色大鳥見于新城 衆鳥隨之 時以爲鳳凰 時靈帝
不恤政事 常侍黃門專權 羽孽之時也 …

먼저 고구려 기사에서 유리왕 2년의 神雀은 아마도 瑞祥으로 해석
될 것이나, 3년 10월 치희를 잃은 유리왕에게 있어 황조는 재이에 속하

는 咎徵으로 보인다. 한편 後漢의 경우, 환제나 영제 때 보인 봉황은 원래 瑞鳥로 해석될 것이나 앞서 오행지의 해석대로 당시의 政治衰缺, 不恤政事한 상황하에 나타난 것으로서 결국 羽孼로 해석되고 있다.

오행2의 대비에서 고구려의 재이기사는 위에서 보는 바와 같이 羽蟲孼에 다소 연관시킬 수 있는 정도이며, 그 밖에 災火·草妖·羊禍 등에 대비할 기사는 보이지 않는다.

(4) 五行三 : 水

오행3에서는 水에 관하여,

오행전에서 말하기를, 종묘를 소홀히 하고 신에게 빌지 않고 제사를 폐하고 天時를 어기면 水가 불어서 아래로 흐르지 않게 된다. 水가 본성을 잃으면 재이가 발생한다. 또한 (오행전)에 말하기를, 군주가 듣는 것을 총명하게 하지 못하면 이것을 不謀라 한다. 그 문책은 성급함이며 그 벌은 계속되는 추위이며 궁극의 재앙은 궁핍이다. 어느 때는 鼓妖가 있고 어느 때는 돼지의 화가 있고 어느 때는 귀의 병이 발생하고 어느 때는 黑眚黑祥이 있다. 이는 火가 水에 손상을 끼친 것이다. 魚孼은 劉歆傳에서는 介蟲의 孼로 되어 있으며 蝗에 속하는 것을 말한다.

五行傳曰 簡宗廟 不禱祠 廢祭祀 逆天時 則水不潤下 謂水失其性而災也 又曰 聽之不聰 是謂不謀 厥咎急 厥罰恒寒 厥極貧 時則有鼓妖 時則有魚孼 時則有豕禍 時則有耳痾 時則有黑眚黑祥 惟火沴水 魚孼 劉歆傳以爲介蟲之孼 謂蝗屬也(『後漢書』志15 五行3)

라 하였다. 홍범오행전에서는 종묘를 소홀히 하고 신에게 빌지 않고 제사를 폐하면 木은 그 본성을 잃게 되며, 또한 군주가 聽之不聰 즉 듣는 것을 총명하게 듣지 못할 때는 그 災異로서 大水·水變色·大寒·雹·冬雷·山鳴·魚孼(介虫之孼-蝗-劉歆傳)이 나타난다고 되어 있다.

· 大水

이에 관한 기사로는 『三國史記』 고구려본기에,

① 민중왕 2년 여름 5월 國東에 큰물이 졌다.
    閔中王二年夏五月 國東大水
② 모본왕 원년 가을 8월 큰 물이 지고 산이 무너진 곳이 20여 곳이다.
    慕本王元年秋八月 大水 山崩二十餘所
③ 태조대왕 7년 가을 7월 京都에 큰물이 지고 민가가 떠내려갔다.
    太祖大王七年秋七月 京都大水 漂沒民屋
④ 안원왕 5년 여름 5월 國南에 큰물이 지고 민가가 떠내려가고 죽은
    자가 200여 인이었다.
    安原王五年夏五月 國南大水 漂沒民屋 死者二百餘人
⑤ 평원왕 3년 6월 큰물이 졌다.
    平原王三年六月 大水

고 보인다. 중국측 기사로는 『後漢書』 오행3에,

    상제 연평 원년 5월 郡國 37곳에 큰물이 졌으며 농사를 손상하였다.
    董仲舒가 말하되, "水는 陰氣가 성한 것이다" 하였는데, 이 때 帝는 襁
    抱에 있었으며 등태후가 정치를 오로지하였다.
        殤帝延平元年五月 郡國三十七大水 傷稼 董仲舒曰 水者 陰氣盛也
    是時帝在襁抱 鄧太后專政

라는 기사를 비롯하여 당시에 일어난 大水를 오행설에 따라 해석한 것
이 많이 실려 있다. 『後漢書』의 大水 기사가 이처럼 오행설에 의해 설
명되고 있는 반면 고구려 기사에는 그러한 설명이 전혀 보이지 않는
다.

· 水變色

이에 대한 고구려의 기록으로는 『三國史記』 고구려본기에,

보장왕 19년 가을 7월 평양의 강물이 핏빛이 되고 3일 동안 계속되었다.

　　寶臧王十九年秋七月 平壤河水血色凡三日

라고 한 기사가 있다.『後漢書』오행3에는,

① (안제 영초) 6년 河東에 물이 변색되어 모두 붉기가 피와 같았다. 이 때에 등태후가 아직 정치를 오로지하고 있었다.
　　(安帝永初) 六年 河東池水變色 皆赤如血 是時鄧太后猶專政
② 환제 건화 2년 7월 京師에 큰물이 겼는데, 지난해 가을 梁冀가 太尉 李固와 杜喬를 억울하게 죽였기 때문이다.
　　桓帝建和二年七月 京師大水 去年冬 梁冀 枉殺故太尉李固 杜喬

라 하여 水變色의 원인이 태후의 專政이나 枉殺 행위 등에 있다고 하고 있다. 고구려의 경우는 그 해 11월에 소정방 등을 대총관으로 삼은 唐의 공격을 받기 시작하였다. 그러나 평양의 河水血色 기사는 이 唐의 침공과 연결되어 있지 않으므로『後漢書』처럼 오행설과 관련하여 의미를 부여할 수는 없다.

・雹

雹에 관해서는『三國史記』고구려본기에 비교적 많이 보인다.

① 대무신왕 24년 봄 3월 경도에 우박이 내렸다.
　　大武神王二十四年春三月 京都雨雹
② 모본왕 2년 여름 4월 서리와 우박이 내렸다.
　　慕本王二年夏四月 隕霜雨雹
③ 태조대왕 66년 가을 7월 누리와 우박이 곡식에 해를 끼쳤다.
　　太祖大王六十六年秋七月 蝗雹害穀
④ 봉상왕 7년 가을 9월 서리와 우박이 내려 곡식을 죽이고 백성들에게 기근이 들었다.
　　烽上王七年秋九月 霜雹殺穀 民饑
⑤ 안원왕 12년 여름 4월 우박이 떨어졌다.

安原王十二年夏四月 雹

⑥ 양원왕 2년 여름 4월 우박이 떨어졌다.

陽元王二年夏四月 雹

⑦ 평원왕 23년 가을 7월 서리와 우박이 곡식을 죽였다.

平原王二十三年秋七月 霜雹殺穀

⑧ 보장왕 9년 가을 7월 서리와 우박이 곡식을 죽이고 백성들에게 기근이 들었다.

寶藏王九年秋七月 霜雹害穀 民饑

등의 雹에 관한 기사가 있다. 『後漢書』 오행3에는,

① 화제 영원 5년 6월 郡國 세 곳에 우박이 떨어졌는데 그 크기가 계란만하였다. 이 때에 화제는 酷吏 周紆를 등용하여 司隷校尉로 삼았는데 형벌과 주구가 심각하였다.

和帝永元五年六月 郡國三雨雹 大如雞子 是時和帝用酷吏周紆爲司隷校尉 刑誅深刻

② (안제) 연광 원년 4월 郡國 21곳에 우박이 떨어졌는데 크기가 계란만하였으며 농사를 상해하였다. 이 때 안제는 참소를 믿고 무고한 자를 죽인 일이 많았다.

(安帝) 延光元年四月 郡國二十一雨雹 大如雞子 傷稼 是時安帝信讒 無辜死者多

등 우박과 가혹한 형벌과 참소 등 그 원인을 설명하고 있다. 고구려의 경우 우박 기사뿐, 그에 관한 오행설에 입각한 설명은 보이지 않는다.

• 冬雷

冬雷에 대한 기사는 『三國史記』 고구려본기에,

① 대무신왕 14년 겨울 11월 우레가 있었다.

大武神王十四年冬十一月 有雷

② 태조대왕 16년 겨울 10월 우레가 있었다.

太祖大王十六年冬十月 雷

③ 차대왕 8년 겨울 12월 우레가 있고 지진이 일어났다.
   次大王八年冬十二月 雷 地震
④ 산상왕 21년 겨울 10월 우레가 있고 지진이 일어났다.
   山上王二十一年冬十月 雷 地震
⑤ 중천왕 15년 겨울 10월 우레가 있고 지진이 일어났다.
   中川王十五年冬十月 雷 地震
⑥ 봉상왕 8년 겨울 12월 우레가 있고 지진이 일어났다.
   烽上王八年冬十二月 雷 地震
⑦ 소수림왕 7년 겨울 10월 눈이 내리지 않고 우레가 있었다.
   小獸林王七年冬十月 無雪 雷
⑧ 안원왕 5년 12월 우레가 있었다.
   安原王五年十二月 雷

등의 冬雷에 관한 기록이 보인다. 이것을 『後漢書』오행지3과 대비하여 보면 다음과 같다.

① (안제) 연광 4년 郡國 19곳에 겨울 우레가 있었다. 이 때 태후가 섭
   정하고 황제는 하는 일이 없었다. 태후가 이미 돌아가자 阿母王 聖
   과 황후의 형 閻顯 형제가 다시 정권을 잡아 황제는 마침내 만기를
   친히 다스리지 않으며 종용, 관인하며 신하에게 맡겼다.
   (安帝) 延光四年 郡國十九冬雷 是時太后攝政 上無所與 太后旣崩
   阿母王聖及皇后兄 閻顯兄弟更秉威權 上遂不親萬機 從容寬仁任臣
   下
② 환제 건화 3년 6월 을묘에 憲陵寢屋에 우레가 쳤다. 앞서 梁太后는
   형인 冀가 李固와 杜喬를 억울하게 살해한 것을 들어주었다.
   桓帝建和三年六月乙卯 雷震憲陵寢屋 先是梁太后聽兄冀枉殺李固
   杜喬

冬雷의 원인이 외척의 秉權이나 枉殺 등에서 말미암은 것임을 지적한 것이다. 그러나 『三國史記』에 실린 고구려 冬雷 기사에는 그러한 落雷의 원인이 설명된 예가 보이지 않는다.

• 魚擊

魚擊에 관한 기사로는 『三國史記』고구려본기3에서,

> 태조대왕 7년 여름 4월에 왕은 孤岸淵에 행차하여 붉은 날개가 달린 白魚를 잡았다.
>
> 太祖大王七年夏四月 王如孤岸淵觀魚釣 得赤翅白魚

라는 기사가 유일하다. 이 기사는 이미 앞장에서 祥瑞로 추정하였다. 그러나 赤翅 즉 붉은 날개가 달린 白魚란 점에서 혹 咎徵으로도 생각할 수 있을 것이다. 『後漢書』오행3에는,

> 영제 희평 2년 東萊바다에서 큰 고기 두 마리가 나타났는데 길이는 8~9丈, 높이는 2丈쯤 되었다. 다음 해 中山王 暢, 任城王 博이 함께 죽었다.
>
> 靈帝憙平二年 東萊海出大魚二枚 長八九丈 高二丈餘 明年 中山王 暢 任城王博並薨

라고 하여 大魚의 출현이 두 왕의 죽음을 예징한 것으로 되어 있다. 그리고 이 기사에 관한 註에서 京房易傳을 인용하여 '海出巨魚 邪人進賢人疏'에 원인이 있음을 지적하고 있다. 고구려의 기사에서는 『後漢書』와 같이 이러한 '邪人進 賢人疏'의 조짐이나 군주의 죽음을 나타내는 내용은 찾아볼 수 없다.

• 蝗

『三國史記』고구려본기에는 蝗의 기록이 백제·신라의 경우와 같이 매우 많이 보인다. 즉,

① (태조대왕) 3년 가을 8월 國南에서 누리가 곡식을 해쳤다.
　(太祖大王) 三年秋八月 國南蝗害穀
② (태조대왕) 10년 가을 8월 … 國南에서 나는 누리떼가 곡식을 해쳤다.

    (太祖大王) 十年秋八月 … 國南飛蝗害穀

③ (태조대왕) 66년 … 가을 7월 누리와 우박이 곡식을 해쳐 8월에 담
    당 관청에 명하여 賢良과 孝順者를 천거케 하고 홀아비, 과부, 고독
    자와 늙어서 스스로 살 수 없는 자를 문안하고 옷과 음식을 주었다.
    (太祖大王) 六十六年 … 秋七月 蝗雹害穀 八月 命所司 擧賢良孝
    順 問鰥寡孤獨及老不能自存者 給衣食

④ (고국양왕) 5년 가을 8월 누리의 해가 있었다.
    (故國壤王) 五年秋八月 蝗

⑤ (광개토왕) 15년 가을 7월 누리의 해와 가뭄이 있었다.
    (廣開土王) 十五年秋七月 蝗旱

⑥ (문자명왕) 11년 가을 8월 누리의 해가 있었다.
    (文咨明王) 十一年秋八月 蝗

⑦ (안원왕) 6년 … 가을 8월 누리의 해가 있었다.
    (安原王) 六年 … 秋八月 蝗

⑧ (평원왕) 13년 8월에 궁궐을 다시 고쳤는데 누리의 해와 가뭄이 있
    어 공사를 파하였다.
    (平原王) 十三年八月 重修宮室 蝗 旱 罷役

라는 蝗害 기사를 찾아볼 수 있다. 이 중 마지막 평원왕 13년 8월의 蝗
災는 한재와 함께 거듭되어 왕은 궁실 중수를 중단하고 있다. 이것은
治者의 自責과 修己의 일단으로 간주할 수 있다.
  이것을 『後漢書』의 오행3의 다음 蝗災 기사와 대비해 보자.

① 안제 영초 4년 여름 누리의 해가 있었다. 이 때에 西羌이 침입하여
    軍衆이 원정하기를 10여 년을 연달았다.
    安帝永初四年夏 蝗 是時西羌寇亂 軍衆征距 連十餘年
② (안제) 영초 5년 여름 九州에 누리의 해가 있었다.
    (安帝) 永初五年夏 九州蝗

①은 안제 영초 4년에 서강의 침구로 10여 년에 걸친 오랜 전쟁이
있었음을 기록한 것이고 ②에서는 同 5년 전국적인 蝗災를 설명한 데
이어 다음과 같은 내용을 기록하고 있다.

京房占에서 말하기를, "天은 만물과 백곡을 길러 백성들이 쓸 수 있게 하고 천지의 마음은 사람을 귀하게 삼고 있다. 지금 황충이 사방에서 일어나니 이는 나라를 다스림에 사악한 사람이 많고 조정에는 충신이 없으며, 벌레와 백성이 먹이를 다투니 관직에 있어 녹을 먹는 자가 벌레와 같다는 것이다. 이것을 구하지 않으면 반란이 일어나게 될 것이다. 그것을 구하는 길은 有道者를 천거하여 관직에 있게 하고 제후에게 명하여 明經을 시험하면 이것은 재이를 사라지게 할 것이다"고 하였다.

京房占曰 天生萬物百穀 以給民用 天地之性人爲貴 今蝗蟲四起 此爲國多邪人 朝無忠臣 蟲與民爭食 居位食祿如蟲矣 不救 致兵起 其救也 擧有道置於位 命諸侯試明經 此消災也

後漢에 있어서는 이처럼 蝗災는 정치가 충성스러운 신하에 의해 이루어지지 않을 때 나타나는 재이로 해석되고 있음을 알 수 있다. 고구려의 경우, 앞서 蝗災 기사에서 볼 수 있듯이 賢良孝順者의 관리 기용, 鰥寡孤獨者의 위문, 老不能自存者의 구휼 등 일련의 덕치가 이루어지고 궁궐 수리를 파함으로써 백성의 고통을 덜어 주려 한 덕치주의적 면모를 드러내고 있어 중국적 재이사상의 일면을 엿볼 수 있게 한다.

(5) 五行四 : 土

『後漢書』 志16의 오행4에 의하면 地震, 山崩, 地陷, 大風拔樹, 螟, 牛疫의 災異가 일어나는 원인으로서,

오행전에서 말하기를, 궁실을 조영하고 臺榭를 꾸미고 안으로 음란하고 친척을 범하고 부형을 업신여기면 농사가 제대로 이루어지지 않는다. 土가 그 본성을 잃으면 재이가 된다고 한다. 또한 (오행전)에 말하기를, (군주의) 생각이 밝지 못하면 聖스럽지 못하다 하고, 그 책망은 어두움이며 그 벌은 계속되는 바람이고 그 궁극은 凶·短·折이다. 어느 때는 脂夜의 妖가 있으며 어느 때는 꽃의 요사함이 있고 어느 때

는 소의 화가 있고 어느 때는 心腹의 병이 생기며 어느 때는 黃眚黃祥이 발생한다. 생각건대, 金·水·木·火가 土에 손상을 끼치는 것이다. 華孼은 劉歆傳에 嬴蟲之孼로 되어 있고 蜴에 속하는 것을 말한다.

五行傳曰 治宮室 飾臺榭 內淫亂 犯親戚 侮父兄 則稼穡不成 謂土失其性而爲災也 又曰 思心不容 是謂不聖 厥咎霧 厥罰恒風 厥極凶短折 時則有脂夜之妖 時則有華孼 時則有牛禍 時則有心腹之痾 時則有黃眚黃祥 惟金水木火沴土 華孼 劉歆傳爲嬴蟲之孼 謂蜴屬也

이어 고구려의 사례를 들면 다음과 같다.

・地震

『三國史記』고구려본기에는 다음과 같은 지진 발생 사례가 나온다.

① (유리명왕) 21년 가을 8월 지진이 일어났다.
　(琉璃明王) 二十一年秋八月 地震
② (대무신왕) 2년 봄 정월 京都에 지진이 일어나서 대사령을 내렸다.
　(大武神王) 二年春正月 京都震 大赦
③ (태조대왕) 66년 봄 2월 지진이 일어났다.
　(太祖大王) 六十六年春二月 地震
④ (태조대왕) 72년 11월 京都에 지진이 일어났다.
　(太祖大王) 七十二年十一月 京都地震
⑤ (태조대왕) 90년 가을 9월 丸都에 지진이 일어나고 왕은 밤에 꿈을 꾸기를 …
　(太祖大王) 九十年秋九月 丸都地震 王夜夢 …
⑥ (차대왕) 2년 11월 지진이 일어났다.
　(次大王) 二年十一月 地震
⑦ (차대왕) 8년 겨울 12월 우레가 있었고 지진이 일어났다.
　(次大王) 八年冬十二月 雷 地震
⑧ (중천왕) 7년 가을 7월 지진이 일어났다.
　(中川王) 七年秋七月 地震
⑨ (중천왕) 15년 겨울 11월 우레가 있었고 지진이 일어났다.
　(中川王) 十五年冬十一月 雷 地震

⑩ (서천왕) 2년 겨울 12월 지진이 일어났다.
　(西川王) 二年冬十二月 地震
⑪ (서천왕) 19년 9월 지진이 일어났다.
　(西川王) 十九年九月 地震
⑫ (봉상왕) 원년 가을 9월 지진이 일어났다.
　(烽上王) 元年秋九月 地震
⑬ (봉상왕) 8년 겨울 12월 우레가 있었고 지진이 일어났다.
　(烽上王) 八年冬十二月 雷 地震
⑭ (봉상왕) 9년 봄 정월 지진이 일어났다.
　(烽上王) 九年春正月 地震
⑮ (고국양왕) 2년 12월 지진이 일어났다.
　(故國壤王) 二年十二月 地震

는 등 지진 기사를 전하고 있다. 이와 대비하여 『後漢書』志16 오행4
에는,

① 세조 건무 22년 9월 郡國 42곳에 지진이 일어났는데 南陽이 더욱
심하였다. 땅이 갈라지고 사람들이 압사하였다. 그 후 武谿蠻夷가
반란을 일으켜 침구하여 南郡에까지 이르자 荊州의 여러 郡兵을
발하고 武威將軍 劉尚을 파견하여 치게 하였는데 오랑캐에게 포위
당하였다. 다시 군사를 발하여 다다랐으나 尚은 마침내 죽게 되었
다.
　世祖建武二十二年九月 郡國四十二地震 南陽尤甚 地裂壓殺人 其
　後武谿蠻夷反 爲寇害 至南郡 發荊州諸郡兵 遣武威將軍劉尙擊之
　爲夷所圍 復發兵赴之 尙遂爲所沒
② 화제 영원 4년 6월 병진 郡國 13곳에 지진이 일어났다. 春秋漢含孳
에서 말하기를, "女主가 성하면 臣이 명령을 마음대로 하고 땅이
터지고 밭두둑이 떨며 솟아나고 산이 무너지고 꺼진다"고 하였다.
이 때 竇太后가 섭정을 하고 兄 竇憲이 권력을 오로지하였다. 곧
이것으로 화를 받은 것이다. 5일 뒤 竇憲의 印綬를 거두는 조서가
내려졌고 형제는 고향으로 돌아가 핍박을 받아 모두 자살하였다.
　和帝永元四年六月丙辰 郡國十三地震 春秋漢含孳曰 女主盛 臣制
　命 則地動坼 畔震起 山崩淪 是時竇太后攝政 兄竇憲專權 將以是

受禍也 後五日 詔收憲印綬 兄弟就國 逼迫皆自殺

고 하여 後漢代의 지진 발생을 외적의 침구와 패전의 구징으로 예시하고 있으며, 또한 '女主盛 臣制命'과 외척의 발호라는 비정상적 정치현상의 출현을 예시하는 것으로도 해석하였다. 고구려의 경우는 대무신왕 2년 경도 지진으로 대사령을 내렸다는 기사가 나오는데, 이는 지진을 부덕한 정치로 인하여 일어난 것이라고 보고 大赦令이란 선정을 실시함으로써 재이에 대처하였음을 보여준다.

• 山崩

山崩에 대해서는 『三國史記』 고구려본기에,

> (모본왕) 원년 가을 8월 큰물이 지고 山崩이 20여 곳에 있었다. 겨울 10월 왕자 翊을 왕태자로 삼았다.
> (慕本王) 元年秋八月 大水 山崩二十餘所 冬十月 立王子翊爲王太子

란 기사가 있다. 『後漢書』 오행4에는,

> ① (안제) 연광 4년 10월 병오 蜀郡 越巂에서 산이 무너져 400여 인이 죽었다. 병오일은 천자의 조회날이다. 이 때 閻太后가 섭정을 하였다. 그 11월에 中黃門 孫程 등이 江京을 죽이고 順帝를 즉위케 하고 閻后 형제를 베었는데 다음 해 閻后도 죽었다.
> (安帝) 延光四年十月丙午 蜀郡越巂山崩 殺四百餘人 丙午 天子會日也 是時閻太后攝政 其十一月 中黃門孫程等殺江京 立順帝 誅閻后兄弟 明年 閻后崩
> ② 화제 영원 원년 7월 會稽의 남산이 무너졌다. 회계는 남쪽의 큰 명산이다. 京房易傳에 이르되, "山崩은 陰이 陽을 이기고, 弱이 强을 이기는 것이다. 劉向은 山陽은 君이 되고 水陰은 民이 된다. 君道가 무너져 백성이 어찌할 바를 모른다"고 하였다. 劉歆은 崩은 弛와 같다고 하였다. 이 때에 竇太后가 섭정을 하고 형 竇憲이 專權하고 있었다.

> 和帝永元元年七月 會稽南山崩 會稽 南方大名山也 京房易傳曰 山
> 崩 陰乘陽弱勝强也 劉向以爲山陽 君也 水陰 民也 君道崩壞 百姓
> 失所也 劉歆以爲崩猶弛也 是時竇太后攝政 兄竇憲專權

는 기사 외에 많은 山崩 기록이 보인다. 여기에서 山崩은 살인, 외척발
호 등 정치적 불안에서 나타나는 재이로 해석되고 있다. 그러나 고구
려에 있어서는 山崩의 의미를 알 수가 없다.

• 大風拔樹

『三國史記』 고구려본기에는 다음과 같은 大風拔樹에 관한 기사가
보인다.

① (모본왕) 2년 3월 폭풍으로 나무가 뿌리째 뽑혔다. 여름 4월 서리와
   우박이 내렸다. 가을 8월 사신을 보내 국내의 굶주린 백성을 구제하
   였다.
   (慕本王) 二年三月 暴風拔樹 夏四月 隕霜雨雹 秋八月 發使賑恤國
   內饑民
② (문자명왕) 27년 3월 폭풍으로 나무가 뿌리째 뽑혔다. 왕궁의 남문
   이 저절로 허물어졌다.
   (文咨明王) 二十七年三月 暴風拔木 王宮南門自毁
③ (안원왕) 12년 봄 3월 큰바람이 불어 나무가 뿌리째 뽑히고 기왓장
   이 날렸다.
   (安原王) 十二年春三月 大風拔木飛瓦

이와 대비하여 『後漢書』 오행4의 大風拔木 기사로,

안제 영초 원년 큰바람에 나무가 뿌리째 뽑혔다. 이 때 鄧太后가 섭
정을 하였다. 淸河왕자가 나이가 어렸는데 신령한 후손이라 불렸으므
로 황제로 세웠으니 그가 安帝이다. 황태자 勝을 즉위시키지 않은 것
은 안제가 현명하기 때문이었다. 반드시 鄧氏의 덕을 입은 것이다. 뒤
에 안제는 참언을 믿고 등씨를 폐하고 군현으로 하여금 압박케 하여
死者가 8, 9인이 되고 일가가 파괴되었다. 이것이 구몽, 즉 마음이 흐

리고 생각이 어둡다는 것이다. 그 뒤 서강이 또 凉州에서 큰 난을 일으
켜 10여 년이 되었다.

> 安帝永初元年 大風拔樹 是時鄧太后攝政 以淸河王子年少 號精耳
> 故立之 是爲安帝 不立皇太子勝 以爲安帝賢 必當德鄧氏也 後安帝親
> 讒 廢免鄧氏 令郡縣迫切 死者八九人 家至破壞 此爲散霧也 是後西羌
> 亦大亂凉州十有餘年

라는 것이 있다. 이것은 후한 안제의 親讒 등으로 散霧 현상이 되었다
는 것이다. 구몽이란 앞서 『後漢書』오행전에서 인용한 바 있는 '又曰
思心不容 是謂不聖 厥咎霧'이라는 구절의 厥咎霧에 해당하는 것으로,
군주가 홍범오사 중에 思心不容 즉 생각이 넓지 못한 허물에서 발생
하는 구징 현상이다. 구몽이란 마음이 흐리고 생각이 어둡다는 뜻으로
이 같은 군주의 행위는 곧 '厥罰恒風 厥極凶短折'이란 현상을 드러내
며 大風拔木이 곧 그것이다.

한편 고구려에서는 사료 ① · ② · ③으로 확인되듯이 분명히 大風拔
木 기사가 보이지만, 『後漢書』처럼 이 咎徵의 원인이 어떤 것인지에
대해서는 언급이 없다. 다만 사료 ①의 경우 모본왕의 사람됨이 포학
하고 어질지 못하여 국사를 돌보지 않아 백성이 원망하였고, 大風拔木
과 隕霜과 雨雹 등 거듭된 재해를 당하여 국내 饑民에게 賑恤했다고
한 점으로 미루어 그가 부덕에 대해 自責이라도 한 듯한 느낌을 준다.
그러나 나머지 ② · ③의 사료에서는 大風拔木에 관해 추정할 만한 어
떤 상황도 나타나지 않는다.

이어서 오행4에 속하는 蜮이라든가 牛疫에 관해서는 『三國史記』의
고구려 기사 중에 보이지 않는다.

(6) 五行五 : 皇極

『後漢書』 志16 오행5에 의하면 射妖 · 龍蛇孼 · 馬禍 · 人痾 · 人化
· 死復生 · 疫 · 投蜺의 원인은 다음과 같다.

　오행전에서 말하기를, 皇의 不極 즉 군주가 빗나간 것은 不建이라
한다. 그 책망은 멍청함이고 그 벌은 계속되는 구름낀 날씨요 그 궁극
의 재앙은 약체이다. 어느 때는 射妖 즉 화살의 요괴가 생기고 어느 때
는 용이나 뱀의 변이가 일어나고 어느 때는 말의 화가 생기고 어느 때
는 아래의 것이 위를 치는 병이 생기며 어느 때는 日月의 난행이 있고
星辰의 역행이 있다. 皇은 君이다. 極은 中이며 旽는 밝지 않은 것이
다. 說에서 말하기를, 이것은 沴天이라고 해야 하는데 沴天이라고 말
하지 않는 것은 지존을 나타내기 위함이다. 『春秋』에 王軍이 패한 것
을 自敗하였다고 쓰는 예와 같다.

　　五行傳曰 皇之不極 是謂不建 厥咎旽 厥罰恒陰 厥極弱 時則有射妖
　時則有龍蛇之孽 時則有馬禍 時則有下人伐上之痾 時則有日月亂行 星
　辰逆行 皇 君也 極 中也 旽 不明也 說云 此沴天也 不言沴天者 至尊
　之辭也 春秋 王師敗績 以自敗爲文

　皇之不極이란, 왕은 모든 행동의 근원인 道를 세워야 하는데 이것
을 제대로 세우지 못함을 말한다. 이에 속하는 재이는 오행5에서 제시
된 구징으로서 서두에 나오는 射妖·龍蛇孽·馬禍·人痾·人化·死
復生·疫·投蜺 등으로 『三國史記』 고구려 관계 기사에서 살펴보기
로 한다. 다만 日月亂行, 星辰逆行 등 천문기사에 대해서는 다음 장에
서 다루기로 한다.

・射妖

『後漢書』 오행지5에 보면,

　영제 광화중에 雒陽의 남자 夜龍이 활과 화살로 북쪽 대궐을 쏘았
다. 관리가 잡아서 고문하였더니 그 말에 "가난하게 살며 빚을 지고 있
으니 살고 싶은 생각이 없어 활과 화살을 사서 쏘았다"고 하였다. 射妖
에 알맞다.

　　靈帝光和中 雒陽男子 夜龍以弓箭射北闕 吏收考問 辭 居貧負責 無
　所聊生 因買弓箭以射 近射妖也

라 하여 弓箭으로 北闕을 쏘았다는 기사가 보이고, 이로부터 뒤에 궐
내에서 군사적 난동이 있었음을 기록하고 있다. 그러나 『三國史記』고
구려 관계 기사에는 이와 유사한 기사를 찾아볼 수 없다.

• 龍蛇孼

이 구징은 龍의 출현과 이에 따른 흉조를 열거한 것인데 『三國史
記』의 고구려 기사에서는 약간 차이가 난다. 즉,

> 동명왕 3년 봄 3월 황룡이 鶻嶺에 나타났다
> 東明王三年春三月 黃龍見於鶻嶺(『三國史記』高句麗本紀1)

고 해서 황룡의 출현을 같은 해 가을 7월에 慶雲이 鶻嶺의 남쪽에 나
타나 靑赤으로 빛나고 있다는 기사와 더불어 다분히 구징이 아닌 祥瑞
로 간주하고 있다. 그러나 『後漢書』오행5에서는,

> 안제 연광 3년 제남에서는 황룡이 歷城에 나타났다고 하고, 琅邪에
> 서는 황룡이 諸에 나타났다고 하였다. 이 때 안제는 참소를 듣고 太尉
> 楊震을 면직시켰는데 震은 자살하였다. 또한 안제는 외아들을 두어 태
> 자로 삼았으나 참소를 믿고 폐하였다. 이것이 皇의 不中이며 고로 용
> 과 뱀의 얼이 있었다.
> 安帝延光三年 濟南言黃龍見歷城 琅邪言黃龍見諸 是時安帝聽讒 免
> 太尉楊震 震自殺 又帝獨有一子 以爲太子 信讒廢之 是皇不中 故有龍
> 孼

고 하여 안제의 聽讒·信讒 등이 정치의 不中을 초래하여 龍蛇孼로서
황룡이 출현하였다고 기술하고 있다. 따라서 고구려와 후한의 경우 龍
의 출현에 대해 대조적으로 상이한 견해를 보이고 있음을 알 수 있다.

• 馬禍

이것과 관련된 것으로는 말의 流淚라는 다음 기사가 있다.

시조 동명성왕은 성이 고씨이고, 이름은 주몽이다. 처음 부여왕 해부
루가 늦도록 아들이 없어 산천에 제사하여 후사를 구하였는데 그가 탄
말이 鯤淵이란 곳에 이르러 큰 돌을 보고 마주 대하여 눈물을 흘렸다.
왕이 괴이하게 여겨 사람을 시켜 그 돌을 옮겨놓고 보니 어린아이가
있었는데 금빛 개구리 모양이었다.

　　始祖東明聖王 姓高氏 諱朱蒙 先是扶餘王解夫婁 老無子 祭山川求
　　嗣 其所御馬至鯤淵 見大石相對流淚 王怪之 使人轉其石 有小兒 金色
　　蛙形(『三國史記』高句麗本紀1)

이와 관련하여 『後漢書』 오행지5에는,

　　경시 2년 2월 雒陽을 출발하여 장안을 들어가려 하였는데 司直 李松
　　이 끌던 수레가 달려가 北宮의 鐵柱門을 들이받았다. 말 세 마리가 모
　　두 죽었으니 이것이 馬禍이다. 당시 경시 연간은 정치가 잘못되어 있
　　었고 장차 망하게 된다.

　　　更始二年二月 發雒陽 欲入長安 司直李松奉引 車奔 觸北宮鐵柱門
　　三馬皆死 馬禍也 時更始失道 將亡

라고 보인다. 앞서 고구려의 馬禍 기사는 金蛙의 탄생을 예시하는 상
서에 속하는데 『後漢書』의 기사는 전형적인 馬禍로서 구징을 나타내
고 있다.

・人痾

이와 관련된 고구려 기사로는,

　　보장왕 7년 가을 7월 왕도의 한 여자가 아들을 낳았는데 몸 하나에
　　머리가 둘이었다.

　　　寶臧王七年秋七月 王都女産子 一身兩頭

라는 기형아 출산 기록이 보이고, 이어 9월에는 당 태종의 침략군인 薛
萬徹 장군에게 고구려의 高文 장군이 패전한 기사가 잇따르고 있어,
기형아 출산을 흉조 즉 구징으로 해석한 것이 아닌가 추측된다. 『後漢

『書』에는,

　(광화) 2년 낙양 상서문 밖에서 여자가 아기를 낳았는데 머리가 둘이
고 어깨는 나누어지고 가슴은 함께 붙어 있었으며 모두 앞을 향하고
있어 상서롭지 못하다 하여 땅에 던져버렸다. 이로부터 조정이 어둡고
혼란하여 정치는 私門에 있고 상하가 구별이 없으니 머리가 둘인 것을
상징한 것이다. 뒤에 董卓은 태후를 죽이고 不孝라는 이름을 덮어씌워
천자를 폐한 후 추방하였다가 다시 살해하였다. 한이 개국된 이래 이
보다 더한 화란은 없었다.
　　(光和) 二年 雒陽上西門外 女子生兒 兩頭 異肩共胸 俱前向 以爲不
　祥 墮地棄之 自此之後 朝廷霧亂 政在私門 上下無別 二頭之象 後董
　卓戮太后 被以不孝之名 放廢天子 後復害之 漢元以來 禍莫踰此(五行
　5)

라 하여 兩頭女兒의 탄생이 不祥임을 명시하고 있으며 이와 상응한
당시의 정치적 부조리를 부연하고 있다.

3. 백제의 地變

(1) 五行一(Ⅰ) : 木

　『三國史記』에 실린 고구려본기의 자연관계 기사를 중국의 『後漢
書』오행지와 대비 검토해 보았는데 같은 방법으로 백제 기사를 살펴
보기로 한다. 그런데 『三國史記』에 실린 백제관계 기사는 고구려·신
라의 그것에 비하여 매우 零星한 편이다. 그러나 그 성격은 고구려나
백제의 그것과 유사하며 나아가 當代의 중국측 기사와도 비슷한 범주
에 속하는 것으로 보인다.
　『三國史記』에 실린 백제관계 기사를 『後漢書』오행지와 대비하여
분석하기로 한다. 먼저 『後漢書』오행지1에서는,

오행전에서 말하기를, (군주)가 사냥을 하는데 그 적당한 시기를 가리지 않고 음식을 예법에 따라 들지 않고, (궁전)을 출입하는 데 절도가 없고, 백성의 農期를 빼앗아 사역하고 이리하여 姦謀를 꾸미면 木은 구부리고 바르게 하는 曲直의 성질을 잃게 된다. 木이 그 성질을 잃으면 재이가 발생한다. 또 (오행전)에서 말하기를, 외모를 공손하게 하지 않으면 정숙하지 않다고 한다. 그 문책은 광기로 나타나고 그 벌은 장마이고 그 궁극의 재앙은 邪惡이다. 어느 때는 복식의 妖가 일어나고, 어느 때는 거북의 요물이 생기고 어느 때는 닭의 화가 있고 어느 때는 하체의 기관이 상체에 발생하는 (기형)의 병이 생기고, 어느 때는 靑眚·靑祥이 일어난다. 이것은 金이 木에 손상을 끼친 것이다.

> 五行傳曰 田獵不宿 飲食不享 出入不節 奪民農時 及有姦謀 則木不曲直 謂木失其性而爲災也 又曰 貌之不恭 是謂不肅 厥咎狂 厥罰恒雨 厥極惡 時則有服妖 時則有龜孼 時則有雞禍 時則有下體生上之痾 時則有靑眚靑祥 惟金沴木

라 하여 淫雨, 服妖, 雞禍, 靑眚, 靑祥, 屋自壞 등의 異變을 언급하고 있다. 이들 이변과 일치하는 기사를 백제 기사와 대비하여 검토해 보기로 하자.

- **屋自壞**

이에 해당되는 기록으로는,

① (고이왕) 5년 여름 4월 왕궁문의 기둥이 떨리더니 황룡이 그 문으로부터 날라 나왔다.
   (古爾王) 五年夏四月 震王宮門柱 黃龍自其門飛出(百濟本紀2)
② (무왕) 13년 여름 4월 궁궐의 남문이 떨렸다.
   (武王) 十三年夏四月 震宮南門(百濟本紀5)
③ (의자왕) 20년 5월 폭풍우가 와서 天王과 道讓 두 절의 탑이 진동하고 白石寺 강당이 진동하였다.
   (義慈王) 二十年五月 風雨暴至 震天王道讓二寺塔 又震白石寺講堂(百濟本紀6)

등의 기사를 들 수 있다. 백제의 궁문과 宮門柱, 또는 사원의 탑과 강당이 진동하였다는 것이다. 이는 신라의,

> (진덕왕) 6년 3월 京都에 큰 눈이 내렸으며 왕궁의 남문이 무고히 저절로 무너졌다.
> (眞德王) 六年三月 京都大雪 王宮南門無故自毁(新羅本紀 同王條)

는 기사와 대비해 보면 단순히 떨렸다는 백제기사는 다소 미흡한 느낌이 든다. 중국 後漢의 경우에는,

> (환제) 영강 원년 10월 임술에 남궁의 平城門의 內屋이 저절로 무너졌다. 金이 木에 손상을 끼쳐 木이 움직인 것이다. 그 해 12월 환제가 죽었다.
> (桓帝) 永康元年十月壬戌 南宮平城門內屋自壞 金沴木 木動也 其十二月 宮車晏駕(『後漢書』五行志 五行1)

고 하여 궁문의 自壞는 金이 木에 災沴를 끼쳐 木이 動한다고 풀이하고 두 달 후인 그 해 12월에 가서 황제의 죽음이 뒤따랐다고 기록하여 오행설의 전형을 보여주고 있다. 『三國史記』에 실린 백제의 궁문 진동 기사는 설명은 없지만 아무래도 앞서 인용한 신라 기사나 後漢代의 기사와 같은 사상적 기반 위에서 이해하여야 할 것이다.

• 雞禍

雞禍에 관해서는,

> (의자왕) 19년 여름 4월 태자궁의 암탉이 참새와 교미하였다. 장수를 보내 신라의 獨山·桐岑의 두 성을 침공하였다.
> (義慈王) 十九年夏四月 太子宮雌雞與小雀交 遣將侵攻新羅獨山桐岑二城

는 기사가 있다. 後漢代의 전형적인 雞禍의 사례로는 『後漢書』 오행1

에 다음과 같은 기사가 있다.

　　영제 광화 원년 남궁의 시중사 암탉이 수탉으로 변하여 몸의 털이
모두 수탉을 닮았으나 다만 머리의 벼슬만이 오직 변하지 않았다. 조
서를 내려 議郎 蔡邕에게 문의하였는데 邕이 대답하기를, 貌之不恭
즉 군주의 모습이 공손치 못하면 닭의 화가 발생한다고 하였다.
　　　靈帝光和元年 南宮侍中寺雌雞欲化雄 一身毛皆似雄 但頭冠尚未變
　　詔以問議郎蔡邕 邕對曰 貌之不恭 則有雞禍

　여기에서 貌之不恭이란『書經』洪範에 있는 五事의 一事로서 황제
가 외모를 흐트러지게 하여서는 안 된다는 내용이다. 어쨌든 암탉이
수탉으로 변했다는 이 후한의 기사나 암탉이 참새와 교미하였다는 백
제의 기사는 모두 雞禍로서, 이는 五行說의 羽虫之孼에서 설명될 수
도 있을 것이다. 그런데 백제의 경우 이 기사에 이어 신라의 두 성을
침공했다는 기사가 뒤따르고 있으므로 백제에 있어 雞禍의 해석이 어
떠한 것이었는지 알 수가 없다.

　　(2) 五行一(Ⅱ):金

『後漢書』오행지1에 의하면,

　　오행전에서 말하기를, (군주)가 전쟁을 즐겨하고 백성을 가벼이하고
성곽을 치장하며 변경을 침범하면 金이 그 본성을 잃고 從革, 즉 변형
이 되지 않게 된다. 金이 그 본성을 잃으면 재이가 된다. 또 (오행전)에
서 말하기를, 말이 순하지 않으면 다스려지지 않는다고 한다. 그 문책
은 어긋나는 것이고 그 벌은 가뭄이며 그 궁극의 재앙은 걱정이다. 어
느 때는 詩妖가 있고 어느 때는 介蟲의 요물이 생기고 어느 때는 개의
화가 있고 어느 때는 口舌의 병이 생기고 어느 때는 白眚白祥이 생긴
다. 이것은 木이 金에 손상을 끼친 것이다. 介虫은 劉歆傳에서는 毛虫
으로 되어 있다. 乂는 治와 같다.
　　　五行傳曰 好攻戰 輕百姓 飾城郭 侵邊境 則金不從革 謂金失其性而
　　爲災也 又曰 言之不從 是謂不乂 厥咎僭 厥罰恒陽 厥極憂 時則有詩

妖 時則有介蟲之孼 時則有犬禍 時則有口舌之痾 時則有白眚白祥 惟
木沴金 介虫 劉歆傳以爲毛虫 又治也

고 하였다. 여기에 따르는 變異로서는 旱·訛言·謠·狼食人이 열거
되어 있다. 이 가운데 먼저 旱에 관한 백제관계 기사를 보기로 한다.

•旱

이것을 연대별로 보면 溫祚王 4년, 33년, 45년, 多婁王 28년, 己婁王
32년, 肖古王 43년, 仇首王 14년, 古爾王 13년, 15년, 24년, 比流王 28
년, 近仇首王 8년, 阿莘王 11년, 腆支王 13년, 毗有王 7년, 21년, 東城
王 21년(2회), 武寧王 6년, 法王 2년, 武王 7년, 31년, 義慈王 13년, 17
년까지 24회 정도의 한재기사가 엿보인다. 가뭄이란 비단 백제뿐만 아
니라 특히 농경생활을 영위하는 사람들에게는 실로 생사를 거는 무서
운 재앙이라 할 것이다. 그러므로 이것이 오행설의 자연재해 기록 중
에서 가장 으뜸을 차지한다. 즉『三國史記』신라 기사의 경우 17왕대
에 걸쳐 31회의 한발 기록이 있고 백제의 경우 앞서 본 바와 같이 16
왕대에 24회의 가뭄 기사를 남기고 있다.

가뭄이 닥치면 饑民對策이 실시되고 비를 기원하는 祈雨行事 등 비
를 내리게 하는 시책과 의식이 당연히 시행된다. 백제의 경우 肖古王
43년, 蝗害와 旱魃로 곡식이 제대로 익지 못하고 도적이 많이 일어나
자 왕이 백성들을 安撫하였다는 기록이 있고[1] 그 밖에『三國史記』백
제본기에 비를 기원하는 다음과 같은 행사가 기록되어 있다.

① (다루왕) 28년 봄에서 여름까지 가물어서 죄수를 재심하고 死罪를
특사하였다.
(多婁王) 二十八年春夏 旱 慮囚 赦死罪(제1 同王條)
② (구수왕) 14년 여름 4월에 크게 가물어 왕이 東明王廟에 가서 기도
하였더니 곧 비가 내렸다.

---

1)『三國史記』百濟本紀1, 肖古王 43年條.

　　(仇首王) 十四年夏四月 大旱 王祈東明廟 乃雨(제2 同王條)

③ (아신왕) 11년 여름 크게 가물어 벼의 모가 타서 죽었다. 왕이 친히
　橫岳에 제사하자 곧 비가 내렸다.

　　(阿莘王) 十一年夏 大旱 禾苗焦枯 王親祭橫岳 乃雨(제3 同王條)

④ (법왕) 2년 봄 정월 … 크게 가물어 왕이 漆岳寺에 가서 비오기를
　빌었다.

　　(法王) 二年春正月 … 大旱 王幸漆岳寺 祈雨(제5 同王條)

　사료 ①은 祈雨를 위하여 慮囚 즉 죄인을 재심하여 死罪도 용서하
여 주었다는 것으로 중국에서는 물론 우리 나라에서도 가장 전형을 이
루는 의식이며 대책이기도 하다. 이는 治者의 관용 어린 선정으로 하
늘의 감응을 얻어 비를 내리게 한다는 것이다. 신라의 경우는, 진평왕
7년에 가뭄이 들자 왕이 호화로운 正殿에서 물러나 정사를 돌보고, 減
常膳 즉 일상의 산해진미를 줄여서 간소한 식사를 행하고 또 몸소 南
堂에 행차하여 죄수를 재심하여 특사를 내리는 등의 善政과 寬刑을
베풀어 하늘의 감응을 받아 비를 내리게 하였다고 한다.[2] 중국의 경우
後漢代 和帝 永元 6년 가을 京都에 가뭄이 들자 和帝가 雒陽에 冤囚
가 있음을 알고 雒陽寺에 행차하여 죄수를 재심하고 冤囚를 놓아주자
미처 환궁도 하기 전에 단비가 내렸다는 기록이 있다. 이렇게 보건대
한발이 일어나면 刑政을 완화하는 등 선정을 베풀어 하늘을 감동시켜
비를 내리게 한다는 것이 중국이나 우리 나라에서나 하나의 보편적 관
행이었음을 알 수 있다.

　아울러 시조인 東明廟에 祈雨하여 비가 내리게 하였다는 사료 ②나
橫岳神 즉 산신제를 지내 비를 빌었다는 사료 ③, 왕이 漆岳寺에 가서
부처에게 祈雨하였다는 사료 ④가 나오는데, 백제의 전형적인 오행설
에 입각한 천인감응사상을 드러낸 것은 ①번 刑政의 緩和라 하겠다.

---

2) 『三國史記』 新羅本紀 同王條.

• 謠

　다음은 謠에 해당하는 백제 기사를 찾아보도록 하겠다. 오행설에서
謠는 詩妖라고도 하는데, 政情이나 세태가 불안할 때에 유언비어와 같
이 유행하는 것이다. 오행전에서는 '言之不從' 즉 군왕이 언행을 삼가
지 않는 데서 오는 구징으로 되어 있다. 『三國史記』 백제본기6 의자왕
20년 6월조에 다음과 같은 기사가 나온다.

　　한 귀신이 궁중에 들어와서 백제는 망한다고 크게 외치고 곧 땅 속
　으로 들어갔다. 왕이 이상히 여겨 사람을 시켜 땅을 깊이 석 자쯤 파
　보니 거북이 한 마리가 있었다. 그 등에 글이 있었는데 "백제는 月輪과
　같고 신라는 新月과 같다"고 하였다. 왕이 이것을 巫者에게 물었더니
　말하기를 "月輪과 같다는 것은 찼다는 의미로서 차면 기울 것이요, 新
　月과 같다는 것은 아직 차지 않았다는 것으로 차지 않은즉 점점 찰 것
　이다"라고 했다. 왕이 노하여 그를 죽였다. 어떤 자가 말하기를 "月輪
　과 같다는 것은 盛함을 의미하는 것이요, 新月과 같다는 것은 微弱을
　뜻하는 것이니, 생각건대 백제는 성하고 신라는 점점 미약해진다는 뜻
　인가 합니다"고 하니 왕이 기뻐하였다.
　　　有一鬼入宮中 大呼百濟亡百濟亡 卽入地 王恠之 使人掘地 深三尺
　　許有一龜 其背有文 曰百濟同月輪 新羅如月新 王問之巫者曰 同月輪
　　者滿也 滿則虧 如月新者未滿也 未滿則漸盈 王怒殺之 或曰 同月輪者
　　盛也 如月新者微也 意者國家盛而新羅浸微者乎 王喜

　이는 당나라 蘇定方이 대군을 끌고 침입하기에 앞서 백제 궁중에서
'百濟同月輪 新羅如月新'이라는 내용을 가진 詩妖가 나타난 사건을
기록한 것으로, 백제 멸망의 전주곡을 이룬 것이다.

　(3) 五行二 : 火

『後漢書』 오행지2에 다음과 같은 기록이 나온다.

　　오행전에 말하기를, 법률을 버리고 공신을 내몰고 태자를 죽이고 첩

을 처로 삼으면 火가 그 본성을 잃어 不炎上 즉 타오르지 않는다. 火가 그 본성을 잃으면 재이를 드러낸다. 또한 (오행전)에 말하기를, 보는 것이 밝지 못하면 이것을 분명치 못하다고 한다. 그 책망은 느슨함이요, 그 벌은 더위의 계속이며 그 궁극의 재앙은 병이다. 어느 때는 草木의 妖가 생기고, 어느 때는 껍질과 털이 없는 동물의 요물이 일어나고, 어느 때는 양의 화가 일어나고, 어느 때는 눈의 병이 생기고, 어느 때는 赤眚赤祥이 일어난다. 水가 火에 손상을 끼친 것이다. 羸蟲은 劉歆傳에는 羽蟲으로 되어 있다.

> 五行傳曰 棄法律 逐功臣 殺太子 以妾爲妻 則火不炎上 謂火失其性而爲災也 又曰 視之不明 是謂不悊 厥咎舒 厥罰常燠 厥極疾 時則有草妖 時則有羸蟲之孼 時則有羊禍 時則有赤眚赤祥 有水沴火 羸蟲 劉歆傳以爲羽蟲

여기에서 咎徵으로 기록된 災火, 草妖, 羸蟲之孼(羽虫孼), 羊禍 등에 대해 살펴보자.

•災火

『三國史記』백제본기에 실린 災火 기록은,

> (비류왕) 30년 여름 5월 … 왕궁에 화재가 발생하여 민가를 태웠다.
> (比流王) 三十年夏五月 … 王宮火 連燒民戶

라는 단 하나의 사례밖에 없다. 같은 책 신라본기에는 逸聖王 20년 10월에 궁문의 火災가 있었는데 그 이듬해 2월에 逸聖王의 薨去가 뒤따르고 있어 왕의 薨去가 豫兆로서 파악될 수도 있으나, 백제의 이 火災 기사에서는 그러한 가능성을 점칠 수 없다. 後漢代의 경우에는 和帝 永元 15년 6월에 발생한 성문 화재를 화제의 죽음과 함께 그 자손의 절멸을 豫兆한 것으로 해설하고 있다.[3]

---

3) 『後漢書』五行2.

· 草妖

草妖에 관한 사료로서는 『三國史記』 백제본기에,

① 온조왕 3년 겨울 10월 우레가 있었고 桃李꽃이 피었다.
  溫祚王三年冬十月 雷 桃李華
② 동성왕 11년 가을 큰 풍년이 들었다. 國南의 海村人이 이삭이 여러
  개 합쳐져 있는 벼를 바쳤다.
  東城王十一年秋 大有年 國南海村人 獻合穎禾

라는 두 기사가 보이는데, 전자는 구징에 속하며, 후자는 상서에 해당
한다. 벼의 경우는 嘉禾로 되어 있는 경우가 많다. 구징의 전형으로서
온조왕 3년의 桃李華 기사는 당시 어떠한 사건과 연관시켜 보아야 할
지 알 수 없다. 중국의 경우는 前漢 惠帝 2년 겨울 桃李華의 구징이
나타나는데 이는 당시 전권을 휘두른 呂后 일가와 관련이 깊다. 즉 이
당시 여씨 일가가 참람한 말을 함부로 행하고, 3인의 황자를 죽이고,
정당한 후계자가 아니거나 세워서는 안 될 왕을 封建하고, 王陵·趙堯
·周昌을 축출하였는데, 그 뒤 여후가 죽자 重臣들이 여씨 일가를 주
멸하여 그 시체가 피바다를 이루게 되었다. 바로 이러한 일련의 사태
가 桃李華의 원인이 되었다는 것이다.[4] 백제의 겨울에 핀 桃李華도
어떤 구징을 豫兆하는 뜻으로 기록된 듯하나 미심하다.

· 羽虫之孼

이것은 鳥類의 변이를 기록한 것이다.
『三國史記』 백제본기에 의하면,

① (온조왕) 20년 봄 2월 왕은 큰 단을 세워 친히 천지에 제사하고 異
  鳥 다섯 마리가 날라왔다.
  (溫祚王) 二十年春二月 王設大壇 親祠天地 異鳥五來翔

---

4) 『漢書』 五行志7中之下.

② (온조왕) 43년 9월 큰 기러기 백여 마리가 왕궁에 모였다. 일관이
   말하기를 큰 기러기는 백성의 모습으로 먼 지방 사람들이 투항해
   올 것이라고 하였다.
   (溫祚王) 四十三年九月 鴻鴈百餘集王宮 日者曰 鴻鴈民之象也 將
   有遠人來投者乎
③ (기루왕) 40년 여름 4월 도성문 위에 황새가 집을 지었다.
   (己婁王) 四十年夏四月 鸛巢于都城門上

라고 하여 異鳥·鴻鴈·鸛 등의 출현과 作巢를 다분히 祥瑞로 기록하
고 있는 듯하다. 이에 비해 『後漢書』에서는,

   환제 원가 원년 11월 오색의 큰 새가 濟陰·己氏지방에 나타났다.
   당시 이것을 봉황이라 하였다. 이 때 정치는 쇠잔하고 梁冀가 정권을
   잡고 아부하고 굽혔으며, 황제는 亳后에게 행차하고 있었다. 모두 羽
   孽이 이른 때라 하였다.
   桓帝元嘉元年十一月 五色大鳥見濟陰己氏 時以爲鳳凰 此時政治衰
   缺 梁冀秉政阿枉 上幸亳后 皆羽孽時也(『後漢書』 五行2)

라고 하여 환제 때의 오색의 큰 새를 봉황이라 보고 이를 당시의 政治
衰缺 등과 결부시켜 구징으로 해석하고 있어 대조를 이루고 있다.

(4) 五行三：水

이에 대해 『後漢書』 오행3은 다음과 같이 기록하고 있다.

   오행전에서 말하기를, 종묘를 소홀히 하고 신에게 빌지 않고 제사를
   폐하고 天時를 어기면 水가 불어서 아래로 흐르지 않게 된다. 水가 본
   성을 잃으면 재이가 발생한다. 또한 (오행전)에 말하기를, 군주가 듣는
   것을 총명하게 하지 못하면 이것을 不謀라 한다. 그 문책은 성급함이
   며 그 벌은 계속되는 추위이며 궁극의 재앙은 궁핍이다. 어느 때는 鼓
   妖가 있고 어느 때는 돼지의 화가 있고 어느 때는 귀의 병이 발생하고
   어느 때는 黑眚黑祥이 있다. 이는 火가 水에 손상을 끼친 것이다. 魚

孽은 劉歆傳에서는 介蟲의 孽로 되어 있으며 蝗에 속하는 것을 말한
다.

> 五行傳曰 簡宗廟 不禱祠 廢祭祀 逆天時 則水不潤下 謂水失其性而
> 災也 又曰 聽之不聰 是謂不謀 厥咎急 厥罰恒寒 厥極貧 時則有鼓妖
> 時則有魚孽 時則有豕禍 時則有耳痾 時則有黑眚黑祥 惟火沴水 魚孽
> 劉歆傳以爲介蟲之孽 謂蝗屬也

이에 따르는 구징으로서 大水, 水變色, 大寒, 雹, 冬雷, 山鳴, 魚孽,
蝗 등을 백제 기사를 통해 살펴보자.

• 大水

大水·大雨에 관한 기사로는 己婁王 40년 6월, 仇首王 8년 5월, 東
城王 13년 6월, 동 19년 6월, 武寧王 21년 5월, 武王 13년 5월조에 보
인다. 大水나 大雨는 단지 오행설의 측면에서뿐 아니라 일상 생활에서
도 생존을 위협하는 큰 재난이었다. 『三國史記』 신라본기1에,

> (지마이사금) 3년 여름 4월 큰물이 져서 죄수를 재심하고 死罪 이외
> 에는 모두 석방하였다.
> (祇摩尼師今) 三年夏四月 大水 慮囚 除死罪餘悉原之

는 것을 보면 죄수에게 관용을 베푸는 등 仁政을 펴서 天譴에 보답하
려는 뜻이 깃들여 있어 백제에서도 일반으로 군주들이 大水를 天譴으
로 받아들이고 있었을 것으로 생각된다.

• 水의 變色

이에 대해서는 백제본기6에,

> (의자왕) 20년 봄 2월 왕도의 우물이 핏빛으로 변하였다. … 泗沘河
> 의 물이 붉어 핏빛과 같았다.
> (義慈王) 二十年春二月 王都井水血色 … 泗沘河水赤如血色

라고 하여 전형적인 水의 변색기사가 보인다. 『後漢書』 기록에 후한
安帝 永初 6년에 일어난 河東池水의 變色을 당시 鄧태후의 전제정치
와 연관시키고 있는 것[5]을 보면 이 기사는 멸망을 눈앞에 두고 있는
백제의 정황과 결부시켜 볼 수도 있을 것이다.

• 雹

雹에 대한 기사로는 『三國史記』 백제본기에,

① 온조왕 31년 여름 4월 우박이 내렸다.
    溫祚王三十一年夏四月 雹
② 온조왕 37년 봄 3월 우박이 내렸는데 크기가 계란만하였으며 鳥雀
  이 맞아 죽었다.
    溫祚王三十七年春三月 雹大如雞子 鳥雀遇者死
③ 기루왕 23년 겨울 10월 우박이 내렸다.
    己婁王二十三年冬十月 雨雹
④ 구수왕 14년 봄 3월 우박이 내렸다.
    仇首王十四年春三月 雨雹
⑤ 구수왕 18년 여름 4월 우박이 내렸는데 크기가 밤만하였으며 鳥雀
  이 맞아 죽은 것이 있었다.
    仇首王十八年夏四月 雨雹大如栗 鳥雀中者死
⑥ 동성왕 22년 여름 4월 牛頭城에서 사냥을 하였는데 우박이 내려서
  곧 중지하였다.
    東城王二十二年夏四月 田於牛頭城 遇雨雹乃止

등에서 찾아볼 수 있다. 『後漢書』 오행3에 의하면,

    화제 영원 5년 6월 郡國 세 곳에 우박이 내렸는데 크기가 계란만하
    였다. 이 때 화제는 酷吏 周紆를 기용하여 司隸校尉로 삼았는데 그 형
    벌과 주구가 심각하였다.
        和帝永元五年六月 郡國三雨雹 大如雞子 是時和帝用酷吏周紆爲司

---

5) 『後漢書』 五行3.

隷校尉 刑誅深刻

라 했듯이 和帝가 酷吏를 기용하여 刑誅를 자행한 것이 우박의 원인
이 되었다고 해석하고 있다. 신라에서는 눌지왕 20년 여름 4월에 우박
이 내리자 慮囚하여 인정을 베푼 것으로 보아 우박을 天의 譴責으로
서 이해하고 있었음을 알 수 있다. 백제의 경우 우박이 내린 원인이나
그 대책이 어떤 것이었는지에 대해서는 알 수 없지만 신라와 같은 자
연관을 수용하고 있었을 것으로 보인다.

• 冬雷

冬雷에 관해서『三國史記』백제본기에는,

 ① (온조왕) 3년 겨울 10월 우레가 있었다.
    (溫祚王) 三年冬十月 雷
 ② (초고왕) 21년 겨울 10월 구름이 없는데 우레가 있었다.
    (肖古王) 二十一年冬十月 無雲而雷
 ③ (비류왕) 30年 겨울 12월 우레가 있었다.
    (比流王) 三十年冬十二月 雷
 ④ (의자왕) 9년 겨울 11월 우레가 있고 얼음이 얼지 않았다.
    (義慈王) 九年冬十一月 雷 無氷

등 冬雷記事를 볼 수 있다. 후한대의 경우는 和帝 元興 원년 겨울 11
월에 郡國 네 곳에 冬雷가 있었는데, 이를 당시 후한 帝室의 후사가
皆夭無嗣하였던 불운을 豫兆하는 것으로 해석하고 있어 冬雷 또한 천
인합일설의 범주에서 이해되고 있음을 알 수 있다. 백제와 신라의 경
우는 冬雷에 대한 기사 이외에는 아무런 설명도 없다.

• 魚孼

이에 관한 기사로는『三國史記』백제본기6에,

① (의자왕) 19년 5월 왕도 서남쪽에 있는 泗沘河에 큰 고기가 죽었는
  데 길이가 3丈이었다.
  (義慈王) 十九年五月 王都西南泗沘河 大魚出死 長三丈
② (의자왕) 20년 봄 2월 ··· 西海濱에 작은 고기가 죽어 백성들이 이
  것을 먹었는데 다 먹을 수 없었다.
  (義慈王) 二十年春二月 ··· 西海濱小魚出死 百姓食之不能盡

는 것이 나오는데 이는 백제의 멸망이 임박한 당시 大魚와 小魚의 出
死란 異變 발생을 기록한 것이다. 후한대의 경우는 靈帝 憙平 2년에
東萊海에 大魚가 출현하였는데 이듬해 中山王 暢과 任城王 博이 모
두 薨去하였다고 기록되어 있다.6)

• 蝗

  蝗의 피해기사로서는 肖古王 43년 가을, 同 46년 가을 8월, 比流王
18년 가을 7월, 武寧王 21년 가을 8월 등에서 보인다. 蝗災는 당시 곡
작을 손상하여 백성을 기아로 몰아넣는 매우 심각한 재해였으므로 비
교적 많은 기사를 남기고 있다. 후한 靈帝 光和 원년 連年 蝗災가 발
생하였는데 불시에 대토목공사를 일으키고 군주가 貪苟한 것이 원인
이라고 보고, 이에 대해 蔡邕은 시급하지 않은 공사를 그치고 賦斂의
비용을 절약하며 청렴하고 인덕있는 사람을 관리로 등용하고 탐학한
관리를 내치면 蝗災를 구제할 수 있다는 대책을 내고 있다.7) 신라에서
는 炤知王 19년 한발과 함께 蝗災가 겹쳐 왕이 群官에 명하여 牧民官
을 천거하도록 한 일이 있다.8) 결국 후한이나 신라 모두 백성에게 선
정을 베풂으로써 蝗災를 퇴치하려는 대책을 취했음을 알 수 있다. 여
기에서 天譴說에 의한 蝗災 대책을 엿볼 수 있다. 백제에서도 그러한
사상이 수용되어 있었을 것으로 추측된다.

---

6)『後漢書』五行3.
7)『後漢書』五行3.
8)『三國史記』新羅本紀3 炤知王 19年條.

(5) 五行四 : 土

『後漢書』오행지 오행4는 土와 관련하여,

오행전에서 말하기를, 궁실을 조영하고 臺榭를 꾸미고 안으로 음란하고 친척을 범하고 부형을 업신여기면 농사가 제대로 이루어지지 않는다. 土가 그 본성을 잃으면 재이가 된다고 한다. 또한 (오행전)에 말하기를, (군주의) 생각이 밝지 못하면 聖스럽지 못하다 하고, 그 책망은 어두움이며 그 벌은 계속되는 바람이고 그 궁극은 凶・短・折이다. 어느 때는 脂夜의 妖가 있으며 어느 때는 꽃의 요사함이 있고 어느 때는 소의 화가 있고 어느 때는 心腹의 병이 생기며 어느 때는 黃眚黃祥이 발생한다. 생각건대, 金・水・木・火가 土에 손상을 끼치는 것이다. 華孼은 劉歆傳에 臝蟲之孼로 되어 있고 螟에 속하는 것을 말한다.

五行傳曰 治宮室 飾臺榭 內淫亂 犯親威 侮父兄 則稼穡不成 謂土失其性而爲災也 又曰 思心不容 是謂不聖 厥咎霿 厥罰恒風 厥極凶短折 時則有脂夜之妖 時則有華孼 時則有牛禍 時則有心腹之痾 時則有黃眚黃祥 惟金水木火沴土 華孼 劉歆傳爲臝蟲之孼 謂螟屬也

라고 하여 地震・山崩・地陷・大風拔樹・螟・牛疫 등의 災異를 예시하고 있다.

• 地震

지진기사는 溫祚王 31년 5월, 6월, 同 45년 10월, 多婁王 10년 11월, 己婁王 13년 6월, 同 35년 3월, 10월, 肖古王 34년 7월, 近肖古王 27년 7월, 毗有王 3년 11월, 武寧王 22년 9월, 10월, 威德王 26년 10월, 武王 17년 11월, 同 38년 2월, 3월 등 매우 빈번하게 나온다. 여기서는 지진 발생의 원인이나 대책들이 기록되어 있지 않으므로 五行說과의 연관을 지을 수는 없다. 신라의 지진기사에도 이렇다 할 설명이 없다. 다만 후한대의 경우, 和帝 永元 4년 6월 郡國 13곳에 지진이 발생하였는데 그 원인이 '女主盛 臣制命'에 있다면서 당시 竇太后 일가의 專權을 지적하고 있다.[9]

· 山崩

山崩에 관한 기사로서는 『三國史記』 백제본기2에,

> (구수왕) 8년 여름 5월 國東에 큰 물이 져서 40여 곳에 산이 무너졌다.
> (仇首王) 八年夏五月 國東大水 山崩四十餘所

라 하였다. 신라의 경우 山崩기사가 비교적 많은 데 비해 백제는 매우 희소한 편이다. 後漢에서는 和帝 永元 원년 7월 會稽南에 山崩이 발생하였는데, 이에 대해 『後漢書』 오행지는 後漢代 君道의 붕괴와 아울러 竇太后 형제의 專權을 그 원인으로 제시하고 있다.

· 大風拔樹

大風拔樹의 기사로는 『三國史記』 백제본기에,

> ① (기루왕) 14년 여름 6월 바람이 크게 불고 나무가 뿌리째 뽑혔다.
>   (己婁王) 十四年夏六月 大風拔木
> ② (초고왕) 44년 겨울 10월 바람이 크게 불고 나무가 뿌리째 뽑혔다
>   (肖古王) 四十四年冬十月 大風拔木
> ③ (근구수왕) 10년 봄 2월 해무리가 세 겹으로 나타나고 궁중의 큰 나무가 저절로 뿌리째 뽑혔다. 여름 4월 왕이 죽었다.
>   (近仇首王) 十年春二月 日有暈三重 宮中大樹自拔 夏四月 王薨
> ④ (비유왕) 3년 11월 … 바람이 크게 불어 기와를 날렸다.
>   (毗有王) 三年十一月 … 大風飛瓦
> ⑤ (동성왕) 14년 여름 4월 바람이 크게 불고 나무가 뿌리째 뽑혔다.
>   (東城王) 十四年夏四月 大風拔木

등으로 기록되어 있다. 大風拔木은 오행설에서 매우 뚜렷한 전형이 되고 있다. 백제나 신라의 경우 大風拔木에 대한 원인이 설명되고 있지

---

9) 『後漢書』 志16 五行4.

않으나, 후한대에는 安帝 延光 2년 3월 河東·穎川에 大風拔樹 현상
이 발생하고 6월 다시 郡國 11곳에 발생하였는데 이는 당시 안제의 親
讒과 曲直不分에 원인이 있었던 것으로 해석되고 있다.[10] 그뿐 아니
라 같은 오행지 기록에서도 大風拔木은 치자의 부덕과 흔히 결부되고
있음을 발견할 수 있다.

(6) 五行五 : 皇極

『後漢書』 오행지에서는 이에 관해,

> 오행전에서 말하기를, 皇의 不極 즉 군주가 빗나간 것은 不建이라
> 한다. 그 책망은 멍청함이고 그 벌은 계속되는 구름낀 날씨요 그 궁극
> 의 재앙은 약체이다. 어느 때는 射妖 즉 화살의 요괴가 생기고 어느 때
> 는 용이나 뱀의 변이가 일어나고 어느 때는 말의 화가 생기고 어느 때
> 는 아래의 것이 위를 치는 병이 생기며 어느 때는 日月의 난행이 있고
> 星辰의 역행이 있다. 皇은 君이다. 極은 中이며 眊는 밝지 않은 것이
> 다. 說에서 말하기를, 이것은 沴天이라고 해야 하는데 沴天이라고 말
> 하지 않는 것은 지존을 나타내기 위함이다. 『春秋』에 王軍이 패한 것
> 을 自敗하였다고 쓰는 예와 같다.
>> 五行傳曰 皇之不極 是謂不建 厥咎眊 厥罰恒陰 厥極弱 時則有射妖
>> 時則有龍蛇孽 時則有馬禍 時則有下人伐上之痾 時則有日月亂行 星
>> 辰逆行 皇 君也 極 中也 眊 不明也 說云 此沴天也 不言沴天者 至尊
>> 之辭也 春秋 王師敗績 以自敗爲文(志17 五行5)

라고 하였다. 여기에 따르는 구체적인 구정으로는 射妖·龍蛇孽·馬
禍·人痾·人化·死復生·疫·投蜺 등을 제시하고 있다. 『三國史記』
에 실린 자연관계 기사에서 이에 해당하는 기사만을 제시하면 다음과
같다.

---

10) 『後漢書』 志16 五行4.

• 龍蛇孼

龍蛇孼에 속하는 기사로는 『三國史記』 백제본기에,

① (기루왕) 21년 여름 4월 두 마리의 용이 한강에 나타났다.
   (己婁王) 二十一年夏四月 二龍見漢江
② (고이왕) 5년 여름 4월 왕궁문의 기둥이 진동하더니 황룡이 그 문으
   로부터 날아갔다.
   (古爾王) 五年夏四月 震王宮門柱 黃龍自其門飛出
③ (비류왕) 13년 여름 4월 왕도의 우물 물이 넘치고 흑룡이 그 안에서
   나타났다.
   (比流王) 十三年夏四月 王都井水溢 黑龍見其中
④ (文周王) 3년 5월 흑룡이 웅진에 나타났다.
   (文周王) 三年五月 黑龍見熊津

라는 용 출현 기사가 보인다. 이 가운데 사료 ④의 경우에는 흑룡이 웅
진에 나타나기 한 달 전 文周王이 장자 三斤을 태자로 봉한 일이 있으
므로 혹시 이와 관련된 祥瑞로 볼 수도 있겠으나, 사료 ①·②·③의
경우에는 용의 출현과 연결시킬 만한 吉事나 凶事가 발견되지 않는다.
용의 출현은 길·흉 양면으로 해석되는데, 후한의 경우 安帝 延光 3년
에 歷城과 諸에 황룡이 출현하였다고 하는데 이는 당시 안제가 聽讒
하고 치자로서 不中한 政事를 행한 데 대한 龍孼로 해석되고 있다.[11]
그뿐 아니라 '瑞興非時 則爲妖孼'[12]이라 하여 용의 출현에 대해서는
길·흉 양단에 걸쳐 매우 유동적인 해석을 내리고 있음을 알 수 있다.

• 馬禍

이에 관해 『三國史記』 백제본기1에는 다음과 같은 기사가 나온다.

(온조왕) 25년 봄 2월 왕궁의 우물 물이 갑자기 넘치고 한성의 민가

---

11) 『後漢書』 志17 五行5.
12) 『後漢書』 志17 五行5 永康 元年 8月條.

에서 말이 소를 낳았는데 머리는 하나에 몸이 둘이었다. 일관이 말하기를 "우물 물이 갑자기 넘치는 것은 대왕이 힘차게 일어날 징조이며 소가 머리 하나에 몸이 둘인 것은 대왕이 이웃나라를 병탄할 웅징입니다" 하니 왕이 이 말을 듣고 기뻐하며 드디어 진한과 마한을 병탄할 생각을 갖게 되었다.

(溫祚王) 二十五年春二月 王宮井水暴溢 漢城人家馬生牛 一首二身 日者曰 井水暴溢者 大王勃興之兆也 牛一首二身者 大王幷鄰國之應也 王聞之喜 遂有幷呑辰馬之心

말이 소를 낳았을 뿐 아니라 一首二身의 기형을 낳았는데 백제의 일관이 이것을 진한과 마한을 병탄할 瑞應으로 해석하였다는 것이다. 그러나 후한의 경우는 靈帝 光和 원년에 司徒長史 馮巡의 말이 사람을 출산한 데 대해 京房易傳은,

위로는 천자가 죽고 제후가 서로 싸우면 그 요괴로 말이 사람을 낳는 것이다.
上亡天子 諸侯相伐 厥妖馬生人(『後漢書』志17 五行5)

라고 하였듯이 매우 충격적인 흉조로 풀이하고 당시 혼란에 빠진 후한의 政情과 직결시키고 있다.

• 人化

이에 해당되는 것으로는 『三國史記』 백제본기1의 다음과 같은 기사가 있다.

(온조왕) 13년 봄 2월 왕도의 할멈이 남자로 화하고, 호랑이 다섯 마리가 성내로 들어왔다. 왕모가 죽으니 나이 61세였다.
(溫祚王) 十三年春二月 王都老嫗化爲男 五虎入城 王母薨 年六十一歲

이것은 아마도 五虎入城과 함께 왕모의 죽음을 豫兆하는 구징으로

제시된 듯하다.『後漢書』五行5에 靈帝 때에 江夏黃氏의 母가 목욕을
하다가 자라로 화생하였다는 기록이 있으나 이에 대해서는 길흉의 어
느 편으로도 해석을 가하고 있지 않다.

• 疫

疫에 관한 기사로는 溫祚王 4년 봄여름에 疫, 仇首王 16년 11월에
大疫, 近仇首王 6년의 大疫, 東城王 21년 겨울 10월의 大疫, 武寧王 6
년 봄의 大疫 등이 있다. 이러한 疫 · 大疫 기록은 동서 신라본기는 물
론『後漢書』에도 나온다. 그러나 疫의 원인에 대해서는 모두 설명이
없다. 물론 오행전에서는 皇之不極 즉 治者의 不中한 정치가 빚어내
는 구징으로 나타나는 것이라고 하고 있다.

• 投蜺

이에 속하는 기록은『三國史記』백제본기4의,

> (성왕) 27년 봄 정월 경신 白虹이 태양을 꿰뚫었다.
> (聖王) 二十七年春正月庚申 白虹貫日

이다. 이 책에서는 백홍이 태양을 꿰뚫은 이 현상과 결부시킬 만한 사
건은 발견되지 않는다. 그런데『後漢書』志17 五行5에 의하면,

> (영제 광화 원년 6월 정축) … 易傳에 말하기를, 암무지개는 無德과
> 같은 것이며 색과 친하다. 潛潭巴가 말하기를, "무지개가 뜨면 后妃가
> 몰래 왕을 위협하는 것이다"라고 하였다.
> (靈帝光和元年六月丁丑) … 易傳曰 蜺之比無德 以色親也 潛潭巴曰
> 虹出 后妃陰脅王者

라고 해서 군주의 無德, 后妃의 陰脅 등을 무지개 출현의 원인으로 해
석하고 있다. 백제에서 백홍관일을 기록으로 남긴 것도 아마 중국과
같은 어떤 정치적 조짐과 연상시킨 데서 온 것이 아닌가 생각된다.

4. 신라의 地變

(1) 五行一(Ⅰ): 木

『三國史記』에 기재되어 있는 자연현상 기사를 『後漢書』오행지의 순서에 따라 대비하여 살펴보기로 한다.

『後漢書』오행지1에 의하면,

오행전에서 말하기를, (군주)가 사냥을 하는데 그 적당한 시기를 가리지 않고 음식을 예법에 따라 들지 않고, (궁전)을 출입하는 데 절도가 없고, 백성의 農期를 빼앗아 사역하고 이리하여 姦謀를 꾸미면 木은 구부리고 바르게 하는 曲直의 성질을 잃게 된다. 木이 그 성질을 잃으면 재이가 발생한다. 또 (오행전)에서 말하기를, 외모를 공손하게 하지 않으면 정숙하지 않다고 한다. 그 문책은 광기로 나타나고 그 벌은 장마이고 그 궁극의 재앙은 邪惡이다. 어느 때는 복식의 妖가 일어나고, 어느 때는 거북의 요물이 생기고 어느 때는 닭의 화가 있고 어느때는 하체의 기관이 상체에 발생하는 (기형)의 병이 생기고, 어느 때는 靑眚·靑祥이 일어난다. 이것은 金이 木에 손상을 끼친 것이다.

　　五行傳曰 田獵不宿 飮食不享 出入不節 奪民農時 及有姦謀 則木不曲直 謂木失其性而爲災也 又曰 貌之不恭 是謂不肅 厥咎狂 厥罰恒雨 厥極惡 時則有服妖 時則有龜孼 時則有雞禍 時則有下體生上之痾 時則有靑眚靑祥 惟金沴木

라 하여 여기에 따르는 자연현상의 종류로 淫雨, 服妖, 雞禍, 靑眚, 靑祥, 屋自壞 등을 들고 있다. 그러나 『三國史記』신라본기(삼국기)와 이 시기에 관한 기사에는 淫雨·服妖·雞禍 등과 일치하는 것은 눈에 띄지 않고, 다만 『後漢書』기록과 일치하거나 비슷한 것으로서 屋自壞 기사를 찾아볼 수 있다.

• 屋自壞

『三國史記』신라본기에 실려 있는 屋自壞와 관련된 기사를 보면 다음과 같다.

① (혁거세거서간) 60년 가을 9월 용 두 마리가 금성의 우물 속에 나타
　　나더니 갑자기 뇌우가 있어 성 남문이 진동하였다. 61년 봄 3월 거
　　서간이 돌아갔다. 사릉에 장사하였다.

　　　　(赫居世居西干) 六十年秋九月 二龍見於金城井中 暴雷雨 震城南
　　　　門 六十一年春三月 居西干升遐 葬蛇陵

② (탈해이사금) 24년 여름 4월 경도에 큰 바람이 불어 금성의 동문이
　　저절로 무너졌다. 가을 8월 왕이 죽었다. 성의 북쪽 양정구에 장사
　　지냈다.

　　　　(脫解尼師今) 二十四年夏四月 京都大風 金城東門自壞 秋八月 王
　　　　薨 葬城北壤井丘

③ (파사이사금) 32년 여름 4월 성문이 저절로 무너졌다. 5월부터 가을
　　7월까지 비가 내리지 않았다. 33년 겨울 10월에 왕이 죽었다. 사릉
　　원내에 장사지냈다.

　　　　(婆娑尼師今) 三十二年夏四月 城門自毁 自五月 至秋七月 不雨 三
　　　　十三年冬十月 王薨 葬蛇陵園內

④ (지마이사금) 21년 봄 2월 왕궁의 남문에 불이 났다. 23년 봄과 여
　　름에 가물었다. 가을 8월에 왕이 죽었는데 아들이 없었다.

　　　　(祇摩尼師今) 二十一年春二月 宮南門災 二十三年春夏 旱 秋八月
　　　　王薨 無子

⑤ (일성이사금) 20년 겨울 10월 왕궁 문에 화재가 나고 혜성이 동쪽에
　　나타나더니 또 동북쪽에 나타났다. 21년 봄 2월에 왕이 죽었다.

　　　　(逸聖尼師今) 二十年冬十月 宮門災 彗星見東方 又見東北方 二十
　　　　一年春二月 王薨

⑥ (벌휴이사금) 13년 봄 2월 궁실을 다시 수리하였다. 3월에 가물었
　　다. 여름 4월 궁궐 남쪽의 큰 나무가 진동하고 또 금성 동문이 진동
　　하였으며 왕이 죽었다.

　　　　(伐休尼師今) 十三年春二月 重修宮室 三月 旱 夏四月 震宮南大樹
　　　　又震金城東門 王薨

⑦ (눌지마립간) 42년 봄 2월 지진이 있었으며 금성 남문이 저절로 무
　　너졌다. 가을 8월에 왕이 죽었다.

　　　　(訥祇麻立干) 四十二年春二月 地震 金城南門自毁 秋八月 王薨

⑧ (소지마립간) 4년 봄 2월에 큰 바람이 불어 나무가 뿌리째 뽑히고 금성 남문에 화재가 났다. 여름 4월에 오래 비가 내려 내외의 유사에게 명하여 죄수를 재심하게 하였다. 5월에 왜인이 변방을 침입하였다.

　　(炤知麻立干) 四年春二月 大風拔木 金城南門火 夏四月 久雨 命內外有司慮囚 五月 倭人侵邊

⑨ (진덕왕) 6년 3월 경도에 큰 눈이 내리고 왕궁의 남문이 무고히 저절로 무너졌다.

　　(眞德王) 六年三月 京都大雪 王宮南門無故自毁

　이상의 사료들을 보면 성문의 진동, 自毁 혹은 無故自毁라는 사건을 이어 당시 왕의 죽음이 뒤따르고 있음을 볼 수 있다. 물론 성문의 변고가 반드시 왕의 죽음으로 이어졌다고는 기록되어 있지 않다. 그러나 이러한 재이를 당시 왕의 죽음과 연관지을 수 있는 근거로『三國史記』의 문맥상에서 예견되는 大勢論 외에 중국측 기록을 들 수 있다. 예컨대『後漢書』오행1에,

① (환제) 영강 원년 10월 임술 남궁 평성문의 內屋이 저절로 무너졌다. 金이 木에 손상을 끼쳐 木이 움직인 것이다. 그 12월에 황제가 죽었다.

　　(桓帝) 永康元年十月壬戌 南宮平城門內屋自壞 金沴木 木動也 其十二月 宮車晏駕

② (헌제) 초평 2년 3월 장안 선평성문의 外屋이 무고히 저절로 무너졌다. 3년 여름에 와서 司徒 王允이 中郎將 呂布를 시켜 太師 董卓을 죽이고 3족을 멸하였다.

　　(獻帝) 初平二年三月 長安宣平城門外屋 無故自壞 至三年夏 司徒王允使中郎將呂布 殺太師董卓 夷三族

고 되어 있다. 이로 미루어 후한대에 성문이나 그 부속 건물이 저절로 무너지는 현상을 황제나 측근 권력자의 죽음을 예시하는 전조라고 믿고 있었음을 알 수 있다. 그런데 후한대는 초기 신라보다 후대에 속하므로 전한대의 자료를 찾아보면 다음과 같다. 즉『漢書』卷27 五行志7

中之上에 의하면,

　　경제 3년 12월 吳의 두 성문이 저절로 기울어지고 큰 배가 저절로
뒤집혔다. 劉向은 생각하기를, 金이 木에 손상을 끼쳐 목이 움직인 것
이다라고 하였다. 앞서 吳王 濞는 태자가 漢에서 죽어, 병을 핑계로 입
조하지 않고 몰래 楚王 戊와 역란을 꾀하였다. 성은 마치 國과 같은
것이다. 그 일문은 楚門이며 일문은 魚門이었다. 오나라 땅에서는 배
를 집으로 삼고 물고기를 먹거리로 삼고 있었다. 天戒에 말하기를, 楚
와 더불어 음모를 꾀한 것은 나라를 기울게 하고 집안을 뒤엎는 것이
라 하였다. 오왕은 깨닫지 못하고 정월에 초와 같이 군사를 일으켰다
가 본인은 죽고 나라는 망하였다. 京房易傳에서 말하기를, 상하가 모
두 혼란해지면 그 요사함은 성문이 무너지는 것이다라고 하였다.

　　景帝三年十二月 吳二城門自傾 大船自覆 劉向以爲近金沴木 木動也
　先是 吳王濞以太子死於漢 稱疾不朝 陰與楚王戊謀爲逆亂 城猶國也
　其一門名曰楚門 一門曰魚門 吳地以船爲家 以魚爲食 天戒若曰 與楚
　所謀 傾國覆家 吳王不寤 正月與楚俱起兵 身死國亡 京房易傳曰 上下
　咸誖 厥妖城門壞

라고 하여, 오왕 濞의 身死國亡의 전조로서 두 성문이 저절로 기울어
지는 현상이 나타났고 京房易傳은 상하가 모두 거역할 때 그 災妖로
서 성문이 무너지는 변고가 발생하는 것이라고 덧붙이고 있다. 이상의
중국 전한·후한대의 사실과 대비하여 다시『三國史記』에서 뽑은 사
료를 검토하면 그 ①에서 ⑦까지가 모두 왕의 죽음과 연관시키고 있다
고 볼 수 있을 것이다. 중국에서는 이와 같은 사례가 그 뒤에도 나타난
다. 즉『宋書』卷30 五行1에 의하면,

　　위 문제 황초 7년 정월 許昌으로 행행하였는데, 허창성 남문이 무고
히 저절로 무너졌다. 문제는 마음속으로 나쁘게 여겨 마침내 성에 들
어가지 않고 낙양으로 돌아왔다. 이것은 金이 木에 손상을 끼쳐 木이
움직인 것이다. 5월에 황제가 죽었다. 京房易傳에서 말하기를…

　　魏文帝黃初七年正月 幸許昌 許昌城南門無故自崩 帝心惡之 遂不入
　還洛陽 此金沴木 木動也 五月 宮車晏駕 京房易傳曰…

이라고 하여 허창성 남문이 저절로 무너진 것을 문제의 죽음을 豫兆한 것이라 믿고 있었다.

(2) 五行一(Ⅱ) : 金

오행1에 계속하여 『後漢書』오행지1에 의하면,

> 오행전에서 말하기를, (군주)가 전쟁을 즐겨하고 백성을 가벼이하고 성곽을 치장하며 변경을 침범하면 金이 그 본성을 잃고 從革, 즉 변형이 되지 않게 된다. 金이 그 본성을 잃으면 재이가 된다. 또 (오행전)에서 말하기를, 말이 순수하지 않으면 다스려지지 않는다고 한다. 그 문책은 어긋나는 것이고 그 벌은 가뭄이며 그 궁극의 재앙은 걱정이다. 어느 때는 詩妖가 있고 어느 때는 介蟲의 요물이 생기고 어느 때는 개의 화가 있고 어느 때는 口舌의 병이 생기고 어느 때는 白眚白祥이 생긴다. 이것은 木이 金에 손상을 끼친 것이다. 介虫은 劉歆傳에서는 毛虫으로 되어 있다. 乂는 治와 같다.
>
> 　　五行傳曰 好攻戰 輕百姓 飾城郭 侵邊境 則金不從革 謂金失其性而爲災也 又曰 言之不從 是謂不乂 厥咎僭 厥罰恒陽 厥極憂 時則有詩妖 時則有介蟲之孽 時則有犬禍 時則有口舌之痾 時則有白眚白祥 惟木沴金 介虫 劉歆傳以爲毛虫 乂治也

라 하여 그 재이로서 訛言·恒陽(旱)·詩妖·介虫之孽(毛虫)·犬禍 등을 들고 있는데, 『三國史記』신라본기에는 이 중 訛言·旱·詩妖·狼食人 등이 수록되어 있다.

•訛言

여기에 해당하는 것으로는 『三國史記』신라본기1에 다음과 같은 기사가 있다.

> (지마이사금) 11년 여름 4월 큰 바람이 동쪽에서 불어와 나무가 부러지고 기와가 날렸으며 저녁 때에 가서 그쳤다. 都人이 訛言으로 왜병

이 크게 쳐들어온다고 하고 다투어 산골로 숨었다. 왕은 이찬 翌宗 등에게 유시하여 그치게 하였다.

> (祇摩尼師今) 十一年夏四月 大風東來 折木飛瓦 至夕而止 都人訛言 倭兵大來 爭道山谷 王命伊湌翌宗等諭止之

여기에서는 '都人訛言'이라 하여 뚜렷이 訛言이라는 표현이 나오는데, 당시 왜병의 침공이란 와언이 민중들에게 크나큰 공포를 주었음을 보여준다. 『後漢書』志13 五行1에 의하면,

> 안제 영초 원년 11월 백성들이 와언으로 서로 놀라 司隷・并・冀州의 백성들이 함께 流移하게 되었다. 당시 鄧太后가 정권을 오로지하고 있었다. 부인은 순종으로 도리를 삼아야 하는 것이 故禮로서 남편이 죽으면 아들의 命을 따라야 하는데 이제 王事를 오로지하니 이것은 不從의 참람됨이다.
> 安帝永初元年十一月 民訛言相驚 司隷并冀州民人流移 時鄧太后專政 婦人以順爲道 故禮 夫死從子之命 今專(王)事 此不從而僭也

라고 하여, 후한 안제 즉위 초에 당시 13세의 어린 황제를 섭정하던 등태후가 그 형과 당시의 정권을 농단하여 僭, 즉 그 참람함이 백성의 訛言相驚의 원인이 되었다고 기록하고 있다. 이에 반해 신라기사에서는 와언을 왕실과 직접으로 관련시켜 기록하고 있지는 않다.

・旱

한재는 오행전에 의하면 言之不從에 따른 천벌이며 '恒陽'이라 하였다. 『三國史記』신라본기에서 한재에 관한 사료를 정리하면 다음과 같다.

> ① (나해이사금) 6년 3월 … 큰 가뭄이 들어 내외의 죄수를 재심하고 가벼운 죄수를 석방하였다.
> (奈解尼師今) 六年三月 … 大旱 錄內外繫囚 原輕罪
> ② (나해이사금) 15년 봄부터 여름까지 가뭄이 들어 사신을 군읍에 파

견하여 죄수를 재심하고 두 가지 死罪人을 제하고는 모두 석방하였다.

(奈解尼師今) 十五年 春夏旱 發使錄郡邑獄囚 除二死餘悉原之

③ (나해이사금) 31년 봄부터 비가 내리지 않더니 가을 7월에 가서 비가 왔다. 백성들이 굶주리게 되어 창고를 헐어 구제하였다. 겨울 10월 내외의 죄수를 재심하고 가벼운 죄인은 석방하였다.

(奈解尼師今) 三十一年春 不雨 至秋七月乃雨 民飢 發倉廩賑給 冬十月 錄內外獄囚 原輕罪

④ (미추이사금) 7년 봄에서 여름까지 비가 내리지 않아 군신을 남당에 모아 친히 정치와 형벌의 득실을 물었으며 또한 다섯 사람의 사신을 보내 백성들의 어려움을 순문하였다.

(味鄒尼師今) 七年 春夏 不雨 會群臣於南堂 親問政刑得失 又遣使五人 巡問百姓苦患

⑤ (미추이사금) 19년 여름 4월 가뭄이 들어 죄수를 재심하였다.

(味鄒尼師今) 十九年夏四月 旱 錄囚

⑥ (흘해이사금) 8년 봄에서 여름까지 가물어서 왕이 친히 죄수를 재심하고 많이 석방하였다.

(訖解尼師今) 八年 春夏 旱 王親錄囚 多原之

⑦ (흘해이사금) 9년 봄 2월 영을 내리기를, "지난해는 가뭄이 들어 年事가 제대로 이루어지지 않았으나 금년에는 토지가 비옥하고 생기가 돌아 농사가 바야흐로 시작되었으니 일체 백성을 노역시키는 것을 정지시키라"고 하였다.

(訖解尼師今) 九年春二月 下令 向以旱災 年不順成 今則土膏脉起 農事方始 凡所勞民之事 皆停之

⑧ (내물마립간) 42년 가을 7월에 북쪽 변경의 하슬라주에 가뭄과 누리가 있어 흉년이 들고 백성들이 굶주려 해당 지방의 죄수를 특사하고 1년 동안 조세를 면제하였다.

四十二年秋七月 北邊何瑟羅旱蝗 年荒民飢 曲赦囚徒 復一年租調

⑨ (눌지마립간) 4년 봄과 여름에 크게 가물었다. 가을 7월에 서리가 내려 곡식을 죽이니 백성들이 굶주리게 되어 자손을 파는 자가 있어 죄수를 재심하고 석방하였다.

(訥祇痲立干) 四年 春夏大旱 秋七月 隕霜殺穀 民飢 有賣子孫者 慮囚原罪

⑩ (소지마립간) 14년 봄과 여름에 가뭄이 들어 왕이 자책하고 평소의 식사를 감하였다.

   (炤知麻立干) 十四年 春夏旱 王責己減常膳

⑪ (진평왕) 7년 봄 3월에 가뭄이 들어 왕이 정전을 피하고 평소의 음식을 줄이고 남당에 가서 친히 죄수를 재심하였다.

   (眞平王) 七年春三月 旱 王避正殿減常饍 御南堂親錄囚

이상의 사료를 통하여 한발에 의한 피해와 그 구체적인 대책을 살필 수 있다. 가장 현실적인 대책으로는 창고를 헐어 飢民을 구제하고 사신을 파견하거나 왕이 몸소 백성을 위로하는 것이다. 농번기에 농민을 괴롭히는 토목공사 등을 정지하는 대책도 있다. 그 다음으로 刑政을 재검하여 억울하거나 가혹한 형벌이 가해지지 않았는지를 살펴서 감형을 해 주거나 형을 면제해 주는 대책으로 錄囚・慮囚라고 하는 은전을 베푸는 일이다. 錄囚 등 刑政의 완화에 대해서는 『後漢書』志13 五行1에,

> 화제 영원 6년 가을 京都에 가뭄이 들었다. 당시 雒陽에 억울한 죄수가 있어 화제는 雒陽寺에 행차하고 죄수들을 재심사하고 억울한 죄수의 일을 바로잡고 令을 거두어 죄의 경중에 따라 형량을 정하였다. 행차중 궁궐에 돌아오기 전에 단비가 내렸다.
>
>   和帝永元六年秋 京都旱 時雒陽有冤囚 和帝幸雒陽寺 錄囚徒 理冤囚 (收)令下獄抵罪 行未還宮 澍雨降

라 한 데서 전형적인 寬仁政策의 예를 볼 수가 있다. 이러한 정책은 한발이 발생할 때 중국은 물론 우리 나라에서도 가장 보편적으로 취해진 대책이다. 그것은 王者가 天命에 순응하는 길이었다.

旱魃에 대한 또 다른 消災 방법은 왕이 避正殿, 責己, 減常膳하는 일이다. 가뭄이 심해서 백성들이 굶주리고 고통을 받고 있는데 왕이라고 해서 호화로운 정전에서 정사를 집행하는 것은 도덕적으로 적당치 않은 처사로서 天意에 어긋났다고 보았기 때문이다. 따라서 責己・減膳이라 하여 왕이 스스로의 행위를 반성하고 또 값진 일상의 식사를

줄여 가뭄으로 인해 고통받는 백성들에게 책임을 느끼고 또 하늘의 견책에도 답하고자 하였던 것이다.

이와 같이 군주가 自責·減膳한 사례로 또 『後漢書』 志13 五行1에 다음과 같은 기록이 있다.

장제 장화 2년 여름 가뭄이 들었는데 당시 장제가 죽은 뒤 竇太后는 형제를 기용하여 사치와 참람된 행위를 하였다.
章帝章和二年夏 旱 時章帝崩後 竇太后兄弟用事奢僭

여기서 보면 장제 장화 2년에 든 가뭄의 원인으로서 竇太后 일가의 전횡을 지적하고 있을 뿐, 가뭄에 대한 정부의 대책은 보이지 않는다. 다만 이 오행지 기사의 註에는 다음과 같은 孔叢의 말이 인용되고 있다. 즉,

건초 원년에 큰 가뭄이 있었는데 천자가 이것을 근심하자 侍御史 孔子豊이 이에 상소하여 말하기를, "신이 듣자옵건대, 착한 일을 하지 않고서 재앙이 닥치면 그 응보를 받는 것입니다. 선을 베풀고서도 재앙이 닥치는 것은 시운을 만난 것입니다. 폐하는 즉위한 지 얼마 안 되어 백성의 아픔을 자신의 아픔같이 여겨왔는데도 불행히도 가뭄을 만나 쇠잔하게 되었으니 시운을 만났을 뿐이고 정치와 교화 때문이 아닙니다. 옛날에 은의 탕왕은 가뭄을 만나 자책하여 사냥을 줄이고 쌓아둔 곡식을 백성들에게 베풀고 시종을 줄이고 음식을 덜었더니 대풍년이 왔습니다. 생각하옵건대, 폐하는 어찌하여 성왕과 탕왕의 사적에 못하겠습니까" 하였다. 천자가 그 말을 받아들여 따르니 3일 만에 곧 비가 내려 黃門郞으로 옮겨 임명하고 東觀事를 맡게 하였다.
建初元年大旱 天子憂之 侍御史孔子豊乃上疏曰 臣聞爲不善而災報 得其應也 爲善而災至 遭時運也 陛下卽位日淺 視民如傷 而不幸耗旱 時運之會耳 非政敎所致也 昔成湯遭旱 因自責 省畋散積 減御損食 而 大有年 意者陛下未爲成湯之事焉 天子納其言而從之 三日雨卽降 轉拜 黃門郞 典東觀事

이 기사에서 건초 원년의 大旱을 걱정하는 천자에게 당시 시어사

공자풍은 한발과 같은 재이는 不善에 대한 응보인데 선정을 베풀어도 재이가 나타나는 것은 시운 탓이며 결코 당시 章帝의 政敎가 잘못된 것이기 때문이 아니라고 위안하고 있다. 그런데 옛 聖王인 殷의 시조 成湯조차도 가뭄을 당하여 자책하여 사냥을 줄이고 御膳을 減損하자 크게 풍년을 맞게 되었다는 것이다. 이 기사를 통해서 이미 저 성·탕 때부터 가뭄을 만나서 군주가 自責減膳하던 고전적인 사례가 있음을 알 수 있고, 또 후한 장제 때에 이러한 고전적인 의식을 채용하였던 사실을 알 수 있다.

唐代에 와서는,

> (태종) 정관 13년 5월 갑인 가뭄으로 정전을 피하고 조서를 내려 5품 이상의 상소를 받게 하고 평소의 음식을 감하며 역사를 파하고 죄수를 재심하고 빈민을 구제하였더니 곧 비가 내렸다.
>   (太宗) 貞觀十三年五月甲寅 以旱避正殿 詔五品以上言事 減膳 罷役 理囚 賑乏乃雨(『新唐書』太宗本紀)

란 기록을 찾아볼 수 있다. 이처럼 가뭄에 대한 군주의 自責減膳, 善政과 寬刑 등은 치자들의 일관된 가뭄 대책으로서 통용되었음을 알 수 있다.

『三國史記』에 실려 있는 신라의 한발 기사를 중국의 사례와 비교할 때 그것을 당시의 보편적인 관행으로 이해할 수 있을 것이다. 앞서 든 신라의 한발 기사는 주로 군주에 의한 消災 대책이 뚜렷이 기록되어 있는 것만 제시한 것이고, 창고를 풀어 진휼하거나 사신을 파견하여 위무한 사례들은 초록하지 않았다. 거기에 어느 시기에 한발이 있었다는 사실만을 전하는 기사는 제외시켰기 때문에 가뭄에 대한 기사는 앞에서 제시한 것보다 훨씬 많다. 가뭄이란 고금을 두고 인간의 생존을 위협하는 가장 큰 재난으로서 특히 고대 농업사회에 있어서 그 중요성은 더욱 지대한 것이었다.

참고로 『三國史記』 신라본기에 실려 있는 신라의 한발 기사를 보면 南解王 때 1, 脫解王 때 1, 婆娑王 때 2, 祇摩王 때 1, 逸聖王 때 1, 阿

達羅王 때 1, 伐休王 때 1, 奈解王 때 3, 沾解王 때 2, 儒禮王 때 2, 基臨王 때 3, 奈勿王 때 3, 訥祇王 때 2, 炤知王 때 2, 智證王 때 1, 眞興王 때 1, 眞平王 때 3회로서 삼국기 신라에 있어 17왕에 걸쳐 31회의 한발 기사가 나온다. 이러한 가뭄 기사 가운데 그것을 극복하기 위한 구체적인 대책이나 消災儀式을 실시한 것은 앞서 살펴보았지만, 많은 기록은 단순히 旱·大旱·不雨 등의 한발 사실만 전하고 있을 뿐이다. 그러나 기록에 없다고 해서 모든 한발에 대해서 일정한 소재의식이나 대책이 없었다고 할 수가 없으며 다만 史書의 體裁上의 문제로 보인다. 그것은 앞서 인용한 후한 장제 장화 원년의 한발에서 이미 살핀 바와 같이, 구체적으로 공자풍의 상소에 따라 장제의 責己·省敗·損膳 등이 행해졌음에도 불구하고 『後漢書』장제본기나 오행지에는 한발 사실 자체에 관한 기사도 없었음을 상기할 때 더욱 그렇게 생각된다.

• 詩謠

謠는 정정이나 세태가 불안할 때 그러한 정황이 童謠나 詩로 유행되고 있는 것을 뜻하며 詩妖라고도 한다. 이것은 앞의 오행전에 의하면, '言之不從' 즉 군주가 언행을 함부로 한 데서 연유되는 咎徵이다. 『三國史記』신라본기나 다른 기록에서 이 謠에 해당하는 사료를 접할 수 없다. 다만 『三國遺事』에 전하는 「薯童謠」가 이러한 류에 속하지 않을까 생각된다.[13] 薯童이 왕실의 공주를 유인해 내려는 의도로 만들어진 이 노래가 당시 진평왕대 百官의 極諫으로 공주의 유배를 가져온 것으로 볼 때, 결코 정상적인 상황이 아닌 詩妖에 속하는 것이라고 이해할 수 있을 것이다.

• 狼食人

이것은 이리가 사람을 殺食하는 행위로서 『三國史記』신라본기에

13) 『三國遺事』卷2.

다음과 같은 기사가 나온다.

> (눌지왕) 37년 봄과 여름에 가뭄이 있었으며 7월에는 이리떼가 始林
> 에 들어왔다.
> (訥祇王) 三十七年 春夏旱 秋七月 群狼入始林

이것은 이리떼가 始林 숲속으로 들어갔다는 기록일 뿐 사람을 살해
했다는 것은 아니다. 그러나 『後漢書』의,

> 영제 乾寧 연간에 이리떼 수십 마리가 진양의 남성문에 들어와 사람
> 을 물었다.
> 靈帝建寧中 群狼數十頭 入晉陽南城門 齧人(五行志1)

는 기록은 글자 그대로 狼食人의 사례이며 또 해당 오행지에 기재함으
로써 이것을 오행설에 적용하고 있음을 알겠다.

(3) 五行二 : 火

『後漢書』의 오행2는 火로서 그 사상적 근거는 다음과 같다.

> 오행전에 말하기를, 법률을 버리고 공신을 내몰고 태자를 죽이고 첩
> 을 처로 삼으면 火가 그 본성을 잃어 不炎上 즉 타오르지 않는다. 火
> 가 그 본성을 잃으면 재이를 드러낸다. 또한 (오행전)에 말하기를, 보
> 는 것이 밝지 못하면 이것을 분명치 못하다고 한다. 그 책망은 느슨함
> 이요, 그 벌은 더위의 계속이며 그 궁극의 재앙은 병이다. 어느 때는
> 草木의 妖가 생기고, 어느 때는 껍질과 털이 없는 동물의 요물이 일어
> 나고, 어느 때는 양의 화가 일어나고, 어느 때는 눈의 병이 생기고, 어
> 느 때는 赤眚赤祥이 일어난다. 水가 火에 손상을 끼친 것이다. 蠃蟲은
> 劉歆傳에는 羽蟲으로 되어 있다.
> 五行傳曰 棄法律 逐功臣 殺太子 以妾爲妻 則火不炎上 謂火失其性
> 而爲災也 又曰 視之不明 是謂不悊 厥咎舒 厥罰常燠 厥極疾 時則有
> 草妖 時則有蠃蟲之孼 時則有羊禍 時則有赤眚赤祥 有水沴火 蠃蟲 劉
> 歆傳以爲羽蟲

여기에 나타나는 災火, 草妖, 蠃虫孼(羽虫孼), 羊禍 등의 구징 순서에 따라『三國史記』신라본기에서 그 사례를 정리하여 보면 다음과 같다.

・災火

『三國史記』신라본기에는 災火 기사가 대단히 많이 발견된다. 여기에 수록된 화재 기사의 대부분은 王宮과 관련된 것으로, 이들 기사를 왕의 治世順으로 살펴보면 다음과 같다.

① (지마이사금) 21년 봄 2월 궁궐의 남문에 화재가 났다. 23년 봄과 여름에 가뭄이 있었으며 가을 8월에 왕이 죽었는데 왕자가 없었다.
　(祇摩尼師今) 二十一年春二月 宮南門災 二十三年 春夏 旱 秋八月 王薨 無子
② (일성이사금) 20년 겨울 10월 궁문에 화재가 났다. … 21년 봄 2월에 왕이 죽었다.
　(逸聖尼師今) 二十年冬十月 宮門災 … 二十一年春二月 王薨
③ (미추이사금) 원년 가을 7월 금성 서문에 화재가 나서 3백여 구의 인가를 태웠다.
　(味鄒尼師今) 元年秋七月 金城西門災 延燒人家三百餘區
④ (소지마립간) 4년 봄 2월 큰 바람이 불어 나무가 뿌리째 뽑혔으며 금성의 남문에 화재가 났다.
　(炤知麻立干) 四年春二月 大風拔木 金城南門火
⑤ (진평왕) 18년 겨울 10월 영흥사에 화재가 나서 350집을 태우고 왕이 친히 가서 구제하였다.
　(眞平王) 十八年冬十月 永興寺火 延燒三百五十家 王親臨救之

위 사료에서 ①・②는 각기 왕의 죽음을 前兆하는 구징으로 파악된 듯하다. 화재가 군주의 죽음을 豫兆하는 조짐으로 파악된 사례를『後漢書』오행2에서 찾아보면,

① (화제) 영원 15년 6월 신유에 漢中城固의 남성문에 화재가 났다. 이

는 孝和皇帝가 장차 후사가 끊어질 것을 상징한 것이다. 그 뒤 2년
에 황제가 죽었는데 殤帝와 平原王은 모두 일찍이 요절하여 和帝
의 뒤가 끊어졌다.

　　(和帝) 永元十五年六月辛酉 漢中城固南城門災 此孝和皇帝将絶世
　　之象也 其後二年 宮車晏駕 殤帝及平原王 皆早夭折 和帝世絶

② 한안 원년 3월 갑오에 낙양의 劉漢 등의 197가가 불에 탔다. 뒤 4년
에 차례로 세 황제가 죽었다. 건화 원년에 군주의 자리가 겨우 안정
되었다.

　　漢安元年三月甲午 雒陽劉漢等百九十七家火所燒 後四年 宮車比三
　　晏駕 建和元年君位乃定

라 하여 화재 발생을 군주의 죽음을 예시하는 前兆로서 확실히 밝히고
있어, 앞서 살펴본 신라 지마왕의 경우에도 그러한 추측을 해 볼 수 있
을 것이다.

・草妖

草妖도 역시 군주의 '視之不明'의 不德의 소치로 초래되는 재이이
다. 초요의 예로서『後漢書』志14 五行2의 기사를 보면 다음과 같다.

　　안제 원초 3년 참외가 뿌리는 다른데 합하여 한 줄기로 성장하고 꼭
지가 여덟 개가 달려 있었다. 그 때 이를 嘉瓜라 하였다. 혹은 참외는
밖으로 뻗어나가 뿌리로부터 떨어져서 과실을 맺는 것으로서 여자의
外族을 상징한다고 하였다. 이 때 閻皇后가 처음 책립되었는데, 뒤에
閻后는 그의 외친 耿寶 등과 함께 태자를 참소하고 폐하여 濟陰王으
로 삼고 다시 밖으로 濟北王子 犢을 맞아 황제로 세웠다. 초요이다.
　　安帝元初三年 有瓜異本共生 八瓜同蔕 時以爲嘉瓜 或以爲瓜者外延
　　離本而實女子外屬之象也 是時閻皇后初立 後閻后與外親耿寶等共譖
　　太子 廢爲濟陰王 更外迎濟北王子犢立之 草妖也

이것은 당시 염황후가 외친과 결탁하여 태자를 모함하여 폐하고 다
시 제북왕자로 갈아치운 사건에 연유된 草妖라고 해석하고 있다.

『三國史記』에 보이는 신라에 있어서 草妖에 관한 기사는 다음과 같다.

① (파사이사금) 5년 여름 5月 古陁郡主가 靑牛를 바쳤으며, 南新縣에서 한 줄기에 두 개의 보리이삭이 생기고 풍년이 크게 들어 行人이 양식을 싸가지고 다니지 않게 되었다.
　(婆娑尼師今) 五年夏五月　古陁郡主獻靑牛　南新縣麥連歧　大有年 行者不齎糧
② (파사이사금) 23년 겨울 10月 복숭아와 오얏꽃이 피었다.
　(婆娑尼師今) 二十三年冬十月　桃李華
③ (벌휴이사금) 3년 가을 7月 南新縣에서 嘉禾를 바쳤다.
　(伐休尼師今) 三年秋七月　南新縣進嘉禾
④ (나해이사금) 8년 겨울 10月 … 복숭아와 오얏꽃이 피고 사람들이 많이 유행병에 걸렸다.
　(奈解尼師今) 八年冬十月　…　桃李華　人大疫
⑤ (조분이사금) 13년 가을 크게 풍년이 들고 古陁郡에서 嘉禾를 바쳤다.
　(助賁尼師今) 十三年秋　大有年　古陁郡進嘉禾
⑥ (유례이사금) 11년 가을 7月 多沙郡에서 嘉禾를 바쳤다.
　(儒禮尼師今) 十一年秋七月　多沙郡進嘉禾
⑦ (내물이사금) 7년 여름 4月 시조묘 뜰에 樹連理 현상이 있었다.
　(奈勿尼師今) 七年夏四月　始祖廟庭樹連理
⑧ (눌지마립간) 36년 가을 7月 大山郡에서 嘉禾를 바쳤다.
　(訥祇麻立干) 三十六年秋七月　大山郡進嘉禾
⑨ (첨해이사금) 7년 여름 4月 … 금성 남쪽에 쓰러져 있던 버드나무가 저절로 일어났다.
　(沾解尼師今) 七年夏四月　…　金城南臥柳自起
⑩ (나해이사금) 3년 여름 4月 시조묘 앞에 쓰러져 있던 버드나무가 저절로 일어났다.
　(奈解尼師今) 三年夏四月　始祖廟前臥柳自起

草妖로 기록된 것은 麥連岐, 桃李華, 嘉禾, 樹連理, 臥柳自起 등이

다. 먼저 麥連岐란 보리이삭이 여러 갈래로 갈라져 많은 수확을 가능
케 한 현상으로 사료 ①에서 보면 그 해에 큰 풍년이 들었다는 것이다.
『宋書』符瑞下에도,

> ① 한 장제 원화 연간에 嘉麥이 郡國에서 생겼다.
>   漢章帝元和中 嘉麥生郡國
> ② 진 무제 태강 10년 6月 嘉麥이 扶風郡에서 생겼는데 한 줄기에 네
>   개의 이삭이 생기고 이 해에 세 배의 수확이 있었다.
>   晉武帝太康十年六月 嘉麥生扶風郡 一莖四穗 是歲收三倍

는 기사가 보이는 점으로 미루어 이 麥連岐 현상은 좋은 징조로서 瑞
祥에 속한다고 하겠다.

嘉禾도 역시 同書 符瑞下에,

> 嘉禾는 오곡의 으뜸으로 왕자의 덕이 성하면 한 줄기에 두 개의 이
> 삭이 생겨난다. 周의 덕치에서는 세 개의 이삭, 商의 덕치에서는 같은
> 뿌리에 다른(두 개의) 고갱이가, 夏의 덕치에서는 다른 뿌리에 같은(하
> 나의) 이삭이 생겼다.
>   嘉禾 五穀之長 王者德盛 則二苗共秀 於周德 三苗共穗 於商德 同本
>   異穟 於夏德 異本同秀

고 하여 왕자의 덕이 성할 때 나타나는 瑞祥으로 보고 있다. 嘉禾 기
록은 이미 전한대 이래 후한대에도 나타나며 후세까지 오래도록 瑞祥
으로 상징되어 왔다.[14]

이어 樹連理 현상에 대해서는 『宋書』 卷29 符瑞下에 다음과 같이
기록되어 있다.

> 木의 連理 현상은 왕자의 덕택이 純洽하여 팔방이 하나로 합치면 생
> 긴다.

---

14) 『漢書』卷58, 公孫弘傳에서 公孫弘이 武帝에게 올리는 對策 중에 "嘉禾興
朱草生 … 此和之至也"라 한 것과, 『後漢書』卷2, 明帝紀 永平 11년 7月條
참조.

木連理 王者德澤純洽 八方合爲一則生

木連理는 뿌리를 달리하는 나무가 위에서 서로 가지가 엉켜붙어 하나로 보이는 현상을 말한다. 木連理에 대한 고전적인 사례를 보면 『後漢書』 卷5 安帝紀5에,

> (안제) 원초 3년 봄 정월 갑술 … 동평륙에서 木의 連理 현상이 있었다고 상언하였다.
> (安帝) 元初三年春正月甲戌 … 東平陸上言木連理

라 하였으며, 그 註에 "東平陸은 縣名으로 東平國에 속하였으며 지금의 兗州 平陸縣이다"라고 하였다. 지방으로부터 木連理 현상을 上言하고 있음을 알 수 있다. 앞의 신라 사료 ⑦의 경우는 내물왕 7년에 시조묘에 樹連理 현상이 있었다는 사실만 간단히 기록되어 있지만 奈勿王 때는 신라 역사상 정치적 변화가 있었음은 두루 아는 바이다. 이러한 정치적인 변화에 따라 내물왕조의 권위를 높이려는 일종의 瑞祥思想이 사료 ⑦에 적용된 것이 아닌가 보인다. 마찬가지로 그 1년 전인 내물왕 3년 정월에 왕이 친히 시조묘에 제사하였더니 그 때 紫雲이 시조묘에 서려 있었다던가 神雀이 그 廟庭에 모여 있었다는 등의 서상도 같은 맥락에서 이해할 수 있을 것이다.

지금까지 살펴본 麥連岐·嘉禾·樹連理 등은 서상에 속하는 草妖라 하겠으나, 사료 ②·③의 桃李華와 ⑨의 臥柳自起 현상은 반대로 구징에 속하는 것들이다. 먼저 桃李華의 내용은 복숭아와 오얏꽃이 제철이 아닌 때 피었음을 말하는 것이다. 『三國史記』의 사료에서 보면 파사왕 23년 겨울 10월에 각각 철 아닌 桃李花가 피었다고 되어 있고, 이는 분명 오행설에서 구징으로 해석되는 것이다. 이것을 중국의 경우와 대비하여 보면 『史記』 秦本紀5에,

> 헌공 16년 복숭아꽃이 겨울에 피었다.
> 獻公十六年 桃冬華

라는 기사가 있으나 그 의미에 대해서는 아무런 언급이 없다.

『漢書』에서는,

> ① (문제) 6년 겨울 10월 복숭아와 오얏꽃이 피었다.
>   (文帝) 六年冬十月 桃李華(文帝紀)
> ② 혜제 2년 天雨血이 宜陽의 一頃쯤 되는 곳에 내렸는데 劉向은 이
>   를 赤眚이라 하였다. 이 때에 또한 冬雷가 치고 복숭아와 오얏꽃이
>   피었는데 常奧의 벌이다. 이 때에 정치는 느슨하고 呂氏 일족이 권
>   세를 떨치고 있었다. 참소를 함부로 하여 세 황자가 살해되고 후사
>   가 아닌 자를 세우고 부당한 왕을 봉건하고 王陵, 趙堯, 周昌을 퇴
>   출하였다. 여태후가 죽자 대신들이 함께 여씨 일족을 주멸하여 사
>   체가 피바다를 이루었다.
>   惠帝二年 天雨血於宜陽 一頃所 劉向以爲赤眚也 時又冬雷 桃李華
>   常奧之罰也 是時政舒緩 諸呂用事 讒口妄行 殺三皇子 建立非嗣
>   及不當立之王 退王陵 趙堯 周昌 呂太后崩 大臣共誅滅諸呂 僵尸
>   流血(五行志7中之下 赤祥)

라고 되어 있다. ②에서 나오는 '常奧之罰'이란 오행전에서 나오는 말
로 더위가 오래 계속되는 벌이라는 뜻이다. 즉 오행전에 보면 '視之不
明 是謂不悊 厥咎舒 厥罰恒奧'라는 말이 나오는데, 視之不明 즉 군주
가 관찰하는 것을 밝게 하지 못하면 이로 말미암아 不悊(哲) 즉 밝지
못한 처사가 나오고 그 咎는 舒緩 곧 느슨한 정치를 초래하여 더운 날
씨가 계속된다는 것이다. 이로 비추어 보건대, 위의 기사는 혜제 2년
겨울의 桃李華 등의 원인을 정사가 느슨하고 여씨 일가가 정권을 휘두
르고 참람한 말이 함부로 행해지고 3인의 황자를 죽이고 정당한 후계
자가 아니거나 세워서는 안 될 왕을 봉건하고 王陵·趙堯·周昌을 축
출한 데서 찾고 있음을 알 수 있다.

그런데 앞서 『三國史記』에 실린 신라의 桃李華 현상은 그 원인이
무엇인지 알 수 없다. 역사 서술의 성격상 중국의 正史의 본기에서도
'桃李華' 현상 같은 것은 특별한 설명 없이 사실만을 간단히 기록하는
데 그친다. 따라서 『三國史記』 신라본기에 원인 설명이 없는 것은 같

은 맥락에서 이해하는 것이 좋을 것이다. 따라서 신라본기에 설명이 나오지는 않지만 역시 이러한 桃李華 현상에 대해서는 중국과 마찬가지로 정치적 不正을 깔고 있지나 않을까 생각되며, 동시에 이러한 桃李華 등의 기사는 신라 땅에 오행사상이 수용되었음을 실증해 주는 것이 아닌가 생각된다.

다음으로 쓰러져 있던 버드나무가 저절로 일어섰다는 臥柳自起 기사를 보자.『漢書』卷27 五行中之下에,

    혜제 5년 10월 … 소제 때 上林苑 중의 큰 버드나무가 잘려 땅에 쓰러졌는데 하루아침에 일어서서 가지에 잎이 돋았다. … 京房易傳에서는 마른 나뭇가지에 강아지풀이 나고 고목이 다시 살아나면 군주에게는 아들이 없다고 하였다.
       惠帝五年十月 … 昭帝時 上林苑中大柳樹斷仆地 一朝起立 生枝葉 … 京房易傳曰 枯楊生稊 枯木復生 人君亡子

라고 되어 있다.

버드나무가 다시 살아나는 것을 군주에게 아들이 없을 조짐으로 본다는 풀이로 보건대, 신라 12대 沾解王이 昔氏로서 즉위하였으나 다음 왕위에 오른 미추왕이 金氏이므로 첨해왕의 자손에 의한 왕위계승은 물론 석씨 왕가가 단절되었다고 볼 수 있으므로 위 京房易傳의 풀이에 접근할 수도 있지 않을까 생각된다.

지금까지『三國史記』에 실린 草妖 관계기사를 살펴보았는데 麥連岐, 嘉禾, 樹連理, 桃李華, 臥柳自起 등이 모두 중국 漢代나 그 이전부터 통행되어 온 오행사상을 신라가 수용한 뚜렷한 사례로서 이해하고자 한다.

・羽虫孼

羽虫이란 鳥類의 변이로서,『三國史記』신라본기에 다음과 같은 해당 기사가 있다.

① (파사이사금) 21년 가을 7월 우박이 내려 나는 새가 죽었다.
　(婆娑尼師今) 二十一年秋七月 雨雹 飛鳥死
② (내물이사금) 24년 여름 4월 양산에 있던 참새가 큰 새를 낳았다.
　(奈勿尼師今) 二十四年夏四月 楊山有小雀 生大鳥
③ (눌지마립간) 25년 봄 2월 史勿縣에서 꼬리가 긴 백치를 진상하자
　왕은 이것을 가상히 여기고 그 현리에게 곡식을 내렸다.
　(訥祇麻立干) 二十五年春二月 史勿縣進長尾白雉 王嘉之 賜縣吏
　穀

이들 사료 중 오행설의 전형은 '小雀生大鳥'이다.『後漢書』에서는,

　영제 광화 4년 가을 오색의 大鳥가 新城에 나타나더니 여러 새가 이
　를 따르게 되었다. 그 때 이를 봉황이라 하였는데 당시 영제는 정사를
　돌보지 않고 常侍・黃門이 정치를 오로지하여 羽虫의 구징에 해당하
　는 시기였다.
　　靈帝光和四年秋 五色大鳥見于新城 衆鳥隨之 時以爲鳳凰 時靈帝不
　恤政事 常侍黃門專權 羽孽之時也(五行2)

라고 해서 五色大鳥의 출현과 衆鳥가 이를 따른 것을 영제 때의 정사
의 不恤을 나타내는 羽虫之孽이라고 해석하고 있다. 한편『三國史記』
에 실린 '小雀生大鳥'와 유사한 내용은『新唐書』에서 찾아볼 수 있다.
즉,

　함통 7년 涇州의 靈臺 百里戍에 참새가 제비를 낳더니 커서 같이 날
　아갔다. 京房易傳에서는 賊臣이 나라에 있으면 그 妖事는 제비가 참
　새를 낳는 것이라고 하였는데 참새가 제비를 낳은 것도 같은 말이다.
　　咸通七年 涇州靈臺百里戍 有雀生燕 至大俱飛去 京房易傳曰 賊臣
　在國 厥妖燕生雀 雀生燕同說(五行志 1)

참새가 제비를 낳았다는 이 기사는 앞의 신라본기에서 참새가 큰 새
를 낳았다는 내용과 유사한 것이다. 그러나 그것이 의미하는 바가 신
라의 경우『新唐書』의 京房易傳 풀이와 같은 것인지는 확인할 근거가

없다.

• 羊禍

羊禍란 양의 기형 출산 등에 관한 것인데 『三國史記』신라 관계 기사에서는 발견되지 않는다.

(4) 五行三 : 水

이에 대해 『後漢書』五行3에서는,

오행전에서 말하기를, 종묘를 소홀히 하고 신에게 빌지 않고 제사를 폐하고 天時를 어기면 水가 불어서 아래로 흐르지 않게 된다. 水가 본성을 잃으면 재이가 발생한다. 또한 (오행전)에 말하기를, 군주가 듣는 것을 총명하게 하지 못하면 이것을 不謀라 한다. 그 문책은 성급함이며 그 벌은 계속되는 추위이며 궁극의 재앙은 궁핍이다. 어느 때는 鼓妖가 있고 어느 때는 돼지의 화가 있고 어느 때는 귀의 병이 발생하고 어느 때는 黑眚黑祥이 있다. 이는 火가 水에 손상을 끼친 것이다. 魚孼은 劉歆傳에서는 介蟲의 孼로 되어 있으며 蝗에 속하는 것을 말한다.

五行傳曰 簡宗廟 不禱祠 廢祭祀 逆天時 則水不潤下 謂水失其性而災也 又曰 聽之不聰 是謂不謀 厥咎急 厥罰恒寒 厥極貧 時則有鼓妖 時則有魚孼 時則有豕禍 時則有耳痾 時則有黑眚黑祥 惟火沴水 魚孼 劉歆傳以爲介蟲之孼 謂蝗屬也

라 하여 水의 오행질서가 흐트러지면 그 구징으로서 大水, 水變色, 大寒, 雹, 冬雷, 山鳴, 魚孼(介虫之孼), 蝗 등이 발생한다고 하였다. 이것을 차례로 살펴보면 다음과 같다.

• 大水

大水 기사로는 『三國史記』에,

① (파사이사금) 29년 여름 5월 큰물이 지고 백성들이 굶주려 사신을
   10도에 보내어 창고를 열어 구제해 주었다.
   (婆娑尼師今) 二十九年夏五月 大水 民飢 發使十道 開倉賑給
② (지마이사금) 3년 봄 3월 우박이 떨어지고 麥苗가 상하였다. 여름 4
   월에 큰물이 져서 寬省하여 死罪를 제하고는 나머지를 모두 놓아
   주었다.
   (祇摩尼師今) 三年春三月 雨雹 麥苗傷 夏四月 大水 慮囚 除死罪
   餘悉原之
③ (지마이사금) 25년 여름 5월 큰비가 내려 민가가 떠내려갔다.
   (祇摩尼師今) 二十年夏五月 大雨 漂沒民戶
④ (소지마립간) 5년 여름 4월 큰물이 지고 가을 7월에 또 큰물이 졌
   다. 겨울 10월 一善에 행차하여 수재를 만난 백성을 위문하고 그들
   에게 곡식을 차등 있게 내려주었다.
   (炤知麻立干) 五年夏四月 大水 秋七月 大水 冬十月 幸一善界 存
   問遭災百姓 賜穀有差

등 이외에 阿達羅王 7년, 伐休王 9년, 沾解王 14년, 儒禮王 7년, 訖解
王 41년, 慈悲王 8년, 炤知王 5년, 眞德王 4년에 大水·大雨·暴雨 등
의 기사가 수록되어 있다.

위의 사료에서는 왕의 親幸存問·賜穀 등의 구호대책이 실시되고
있음을 볼 수 있으며, 때로는 대수해를 당해 왕이 慮囚 등 刑政을 완
화한 사례도 보인다. 물론 이 같은 寬刑政策에는 군주가 인정을 베풀
어 天意에 보답한다는 天人合一說이 작용하고 있는 것으로 보인다.
이와 관련하여『後漢書』의 大水 기사를 보면,

    상제 연평 원년 5월 郡國 37곳에 큰물이 져서 농사를 손상하였다. 동
    중서가 말하기를, 水는 음기가 성한 것이라 하였다. 이 때 황제는 강보
    에 싸인 채 등태후가 정치를 오로지하였다.
       殤帝延平元年五月 郡國三十七大水 傷稼 董仲舒曰 水者 陰氣盛也
    是時帝在襁抱 鄧太后專政(五行3)

고 하여 당시 상제가 강보 속에 있어 등태후의 專政이 행해짐에 따라

大水라는 구징이 나타난 것이라고 보고 있다.

• 水의 변색

水의 不潤下에서 발생되는 水變色에 대하여『三國史記』신라본기
에서는,

① (선덕왕) 8년 가을 7월 동해수가 붉고 또 더워 고기와 자라가 죽었
다.
　(善德王) 八年秋七月 東海水赤且熱 魚鼈死
② (태종무열왕) 8년 6월 대관사 井水가 핏빛으로 되고 金馬郡의 땅에
피가 흘러 넓이가 5步였으며 왕이 돌아갔다.
　(太宗武烈王) 八年六月 大官寺井水爲血 金馬郡地流血廣五步　王
　薨

라는 기사가 보인다. 이에 대비하여『後漢書』에 실린 水變色의 사례를
보면,

　(안제 영초) 6년 하동의 池水가 모두 붉게 변색되어 핏빛과 같았다.
이 때 등태후는 아직 전정하고 있었다.
　(安帝永初) 六年 河東池水變色 皆赤如血 是時鄧太后猶專政(五行3)

고 하여 후한 안제 영초 6년의 池水 변색이 당시 등태후의 전제정치에
서 말미암은 것이라고 하고 있다. 신라의 경우 선덕·태종무열왕 양대
의 水變色이 선덕왕의 경우는 알 수 없으나, 무열왕 8년의 경우는 왕
의 죽음과 연관된 것으로 보인다.

• 大寒

大寒에 해당하는 기사는『三國史記』에 발견되지 않는다.

• 雹

우박에 관한 기록은『三國史記』신라본기에 비교적 많이 수록되어
있다.

① (파사이사금) 21년 가을 7월 우박이 떨어져 나는 새가 죽었다.
   (婆娑尼師今) 二十一年秋七月 雨雹 飛鳥死
② (지마이사금) 3년 봄 3월 우박이 떨어져 麥苗가 상하였다.
   (祇摩尼師今) 三年春三月 雨雹 麥苗傷
③ (아달라이사금) 17년 가을 7월 경사에 지진이 일어나고 서리와 우
   박이 내려 곡식을 상하게 하였다.
   (阿達羅尼師今) 十七年秋七月 京師地震 霜雹害穀
④ (나해이사금) 27년 여름 4월 우박이 떨어져 콩과 보리를 상하게 하
   였다.
   (奈解尼師今) 二十七年夏四月 雹傷菽麥
⑤ (흘해이사금) 28년 3월 우박이 떨어지고 여름 4월에는 서리가 내렸
   다.
   (訖解尼師今) 二十八年三月 雨雹 夏四月 隕霜
⑥ (눌지마립간) 15년 가을 7월 서리와 우박이 내려 곡식을 죽였다.
   (訥祇麻立干) 十五年秋七月 霜雹殺穀
⑦ (눌지마립간) 20년 여름 4월 우박이 내려 죄수에게 寬刑을 베풀었
   다.
   (訥祇麻立干) 二十年夏四月 雨雹 慮囚
⑧ (눌지마립간) 22년 여름 4월 … 경도에 큰 바람이 불고 우박이 떨어
   졌다.
   (訥祇麻立干) 二十二年夏四月 … 京都大風雨雹
⑨ (눌지마립간) 38년 가을 7월 서리와 우박이 내려 곡식을 죽였다.
   (訥祇麻立干) 三十八年秋七月 霜雹害穀
⑩ (선덕왕) 3년 3월 밤 크기만한 우박이 내렸다.
   (善德王) 三年三月 雹大如栗

봄이나 가을에 내리는 우박은 곡식을 상하게 하므로 농경국가로서
는 큰 재난이 아닐 수 없었다. 그러므로 사료 ⑦에서 보는 바와 같이

군주는 慮囚란 仁政을 베풀어 天意를 살피기도 하였던 것이다.『後漢
書』오행3에는,

> 화제 영원 5년 6월 郡國 세 곳에 우박이 내렸는데 그 크기가 계란만
> 하였다. 이 때 화제는 酷吏 周紆를 司隷校尉로 기용하여 刑誅가 심각
> 하였다.
>   和帝永元五年六月 郡國三雨雹 大如雞子 是時和帝用酷吏周紆爲司
> 隸校尉 刑誅深刻

라 하여 세 郡國에 내린 우박의 원인은 화제가 혹리를 써서 가혹한 刑
誅를 자행하였기 때문이라 하고 있다. 신라의 경우는 우박이 내린 데
대한 이러한 구체적인 설명은 없지만 앞서 본 눌지왕 20년의 우박에
대한 慮囚 대책으로 보아, 이를 단순한 자연현상으로만 받아들이지 않
은 것은 알 수 있다.

• 冬雷

冬雷 즉 겨울에 치는 雷에 대해서는『三國史記』신라본기에 다음과
같이 보인다.

> ① (일성이사금) 16년 겨울 11월 우레가 쳤다.
>   (逸聖尼師今) 十六年冬十一月 雷
> ② (소지마립간) 5년 11월 우레가 쳤다.
>   (炤知麻立干) 五年十一月 雷

『後漢書』에서는,

> 화제 원흥 원년 겨울 11월 임오 郡國 네 곳에 冬雷가 쳤다. 이 때 황
> 자는 운수가 따르지 않아 모두 민간에 은둔하였다. 이 때 황제가 돌아
> 가니 殤帝가 출생한 지 100여 일 만에 황제로 즉위하였다. 帝兄이 병
> 이 들어 平原王으로 봉하였는데 돌아가니 모두 요절하여 후사가 없었
> 다.

和帝元興元年冬十一月壬午 郡國四冬雷 是時皇太子不遂 皆隱之民
閒 是歲宮車晏駕 殤帝生百餘日 立以爲君 帝兄有疾 封爲平原王 卒
皆妖無嗣(五行3)

라고 하여 冬雷 현상을 당시 후한 帝室의 후사가 모두 요절하는 불운
을 나타내는 것으로 해석하였다. 그러나 신라의 경우는 冬雷의 원인을
알 수 없다. 다만 이러한 冬雷 기사를 史書에 기록하고 있는 점으로
미루어 역시 오행설에 의한 해석이 가능하다고 보겠다.

• 山鳴

山鳴에 대하여『後漢書』에는,

건안 7~8년 중 長沙 醴陵縣에 큰 산이 있는데 소가 늘 숨을 내쉬는
것 같이 우는 소리가 여러 해를 두고 났다. 뒤에 預章賊이 醴陵縣을
攻沒하여 吏民을 죽이고 노략질하였다.
建安七八年中 長沙醴陵縣有大山 常大鳴如牛呴聲 積數年 後預章賊
攻沒醴陵縣 殺略吏民(五行3)

라 한 기사가 있으나『三國史記』신라본기에는 그러한 기사가 발견되
지 않는다.

• 魚孼

『三國史記』신라본기에 나타나는 魚孼 기사는 다음과 같은데, 이는
물고기의 변이를 조사하여 기록한 것으로서 오행사상에 의거한 것으
로 생각된다.

① (아달라이사금) 8년 가을 7월 蝗虫이 곡식을 해하고 海魚가 많이
나와 죽었다.
(阿達羅尼師今) 八年秋七月 蝗害穀 海魚多出死
② (첨해이사금) 10년 봄 3월 國東의 바다에 大魚 세 마리가 나타났는

데 길이가 3丈, 높이는 1丈 2尺이나 되었다.

    (沾解尼師今) 十年春三月 國東海出大魚三 長三丈 高丈有二尺

③ (실성이사금) 15년 봄 3월 東海가에서 大魚를 잡았는데 뿔이 달리고 그 크기가 수레에 가득 찼다.

    (實聖尼師今) 十五年春三月 東海邊獲大魚 有角 其大盈車

④ (선덕왕) 8년 봄 2월 何瑟羅州를 北小京으로 삼고 … 가을 7월 동해의 물이 붉고 또 더워 고기와 자라가 죽었다.

    (善德王) 八年春二月 以何瑟羅州爲北小京 … 秋七月 東海水赤且熱 魚鼈死

⑤ (태종무열왕) 6년 9월 … 公州基郡 江中에 大魚가 나와 죽었다. 길이가 100자로서 먹은 자는 죽었다.

    (太宗武烈王) 六年九月 … 公州基郡 江中大魚出死 長百尺 食者死

『後漢書』 五行3에 의하면,

영제 희평 2년 東萊의 바다에 大魚 두 마리가 나왔는데 길이가 8~9丈, 높이는 2丈쯤 되었다. 다음 해 中山王 暢과 任城王 博이 아울러 죽었다.

    靈帝憙平二年 東萊海出大魚二枚 長八九丈 高二丈餘 明年 中山王 暢 任城王博並薨

라고 하여 大魚의 출현과 두 왕의 죽음을 연결시키고 있다. 이 기사의 註로 인용된 京房易傳에는 '海出巨魚 邪人進 賢人疏'[15]라 하여 또 다른 의견이 제시되고 있다. 신라의 경우 이 기사만으로는 大魚 출현이 구체적으로 어떠한 사건과 직접 결부되는지 알 수 없으나, 사료 ② 실성왕 15년의 동해변 大魚 출현 기사는 이듬해 실성왕이 눌지왕에 의해 실각되어 죽게 된 사건과 연결지을 수도 있을 것이다.

• 蝗

蝗 즉 누리의 災害는 농경국가에게 크나큰 재이가 아닐 수 없다. 특

---

15) 『後漢書』 志15 五行3에서 靈帝 憙平 2年 大魚記事 註.

히 도작농업에서 더욱 그러하다. 그러므로 蝗災에 대한 기록은 그 어느 오행 기사보다 자주 나온다. 『三國史記』 신라본기에 실린 蝗災 기사를 보면 다음과 같다.

① (남해차차웅) 15년 가을 7월 蝗虫이 발생하고 백성들이 굶주리게 되자 창고를 열어 구제하였다. … 21년 가을 9월 蝗虫이 생기고 왕이 죽었다.
　　(南解次次雄) 十五年秋七月 蝗 民饑 發倉廩救之 … 二十一年秋九月 蝗 王薨
② (파사이사금) 30년 가을 7월 蝗虫이 곡식을 해하였다. 왕은 산천에 두루 제사를 지내고 신에게 비니 황충이 없어졌다.
　　(婆娑尼師今) 三十年秋七月 蝗害穀 王遍祭山川 以祈禳之 蝗滅 有年
③ (소지마립간) 19년 가을 7월 가뭄과 황충의 해가 있어 群官에 명하여 능히 백성을 다스릴 만한 인재 각 한 사람씩을 천거케 하였다.
　　(炤知麻立干) 十九年秋七月 旱蝗 命群官 擧才堪牧民者各一人

이 밖에 祇摩尼師今 11년, 阿達羅尼師今 8년, 助賁尼師今 8년, 訖解尼師今 4년, 奈勿麻立干 44년, 實聖麻立干 5년, 炤知麻立干 19년에 각각 황충의 해가 있었다. 위에서 인용한 사료 중 ②와 ③의 경우는 蝗災를 퇴치하기 위해 祈禳한다던가 인재를 천거케 한다던가 하는 대책을 취하고 있는데, 이는 직접 누리를 퇴치하기보다는 왕이 스스로 실책을 반성하고 또 훌륭한 인재를 뽑아 선정을 폄으로써 재앙을 면하고자 한 것으로 전형적인 天譴說의 범주에서 이해할 수 있다.

중국의 경우 『後漢書』 오행3에,

(영제) 광화 원년 策問에 詔하기를, "해를 이어 황충이 발생하여 겨울에도 날뛰었는데 그 허물이 어디에 있는가" 하니, 蔡邕이 대답하기를, "신이 易傳에서 듣자오니 큰 토목공사를 불시에 일으키면 天이 재앙을 내리는데 그 구징으로서 황충이 발생한다고 하였습니다"라고 하였다. 河圖秘徵篇에 말하기를, "임금이 탐학하면 정치가 난폭하여 관

리가 가혹하게 되고 (관리가) 가혹하게 되면 誅罰이 심해져 반드시 살
생을 하게 되는데 임금(主)은 황충이다"라고 하였다. 황충은 貪苟의
소치로 나타나는 것이다. 이 때 백관은 옮겨다니면서 모두 사사로이
西園에서 예를 올려 府가 되었다.

> (靈帝) 光和元年詔策問曰 連年蝗虫至冬踊 其咎焉在 蔡邕對曰 臣聞
> 易傳曰 大作不時 天降災 厥咎蝗蟲來 河圖秘徵篇曰 帝貪則政暴而吏
> 酷 酷則誅深必殺 主蝗蟲 蝗蟲貪苟之所致也 是時百官遷徙 皆私上禮
> 西園以爲府

라고 하여 不時의 大作이나 군주의 貪苟가 황재를 발생시키는 원인이
된다고 보았다. 당시 蔡邕은 이 蝗災를 구제할 수 있는 방책으로서, 시
급하지 않은 공사는 그치고 賦斂의 비용을 절약하고 청렴하고 인덕이
있는 사람을 관리로 등용하고 탐학한 관리를 내칠 것을 제시하고 있
다.16) 이 기사는 사료 ③의 소지왕 19년 가을 7월의 旱蝗에 대한 대책
으로서 "청렴하고 인덕을 갖춘 목민관 각 1인씩을 천거하라(擧才堪牧
民者 各一人)"는 내용과 서로 상통하는 것이라 하겠다.

(5) 五行四 : 土

오행4에 해당하는 『後漢書』 오행지의 내용은 다음과 같다.

오행전에서 말하기를, 궁실을 조영하고 臺榭를 꾸미고 안으로 음란
하고 친척을 범하고 부형을 업신여기면 농사가 제대로 이루어지지 않
는다. 土가 그 본성을 잃으면 재이가 된다고 한다. 또한 (오행전)에 말
하기를, (군주의) 생각이 밝지 못하면 聖스럽지 못하다 하고, 그 책망
은 어두움이며 그 벌은 계속되는 바람이고 그 궁극은 凶·短·折이다.
어느 때는 脂夜의 妖가 있으며 어느 때는 꽃의 요사함이 있고 어느 때
는 소의 화가 있고 어느 때는 心腹의 병이 생기며 어느 때는 黃眚黃祥
이 발생한다. 생각건대, 金·水·木·火가 土에 손상을 끼치는 것이다.

---

16) 『後漢書』 志15 五行3 末尾 註1, "蔡邕對曰 蝗虫出 息不急之作 省賦斂之費
進淸仁 黜貪虐 分損承安 居省別藏 以贍國用 則其救也".

華孼은 劉歆傳에 嬴蟲之孼로 되어 있고 螟에 속하는 것을 말한다.

　　五行傳曰 治宮室 飾臺榭 內淫亂 犯親威 侮父兄 則稼穡不成 謂土失
其性而爲災也 又曰 思心不容 是謂不聖 厥咎霿 厥罰恒風 厥極凶短折
時則有脂夜之妖 時則有華孼 時則有牛禍 時則有心腹之痾 時則有黃眚
黃祥 惟金水木火沴土 華孼 劉歆傳爲嬴蟲之孼 謂螟屬也(『後漢書』志
16 五行4)

그리고 그 서두에는 그 재이로서 地震·山崩·地陷·大風拔樹·螟
·牛疫 등이 발생한다고 되어 있다.

· 地震

지진에 대한 기사로는 脫解尼師今 8년 12월부터 婆娑尼師今 14년
겨울 10월, 21년 겨울 10월, 祇摩尼師今 16년 겨울 10월, 阿達羅尼師
今 17년 가을 7월, 奈解尼師今 34년 가을 9월, 助賁尼師今 17년 11월,
基臨尼師今 7년 8월, 9월, 奈勿王 33년 4월, 6월, 實聖王 5년 겨울 10
월, 訥祇王 42년 2월, 慈悲王 21년 겨울 10월, 智證王 11년 5월, 眞興
王 원년 겨울 10월, 眞平王 37년 겨울 10월, 善德王 2년 2월 등 많은
예가 나온다.

『三國史記』의 이 지진기사는 단순히 지진이라는 地變으로만 기록
되었을 뿐 오행설에 의한 어떤 의미 부여는 보이지 않는다. 그러나『後
漢書』에 의하면,

　　화제 영원 4년 6월 병진 郡國 13곳에 지진이 일어났다. 春秋漢含孶
에서 말하기를, "女主가 성하면 臣이 명령을 마음대로 하고 땅이 터지
고 밭두둑이 떨며 솟아나고 산이 무너지고 꺼진다"고 하였다. 이 때 竇
太后가 섭정을 하고 兄 竇憲이 권력을 오로지하였다. 곧 이것으로 화
를 받은 것이다. 5일 뒤 竇憲의 印綬를 거두는 조서가 내려졌고 형제
는 고향으로 돌아가 핍박을 받아 모두 자살하였다.
　　和帝永元四年六月丙辰 郡國十三地震 春秋漢含孶曰 女主盛 臣制命
則地動圻 畔震起 山崩淪 是時竇太后攝政 兄竇憲專權 將以是受禍也
後五日 詔收憲印綬 兄弟就國 逼迫皆自殺(志16 五行4)

고 하여 당시 두태후 형제의 전권을 '女主盛 臣制命'이라는 불상사에
대비하며 郡國 13곳의 지진 발생 원인으로 설명하고 있다. 신라의 경
우 지진의 원인을 무엇으로 설명하였는지 알 수가 없다.

• 山崩

山崩에 관한 『三國史記』의 기록으로는 儒理王 11년 京都地震 및
泉湧 이래 伐休王 9년 山崩 10餘所, 沾解王 14년 山崩 40餘所, 訖解
王 41년 山崩, 奈勿王 11년 山崩 13所, 實聖王 15년 山崩, 慈悲王 8년
山崩 17所 등이 있다. 지진의 경우와 같이 山崩에서도 이렇다 할 설명
없이 사실만 기록하고 있다. 『後漢書』의 경우에는,

　　화제 영원 원년 7월 會稽의 남산이 무너졌다. 회계는 남쪽의 큰 명산
　　이다. 京房易傳에 이르되, "山崩은 陰이 陽을 이기고, 弱이 強을 이기
　　는 것이다. 劉向은 山陽은 君이 되고 水陰은 民이 된다. 君道가 무너
　　져 백성이 어찌할 바를 모른다"고 하였다. 劉歆은 崩은 弛와 같다고
　　하였다. 이 때에 竇太后가 섭정을 하고 형 竇憲이 專權하고 있었다.
　　　和帝永元元年七月 會稽南山崩 會稽 南方大名山也 京房易傳曰 山
　　崩 陰乘陽弱勝強也 劉向以爲 山陽君也 水陰民也 君道崩壞 百姓失所
　　也 劉歆以爲崩猶地(弛)也 是時竇太后攝政 兄竇憲專權(志16 五行4)

고 하여 당시 君道의 붕괴와 두태후 형제의 전권을 山崩의 원인으로
지적하고 있다.

• 地陷

地陷에 대해서는 『三國史記』 신라본기1에,

　　(지마이사금) 12년 5월 금성 동쪽의 民屋이 꺼져 못이 되었다.
　　(祇摩尼師今) 十二年五月 金城東民屋陷爲池

는 기사가 보이는데 보다 구체적인 것은 알 수 없다.

• 大風拔樹

『三國史記』의 大風拔木(樹) 또는 大風에 대한 기사는 儒理王 33년 5월, 脫解王 24년 4월, 婆娑王 17년 가을 7월, 祇摩王 11년 여름 4월, 奈解王 19년 봄 3월, 助賁王 4년 여름 4월, 味鄒王 17년 여름 4월, 訥祇王 19년 봄 정월, 同 41년 봄 2월, 炤知麻立干 4년 봄 2월 등에 걸쳐 있다. 이들 大風拔木의 천재지변에 대해『後漢書』에서는,

안제 영초 원년 큰 바람에 나무가 뿌리째 뽑혔다. 이 때 鄧太后가 섭정을 하였다. 淸河왕자가 나이가 어렸는데 신령한 후손이라 불렸으므로 황제로 세웠으니 그가 安帝이다. 황태자 勝을 즉위시키지 않은 것은 안제가 현명하기 때문이었다. 반드시 鄧氏의 덕을 입은 것이다. 뒤에 안제는 참언을 믿고 등씨를 폐하고 군현으로 하여금 압박케 하여 死者가 8, 9인이 되고 일가가 파괴되었다. 이것이 구몽, 즉 마음이 흐리고 생각이 어둡다는 것이다. 그 뒤 서강이 또 涼州에서 큰 난을 일으켜 10여 년이 되었다.

安帝永初元年 大風拔樹 是時鄧太后攝政 以淸河王子年少 號精耳
故立之 是爲安帝 不立皇太子勝 以爲安帝賢 必當德鄧氏也 後安帝親
讒 廢免鄧氏 令郡縣迫切 死者八九人 家至破壞 此爲瞀霿也 是後西羌
亦大亂涼州十有餘年(志16 五行4)

고 하여 안제 영초 원년의 大風拔樹 현상이 당시 정치권력의 추이와 밀접한 관계가 있는 것으로 설명하고 있다. 그러나 신라의 경우에는 그러한 설명기사를 찾아볼 수 없다.

大風拔木에 이어 螟·牛疫에 관한 기사는『三國史記』신라 관계 기사에서는 보이지 않는다.

(6) 五行五 : 皇極

『後漢書』오행지에,

오행전에서 말하기를, 皇의 不極 즉 군주가 빗나간 것은 不建이라

한다. 그 책망은 멍청함이고 그 벌은 계속되는 구름낀 날씨요 그 궁극의 재앙은 약체이다. 어느 때는 射妖 즉 화살의 요괴가 생기고 어느 때는 용이나 뱀의 변이가 일어나고 어느 때는 말의 화가 생기고 어느 때는 아래의 것이 위를 치는 병이 생기며 어느 때는 日月의 난행이 있고 星辰의 역행이 있다. 皇은 君이다. 極은 中이며 眊는 밝지 않은 것이다. 說에서 말하기를, 이것은 㴱天이라고 해야 하는데 㴱天이라고 말하지 않는 것은 지존을 나타내기 위함이다. 『春秋』에 王軍이 패한 것을 自敗하였다고 쓰는 예와 같다.

> 五行傳曰 皇之不極 是謂不建 厥咎眊 厥罰恒陰 厥極弱 時則有射妖 時則有龍蛇孽 時則有馬禍 時則有下人伐上之痾 時則有日月亂行 星辰逆行 皇 君也 極 中也 眊 不明也 說云 此㴱天也 不言㴱天者 至尊之辭也 春秋 王師敗績 以自敗爲文(志16 五行5)

고 하여 구징으로서 射妖·龍蛇孽·人痾·人化·死復生·疫·投蜺 등을 들고 있다. 여기에서 제시된 구징의 순서에 따라 『三國史記』에 실린 오행설의 내용을 정리해 보면 다음과 같다.

·射妖

射妖란 화살로 인한 사고를 말한다. 『後漢書』 오행5에는 後漢 靈帝 光和年間의 射妖에 대한 기사가 수록되어 있다.[17] 그러나 『三國史記』의 신라 관계 기사 중에는 이 射妖에 해당될 만한 기사가 보이지 않는다.

·龍蛇孽

龍蛇의 孽이란 용이나 뱀의 출현을 뜻한다. 용이 나타나는 현상은 瑞祥과 咎徵 양면으로 해석되고 있다. 『三國史記』 신라본기에 실린 기사를 들면 다음과 같다.

---

17) 『後漢書』志16 五行5의 머리 기사 다음에 먼저 射妖에 해당되는 한 기사가 있다.

① (시조혁거세거서간) 5년 봄 정월 용이 알영정에서 나타나 右脇에서 여아를 낳았다. 老嫗가 이것을 보고 이상히 여겨 거두어 길렀다. 우물의 이름을 따서 이름을 지었다.

　　(始祖赫居世居西干) 五年春正月 龍見於閼英井 右脇誕生女兒 老嫗見而異之 收養之 以井名 名之

② (유리이사금) 33년 여름 4월 용이 金城井에 나타나더니 얼마 있다가 폭우가 서북으로부터 쏟아졌다. 5월에는 큰 바람이 불고 나무가 뿌리째 뽑혔다.

　　(儒理尼師今) 三十三年夏四月 龍見金城井 有頃暴雨自西北來 五月 大風拔木

③ (아달라이사금) 11년 봄 2월 용이 경도에 나타났다.

　　(阿達羅尼師今) 十一年春二月 龍見京都

④ (첨해이사금) 7년 여름 4월에 용이 궁궐의 東池에 나타나고 금성의 남쪽에 넘어졌던 버드나무가 저절로 일어났다.

　　(沾解尼師今) 七年夏四月 龍見宮東池 金城南臥柳自起

⑤ (미추이사금) 원년 봄 3월 용이 궁궐 東池에 나타났다.

　　(味鄒尼師今) 元年春三月 龍見宮東池

⑥ (자비마립간) 4년 봄 2월 왕은 舒弗邯 未斯欣의 딸을 왕비로 삼아 맞아들였다. 여름 4월에 용이 금성우물에 나타났다.

　　(慈悲麻立干) 四年春二月 王納舒弗邯未斯欣女爲妃 夏四月 龍見金城井中

⑦ (소지마립간) 12년 봄 2월 鄒羅城을 重築하였다. 3월에 용이 鄒羅井에 나타나고 처음으로 京師에 시장을 열어서 사방의 물화를 유통하였다.

　　(炤知麻立干) 十二年春二月 重築鄒羅城 三月 龍見鄒羅井 初開京師市 以通四方之貨

⑧ (소지마립간) 22년 봄 3월 왜인이 長峰鎭을 쳐서 함락하였다. 여름 4월에 사납게 바람이 불고 나무가 뿌리째 뽑혔으며 용이 금성 우물에 나타나고 경도에 黃霧가 사방으로 꽉 찼다. … 겨울 11월에 왕이 돌아갔다.

　　(炤知麻立干) 二十二年春三月 倭人攻陷長峰鎭 夏四月 暴風拔木 龍見金城井 京都黃霧四塞 … 冬十一月 王薨

⑨ (법흥왕) 3년 봄 정월 친히 신궁에 제사하였는데 용이 楊山 井中에

나타났다.

(法興王) 三年春正月 親祀神宮 龍見楊山井中

⑩ (진홍왕) 14년 봄 2월 왕이 所司에게 명하여 월성 동쪽에 新宮을 세우려 하였는데 그 곳에 황룡이 나타나므로 왕이 이상히 여겨 이 것을 佛寺로 고치고 절 이름을 皇龍이라 하였다.

(眞興王) 十四年春二月 王命所司 築新宮於月城東 黃龍見其地 王疑之 改爲佛寺 賜號曰皇龍

위의 기사를 보면 대체로 세 가지 특징을 찾아볼 수 있다. 첫째는 사료 ①의 알영왕비 출생에 얽힌 것, ⑤의 미추왕 즉위와 관련된 것, ⑥의 자비왕이 미사흔녀를 왕비로 맞이한 것, ⑩의 황룡사를 짓게 된 내력에 대한 기록으로 이것들은 모두 용의 출현을 분명하게 瑞祥으로 간주한 것이다. 둘째로는 이와는 반대로 咎徵으로서 용의 출현을 해석한 경우이다. 사료 ②의 경우 유리왕 33년 4월 용의 출현은 계속된 폭우와 大風拔木 그리고 이듬해 34년 10월 왕의 죽음이라는 사건이 연속되는 것으로 보아 구징으로 보는 것이 타당할 것이다. 사료 ⑧의 소지왕 22년 여름 4월의 暴風拔木과 연이은 金城井에의 龍 출현 기사는 같은 해 11월 왕의 죽음으로 이어지고 있어 마찬가지로 咎徵으로 파악해야 할 것이다. 그리고 셋째의 경우는 ③ · ④ · ⑦ · ⑨ 등의 사료로서 사료 자체의 내용으로나 전후의 기사로 미루어 이렇다 할 상황을 알 수 없는 고립된 기사이다. 이들 사료에서는 용의 출현이 瑞祥과 咎徵의 어느 쪽인지 짐작하기 어렵다.

한편 뱀에 관한 것으로는 혁거세왕 사후에 大蛇가 나타나서 蛇陵이라고 하였다는 신라시조 혁거세왕조 기사와, 『三國史記』 신라본기2의 "(나해이사금) 34년 여름 4월 뱀이 南庫에서 3일간 울었다"는 기사가 있다. 전자는 시조 전설과 관계된 것이나 후자는 전형적인 龍蛇의 孽에 속하는 것으로 보인다. 당시 신라의 政情을 보면 이듬해 봄에 奈解王이 死去하는 큰 사건이 있었다.

•馬禍

馬禍에 관해서는『後漢書』오행지5에 後漢 延憙 5년 4월 놀랜 말과 달리던 코끼리가 궁전으로 돌입한 사건을 들고 있으며, 이를 당시 桓帝의 政事衰缺과 연결짓고 있다. 즉 이 때의 馬禍를 桓帝의 실정과 결부시키고 있는 것이다. 신라의 경우는 말에 대한 기사가 대단히 많으나 모두 일반적인 말 기사만으로 채워져 있다. 먼저『三國史記』신라본기3 내물왕조에 다음과 같은 기사가 나온다.

45년 겨울 10월 왕이 타던 궁중 마구간의 말이 무릎을 꿇고 눈물을 흘리면서 슬피 울었다.
四十五年冬十月 王所嘗御內廐馬 跪膝流淚哀鳴

이 때의 신라 政情을 보면, 이듬해에 고구려에 인질로 파견되었던 實聖이 돌아오고 다시 그 이듬해인 내물왕 47년에 내물왕의 죽음이 뒤따르고 있다. 그런데 내물왕의 뒤를 이어 즉위한 인물은 내물왕의 왕자가 아니라 고구려 인질 출신의 실성이었고, 이에 다시 내물왕의 왕자 눌지가 실성을 시해하고 왕위를 찬탈하는 사건이 발생하였다. 그렇게 보면 내물왕 45년 겨울 10월의 馬禍는 이러한 政情과 결부시킬 수 있지 않을까 한다.

•人痾

이것은 사람이 기형아를 출산하는 것 등을 말한다.『後漢書』권17 五行志5에는 靈帝 中平年間에 洛陽에서 兩頭共身의 男兒를 낳은 기록이 나온다. 이에 비해『三國史記』신라본기2는,

(벌휴이사금) 10년 3월 漢祇部 여인이 한꺼번에 4남1녀를 낳았다.
(伐休尼師今) 十年三月 漢祇部女 一産四男一女

고 하여 기형이 아니라 多産 기록을 전하고 있다. 어쨌든 정상적인 출산은 아니므로 人痾의 범주에 넣을 수 있을 것이다.

• 死復生

死復生에 관한 기록으로는 『三國史記』 신라본기2에,

> (나해이사금) 27년 여름 4월 … 南新縣人이 죽었다가 한 달 후 다시
> 살아났다.
> (奈解尼師今) 二十七年夏四月 … 南新縣人死 歷月復活

고 하여 死復生에 해당하는 사례가 발견된다. 『後漢書』 오행5에는,

> 헌제 초평 중 長沙에 桓氏라는 사람이 있어 죽어서 棺에 거둔 지 한
> 달쯤 되어 그 어머니가 관 속에서 소리가 나는 것을 듣고 열어보았더
> 니, 드디어 살아났다. 占에서 이르기를, "陰이 극에 이르러 陽이 되고
> 下人이 上이 되는 것이다"라고 하였다. 그 뒤 曹公이 庶士로부터 일어
> 났다.
> 獻帝初平中 長沙有人姓桓氏 死 棺斂月餘 其母聞棺中聲 發之 遂生
> 占曰 至陰爲陽 下人爲上 其後曹公有庶士起

고 하여 死者의 復活을 曹公(操)의 得勢와 연결시키고 있다. 신라의
경우에는 이러한 관련기사를 찾아볼 수 없다.

• 疫

疫에 대한 것은 南解王 19년, 祇摩王 9년, 逸聖王 16년, 阿達羅王
19년, 奈解王 8년, 奈勿王 34년, 慈悲王 14년, 炤知王 5년 등의 기사에
서 보이는데 주로 大疫으로 기록하고 있다. 이러한 疫 기사는 『後漢
書』 오행5에도 십여 개 정도 실려 있다.

• 投蜺

投蜺이란 무지개 현상을 말한다. 이에 대해서는 『三國史記』 신라본
기4에,

(진평왕) 53년 가을 7월 … 白虹이 대궐 우물 속에 들어가고 土星이 달을 범하였다.
    (眞平王) 五十三年秋七月 … 白虹飮于宮井 土星犯月

는 白虹 기록이 보인다. 投蜺에 대해서는 『後漢書』오행지에 의하면 "무지개가 뜨면 후비가 몰래 왕을 위협하는 것이다(虹出 后妃陰脅王者)" 또는 "오색이 갈마들어 궁전에 비추면 전쟁이 일어난다(五色迭至 照于宮殿 有兵革之事)" 등의 해석이 가해져 있다.[18]

5. 結言

이상으로 삼국의 천재지변 중 지변에 대하여 『三國史記』고구려·백제·신라 본기를 중심으로 살펴보았다. 이들 지변 기사는 대부분 단순히 그 현상 자체만을 기록한 것으로 그 사상적 내용을 이해할 수 없기 때문에 주로 『後漢書』오행지를 중심으로 비교 검토하였다. 그리하여 고구려에 있어서는 그 지변이 屋自壞, 旱, 狼食人, 羽虫之孼, 大水, 水變色, 雹, 冬雷, 魚孼, 蝗, 地震, 山崩, 大風拔木, 射妖, 龍蛇之孼, 馬禍, 人痾人化 등 17개 범주의 재이로 나타나고 있었다고 파악되었다.
    백제에 있어서는 屋自壞, 雞禍, 旱, 謠, 災火, 草妖, 羽虫之孼, 大水, 水變色, 雹, 冬雷, 魚孼, 蝗, 地震, 山崩, 大風拔木, 龍蛇之孼, 馬禍, 人化, 疫, 投蜺 등 21개 범주의 재이로 파악되었다.
    신라의 경우에는 屋自壞, 訛言, 旱, 詩謠, 狼食人, 災火, 草妖, 羽虫之孼, 大水, 水變色, 雹, 冬雷, 魚孼, 蝗, 地震, 山崩, 地陷, 大風拔木, 龍蛇之孼, 馬禍, 人痾, 死復生, 疫, 投蜺 등 24개 범주에 이르는 재이로 분류할 수 있었다. 이들 삼국의 지변 기사는 『後漢書』오행지에 인용된 홍범오행전에 따라 오행질서의 乖離와 洪範五事의 不中에서 발

---

18)『後漢書』志17 五行5 靈帝 光和 元年 6月條 참조.

생된 災異로서 파악된다.

그러므로 삼국의 지변 기사들은 屋自壞, 訛言, 旱, 災火, 草妖, 羽虫之孼, 水變色, 冬雷, 魚孼, 山崩, 大風拔木, 死復生 등 대부분이 전형적인 중국의 地變名과 일치하고 있다.

그런데 이들 다양한 지변 현상은 각기 삼국의 독자적인 관찰자료라는 데 중요한 의미를 갖는다. 왜냐하면 日食이나 星變 등, 특히 일식의 경우에는 중국의 동시대 기사를 옮겨왔으리라는 논의가 큰 비중을 차지하고 있기 때문이다. 그러나 이 지변의 경우 한발이나 地震, 山崩 등은 모두 삼국 독자의 관찰과 기록에 의한 것임이 확실하다.

더욱이 한발에 대한 삼국의 기사 중에는 여기에 대처하는 여러 가지 시책이 기록되어 있어, 이를 통하여 당시 여러 가지 地異 기사의 사상적 배경까지도 중국의 사례와 대비하여 유추할 수가 있다. 즉 고구려의 경우는 平原王 5년 旱 기사, 백제의 경우는 多婁王 28년 旱 기사, 신라의 경우는 奈解王 6년 봄 이후 眞平王 7년 봄 3월까지 모두 13회에 걸쳐 한발 대책이 나와 있다. 여기서 먼저 가장 현실적인 것은 창고를 헐어 飢民을 구제하고, 사신을 파견하거나 왕이 몸소 백성을 위로하는 것이다. 그리고 농번기에 실시중인 토목공사를 정지하는 등 매우 실용적인 시책이 베풀어지기도 한다. 그러나 역시 가장 보편적인 시책은 刑政을 재검하고 억울하거나 가혹한 형벌을 가하지나 않았는지를 살펴서 감형을 하거나 형을 면제해 주는 錄囚·慮囚 등이다. 이것은 전형적인 仁政의 시책이기도 한 것으로서, 王者로서 천명에 순응하여 덕치를 펴는 데 가장 중요한 덕목이었다.

다음으로 취해진 방책이 왕의 避正殿, 責己, 減常膳 등이다. 가뭄으로 백성들이 굶주리고 고통받고 있는데 왕이라 해서 호화스런 정전에서 정사를 집행하는 것은 도덕적으로 적당치 않으며, 따라서 天意에 어긋나는 것으로 이해하였다. 이리하여 責己減膳이라 하여 왕은 스스로의 행동거지를 반성하고 또 일상의 값진 식사를 줄여 백성의 고통에 대해 책임을 느끼고 또 天의 譴責에도 응답하는 길을 취하였다. 중국에서는 물론 통일신라시대에도 여기서 더 나아가 고위 관리들의 言事도 받아 여러 가지 당면한 폐정을 비판하는 일까지 행해지고 있었다. 한발은 군주의 부덕한 정치에 대한 天譴으로 파악되었기 때문이다. 여기서 天人合一說의 本面目을 발견하게 될 것이다.

그 외에도 고구려 태조대왕 66년에 蝗雹의 害穀으로 賢良孝順者를 기용하고 鰥寡孤獨老不能自存者에게 衣食을 지급한 것이나 대무신왕 2년의 지진에 대한 大赦令, 신라 눌지왕 42년의 久雨에 대한 慮囚, 지마왕 3년 大水에 대한 慮囚, '除死罪餘悉原之', 소지왕 19년 旱蝗에 대하여 '擧才堪牧民者各一人'한 것 등 일련의 재이와 그에 대한 대책을 찾아볼 수 있다. 이 같은 자연재해에 대한 賢良孝順者의 기용이나 慮囚, 大赦令 등의 善政施策은 군주의 덕치로서 이로써 天譴에 보답하려 한 것이다. 이것은 물론 앞서 제시한 한발에 대한 일련의 대책과 함께 天譴說의 전형을 이룬다.

이와 같이 天譴說의 적용이 명확한 사례는 삼국의 전 지변 기사 중에서 극히 적은 부분에 지나지 않는다. 그러나 이러한 확실한 사례를 통해 중국적 천인합일설에 의한 天譴說의 수용 가능성을 추정할 수 있을 것이다.

제3장 삼국의 天災와 政治

삼국시대 천재지변 기사를 검토하는 작업의 일환으로 먼저 地變에 대하여 고구려, 백제, 신라의 순으로 분석하였는데 이어서 삼국시대의 天災 기사를 종합적으로 살펴보려고 한다. 물론『三國史記』각 본기의 기사를 중심으로 분석 검토하게 될 것이다. 그런데 이 삼국의 天文 기사들은, 어떤 의미를 추출할 수 있는 天人合一觀이 표명된 경우가 극히 드물고 대부분 고립된 단순한 기사로 되어 있다. 그러므로 삼국시대와 같은 시기의 중국 正史의 天文志는 물론 이를 전후한 시기의 중국 정사 천문지와도 대비하여 천문 기사가 갖는 占星術的 혹은 天譴說的인 天文觀을 도출하여 보고자 한다.

1. 日食

天變 가운데 日食은 가장 중대한 咎徵으로 간주되고 있으므로 이에 관해서는 중국의 정사는 물론『三國史記』에도 많이 기록되고 있다. 그런데『三國史記』에 전하는 일식 기사에 대해서는 종래 논란이 거듭되어 왔다. 즉 이들 일식에 관한 기사가 대부분 중국의 정사를 옮겨 실은 것이라는 주장이 있는가 하면, 이들 일식 기사 중에 삼국의 독자적인 일식 관측기사가 있다는 주장도 있다. 여기에서는 우선『三國史記』에 실린 일식 기사를 고구려, 백제, 신라(통일기는 제6장에서 후술함) 순

으로 열거하고 아울러 중국 정사의 그것과 대비해 보려고 한다.

(1) 고구려의 일식 기사

① (태조왕) 62년 봄 3월 일식이 있었다.
   (太祖王) 六十二年春三月 日有食之
○ (후한 안제) 원초 원년 3월 계유 일식이 있었다. 여름 4월 정유에 천하에 대사령을 내렸다.
   (後漢安帝) 元初元年三月癸酉 日有食之 夏四月丁酉 大赦天下(『後漢書』安帝紀)

② (태조왕) 64년 봄 3월 일식이 있었다.
   (太祖王) 六十四年春三月 日有食之
○ (후한 안제) 원초 3년 3월 신해 일식이 있었다.
   (後漢安帝) 元初三年三月辛亥 日有食之(同上)
○ (후한 안제) 원초 3년 3월 2일 신해 일식이 일어났는데 婁宿의 5度 쯤에 있었으나 史官은 발견하지 못하고 遼東으로부터 보고되었다.
   (後漢安帝) 元初三年三月二日辛亥 日有蝕之 在婁五度 史官不見 遼東以聞(『後漢書』五行6)

③ (태조왕) 72년 가을 9월 경신 그믐에 일식이 있었다.
   (太祖王) 七十二年秋九月庚申晦 日有食之
○ (후한 안제) 연광 3년 9월 경신 그믐에 일식이 있었다.
   (後漢安帝) 延光三年九月庚申晦 日有食之(『後漢書』安帝紀)

④ (차대왕) 4년 여름 4월 정묘 그믐에 일식이 있었다.
   (次大王) 四年夏四月丁卯晦 日有食之
○ (후한 환제) 건화 3년 여름 4월 정묘 그믐에 일식이 있었다. 5월 을해 조서에 이르되…
   (後漢桓帝) 建和三年夏四月丁卯晦 日有食之 五月乙亥 詔曰…

⑤ (차대왕) 13년 여름 5월 갑술 그믐에 일식이 있었다.
   (次大王) 十三年夏五月甲戌晦 日有食之
○ (후한 환제) 연희 원년 여름 5월 갑술 그믐에 일식이 있었으며 京師에 누리가 발생하였는데 6월 무인에 천하에 대사령을 내렸다.
   (後漢桓帝) 延熹元年夏五月甲戌晦 日有食之 京師蝗 六月戊寅 大赦天下(同上 桓帝紀)

⑥ (차대왕) 20년 봄 정월 그믐에 일식이 있었다. 3월에 태조대왕이 별
궁에서 돌아갔다. 나이가 119세였다. 겨울 10월 연나조의 명림답부
는 백성이 견디지 못한다 하여 왕을 시해하였으며 호를 차대왕이라
하였다.

  (次大王) 二十年春正月晦 日有食之 三月 大祖大王薨於別宮 年百
  十九歲 冬十月 椽那皂衣明臨荅夫 因民不忍弒王 號爲次大王

○ (후한 환제) 연희 8년 봄 정월 병신 그믐에 일식이 있었는데 公·卿
·校尉에게 詔하여 현량과 방정을 천거케 하였다.

  (後漢桓帝) 延熹八年春正月丙申晦 日有食之 詔公卿 校尉擧賢良
  方正(同 桓帝紀)

⑦ (신대왕) 14년 겨울 10월 병자 그믐에 일식이 있었다.

  (新大王) 十四年冬十月丙子晦 日有食之

○ (후한 영제) 광화 원년 겨울 10월 병자 그믐에 일식이 있었다.

  (後漢靈帝) 光和元年冬十月丙子晦 日有食之(同 靈帝紀)

⑧ (고국천왕) 8년 여름 4월 을묘 형혹이 心宿를 지켰다. 5월 임신 그
믐에 일식이 있었다.

  (故國川王) 八年夏四月乙卯 熒惑守心 五月壬辰晦 日有食之

○ (후한 영제) 중평 3년 오월 임진 그믐에 일식이 있었다.

  (後漢靈帝) 中平三年五月壬辰晦 日有食之(同 靈帝紀)

⑨ (산상왕) 23년 봄 2월 임자 그믐에 일식이 있었다.

  (山上王) 二十三年春二月壬子晦 日有食之

○ (후한 헌제) 건안 24년 봄 2월 임자 그믐에 일식이 있었다.

  (後漢獻帝) 建安二十四年春二月壬子晦 日有食之(同 獻帝紀)

⑩ (서천왕) 4년 가을 7월 정유 초하루 일식이 있었다.

  (西川王) 四年秋七月丁酉朔 日有食之

○ (진 무제) 태시 9년 가을 7월 정유 초하루 일식이 있었다.

  (晉武帝) 泰始九年秋七月丁酉朔 日有蝕之(『晉書』帝紀 武帝)

⑪ (양원왕) 10년 겨울 12월 그믐 일식이 있었다.

  (陽原王) 十年冬十二月晦 日有食之

○ (梁元帝) 承聖三年條에 日食記事 없음(『梁書』元帝本紀)

위 고구려본기의 사료 ②에서 ⑨까지는 『後漢書』의 일식 기사와 일
치하고 있다. 그리고 ①과 ⑩의 경우 『後漢書』와 『晉書』의 일식 기사

가 일치하고 있으나 오폴저(Oppolzer)의 日食表에는 나타나 있지 않다. 그리고 사료 ⑪은『三國史記』에는 있으나 동 시기의『梁書』에는 보이지 않아 고구려의 독자적인 관측기록으로 생각할 수 있다. 그런데 오폴저의 일식표에는 이 때 일식이 발생하지 않은 것으로 되어 있다.

  (2) 백제의 일식 기사

① (온조왕) 6년 가을 7월 신미 그믐에 일식이 있었다.
   (溫祚王) 六年秋七月辛未晦 日有食之
○ (한 성제) 영시 4년 가을 7월 신미 그믐에 일식이 있었다.
   (漢成帝) 永始四年秋七月辛未晦 日有蝕之(『漢書』成帝紀10)
② (다루왕) 46년 여름 5월 무오 그믐에 일식이 있었다.
   (多婁王) 四十六年夏五月戊午晦 日有食之
○ (후한 명제) 영평 16년 여름 5월 무오 그믐에 일식이 있었다.
   (後漢明帝) 永平十六年夏五月戊午晦 日有食之(『後漢書』明帝紀)
③ (기루왕) 11년 가을 8월 을미 그믐에 일식이 있었다.
   (己婁王) 十一年秋八月乙未晦 日有食之
○ (후한 장제) 장화 원년 8월 을미 그믐에 일식이 있었다.
   (後漢章帝) 章和元年八月乙未晦 日有食之(同 章帝紀)
④ (기루왕) 16년 여름 6월 무술 초하루 일식이 있었다.
   (己婁王) 十六年夏六月戊戌朔 日有食之
○ (후한 화제) 영원 4년 6월 무술 초하루 일식이 있었다.
   (後漢和帝) 永元四年六月戊戌朔 日有食之(同 和帝紀)
⑤ (개루왕) 28년 봄 정월 병신 그믐 일식이 있었다.
   (蓋婁王) 二十八年春正月丙申晦 日有食之
○ (후한 환제) 연희 8년 봄 정월 병신 그믐에 일식이 있었는데 公‧卿‧校尉에게 詔를 내려 현량과 방정을 천거하게 하였다.
   (後漢桓帝) 延熹八年春正月丙申晦 日有食之 詔公卿校尉擧賢良方正(同 桓帝紀)
⑥ (초고왕) 5년 봄 3월 병인 그믐에 일식이 있었다.
   (肖古王) 五年春三月丙寅晦 日有食之
○ (후한 영제) 건녕 3년 3월 병인 그믐에 일식이 있었다.

(後漢靈帝) 建寧三年三月丙寅晦 日有食之(同 靈帝紀)

⑦ (초고왕) 24년 여름 4월 병오 초하루 일식이 있었다.

　(肖古王) 二十四年夏四月丙午朔 日有食之

○ (후한 영제) 중평 6년 여름 4월 병오 초하루 일식이 있었다.

　(後漢靈帝) 中平六年夏四月丙午朔 日有食之(同 靈帝紀)

⑧ (초고왕) 47년 여름 6월 경인 그믐에 일식이 있었다.

　(肖古王) 四十七年夏六月庚寅晦 日有食之

○ (후한 헌제) 건안 17년 6월 경인 그믐에 일식이 있었다.

　(後漢獻帝) 建安十七年六月庚寅晦 日有食之(同 獻帝紀)

⑨ (구수왕) 8년 6월 무진 그믐에 일식이 있었다.

　(仇首王) 八年六月戊辰晦 日有食之

○ (위 문제) 황초 2년 6월 무진 그믐에 일식이 있었다. 有司가 태위의 면직을 주상하자 조서에 이르기를, 재이가 발생한 것은 元首를 견책하는 것이니 股肱의 臣에게 과실을 돌리는 것이 어찌 禹湯이 죄를 스스로 自責한 의리에 합당하겠는가. 백관으로 하여금 그 직에 정성을 다하게 하여 이후 천지에 재앙이 생기더라도 삼공을 다시 탄핵하지 말라 하였다.

　(魏文帝) 黃初二年六月戊辰晦 日有食之 有司奏免太尉 詔曰 災異之作 以譴元首 而歸過股肱 豈禹湯罪己之義乎 其令百官各虔厥職 後有天地眚 勿復劾三公(『三國志』魏書 文帝紀2)

⑩ (구수왕) 9년 11월 경신 그믐에 일식이 있었다.

　(仇首王) 九年十一月庚申晦 日有食之

○ (위 문제) 황초 3년 11월 경신 그믐에 일식이 있었다.

　(魏文帝) 黃初三年十一月庚申晦 日有食之(『三國志』魏書 文帝紀2)

⑪ (비류왕) 5년 봄 정월 병자 초하루에 일식이 있었다.

　(比流王) 五年春正月丙子朔 日有食之

○ (진 회제) 영가 2년 봄 정월 병자 초하루에 일식이 있었다. 정미에 대사령을 내렸다.

　(晉懷帝) 永嘉二年春正月丙子朔 日有蝕之 丁未 大赦(『晉書』孝懷帝紀)

⑫ (비류왕) 32년 겨울 10월 을미 초하루 일식이 있었다.

　(比流王) 三十二年冬十月乙未朔 日有食之

○ (진 성제) 함강 원년 겨울 10월 을미 초하루 일식이 있었다.
  (晉成帝) 咸康元年冬十月乙未朔 日有蝕之(同 成帝紀)

⑬ (근초고왕) 23년 봄 3월 정사 초하루 일식이 있었다.
  (近肖古王) 二十三年春三月丁巳朔 日有食之

○ (진 폐제) 태화 3년 3월 정사 초하루 일식이 있었다. 계해에 대사령
  을 내렸다.
  (晉廢帝) 太和三年三月丁巳朔 日有食之 癸亥 大赦(『晉書』 帝紀8
  海西公)

⑭ (진사왕) 8년 여름 5월 정묘 초하루 일식이 있었다.
  (辰斯王) 八年夏五月丁卯朔 日有食之

○ (진 효무제) 태원 17년 5월 정묘 초하루 일식이 있었다.
  (晉孝武帝) 太元十七年五月丁卯朔 日有蝕之(同 孝武帝紀)

⑮ (아신왕) 9년 여름 6월 경진 초하루 일식이 있었다.
  (阿莘王) 九年夏六月庚辰朔 日有食之

○ (진 안제) 융안 4년 6월 경진 초하루 일식이 있었다.
  (晉安帝) 隆安四年六月庚辰朔 日有食之(同 安帝紀)

⑯ (전지왕) 13년 봄 정월 갑술 초하루 일식이 있었다.
  (腆支王) 十三年春正月甲戌朔 日有食之

○ (진 안제) 의희 13년 봄 정월 갑술 초하루 일식이 있었다.
  (晉安帝) 義熙十三年春正月甲戌朔 日有食之(同 安帝紀)

⑰ (전지왕) 15년 겨울 11월 정해 초하루 일식이 있었다.
  (腆支王) 十五年冬十一月丁亥朔 日有食之

○ (진 공제) 원희 원년 11월 정해 초하루 일식이 있었다.
  (晉恭帝) 元熙元年十一月丁亥朔 日有蝕之(同 恭帝紀)

⑱ (비유왕) 14년 여름 4월 무오 초하루 일식이 있었다.
  (毗有王) 十四年夏四月戊午朔 日有食之

○ (유송 문제) 원가 17년 여름 4월 무오 초하루 일식이 있었다.
  (劉宋文帝) 元嘉十七年夏四月戊午朔 日有食之(『宋書』 文帝紀)

⑲ (개로왕) 14년 겨울 10월 계유 초하루 일식이 있었다.
  (蓋鹵王) 十四年冬十月癸酉朔 日有食之

○ (송 명제) 태시 4년 겨울 10월 계유 초하루 일식이 있었다.
  (宋明帝) 泰始四年冬十月癸酉朔 日有蝕之(同 明帝紀)

⑳ (삼근왕) 2년 3월 기유 초하루 일식이 있었다.

(三斤王) 二年三月己酉朔 日有食之

○ (북위 효문제) 태화 2년 2월 을유 그믐 일식이 있었다. 점에 이르되, "반역하려는 자가 있을 것이다. 가까우면 석 달, 멀면 3년이 될 것이다"라고 하였다. 4년 정월 계묘에 조양의 羌이 반란을 일으켜 포한진장이 이를 討平하였다.

(北魏孝文帝) 太和二年二月乙酉晦 日有蝕之 占曰 有欲反者 近三月 遠三年 四年正月癸卯 洮陽羌叛 枹罕鎭將討平之(『魏書』天象志 1)

㉑ (동성왕) 17년 여름 5월 갑술 초하루 일식이 있었다.

(東城王) 十七年夏五月甲戌朔 日有食之

○ (제 울림왕) 융창 원년 5월 갑술 초하루 사시에 일식이 3분의 1, 오시에 빛이 다시 회복되었다.

(齊鬱林王) 隆昌元年五月甲戌朔 巳時日蝕三分之一 午時光復還(『南齊書』天文上)

○ (북위 효문제) 태화 18년 5월 갑술 초하루에 일식에 있었다.

(北魏孝文帝) 太和十八年五月甲戌朔 日有蝕之(『魏書』天象志1)

㉒ (무령왕) 16년 봄 3월 무진 초하루 일식이 있었다.

(武寧王) 十六年春三月戊辰朔 日有食之

○ (양 무제) 천감 15년 3월 무진 초하루 일식이 있었다.

(梁武帝) 天監十五年三月戊辰朔 日有食之(『梁書』武帝紀中)

㉓ (성왕) 25년 봄 정월 기해 초하루 일식이 있었다.

(聖王) 二十五年春正月己亥朔 日有食之

○ (梁武帝) 太淸元年紀에 없다.

○ (동위 효정제) 무정 5년 정월 기해 초하루 일식이 있었는데 西南角을 따라 시작되었다. 점에 이르되, "崩喪은 없을 것이고 반드시 臣의 죽음이 있을 것이다. 천하가 모두 복종할 것이다"라고 하였다. 병오에 제의 헌무왕이 죽었다.

(東魏孝靜帝) 武定五年正月己亥朔 日有蝕之 從西南角起 占曰 不有崩喪 必有臣亡 天下改服 丙午 齊獻武王薨(『魏書』天象1)

㉔ (위덕왕) 6년 여름 5월 병진 초하루 일식이 있었다.

(威德王) 六年夏五月丙辰朔 日有食之

○ (진 고조) 영정 3년 5월 경진 초하루 일식이 있었다. 유사가 상주하되, "舊儀에 의하면 前殿에 나아가 朱紗袍를 입고 通天冠을 쓴다

고 하였습니다" 하니 詔에 이르되 "이것은 곧 前代의 제도를 이어 통용하는 것인데 생각건대 같지 않은 바가 있다. 일식이 일어나면 우러러 태양을 돕고 마땅히 袞冕之服을 갖추기를 지금부터 이후로 길이 준거로 삼도록 하라" 하였다.

> (陳高祖) 永定三年五月庚辰朔 日有食之 有司奏 舊儀 御前殿 服朱紗袍通天冠 詔曰 此乃前代承用 意有未同 合朔仰助太陽 宜備袞冕之服 自今已去 永可爲准(『陳書』高祖紀下)

㉕ (위덕왕) 19년 가을 9월 경자 초하루에 일식이 있었다.

> (威德王) 十九年秋九月庚子朔 日有食之

○ (진 선제) 태건 4년 9월 경자 초하루에 일식이 있었다.

> (陳宣帝) 太建四年九月庚子朔 日有蝕之(同 宣帝紀)

㉖ (위덕왕) 39년 가을 7월 임신 그믐에 일식이 있었다.

> (威德王) 三十九年秋七月壬申晦 日有食之

○ (수 문제) 개황 12년 가을 7월 임신 그믐에 일식이 있었다.

> (隋文帝) 開皇十二年秋七月壬申晦 日有蝕之(『隋書』高祖紀下)

이상 26건에 이르는 백제본기의 일식 기사를 다섯 가지로 분류해 보면 다음과 같다. 첫째 중국 정사의 일식 기사와 일치하는 사료로 ①·②·③·④·⑦·⑧·⑨·⑩·⑬·⑭·㉒·㉓·㉕번이 여기에 해당한다. 둘째로는 『後漢書』·『南齊書』의 일식 기사와 연대상 차이가 있는 것으로 중국의 기사는 오폴저의 일식표와 일치하지만 백제의 것은 맞지 않는다. 사료 ⑤·㉑이 여기에 해당한다. 세번째로는 당시 중국의 일식 기사와 일치하지만 오폴저의 일식표에는 나타나지 않는 것으로 사료 ⑥·⑪·⑫의 경우이다. 넷째로는 중국의 일식 기사와 일치하기는 하지만 인도양으로부터 남반구에 걸친 일식으로서 한반도에서는 관측될 수 없는 것[1]으로서 사료 ㉔와, 남반구의 일식으로 한반도에서 관측할 수 없는 사료 ㉖의 경우이다. 마지막 다섯번째는 중국의 관측 기록보다 백제의 것이 더 정확한 경우로, 사료 ⑳이 여기에 해당한다.[2] 이 경우는 백제가 독자적으로 일식을 관측하고 기록한 증거로 주

---

1) 鈴木茂樹 編譯,『三國史記』附錄, 282쪽의 24.
2) 위의 책, 281쪽 참조. 물론 후대의『通志』卷11, 宋紀11 順帝條에 昇明 2년

장되는 것이기도 하다.

(3) 신라의 일식 기사

『三國史記』 신라본기에 수록되어 있는 일식 기사는 모두 30회에 이르며 그 중 통일신라기 것을 제외하면 19회이다. 아래에 19회에 걸친 통일 이전 신라의 일식 기사를 열거하고 아울러 같은 시기에 일어났던 중국 각 정사에 실린 일식 기사를 대비하여 살펴보기로 한다.

① (혁거세) 4년 여름 4월 신축 초하루 일식이 있었다.
　　(赫居世) 四年夏四月辛丑朔 日有食之
○ (한 선제) 오봉 4년 4월 신축 초하루 일식이 있었는데 畢宿의 19도 위치에 있었다.
　　(漢宣帝) 五鳳四年四月辛丑朔 日有食之 在畢十九度(『漢書』 五行志7 下之下)
② (혁거세) 24년 여름 6월 임신 그믐에 일식이 있었다.
　　(赫居世) 二十四年夏六月壬申晦 日有食之
○ (한 원제) 건소 5년 6월 임신 그믐에 일식이 있었는데 완전히 침식되지 않고 갈고리 모양을 하고 있었으며 그대로 해가 지게 되었다.
　　(漢元帝) 建昭五年六月壬申晦 日有食之 不盡如鉤 因入(同 五行志)
③ (혁거세) 30년 여름 4월 기해 그믐에 일식이 있었다.
　　(赫居世) 三十年夏四月己亥晦 日有食之
○ (한 성제) 하평 원년 4월 기해 그믐에 일식이 있었는데 완전히 침식되지 않고 갈고리 모양을 하고 있었으며 東井宿의 6도 위치에 있었다. 유향이 (下問)에 답하여 말하였다. "4월과 5월은 이어져 있어 이 달은 惠帝 때의 일식과 같으며 이 날은 昭帝 때와 같다. 東井宿는 경도의 땅에 해당한다. 게다가 旣食이었다. 그 占은 아마도 後嗣에 위해가 미칠 것이라고 하는 것이다."
　　(漢成帝) 河平元年四月己亥晦 日有食之 不盡如鉤 在東井六度 劉

3월 "乙酉朔 日有食之"란 기사를 들어 이것도 중국의 기사를 轉載한 것이라는 주장이 있다.

向對日 四月交於五月 月同孝惠 日同孝昭 東井 京師地 且旣 其占
恐害繼嗣(同 五行志)

④ (혁거세) 32년 가을 8월 을묘 그믐에 일식이 있었다.
　(赫居世) 三十二年秋八月乙卯晦 日有食之

○ (한 성제) 하평 3년 8월 을묘 그믐에 일식이 있었는데 房宿의 위치
에 있었다.
　(漢成帝) 河平三年八月乙卯晦 日有食之 在房(同 五行志)

⑤ (혁거세) 43년 봄 2월 을유 그믐에 일식이 있었다.
　(赫居世) 四十三年春二月乙酉晦 日有食之

○ (한 성제) 영시 2년 2월 을유 그믐에 일식이 있었는데, 곡영은 京房
易占을 인용하여 대답하였다. "금년 2월의 일식은 부렴이 도를 지
나쳐 백성의 근심과 원한에서 일어난 것이다. 전국으로 사방에 나
타나게 하고 京師에 음폐한 까닭은 군주가 궁전을 건설하는 것을
즐겨하고 대규모 능묘를 조영하니 부렴이 점점 무거워져 백성들은
녹초가 되어 禍亂이 밖에 자리잡고 있기 때문이라고 생각한다."
　(漢成帝) 永始二年二月乙酉晦 日有食之 谷永以京房易占對日 今
年二月日蝕 賦斂不得度 民愁怨之所致也 所以使四方 皆見 京師陰
蔽者 若日 人君好治宮室 大營墳墓 賦斂玆重 而百姓屈竭 禍在外
也(同 五行志)

⑥ (혁거세) 56년 봄 정월 신축 초하루에 일식이 있었다.
　(赫居世) 五十六年春正月辛丑朔 日有食之

○ (한 애제) 원수 원년 정월 신축 초하루에 일식이 있었는데 다 침식
되지 않고 갈고리 모양을 하고 있었다. 營室宿 10도에 위치하였으
며 혜제 7년의 경우와 같은 月日이었다.
　(漢哀帝) 元壽元年正月辛丑朔 日有食之 不盡如鉤 在營室十度 與
惠帝七年同月日(同 五行志)

⑦ (혁거세) 59년 가을 9월 무신 그믐에 일식이 있었다.
　(赫居世) 五十九年秋九月戊申晦 日有食之

○ (한 평제) 원시 2년 9월 무신 그믐에 일식이 있었는데 旣食이었다.
　(漢平帝) 元始二年九月戊申晦 日有食之 旣(同 五行志)

⑧ (남해왕) 3년 겨울 10월 병진 초하루 일식이 있었다.
　(南解王) 三年冬十月丙辰朔 日有食之

○ (왕망) 거섭 원년 겨울 10월 병진 초하루 일식이 있었다.

(王莽) 居攝元年冬十月丙辰朔 日有食之(同 王莽傳 69上)

⑨ (남해왕) 13년 가을 7월 무자 그믐에 일식이 있었다.

　(南解王) 十三年秋七月戊子晦 日有食之

○ (왕망) 천봉 3년 7월 무자 그믐에 일식이 있어 천하에 대사령을 내렸다. 다시 公·卿·大夫·諸侯·二千石에게 명하여 四科마다 한 사람을 천거케 하였다. 대사마 진무가 일식 때문에 면직되고 무건백 엄우가 대사마가 되었다.

　(王莽) 天鳳三年七月戊子晦 日有食之 大赦天下 復令公卿大夫諸侯二千石 擧四行各一人 大司馬陳茂以日食免 武建伯嚴尤爲大司馬(同 王莽傳 六十九中)

⑩ (지마왕) 13년 가을 9월 경신 그믐에 일식이 있었다.

　(祇摩王) 十三年秋九月庚申晦 日有食之

○ (후한 안제) 연광 3년 9월 경신 그믐에 일식이 있었다.

　(後漢安帝) 延光三年九月庚申晦 日有食之(『後漢書』安帝紀)

⑪ (지마왕) 16년 가을 7월 갑술 초하루 일식이 있었다.

　(祇摩王) 十六年秋七月甲戌朔 日有食之

○ (한 순제) 영건 2년 가을 7월 갑술 초하루 일식이 있었다.

　(漢順帝) 永建二年秋七月甲戌朔 日有食之(同 順帝紀)

⑫ (일성왕) 8년 가을 9월 신해 그믐에 일식이 있었다.

　(逸聖王) 八年秋九月辛亥晦 日有食之

○ (한 순제) 영화 6년 9월 신해 그믐에 일식이 있었다.

　(漢順帝) 永和六年九月辛亥晦 日有食之(同 順帝紀)

⑬ (아달라왕) 13년 봄 정월 신해 초하루 일식이 있었다.

　(阿達羅王) 十三年春正月辛亥朔 日有食之

○ (한 환제) 연희 9년 봄 정월 신해(묘) 초하루 일식이 있었다. 公·卿·校尉·郡國에 효성이 지극한 인사를 천거토록 하였다.

　(漢桓帝) 延熹九年春正月辛亥(卯)朔 日有食之 詔公卿校尉郡國擧至孝(同 桓帝紀)

⑭ (벌휴왕) 3년 여름 5월 임신 그믐에 일식이 있었다.

　(伐休王) 三年夏五月壬申晦 日有食之

○ (한 영제) 중평 3년 5월 임진 그믐에 일식이 있었다.

　(漢靈帝) 中平三年五月壬辰晦 日有食之(同 五行志6)

⑮ (벌휴왕) 10년 봄 정월 갑인 초하루 일식이 있었다.

(伐休王) 十年春正月甲寅朔 日有食之

o (한 헌제) 초평 4년 정월 갑인 초하루에 일식이 있었다. 營室宿 4度
에 있었다. 이 때 李催, 郭汜가 전정하였다.

(漢獻帝) 初平四年正月甲寅朔 日有蝕之 在營室四度 是時李催 郭
汜專政(同 五行志6)

⑯ (벌휴왕) 11년 여름 6월 을사 그믐에 일식이 있었다

(伐休王) 十一年夏六月乙巳晦 日有食之

o (한 헌제) 흥평 원년 6월 을사 그믐에 일식이 있었다.

(漢獻帝) 興平元年六月乙巳晦 日有食之(同 五行志6)

⑰ (내해왕) 5년 9월 경오 초하루에 일식이 있었다.

(奈解王) 五年九月庚午朔 日有食之

o (한 헌제) 건안 5년 9월 경오 초하루에 일식이 있었다.

(漢獻帝) 建安五年九月庚午朔 日有食之(同 五行志6)

⑱ (내해왕) 6년 3월 정묘 초하루에 일식이 있었다.

(奈解王) 六年三月丁卯朔 日有食之

o (한 헌제) 건안 6년 봄 (3)(2)월 정묘 초하루에 일식이 있었다.

(漢獻帝) 建安六年春(三)(二)月丁卯朔 日有食之(同 獻帝紀)

⑲ (첨해왕) 10년 겨울 10월 그믐에 일식이 있었다.

(沾解王) 十年冬十月晦 日有食之

o 『三國志』,『晉書』,『宋書』에도 없다.

이상으로 삼국시대 신라의 일식 기사를 중국 역대의 해당 기사와 대
비하여 보았다. 이들 사료를 다섯 가지로 분류해 보면 다음과 같다. 첫
째,『三國史記』의 기사와 중국의 해당 정사 기사가 일치하는 경우로서
사료 ①·②·③·④·⑤·⑥·⑦·⑩·⑪·⑮·⑯·⑰이 여기에 해
당한다. 둘째로는 중국측 일식 기사와는 일치하지만 오폴저의 일식표
에는 나타나지 않은 것으로서 사료 ②·⑧이 여기에 해당한다. 셋째로
는 중국측 일식 기사 중 잘못된 기사를 그대로 옮겨 적은 경우이다. 사
료 ⑬의 경우『後漢書』桓帝紀의 '辛亥朔'은 오행지의 '辛卯朔'의 오기
인데 신라본기에는 '辛亥朔'으로 기록되어 있다. 사료 ⑱의 '建安六年
春三月丁卯朔 日有食之'도 같은 해 2월 '丁卯朔'이라고 해야 정확한

데, 신라본기에는 잘못된 '三月丁卯朔'이 그대로 기록되어 있다. 또한
사료 ⑨에서 '七月戊子晦'는 '六月戊子晦'로 해야 하는데 신라본기에
는 '七月戊子晦'로 역시 잘못된 기사를 그대로 옮겨 적었다. 넷째로는
신라에서는 관측 불가능한 지역에서 발생한 일식을 기록한 경우이다.
사료 ⑫의 기사는 중국의 것과 일치하고 있으나 신라에서는 관측할 수
없는 지역에서 일어난 일식이고, ⑭는 중국 남부에서는 관측될 수 있
으나 신라에서는 역시 관측이 불가능한 것이다. 마지막으로 다섯째는
『三國志』·『晉書』·『宋書』 등 중국의 사서에는 기록되어 있지 않고
신라본기에만 독자적으로 나타나는 일식 기사로, 사료 ⑲가 여기에 해
당한다. 그러므로 이 기사는 신라가 독자적으로 관측한 일식으로 파악
하고자 한다. 단 오폴저의 일식표에는 이 때 일식이 발생하지 않은 것
으로 되어 있다.

　이상에서 삼국시대의 일식 기사를 각기 중국의 기사와 대비하는 한
편 오폴저의 일식표와 대조하여 몇 가지 유형을 찾아낼 수 있게 되었
다. 즉 그 유형을 나누어 보면,

　ⓐ 중국의 정사 기사와도 일치하고 오폴저 일식표에도 포함되어 있
는 기사
　ⓑ 중국의 정사 기사와 일치하나 오폴저 일식표에는 없는 기사
　ⓒ 중국 정사에 잘못 기재된 기사를 옮긴 것으로 보이는 일식 기사
　ⓓ 중국의 일식 기사와 일치하고 오폴저 일식표에도 들어 있으나 신
라지역에서는 관측이 불가능한 일식 기사
　ⓔ 중국의 기사보다 정확하여 삼국의 독자적 일식 관측기사로 보이
는데 이 때 오폴저의 일식표에 있는 것과 없는 것 두 경우가 있다.

　이와 같은 몇 가지 유형의 일식 기사를 살펴볼 때, 먼저 눈에 띄는
것은 종래의 일부 주장처럼 중국 정사의 일식 기사를 그대로 전재했다
고 보이는 기사들이다. ⓑ·ⓒ의 유형이 그러하며, ⓔ 유형처럼 삼국지

역 특히 신라에서는 관측 불가능한 일식이 중국기록을 통하여 기재된 경우도 마찬가지라고 생각된다.

단 중국측 기사와 일치하고 오폴저 일식표에서도 확인되는 Ⓐ 유형은 생각해 볼 필요가 있다. 이것은 중국 기사를 그대로 옮겨온 것으로 쉽게 생각할 수도 있다. 그러나 일식의 과학적 관측은 매우 후대에 와서 이루어졌다고 하더라도 육안으로 쉽게 볼 수 있는 일식 관측은 문명사회 이전에도 얼마든지 실현되고 있었다는 사실을 상기할 필요가 있다. 그렇다면 쉽게 관측할 수 있었던 일식 현상은 기록으로 전해졌을 것이고, 후대 역사 편찬의 계기를 통하여 중국 정사와의 대조·확인을 통해 이러한 기사들이 『三國史記』에 실리게 된 것으로 볼 수도 있다. 그러므로 삼국의 일식 기사 중 가장 많은 분량을 차지하는 중국과 일치된 일식 기사는 중국 史書의 단순한 轉載로만 볼 수 없을 것이다.

끝으로 삼국의 독자적인 일식 기사로 볼 수 있는 것으로서 고구려의 일식 기사 ⑪과 백제의 ⑳, 신라의 ⑲가 여기에 해당한다. 그런데 이 중 백제의 ⑳번 기사는 오폴저 일식표에는 있으나 고구려의 ⑪과 신라의 ⑲는 이 표에 나타나 있지 않다. 따라서 후자는 오폴저의 일식표에 의거하는 한 잘못된 기사라 하더라도 전자의 경우는 명확히 백제 독자의 일식 관측기록이라 할 수 있다.

이렇게 보면, 삼국의 일식 기록이 실제의 일식 발생과 관계없이 모두 중국 사서에서 옮겨왔다든가 특히 『三國史記』 편찬시에 이루어졌다고 보는 것은 옳지 않다. 그것은 우선 중국 사서에는 없는 삼국의 독자적인 일식 기사로 미루어 알 수 있다. 그러므로 삼국의 일식 기사는 김부식이 『三國史記』를 편찬하기 이전에 전승된 史書에 수록된 것으로 당시의 중국 사서와 대조하여 중국 사서 위주로 가감하거나 고친 것이 아니라고 생각된다. 거기에 삼국시대에서 통일신라시대에 이르기까지 일식 기사는 겨우 66회인 데 비해 중국의 역대 정사에는 총 475회에 이르는 방대한 일식 기사가 수록되어 있는 점, 또한 삼국 기사 중

신라(통일 이전)가 19회, 고구려가 11회, 백제가 26회로서 삼국의 일식
이 서로 일치하고 않고 있다는 점에도 유의해야 한다. 만약 김부식이
『三國史記』를 편찬할 때 중국 정사를 그대로 전재하였다면 이처럼 삼
국 간에 서로 다른 일식 기사가 기술될 리가 없기 때문이다.3) 따라서
김부식이 『三國史記』를 편찬하면서 해당 중국 정사와 대조하여 중국
과 같은 것은 그대로 두고 혹 같지 않더라도 삼국의 전승기록을 존중
하여 그대로 수록하였기 때문에 삼국 독자의 일식 기사가 실려 있게
되었다고 생각된다.

그러나 삼국 초기, 특히 신라나 백제의 일식 기록이 과연 천문학적
지식을 갖추고 있었던 중국 측의 관측기록과 맞먹는 수준의 천문관측
의 소산인가 하는 점에서는 의문이 없지 않다. 그러므로 삼국의 일식
자료의 형성 과정을 추정해 볼 필요가 있다. 중국에서는 『史記』에 이
미 月蝕 주기가 정해졌고 일식의 推步는 후한 말 乾象曆에서 비롯되
었다고 한다.4) 그러나 월식을 기록한 흔적은 甲骨文字에도 나타나 있
고5) 『詩經』·『春秋』에도 일식현상이 기록되어 있다. 예를 들면 『春秋
左傳』莊公 25년(B.C. 669)조에는 다음과 같은 기사가 나온다.

　6월 신미 초하루에 일식이 있었다. 북을 치면서 토지신에게 희생을
　바쳤다. 가을에 大水가 있어 북을 치면서 토지신과 城門에 희생을 바
　치며 제사를 지냈다.
　六月辛未朔 日有食之 鼓用牲于社 秋大水 鼓用牲于社于門

북을 치면서 토지신에게 희생을 바치는 것은 일식을 陰의 달이 陽
의 해를 침식했다고 생각하여 陰氣를 꾸짖는 뜻이며 신하가 임금을 침
범하는 일이 없는가 하고 자책하는 뜻을 나타낸 것이라고 한다.6)

또한 동 昭公 7년 4월 甲辰 초하루 일식이 일어났다. 이에 晉나라

---

3) 金容雲, 『韓國數學史』, 35~42쪽.
4) 橋本增吉, 『支那古代曆法史硏究』, 343쪽.
5) 위의 책, 160·190쪽.
6) 李錫浩 譯, 『春秋左傳』上, 222쪽(新完譯 四書五經).

임금이 土文伯에게 묻기를 "누가 일식의 화를 당할 것인가" 하니 대답하기를 "魯나라 衛나라가 악운에 걸렸습니다. 그래서 위나라는 크게 당하고 노나라는 작게 당할 것입니다" 하였다. 진나라 平公이 그 이유를 물으니 대답하기를, "위나라 땅에서 시작하여 노나라 땅으로 갔으니 위나라에는 재앙이 있으나 노나라는 실로 영향만 받을 것입니다. 그래서 큰 재앙은 위나라 임금이 당할 것이고, 노나라에서는 上卿이 당할 것입니다"라고 했다. 平公이 다시 묻기를 "『시경』에 그 '일식이 어째서 나쁜가'라고 한 것은 무엇인가" 하자 土文伯은 이렇게 대답했다. "정치를 잘하지 못하는 것을 말합니다" 하였다. "나라에서 정치를 잘못하여 착한 이를 등용하지 않으면 스스로 日月의 재앙을 받게 됩니다. 그러므로 정치를 불가불 삼가야 합니다. 곧 세 가지 힘쓸 것이 있으니 첫째는 사람을 선택하는 것이고 둘째는 민심을 따르는 것이며 셋째는 때를 따르는 것입니다."7) 춘추의 日蝕觀이 이미 天譴說에 접근하고 있었음을 엿보게 해 주는 대목이다.

이렇게 보건대, 중국에서는 일식 현상을 과학적인 주기로서 파악하기 이전부터 이미 咎徵으로 파악하고 있음을 알 수 있다. 한편 문명이 몽미한 단계에 있는 여러 민족에게도 일식은 크게 주목받고 있었다. 즉 『The Golden Bough』에 의하면 오젭웨이 족은 일식이 일어나면 태양의 불이 꺼진 것이라고 생각하여 다시 불을 붙이기 위해 불을 붙인 화살을 하늘로 향하여 쏘았다고 하며, 고대 이집트에서도 태양의 화신이기도 한 왕은 태양이 일식이나 그 밖의 변고로 훼방을 받음이 없이 나날의 하늘여행을 계속할 수 있도록 神殿 둘레를 엄숙하게 돌았다고 한다.8)

이러한 사례로 미루어 보면 인간의 지혜가 몽미하여 일식에 대한 과학적 지식이 밝혀지기 훨씬 이전부터 태양의 손상이라고 할 수 있는 일식 현상이 각 민족에 따라 災異로서 인식되고 있었으며 동시에 이것

---

7) 『春秋左傳』下, 昭公 7年 夏4月 條.
8) 金相一 譯, 『黃金의 가지』, 1975, 120쪽.

이 심상치 않은 현상으로 주목되어 왔음을 알 수 있다.

이렇게 일찍부터 각 민족에게 주목을 받아온 일식이 삼국시대에 특히 국가의 성립·발전에 발맞추어 종래의 토속적인 일식관으로부터 天譴으로서 받아들여졌을 가능성이 크다. 중국으로부터 철기문명을 수용하고 아울러 그 정치사상을 원용하면서 고대국가를 건설하고 있던 삼국의 일식관은 다분히 天譴으로서 治者의 권위와 깊이 관련되어 주목되었을 것이다.

2. 日變

(1) 日無光

태양에 관한 咎徵으로서 일식 이외에 日無光에 대한 기록이 보인다. 『三國史記』 고구려본기8에 다음과 같은 기록이 나온다.

> 영류왕 23년 가을 9월 해가 無光이더니 3일을 지나 다시 빛이 났다.
> (榮留王) 二十三年秋九月 日無光 經三日復明

그러나 중국의 『新唐書』나 『舊唐書』에도 같은 시간에 日無光이 있었다는 기록은 없다. 그러므로 이는 고구려의 독자적 기록으로 보인다. 日無光에 관한 기사로는 『漢書』에 '日靑無光', 『後漢書』에 '日赤無光', 『新唐書』에 '日赤無光', '日無光' 등의 사례가 있다.

『新唐書』 天文2에,

> 정관 초에 돌궐에 다섯 개의 해가 더불어 비추었으며 23년 3월에 해가 붉고 無光이었다. 이순풍이 말하기를, 日變色은 군사적인 급변이 있을 것을 드러낸 것이라고 하였으며 또 말하기를, 그 나라의 군주가 無德하여 그 臣이 나라를 어지럽게 하는 것을 나타낸다고 하였다. 복양이 다시 말하되, 日無光은 군주가 병이 드는 것을 나타내는 것이라

고 하였다.

> 貞觀初 突厥有五日並照 二十三年三月 日赤無光 李淳風曰 日變色
> 有軍急 又曰 其君無德 其臣亂國 濮陽復曰 日無光 主病

는 기사가 나오는데, 이는 고구려 영류왕이 연개소문에 의해 시해당하기 2년 전에 해당된다. 『新唐書』의 '其君無德 其臣亂國'이라는 李淳風의 占이 적중되고 있는 것처럼 보인다. 물론 이 기사에서는 영류왕 23년의 '日無光'에 대한 어떠한 설명도 없다. 어쨌든 앞의 고구려 기사는 중국 사서에서 옮겨오지 않은 고구려 독자의 관측이라는 데 유의하여야 할 것이다.

(2) 日暈

日暈이란 햇무리 현상을 가리키는 말로, 『三國史記』 백제본기에,

> 근구수왕 10년 봄 2월 해에 三重의 햇무리가 나타나고 궁중의 大樹가 저절로 뿌리째 뽑혔으며 여름 4월에 왕이 돌아갔다.
> (近仇首王) 十年春二月 日有暈三重 宮中大樹自拔 夏四月 王薨

라고 되어 있다. 일훈에 대해 『晉書』 卷12 天文에는,

> 명제 태령 원년 정월 을묘 초하루에 햇무리가 있고 해가 무광이었다. 계사에 黃霧가 사방에 가득 끼었다. 점에 가로되, "군주의 도가 밝음을 잃으면 음양이 혼미하고 臣의 음모가 발생한다"고 하였다. 京房이 말하되, "밑에서 형벌을 오로지하면 이것을 分威라 하며 蒙微하여 해가 빛나지 않는다"고 하였다. 앞서 王敦이 尙書令 刁協, 僕射 周顗, 驃騎將軍 戴若思 등을 살해하였는데 이는 형벌을 오로지한 효응이다. 왕돈은 이미 陵上을 범하여 마침내 伏罪되었다.
> 明帝太寧元年正月乙卯朔 日暈無光 癸巳黃霧四塞 占曰 君道失明
> 陰陽昏 臣有陰謀 京房曰 下專刑 玆謂分威 蒙微而日不明 先是 王敦
> 害 尙書令刁協 僕射周顗 驃騎將軍戴若思等 是專刑之應 敦旣陵上 卒
> 伏其辜

라 하여 日暈을 君道失明이나 專刑의 부덕이 초래하는 天譴으로 파악하고 있다. 당시 백제의 사정을 보면 '日暈三重'과 '宮中大樹自拔'과 같은 구징이 발생한 지 두 달 후 근구수왕이 죽었다. 어쨌든 이 災異도 중국측 사서에는 실려 있지 않은 백제 독자의 기록이다.

(3) 白虹貫日

이에 관해서는 『三國史記』 백제본기4에 '(聖王) 二十七年春正月庚申 白虹貫日'이라는 기사가 나온다. 이것은 중국 정사 『南史』, 『北史』 등의 같은 시기의 기사에는 나타나지 않는 기사이다. 白虹이 태양을 관통한 사례는 천재지변의 한 전형을 이루는 것이다. 『晉書』 권12 천문에,

> 원흥 원년 2월 갑자에 日暈이 있고 白虹이 해의 가운데를 꿰뚫었다. 3월 경자에 白虹이 해를 꿰뚫고 얼마 뒤에 桓玄이 京都에서 승리하여 王師는 敗績하였으며 다음 해에 桓玄이 왕위를 찬탈하였다.
> 元興元年二月 甲子 日暈 白虹貫日中 三月 庚子 白虹貫日 未幾 桓玄克京都 王師敗績 明年 玄簒位

는 기사가 보인다. 東晉 안제 원흥 2년 2월에 대장군을 자칭한 桓玄은 반란을 일으켜 그 해 8월에 자칭 相國이라 自號하고 楚王이 되었으나 이듬해 劉裕에 의해 참살된다. 이 사건과 관련하여 『晉書』의 천문지는 원흥 원년 2월과 3월의 '白虹貫日'을 그 豫兆로서 설명하고 있는 것이다.

백제의 경우 성왕 29년은, 신라와 연합해서 북진하여 옛 한강 일대의 失地 회복을 꾀하였다가 신라의 배반으로 도리어 이 지역을 신라에게 빼앗기는 불운의 해이다. 그 2년 전에 있었던 '白虹貫日' 현상을 과연 그러한 사건에 연관시키고 있는지는 알 수 없다. 그러나 당시 중국 정사에 나타나지 않는 이러한 天災가 백제인에게도 어떠한 咎徵으로서 관찰되어 기록된 것으로 보아도 무방할 듯하다.

3. 星孛(彗星)

혜성은 星孛로 기록된 경우가 많다. 董仲舒는 孛란 惡氣가 발생하
는 바를 말하는 것인데, 이를 孛라고 이름은 孛孛하여 막고 가리우기
때문으로 어둡고 혼란되어 분명치 않은 모습을 뜻한다고 하였다.[9] 일
찍이 魯의 申繻는 혜성은 낡은 것을 없애고 새로운 것을 펴가는 조짐
으로서 天事의 일반적인 현상이라고 하였다.[10]

삼국시대에 있어 혜성에 관한 관측은 다른 어느 星變 기사보다도
많은 편이다. 그러므로 삼국인들이 이 별에 대해 관심이 대단히 컸음
을 알 수 있다. 물론 중국에서도 혜성에 대한 관측과 기사는 매우 많은
편이다.『三國史記』본기에 실린 혜성의 기록을 연대순으로 제시하면
다음과 같다.

① (박혁거세) 9년 봄 3월 패성이 王良에 나타났다.
  (朴赫居世) 九年春三月 有星孛于王良
○ (선제) 황룡 원년 3월 패성이 王良·閣道의 두 星間에 나타나 자궁
  의 가운데로 들어갔다.
  (宣帝) 黃龍元年三月 有星孛于王良閣道入紫宮(『漢書』宣帝紀8)
② (박혁거세) 14년 여름 4월 패성이 參宿에 나타났다.
  (朴赫居世) 十四年夏四月 有星孛于參
○ (원제) 초원 5년 여름 4월 패성이 參宿에 나타났다. 조서에 이르기
  를…
  (元帝) 初元五年夏四月 有星孛于參 詔曰…(『漢書』元帝紀9)
③ (박혁거세) 54년 봄 2월 기유 패성이 河鼓에 나타났다.
  (朴赫居世) 五十四年春二月己酉 星孛于河鼓
○ (애제) 건평 3년 3월 기유 패성이 河鼓에 나타났다.
  (哀帝) 建平三年三月己酉 有星孛于河鼓(『漢書』哀帝紀11)
④ (민중왕) 3년 겨울 11월 패성이 남쪽에 나타나 20일 만에 없어졌다.

---

9)『漢書』五行志7下之下 文公 14年條.
10) 위의 책, 昭公 17年條.

　　(閔中王) 三年冬十一月 星孛于南 二十日而滅

○ 『後漢書』光武帝 建武 22年紀 및 同 天文上에 없다.

⑤ (유리왕) 31년 봄 2월 패성이 자궁에 나타났다.

　　(儒理王) 三十一年春二月 星孛于紫宮

○ (광무) 30년 2월 … 윤월 계축 패성이 자궁에 나타났다.

　　(光武) 三十年二月 … 閏月癸丑 有星孛于紫宮(『後漢書』光武帝紀
　　1下)

⑥ (탈해왕) 3년 6월 패성이 天船에 나타났다.

　　(脫解王) 三年六月 有星孛于天船

○ (명제) 영평 3년 6월 정묘 패성이 天船의 북쪽에 나타났다.

　　(明帝) 永平三年六月丁卯 有星孛于天船北(『後漢書』明帝紀2)

⑦ (탈해왕) 23년 봄 2월 혜성이 동쪽에 나타나고 또 북쪽에 나타났다
가 20일 만에야 없어졌다.

　　(脫解王) 二十三年春二月 彗星見東方 又見北方 二十日乃滅

○ 『後漢書』에 없음.

⑧ (일성왕) 16년 가을 8월 패성이 天市에 나타났다.

　　(逸聖王) 十六年秋八月 有星孛于天市

○ (환제) 건화 3년 8월 을축 혜성의 꼬리가 길이 5척으로 천시중에 나
타나 동남쪽을 지향하였으며 그 빛은 황백이었다.

　　(桓帝) 建和三年八月乙丑 彗星芒長五尺 見天市中東南指 色黃白
　　(『後漢書』天文下)

⑨ (일성왕) 20년 겨울 10월 궁문에 화재가 일어나고 혜성이 동쪽에 나
타나더니 또 동북쪽에 나타났다.

　　(逸聖王) 二十年冬十月 宮門災 彗星見東方 又見東北方

○ 『後漢書』桓帝紀 및 同 天文下에 없음.

⑩ (차대왕) 13년 봄 2월 패성이 북두에 나타났다. 여름 5월 갑술 그믐
에 일식이 있었다.

　　(次大王) 十三年春二月 星孛于北斗 夏五月甲戌晦 日有食之

○ (환제) 연희 원년 여름 5월 갑술 그믐에 일식이 있고 경사에 蝗災가
있었다.

　　(桓帝) 延熹元年夏五月甲戌晦 日有食之 京師蝗(『後漢書』桓帝紀7
　　및 同 天文下에 日食記事는 있으나 彗星記事 없음)

⑪ (고국천왕) 4년 봄 3월 갑인 밤에 赤氣가 太微(星)를 꿰뚫었는데

뱀과 같았다. 가을 7월에 패성이 태미성에 나타났다.

> (故國川王) 四年春三月甲寅夜 赤氣貫於太微如蛇 秋七月 星孛于
> 太微

○ (영제) 광화 5년 가을 7월 패성이 태미성에 나타났다.

> (靈帝) 光和五年秋七月 有星孛于太微(『後漢書』靈帝紀8)

⑫ (초고왕) 21년 겨울 10월 구름 없이 우레만 있었고 패성이 서북쪽에
나타났다가 20일 만에 없어졌다.

> (肖古王) 二十一年冬十月 無雲而雷 星孛于西北 二十日而滅

○ 『後漢書』靈帝中平 3年紀 및 同 天文中에도 없음.

⑬ (초고왕) 39년 겨울 10월 패성이 東井에 나타났다.

> (肖古王) 三十九年冬十月 星孛于東井

○ (헌제) 건안 9년 겨울 10월 패성이 東井에 나타났다.

> (獻帝) 建安九年冬十月 有星孛于東井(『後漢書』獻帝紀9)

⑭ (산상왕) 21년 겨울 10월 우레와 지진이 일어나고 패성이 동북쪽에
나타났다.

> (山上王) 二十一年冬十月 雷 地震 星孛于東北

○ (헌제) 건안 22년 겨울 패성이 동북쪽에 나타나고 이 해에 大疫이
있었다.

> (獻帝) 建安二十二年冬 有星孛于東北 是歲大疫(『後漢書』獻帝紀
> 9)

⑮ (첨해왕) 14년 여름 큰 비가 내리고 산이 40여 곳에서 무너졌다. 가
을 7월 패성이 동쪽에 나타나서 25일 만에 없어졌다.

> (沾解王) 十四年夏 大雨 山崩四十餘所 秋七月 星孛于東方 二十五
> 日而滅

○ 『三國志』魏・吳・蜀志에 없음.

⑯ (고이왕) 36년 가을 9월 패성이 자궁에 나타났다.

> (古爾王) 三十六年秋九月 星孛于紫宮

○ (무제) 태시 5년 9월 패성이 자궁에 나타났다.

> (武帝) 泰始五年九月 有星孛于紫宮(『晉書』武帝紀3)

⑰ (미천왕) 원년 겨울 10월 黃霧가 사방에 끼었다. 11월 서북쪽에서
바람이 불어와서 모래와 돌을 6일간이나 날렸다. 12월에 패성이 동
쪽에 나타났다.

> (美川王) 元年冬十月 黃霧四塞 十一月 風從西北來 飛砂走石六日

十二月 星孛于東方
○ (혜제) 영강 원년 12월 패성이 동쪽에 나타났다.
   (惠帝) 永康元年十二月 彗星于東方(『晉書』惠帝紀4)
⑱ (분서왕) 5년 여름 4월 혜성이 낮에 나타났다.
   (汾西王) 五年夏四月 彗星晝見
○ (혜제) 태안 원년 여름 4월 혜성이 낮에 나타났다.
   (惠帝) 太安元年夏四月 彗星晝見(『晉書』惠帝紀4)
⑲ (미천왕) 16년 가을 8월 패성이 동북쪽에 나타났다.
   (美川王) 十六年秋八月 星孛于東北
○『晉書』帝紀5 愍帝紀 및 同書 天文下에 없다.
⑳ (소수림왕) 13년 가을 9월 패성이 서북쪽에 나타났다.
   (小獸林王) 十三年秋九月 星孛于西北
○ 孝武帝 太元 8년의『晉書』帝紀9 및 同 天文中과 前秦建元 19년
   조에 없다.
㉑ (비류왕) 33년 봄 정월 신사 혜성이 奎宿에 나타났다.
   (比流王) 三十三年春正月辛巳 彗星見于奎
○ (성제) 함강 2년 정월 신사 혜성이 奎宿에 나타났다.
   (成帝) 咸康二年正月辛巳 彗星于奎(『晉書』帝紀7)
㉒ (진사왕) 6년 가을 7월 패성이 북하에 나타났다.
   (辰斯王) 六年秋七月 星孛于北河
○ (효무제) 태원 15년 가을 7월 정사 패성이 북하에 나타났다.
   (孝武帝) 太元十五年秋七月丁巳 有星孛于北河(『晉書』卷9 帝紀9)
㉓ (아신왕) 4년 봄 2월 패성이 서북쪽에 나타났다가 20일 만에 사라
   졌다.
   (阿莘王) 四年春二月 星孛于西北 二十日而滅
○『晉書』卷9 帝紀 및 同 天文下에 없다.『魏書』의 北魏太祖道武帝
   登國 10年紀 및 天象志에 없다.
㉔ (내물왕) 45년 가을 8월 패성이 동쪽에 나타났다.
   (奈勿王) 四十五年秋八月 星孛于東方
○『晉書』의 東晉 安帝紀 및 天文下, 前秦 建平元年,『魏書』北魏 太
   祖紀 및 天象志에 없다.
㉕ (아신왕) 9년 봄 2월 패성이 奎婁에 나타나고 여름 6월 경진 초하
   루에 일식이 있었다.

(阿莘王) 九年春二月 星孛于奎婁 夏六月庚辰朔 日有食之

ㅇ (안제) 융안 4년 2월 기축 성패가 奎婁에 나타나서 紫微에까지 나
아가고 여름 6월 경신 초하루에 일식이 있었다.

(安帝) 隆安四年二月己丑 有星孛于奎婁 進至紫微 夏六月庚申朔
日有食之(『晉書』 安帝紀10)

㉖ (전지왕) 11년 여름 5월 갑신 혜성이 나타났다.

(腆支王) 十一年夏五月甲申 彗星見

ㅇ (안제) 의희 11년 5월 갑신 혜성이 두 번 나타났다.

(安帝) 義熙十一年五月甲申 彗星二見(『晉書』 安帝紀10)

㉗ (전지왕) 15년 봄 정월 무술 성패가 大微에 나타났다. 겨울 11월 정
해 초하루에 일식이 있었다.

(腆支王) 十五年春正月戊戌 星孛于大微 冬十一月丁亥朔 日有食
之

ㅇ (공제) 원희 원년 봄 정월 무술 성패가 太微西藩에 나타났다. 겨울
11월 정해 초하루 일식이 있었다.

(恭帝) 元熙元年春正月戊戌 有星孛于太微西藩 冬十一月丁亥朔
日有食之(『晉書』 恭帝紀10)

㉘ (비유왕) 28년 星隕이 비처럼 쏟아졌다. 성패가 서북쪽으로 길이 두
길쯤 나타났다.

(毗有王) 二十八年 星隕如雨 星孛于西北長二丈許

ㅇ 『宋書』 孝武帝 孝建元年紀 및 天文4에 있고『魏書』高宗紀5에는
없고, 다만 同書 天象志3 高宗 興安 2年 2月條에 다음같이 보인다.
(고종) 홍광 원년 2월에 이르러 크기가 달과 같은 流星이 나타나서
서쪽으로 갔다고 하였다. 점에서 말하기를, 奔星이 떨어진 들에는
군사가 있으며 빛이 성한 것은 사건이 크다는 것이다. 앞서 京兆王
杜元寶, 建康王 崇, 濟南王 麗, 濮陽王 閭文若, 永昌王 仁이 서로
차례로 모반하여 벌을 받아 죽음을 당하였다. 이 해에 宋南郡王 義
宣과 魯爽, 臧質이 荊豫의 군사로서 반역을 꾀하자 大將 王玄謨
등이 서쪽으로 토벌하여 모두 멸하였다. 혹 이르되 혜성이 太微,
翼, 軫을 침범한 화라고 하였다.『春秋』에 별의 大變은 혹 그 재난
이 삼국의 군주에 이어지고 流災의 미침은 20여 년 이후에 그친다
고 하였다. 이 때에 와서 혜성이 天庭을 범하여 먼저 두 태자가 난

을 일으키고 三君이 살육되고 侯王으로 무고히 죽은 자가 수십 인
이 되었다. 이것으로 보아 말한다면, 皇天의 疾威하는 警誡는 두려
워하지 않을 수 없다.

(高宗) 至興光元年二月 有流星大如月 西行 占曰 奔星所墜 其野有
兵 光盛者事大 先是 京兆王杜元寶 建康王崇 濟南王麗 濮陽王閭
文若 永昌王仁 相次謀反伏誅 是歲 宋南郡王義宣及魯爽 臧質以荊
豫之師構逆 大將王玄謨等西討 盡夷之 或曰 彗加太微 翼 軫之餘
禍也 春秋 星之大變 或災連三國之君 其流災之所及 二十餘年而後
弭 至是彗干天庭 二太子首亂 三君爲戮 侯王辜死者 幾數十人 由
此言之 皇天疾威之誡不可不惕也

㉙ (위덕왕) 41년 겨울 10월 계미 패성이 角亢에 나타났다.

(威德王) 四十一年冬十一月癸未 星孛于角亢

○ (문제) 개황 14년 11월 계미 패성이 角亢에 나타났다.

(文帝) 開皇十四年十一月癸未 有星孛于角亢(『隋書』文帝紀 高祖
下)

㉚ (무왕) 41년 봄 정월 패성이 서북쪽에 나타났다. 2월에 (왕)의 자제
를 당나라에 파견하였다.

(武王) 四十一年春正月 星孛于西北 二月 遣子弟於唐

○ 『新唐書』 및 『舊唐書』의 貞觀 14년 正月條에 모두 없다.

이상에서 삼국시대에 속한 30여 회에 이르는 彗星 또는 星孛의 출
현기사를 삼국과 같은 시기에 해당되는 중국 정사의 기록과 대비해 보
았다. 그 결과 사료 ④·⑦·⑨·⑩·⑫·⑮·⑲·⑳·㉓·㉔·㉘·
㉚의 12회 기사는 중국측 사서에서 발견되지 않는 것이고, 그 밖에 18
회는 중국 사료와 일치하는 것으로 보인다. 먼저 중국측 사서에 보이
지 않는 12회의 기사는 다시 국가별로 신라 ⑦·⑨·⑮·㉔, 고구려
④·⑩·⑲·⑳, 백제 ⑫·㉓·㉘·㉚으로 분류할 수 있다. 이들 기록
은 일단 삼국 독자의 기록이며 아울러 삼국에서 각기 관측된 결과로
나타난 것이라 생각된다. 전체의 3분의 1이 넘는 이 星孛 기사는 명확
히 삼국 독자의 관측 결과이고 나머지 18회 기사 역시 삼국 독자의 관
측 결과로 볼 수 있을 것으로 생각된다. 다만 중국 정사의 기록과 표기

상 똑같거나 거의 비슷한 것은 후대의 修史 과정에서 이루어진 것이
아닌가 한다.

한편 중국 정사의 彗孛 기사와 일치하는 경우도 가령 사료 ⑭처럼,
고구려 산상왕 21년 겨울 10월이『後漢書』의 경우에는 22년 겨울로만
기록되어 있어 고구려 측 기사가 더 자세함을 알 수 있다. 따라서 이
또한 고구려의 독자적 관측기록으로 생각된다. 뿐만 아니라 산상왕 21
년조에는 星孛의 天變과 더불어 雷·地震 기사가 실려 있는 데 비해
『後漢書』에는 大疫 기사가 나온다. 그러므로 고구려와 후한이 각기 자
국의 星孛 기사와 함께 그들의 天災와 地變을 기록하고 있음을 알 수
있다.

다음으로 이들 彗孛 기사들이 삼국 각각에서 그 발생시기가 일치하
지 않는 것으로 미루어, 이는 삼국의 독자적인 관측기록으로서 후대
修史 과정에서 중국의 것을 그대로 옮겨 실은 것이라고 볼 수 없다. 그
러므로『三國史記』에 실린 신라·고구려·백제의 彗孛 기사는 삼국이
각각 관측한 사실을 남긴 것으로 파악된다.

이어서 彗孛의 출현이 어떠한 조짐으로 파악되고 있었는지를 살펴
보자. 일찍이 漢代의 董仲舒는 孛를 다음과 같이 풀이하였다.

> 문공 14년 7월 성패가 북두성에 들어갔다. 동중서가 말하기를, 孛는
> 惡氣에서 생겨나는 것이다. 이것을 孛라고 하는 것은 孛孛 즉 어질어
> 질하여 방해하고 가리워지며 어둡고 혼돈하여 분명치 않은 모습을 뜻
> 하는 것이다.
> 文公十四年七月 有星孛入于北斗 董仲舒 以爲孛者 惡氣之所生也
> 謂之孛者 言其孛孛有所妨蔽 闇亂不明之貌也(『漢書』五行志下之下)

이 기사에 이어지는 劉向의 孛星 해석은 다음과 같다.

> 劉向이 말하기를, 군신이 조정에서 혼란하고 정령이 이지러지면 위
> 로 三光의 정기가 탁해지고 오성이 커지거나 줄어들고 색이 변하고 역
> 행하게 되고 심한 경우에는 혜성이 된다. 북두는 인군의 상, 패성은 난

신과 같은 것으로 簒殺의 표시인 것이다.

劉向以爲君臣亂於朝 政令虧於外 則上濁三光之精 五星贏縮 變色逆
行 甚則爲孛 北斗人君之象 孛星亂臣類 簒殺之表也(上同)

따라서 동중서와 유향의 말에 따르면, 彗孛 현상은 혼란되고 밝지
못한 것을 나타내는 표징으로서 조정에서 君臣이 亂調하여 政令이 中
外에 떨치지 못할 때 五星의 天變이 오고, 심하면 孛彗의 출현을 초래
한다는 것이다. 결국 패성은 亂臣簒殺의 표시인 것이다. 이와 같은 彗
孛의 일반적인 조짐에 대하여 그 출현 방향이나 상황에 따라서 또한
各異한 조짐으로 해석을 달리하고 있다. 위의 삼국시대에 보이는 30회
의 彗孛 출현 상황과 그 의미를 음미하여 보기로 한다.

(1) 孛星于北斗

패성이 북두에 들어간 현상에 대하여,

문공 14년 7월 성패가 나타나 북두에 들어갔다.
文公十四年七月 有星孛入于北斗(『漢書』 五行志7下之下)

란 기사가 있고 그 해석으로서 漢代의 동중서가,

북두성은 대국의 象이다. 후에 齊·宋·魯·莒·晉은 모두 그 군주
를 시해하였다.
北斗 大國象 後 齊宋魯莒晉皆弑君(『漢書』 五行志7下之下)

고 하였듯이 군주 시해를 예고하는 하나의 조짐으로 보고 있음을 알
수 있다. 물론『三國史記』에는 그 의미를 파악할 수 있는 기사가 보이
지 않는다.

(2) 星孛于東方

동쪽에 星孛가 출현한 예로서,

애공 13년 겨울 11월 성패가 동쪽에 나타났다. … (동중서와 유향이
생각한 바와 같이) … 별이 해가 뜨는 데 따라 나타나는 것은 난의 기
운이 임금의 明知를 가리는 것이다. 이듬해로써『春秋』의 기사가 끝났
다.

　　哀公十三年冬十一月 有星孛于東方 … 以辰乘日而出 亂氣蔽君明也
　　明年 春秋事終(『漢書』五行志7下之下)

는 기사가 있다. 성패가 동쪽에 출현한 현상은 군주의 明知를 가리는
것이라고 풀이하고 있는데, 이듬해에『春秋』의 기사가 끝났다고 한 것
은『春秋』가 군주의 明知를 內含하고 있기 때문이다.

　(3) 星孛于北方

　星孛가 북쪽에 나타나면,

　　무제 건원 6년 6월 성패가 북쪽에 나타났다. 유향이 말하기를, 다음
　　해에 회남왕 安이 입조하여 太尉武安侯 田蚡과 邪謀를 꾀하고, 또 陳
　　皇后가 교만하고 방자하였는데 그 후 진황후는 폐하여지고 회남왕은
　　모반하였다가 죽임을 당하였다.
　　　武帝建元六年六月 有星孛于北方 劉向以爲明年淮南王安入朝 與太
　　尉武安侯田蚡有邪謀 而陳皇后驕恣 其後陳后廢 而淮南王反 誅(『漢
　　書』五行志7下之下)

고 하여, 진황후의 교만방자로 인한 廢后와 회남왕 安의 反亂과 伏誅
등의 사건이 혜성 출현의 조짐이었다고 보고 있다.

　(4) 彗星入太微

　혜성이 太微에 들어간 것은,

　　(효령제 광화 5년) 10월 … 혜성이 태미로 들어갔는데 천하는 군주가
　　바뀌게 되었다. 중평 6년에 와서 천자가 돌아갔다.

> (孝靈帝光和五年) 十月 … 彗星入太微 天下易主 至中平六年 宮車
> 晏駕(『後漢書』天文下)

고 하여 후한 靈帝의 죽음을 예조한 것으로 되어 있다.

(5) 星孛于東井

星孛가 東井에 들어간 예는,

> 원봉 원년 5월 星孛가 東井에 나타나더니 또 三台에 나타났다. 그
> 뒤 江充이 난을 일으켜 京師가 어지러웠다. 이는 분명히 東井과 三台
> 의 분야가 秦의 지역이라고 하는 효험인 것이다.
>> 元封元年五月 有星孛于東井 又孛于三台 其後江充作亂 京師紛然
>> 此明東井 三台爲秦地效也(『漢書』五行志7下之下)

라고 해서, 東井과 三台에 출현한 혜성을 江充의 반란과 연결시키고
있다. 그리고 東井과 三台는 分野가 秦의 땅이라 이 분야에서 난을 일
으켰으므로 효험이 있었다고 보고 있다.

(6) 星孛于天船

혜성이 天船에 나간 예로서는,

> (효명제 영평) 3년 6월 정묘 혜성이 천선의 북에 나타났다. … 천선
> 이 水가 되어 혜성이 출현한 것은 큰물이 진다는 것이다. 이 해에 伊水
> 와 雒水가 넘쳐 津城門까지 이르고 伊橋를 무너뜨리고 7개 군, 32개
> 현에 모두 큰물이 졌다.
>> (孝明帝永平) 三年六月丁卯 彗星出天船北 … 天船爲水 彗出之爲大
>> 水 是歲伊雒水溢 到津城門 壞伊橋 郡七縣三十二皆大水(『後漢書』志
>> 11 天文中)

는 기사가 있다. 天船은 水로서, 혜성의 출현은 大水를 뜻하므로 이 해
에 伊水·雒水가 넘치고 郡縣에 대수재가 났다는 것이다.

(7) 星孛于角亢

이에 관해서는,

> 원제 경원 3년 11월 임인 혜성이 亢星에 나타났는데 백색이었다. …
> 점에서 이르기를, 전쟁에서 죽게 된다는 것이다. 일설에는 혜성이 亢星
> 에 나타나면 천자가 失德한다고 하였다. (경원) 4년에 鍾會·鄧艾가
> 蜀을 정벌하여 승리하였는데 두 장수가 반란을 일으켜 모두 죽음을 당
> 하였다.
>> 元帝景元三年十一月壬寅 彗星見亢 色白 … 占曰 爲兵喪 一曰 彗星
>> 見亢 天子失德 四年 鍾會 鄧艾伐蜀 克之 二將反亂 皆誅(『晉書』卷13
>> 天文下)

고 하여, 혜성의 亢 출현을 兵喪과 天子의 실덕을 의미하는 것으로 보
고 伐蜀의 군사행동과 二將의 반란 등을 그 徵驗으로 기록하고 있다.

(8) 彗星于王良

혜성의 王良進入에 대한 기사는 다음과 같다.

> 함희 2년 5월 혜성이 王良에 나타났는데 길이는 한 길쯤이고 백색이
> 었다. … 점에 이르기를, (王良)은 천자의 수레로서 혜성이 이것을 쓸
> 어버리면 제위를 선양한다는 징표이며 옛것을 없애고 새것을 펴는 모
> 습을 나타낸 것이다. 백색은 喪을 나타내는 것으로 王良은 東壁宿에
> 위치하고 또 幷州의 분야에 있다. 8월에 문제가 죽고 12월에 무제가
> 魏로부터 제위를 선양받았다.
>> 咸熙二年五月 彗星見王良 長丈餘 白色 … 占曰 王良 天子御駟 彗
>> 星掃之 禪代之表 除舊布新之象也 白色爲喪 王良在東壁宿 又幷州之
>> 分野 八月 文帝崩 十二月 武帝受魏禪(『晉書』卷13 天文下)

함희 2년(魏 元帝, 265)에 王良에 혜성이 출현한 것은, 천자의 수레
인 王良을 혜성이 휩쓰는 것으로서 제위의 교체를 의미하며 이는 곧
除舊布新을 나타낸다는 것이다. 그리고 혜성의 색이 백색임은 喪을 징

조하는 것이라고 하여 文帝(추존)의 죽음과 그의 아들 晉 武帝의 嗣位를 豫兆한 것으로 기록하고 있다.

(9) 星孛于紫宮

이에 관한 기사로,

> (함녕 3년) 7월 星孛가 紫宮에 나타났다. 점에서 이르기를, 천하(왕조)가 교체된다 하였다. … 5년 7월 성패가 紫宮에 나타났다. 점에서 이르기를, 外臣이 군주를 능멸한다 하였다.
> (咸寧三年) 七月 星孛紫宮 占曰 天下易主 … 五年七月 孛于紫宮 占曰 外臣陵主(『晉書』 卷13 天文下)

고 하여 성패의 紫宮 출현을 곧 왕조의 교체, 外臣의 반란 등을 豫兆하는 것으로 해석하고 있다.

(10) 星孛于奎

여기에 해당하는 것으로는,

> 혜제 원강 5년 4월 성패가 奎星에 나타나서 軒轅, 太微에 이르고 三台와 太陵을 지났다. 점에서 이르되, "奎星은 魯이며 또 庫兵이 되고 軒轅은 後宮이 되며 太微는 天子의 庭苑이요, 三台는 三司가 된다. 太陵에 시체와 死喪의 사태가 쌓인다"고 하였다. 그 뒤 武庫에 화재가 나고 西羌이 반기를 들었다. 후 5년에 司空 張華가 禍를 입고 賈后가 廢死되고 魯公 賈謐이 죽임을 당하였다. 또 다음 해 趙王 倫이 제위를 찬탈하였다. 이 때에 三王이 군사를 일으켜 倫을 토벌하여 전사한 兵士가 10여만에 달하였다.
> 惠帝元康五年四月 有星孛于奎 至軒轅 太微 經三台 太陵 占曰 奎爲魯 又爲庫兵 軒轅爲後宮 太微天子庭 三台爲三司 太陵有積尸死喪之事 其後武庫火 西羌反 後五年 司空張華遇禍 賈后廢死 魯公賈謐誅 又明年 趙王倫篡位 於是三王興兵討倫 兵士戰死十餘萬人(『晉書』 卷

13 天文下)

는 기사를 들 수 있다. 이 기사 가운데 奎에 관한 것만 정리하면, 奎는
魯지방에 해당되며 庫兵을 뜻하기도 하는데 그 후 그 징험으로서 武
庫火, 西羌反, 魯公賈謐의 주멸, 그리고 다음 해 趙王 倫에 대한 토벌
등의 병란이 뒤따르고 있음을 밝히고 있다.

(11) 星孛于西北

이에 대한 기록으로는,

> 성제 함화 4년 7월 성패가 서북에 나타나 23일에 사라졌다. 점에 이
> 르되, 병란이 있을 것이라 하였다. 12월 郭默이 江州刺史 劉胤을 살해
> 하였다. 荊州刺史 陶侃이 郭默을 토벌하여 다음 해에 그를 참하였다.
> 이 때 石勒 또한 비로소 참람되게 황제를 칭하였다.
>> 成帝咸和四年七月 有星孛于西北 二十三日滅 占曰 爲兵亂 十二月
>> 郭默殺江州刺史劉胤 荊州刺史陶侃討默 明年斬之 是時石勒又始僭號
>> (『宋書』卷24 天文2)

라고 하여, 함화 4년 7월 서북방에 星孛가 출현한 사실이 점에서 병란
의 조짐으로 파악되고 郭默의 난과 그 평정 그리고 석륵의 僭號 사실
이 그 응험으로 제시되고 있다.

(12) 星孛于河鼓

星孛가 河鼓에 출현한 사실에 대하여,

> 영초 3년 … 2월 신묘 星孛가 虛星과 危星에 나타났다. 河津을 향하
> 여 河鼓星을 휩쓸었다. 점에 이르되, 兵喪이 있을 것이라 하였다. 5월
> 에 황제가 죽고 다음 해 靑州와 司州에 군사를 파견하여 구하였다. 2
> 월에 太后 蕭氏가 죽었다.
>> 永初三年 … 二月辛卯 有星孛于虛危 向河津 掃河鼓 占曰 爲兵喪

五月 宮車晏駕 明年 遣軍救靑·司 二月 太后蕭氏崩(『宋書』卷26 天
文4)

라고 하여, 東晉을 멸하고 宋 무제 영초 3년에 星孛가 河鼓를 쓸어간
천변을 '兵喪'의 조짐으로 파악하고 있다. 그리고 이것을 5월 송 무제
의 죽음과 이듬해 靑州 등에의 軍 파견, 2월 태후의 죽음 등 일련의 사
태와 결부시키고 있다.

(13) 星孛于參

星孛가 參에 나타난 예로서 『晉書』 卷13 天文下에,

> (소제) 가평 4년 2월 정유 혜성이 서쪽에 나타나서 胃星의 자리에 있
> 었는데 길이는 5~6丈, 색은 희고 꼬리는 남쪽을 가리키며 參星을 관
> 통하여 20여 일 만에 사라졌다. … 占을 상고하면 胃星은 兗州의 분야
> 에 속하고 參星은 軍事를 주관하며 … 孛彗는 兵喪을 나타내며 헌것
> 을 없애고 새것을 펴는 상징이다.
>
> (少帝) 嘉平四年二月丁酉 彗星見西方 在胃 長五六丈 色白 芒南指
> 貫參 積二十日滅 … 案占 胃 兗州之分野 參 主兵 … 孛彗爲兵喪 除
> 舊布新之象

라고 하여 魏 齊王 嘉平 4년 2월 서쪽에 출현한 혜성이 소개되고 있는
데, 이에 대해서는 '參主兵'이라는 占이 제시되고 있다.

(14) 星孛于北河(戒)

성패가 北河에 나타난 예로는 『宋書』 卷25 天文3에,

> (효무제) 태원 15년 7월 임신 星孛가 北河戒에 나타나 太微·三台
> ·文昌을 거쳐 북두성에 들어갔는데 길이는 10여 丈이었다. 8월 무술
> 에 紫微星에 들어가더니 곧 사라졌다. 점에 이르되, 占曰 北河戒는 胡
> 門이라 하며, 호문에는 兵喪이 있다. 太微星을 쓸어 紫微星으로 들어

가니 王者는 이것을 감당하여야 한다. 三台星은 三公이 되고 文昌星
은 將相이 되는데 將相과 三公이 災異를 당하여 北斗에 들면 强國이
군사를 일으키고 諸侯는 권력을 다투며, 大夫는 근심을 하게 된다.

　　(孝武帝) 太元十五年七月壬申 有星孛于北河戒 經太微 三台 文昌
　　入北斗 長十餘丈 八月戊戌 入紫微 乃滅 占曰 北河戒 一名胡門 胡門
　　有兵喪 掃太微 入紫微 王者當之 三台爲三公 文昌爲將相 將相三公有
　　災 入北斗 强國發兵 諸侯爭權 大夫憂

는 기사가 있다. 특히 패성이 나타났다는 北河戒는 胡門이라고도 하는
데 이는 곧 兵喪이 있을 것임을 예조한다고 하고 있다.

　　(15) 星孛于角亢

星孛가 角亢에 나타난 예로는 『晉書』卷13 天文下에,

　　애제 흥녕 원년 8월 星孛가 角星과 亢星에 나타나 天市로 들어갔다.
　　점에 이르되, 兵喪이라 하였다. 3년 정월에 황후 왕씨가 죽고 2월에는
　　황제가 죽었다. 3월에 慕容恪이 낙양을 쳐서 이를 함락하고 沈勁 등이
　　전사하였다.

　　　哀帝興寧元年八月 有星孛于角亢 入天市 案占曰 爲兵喪 三年正月
　　皇后王氏崩 二月 帝崩 三月 慕容恪攻沒洛陽 沈勁等戰死

라 하여 星孛于角亢 기사를 兵喪의 조짐으로 보고 황후 왕씨의 죽음
과 모용씨의 洛陽 공몰이라는 병란을 그 응험으로 기록하고 있다.

　　이상으로 삼국시대 星孛의 출현과 그 의미에 대하여 중국측의 기사
와 비교하여 분석 검토하였다. 여기에서 문제가 된 것은 첫째, 『三國史
記』에 실린 彗星·星孛 기록들이 과연 고구려, 백제, 신라의 독자적
관측을 토대로 한 기사인가 하는 점이다. 이 점은 이미 밝힌 바와 같이
중국의 역대 정사에는 나타나지 않는 삼국 각각의 독자적 기록으로 보
이는 3분의 1을 넘는 彗孛 출현기사가 있는 점으로 보아 독자적인 관
측기록으로 볼 수 있다. 둘째, 孛星 기사 중 중국 정사와 일치하는 동

시에 그 기재 양식과 똑같은 나머지 3분의 2에 대한 문제이다. 이것은 얼른 보면 중국 정사의 帝紀나 천문지의 내용을 그대로 옮겨온 것이라고 생각할 수 있겠으나 앞서의 기록이 삼국의 독자적인 관측기록으로 인정되는 이상, 그것은 修史 당시 중국 정사의 표기와 맞추어 기록한 것으로 생각된다. 더욱이 사료 ⑭에서 지적되었듯이 고구려 '산상왕 21년 겨울 11월'이 후한의 '헌제 건안 22년 겨울'보다 자세히 기록된 점 등은 이러한 추정을 더욱 설득력 있게 해 준다. 셋째, 사료 ⑭에서 본 바와 같이 후한의 기록에는 없는 雷·地震 등의 天變과 星孛의 기사가 있어 고구려에서는 星孛뿐 아니라 당시 발생한 천재를 함께 기록한 사실을 알 수 있다. 따라서 여기에서도 삼국이 天人合一說에 의한 일련의 구조적 사상을 수용하였다는 사실을 발견할 수 있으며, 이 경우 삼국 독자의 星孛 관측과 기록을 남긴 것을 추정할 수 있다. 끝으로 고구려·백제·신라의 삼국이 같은 한반도에 위치하면서도 星孛가 서로 상이한 시기에 출현한 것으로 기록된 점도 또한 삼국의 독자적 관측기록으로 볼 수 있는 또 하나의 근거가 될 것이다.

다음으로 星孛 출현의 위치와 방향에 따라서 어떠한 조짐을 나타내는가 하는 문제가 있다. 앞에서 15개의 사례를 들어 그 속성을 중국 정사의 성패 기사에 대비하여 보았다. 물론『三國史記』에는 星孛가 출현한 의미를 직접 나타낸 기사가 없기 때문이다. 이들 사례를 보면, 星孛가 大水와 관련된 경우도 있으나 거의 대부분 '兵喪'으로 나타나고 있으며, 군사행동이나 王者의 죽음이 주류를 이루고 있다. 군사행동에 있어서는 대외전쟁이나 반란 등이 핵심을 이루고, 王者의 죽음인 경우는 제왕이나 왕후가 핵심대상으로 되어 있고 더러 왕조의 교체도 포함되어 있다. 성패의 출현이 이처럼 전쟁이나 정치권력자의 실태와 깊은 관련을 갖고 있으므로 성패의 관측과 조짐은 매우 중요한 관찰의 대상이 되었을 것이다. 한편 이미 제시된 사료로 확인되었듯이 孛彗의 출현을 군주의 통치와 관련시켜 파악하고 있는 것은 당연히 天譴說의 소산이다.

4. 五星

五星이란 惑星에 속하는 歲星(木星), 熒惑(火星), 塡(鎭)星(土星), 太白(金星), 辰星(水星)을 말한다. 『史記』天官書에는 오성의 개별적인 속성과 함께 오성의 전체적인 운행이 어떠한 영향을 나타내는가를 따로 설명하고 있다. 오성의 전반적인 특성에 대해서는 이미 밝힌 바가 있으므로11) 여기서는 삼국시대의 五星 관계 사료를 당대 중국의 기사와 대비하고 검토하기로 하겠다.

오성 자체를 함께 수록한 것으로는 『三國史記』고구려본기3의 다음 기사가 유일하다.

> (차대왕) 4년 여름 4월 정묘 그믐 일식이 일어났다. 5월에 오성이 동쪽에 모였다. 日者는 왕의 노여움을 두려워하여 무고하기를, 이것은 君의 덕이며 나라의 福이 된다고 하니 왕이 기뻐하였다. 겨울 12월에 얼음이 얼지 않았다.
>
> (次大王) 四年夏四月丁卯晦 日有食之 五月 五星聚於東方 日者畏王之怒 誣告曰 是君之德也 國之福也 王喜 冬十二月 無氷

이와 대비하여 『後漢書』孝桓帝紀7에 보면, 고구려 차대왕 4년 여름 4월에 해당하는 기사에,

> (3년) 여름 4월 정묘 그믐에 일식이 일어났다. 5월 을해에 조서에서 이르기를, 대개 하늘이 백성을 낳아 돕고 다스릴 수가 없어 이를 위하여 군주를 세워 맡아 다스리게 하였는데 군주의 정치가 아래로 백성들에게 잘하면 休祥(吉祥)이 위에서 나타나고, 여러 가지 일이 질서를 잃으면 咎徵(나쁜 조짐)이 모습을 나타내는 것이다.
>
> (三年) 夏四月丁卯晦 日有食之 五月乙亥 詔曰 蓋聞天生烝民 不能相理 爲之立君 使司牧之 君道得於下 則休祥著乎上 庶事失其序 則咎徵見乎象

---

11) 본서 제1장 3절 天變의 성격 참조.

라고 하였다. 이『後漢書』의 日食 기사는 앞의 고구려 기사와 같으나 5월의 오성 기사는 완전히 고구려의 독자적인 기사임을 확인할 수 있다. 더구나 이 기사에서 日者가 폭군 차대왕의 진노를 두려워하여 오성이 동쪽에 모인 咎徵을 그대로 말하지 않고 도리어 왕에게 아첨하는 풀이를 하였다. 사실 이에 앞서 차대왕 3년에 왕이 平儒原에서 사냥하던 중 白狐를 쏘았으나 맞추지 못하여 당시 師巫에게 문의한 결과 이는 天譴으로서 왕의 修德이 필요하다고 한 대답이 진노를 사 살해당한 사건이 있었다.[12] 그러므로 이 때 일관의 王에 대한 두려움은 대단했을 것이다.

『漢書』천문지는, 오성이 東方에 모이면 중국이 크게 이롭고 西方에 모이면 夷狄用兵者가 이롭다고 되어 있는데 이 풀이에 따른다면 고구려의 동방에 모인 오성의 운행은 고구려에 불리한 것임에 틀림없다. 그러나 고구려의 日官은 왕의 덕이요 나라의 복이라고 거짓 증거하고 있다. 오성의 집합이 그 밑에 위치하는 국가에 대해 천하를 지배하는 王者를 낳게 하는 길조로서 해석되는 경우도 있으며, 반대로 덕망이 없는 사람이면 재해를 당하고 국가와 종묘가 멸망에 이르기도 한다는 것이다. 한편 오성은『書經』洪範의 五事와 仁義禮智信의 五常과 결합하여 유가의 정치윤리로까지 발전하였다.[13]

다음에서 삼국시대의 五星 중『三國史記』에 실려 있는 熒惑, 太白, 塡星을 차례로 살펴보기로 한다.

(1) 熒惑

熒惑은 火星으로『三國史記』본기의 熒惑 기사와 중국 정사의 기사를 대비하면 다음과 같다.

① (유리명왕) 13년 봄 정월 熒惑(화성)이 心星 자리에 머물렀다.

---

12)『三國史記』高句麗本紀3 次大王 3年 8月條.
13) 앞의 註 11 ;『史記』天官書 五星條 ;『漢書』天文志6.

(琉璃明王) 十三年春正月 熒惑守心星

○ (효성제) 수화 2년 봄 형혹이 心星 자리에 머물렀다. 2월 을축에 승상 翟方進이 재이를 막으려고 자살하였다. 3월 병술에 황제가 죽었다.

　　　(孝成帝) 綏和二年春 熒惑守心 二月乙丑 丞相翟方進欲塞災異 自殺 三月丙戌 宮車晏駕(『漢書』 天文6)

② (일성이사금) 10년 봄 2월 궁실을 수리하였다. 여름 6월 을축에 熒惑이 鎭星을 범하였다.

　　　(逸聖尼師今) 十年春二月 修葺宮室 夏六月乙丑 熒惑犯鎭星

○ (효순제) 한안 2년 6월 을축에 형혹이 鎭星을 범하였다.

　　　(孝順帝) 漢安二年六月乙丑 熒惑犯鎭星(『後漢書』 順帝紀6)

③ (고국천왕) 8년 여름 4월 을묘 형혹이 心星 자리에 있었다. 5월 임진 그믐에 일식이 있었다.

　　　(故國川王) 八年夏四月乙卯 熒惑守心 五月壬辰晦 日有食之

○ (영제) 중평 3년 4월 형혹이 역행하여 心後星의 자리에 머물렀다.

　　　(靈帝) 中平三年四月 熒惑逆行守心後星(『後漢書』 天文下)

○ (영제) 중평 3년 5월 임진 그믐에 일식이 있었다.

　　　(靈帝) 中平三年五月壬辰晦 日有食之(『後漢書』 靈帝紀)

④ (개루왕) 10년 가을 8월 경자 형혹이 南斗를 범하였다.

　　　(蓋婁王) 十年秋八月庚子 熒惑犯南斗

○ (순제) 영화 2년 8월 경자 형혹이 남두를 범하였다.

　　　(順帝) 永和二年八月庚子 熒惑犯南斗(『後漢書』 卷6 孝順帝紀)

⑤ (성왕) 12년 여름 4월 정묘 형혹이 남두를 범하였다.

　　　(聖王) 十二年夏四月丁卯 熒惑犯南斗

○ (무제) 중대통 6년 여름 4월 정묘 형혹이 남두 자리에 머물렀다.

　　　(武帝) 中大通六年夏四月丁卯 熒惑在南斗(『梁書』 卷3 武帝下)

위 5회에 걸친 고구려·백제·신라의 熒惑 출현 기사를 당시 중국의 정사와 대비하면 사료 ①의 고구려 유리명왕 13년 봄 정월의 형혹 출현기사의 경우, 당시 『漢書』의 해당 帝紀에는 없고 천문지 기사에는 정월이 빠져 있으며 이어서 5월에 일식이 있었다고 기록하고 있으나 고구려의 경우에는 일식 기사가 없다. 이것은 고구려의 熒惑星 출현기

사가 고구려 독자의 관측에 의한 것이며, 동시에『漢書』에 보이는 일
식 기사가 고구려의 기사에서 빠져 있다는 사실은 명확히 중국의 것을
옮긴 것이 아니라 독자적인 기사임을 증명하는 것이라 하겠다.

　사료 ③의 '夏四月乙卯 熒惑守心'이라는 기사도『後漢書』帝紀에는
보이지 않으며 다만 天文志下에 '三年四月 熒惑逆行守心後星'이라고
하여 夏와 乙卯가 탈락되어 있다. 이 점도 앞서 ①의 사료와 같이 역
시 고구려의 독자적 관측과 기록의 결과라고 보고 싶다. 아마도 고구
려·백제·신라가 천문 기사를 정리할 때 중국의 정사와 대비·대조
하여 중국과 일치하는 기사는 그대로 두고, 이처럼 삼국의 독자적인
기록도 그대로 보존한 증거라고 보인다.

　이상의 형혹 출현의 천재에 대해, '熒惑守心星'의 경우에는 逆臣이
일어나고 '逆行守心二十日'이면 大臣이 난을 일으킨다는 해설이 있
다.[14] 그리고 형혹이 鎭星을 침범하면 大人 즉 帝王의 죽음이 따른다
고도 풀이되고 있다.[15] 또 '熒惑在南斗'의 경우에 대해서는『後漢書』
志12 天文下에,

　　효령제 희평 원년 10월 형혹이 南斗中에 들어갔다. 점에 이르되, 형
　　혹이 머무르는 것은 병란이 일고, 남두는 吳지방이다. 그 해 11월 會稽
　　賊 許昭가 군중을 모아 자칭 대장군이라 하고 昭의 父인 生을 越王으
　　로 삼고 郡縣을 공파하였다.
　　　孝靈帝熹平元年十月 熒惑入南斗中 占曰 熒惑所守爲兵亂 斗爲吳
　　其十一月 會稽賊許昭聚衆 自稱大將軍 昭父生爲越王 攻破郡縣

고 하여 병란의 조짐으로 해석하고 그 다음 달의 會稽賊의 반란기사를
싣고 있다.

　형혹의 속성에 대해서는『漢書』天文志6에 매우 자세한 설명이 나
와 있다. 여기에 따르면 熒惑星은 남방에 있으며 여름을 맡고 火의 精

---

　14)『後漢書』志11 天文中 孝安帝 永初 元年 8月 기사에 이어지는 注 2 참조.
　15)『後漢書』志11 天文中, "漢安二年七月 甲申 … 熒惑犯鎭星衛大人忌 明年
　　八月 孝順帝崩 孝沖 明年正月又崩"을 참조.

氣이다. 인간에게는 五常 중 禮에 해당되고『書經』의 洪範五事 중 視
에 해당된다. 禮가 없고, 視의 王道가 적중치 못하면 夏季의 政令을
거슬러 불의 정기를 손상케 하여 그 벌이 熒惑에 의해 나타난다고 한
다.

　이와 같이 형혹성 출현의 의미가 매우 다양하며 특히 유교정치사상
에서 天譴說이 중요한 위치를 차지하고 있음을 알 수 있다. 그러나 삼
국의 熒惑觀이 이 같은 중국의 다양한 의미를 수용하고 또 실현하고
있었던 것 같지는 않다. 형혹의 출현기사 자체가 당시 중국에 비하여
너무나 零星하기 때문이다. 그리고『三國史記』에 실려 있는 熒惑 기
사를 전후하여 그 咎徵으로 파악될 만한 구체적인 사례도 보이지 않는
다. 그렇다고 해서 삼국의 형혹 기사가 중국 것을 단순히 옮겨온 것이
라든가 또는 극히 무의미한 관찰과 기록의 산물이라고는 생각되지 않
는다. 그것은 이미 고구려 차대왕 때의 오성 기사로 시사되는 바처럼
어떠한 天譴으로서 심상치 않은 조짐으로 파악되었음이 일부 확인되
고 있기 때문이다.

　　(2) 太白

　太白은 金星이다. 태백에 관한 기사를『三國史記』각 본기를 중심
으로 열거하면 다음과 같다.

　① (남해왕) 20년 가을 태백이 太微에 들어갔다.
　　　(南解王) 二十年秋 太白入太微(新羅本紀1)
　○ (지황 4년) 가을 태백성이 太微로 유입하였다. 지상을 밝혀 달빛과
　　　같았다.
　　　(地皇四年) 秋 太白星流入太微 燭地如月光(『漢書』卷99下 王莽傳
　　　69下)
　② (나해왕) 5년 가을 7월 태백이 낮에 나타났다. 서리가 내려 풀을 죽
　　　였다. 9월 경오 초하루에 일식이 있었다.
　　　(奈解王) 五年秋七月 太白晝見 隕霜殺草 九月庚午朔 日有食之

(新羅本紀2)

○ (건안 5년) 9월 경오 초하루 일식이 있었다. 조서에서 …
(建安五年) 九月庚午朔 日有食之 詔 …(『後漢書』 卷9 獻帝紀)라
하여 太白 기사는 없으며 天文志에도 태백 기사는 없다.

③ (초고왕) 40년 가을 7월 태백이 달을 범하였다.
(肖古王) 四十年秋七月 太白犯月(百濟本紀1)

○ 『後漢書』 帝紀 및 天文志 建安 10년에 없음.

④ (구수왕) 11년 겨울 10월 태백이 낮에 나타났다.
(仇首王) 十一年冬十月 太白晝見(百濟本紀2)

○ (위 문제) 황초 5년 겨울 10월 을묘 태백이 낮에 나타났다. 허창궁
으로 행차하였다가 환궁하였다.
(魏文帝) 黃初五年冬十月乙卯 太白晝見 行還許昌宮(『三國志』 魏
書 卷2 文帝紀2)

⑤ (고이왕) 16년 봄 정월 갑오 태백이 달을 덮쳤다.
(古爾王) 十六年春正月甲午 太白襲月(百濟本紀2)

○ 『三國志』의 魏·蜀·吳 三志에 없음.

⑥ (비류왕) 18년 가을 7월 태백이 낮에 나타났다. 나라의 남쪽지방에
蝗虫이 곡식을 해하였다.
(比流王) 十八年秋七月 太白晝見 國南蝗害穀(百濟本紀2)

○ 『晉書』 第6 元帝紀 및 前趙, 後趙, 前凉 등 기사에 없음.

⑦ (아신왕) 3년 가을 7월 고구려와 더불어 수곡성 밑에서 싸우다가 패
하였다. 태백이 낮에 나타났다.
(阿莘王) 三年秋七月 與高句麗戰於水谷城下 敗績 太白晝見(百濟
本紀3)

○ (진 효무제) 태원 19년 5월 또 (태백)이 낮에 柳星에 나타나고 6월
신유 또 낮에 輿鬼星에서 발견되었다. 9월에 또 軫星에 나타났다.
(晉孝武帝) 太元十九年五月 又(太白) 晝見于柳 六月辛酉 又晝見
于輿鬼 九月 又見于軫(『晉書』 卷13 天文下)

⑧ (양원왕) 11년 겨울 10월 호랑이가 왕도에 들어와 이를 사로잡았다.
11월에 태백이 낮에 나타났다. 사신을 북제에 파견하여 조공하였다.
(陽元王) 十一年冬十月 虎入王都 擒之 十一月 太白晝見 遣使入北
齊朝貢(高句麗本紀7)

○ 『南史』 梁本紀, 『梁書』 本紀, 『北史』 魏本紀, 『北齊書』 帝紀 등에

없다.

이상으로『三國史記』에 실린 삼국의 태백성 기사를 중심으로 중국의 당대 정사와 대비해 보았다. 그 결과 사료 ①의 경우는 王莽 地皇 4년의 태백 기사와 일치하고 있으며 사료 ②의 경우는 당시의 『後漢書』에 실려 있지 않다. 주목되는 것은 두 달 뒤에 일식이 일어난 것만은 두 기사가 모두 일치하고 있는 점이다. 이 점은 신라가 독자적으로 태백 기사와 함께 일식 기사도 관측하여 수록한 증거로 보인다. 더욱이 신라는 태백 기사에 이어『後漢書』의 기사에는 전혀 보이지 않는 '隕霜殺草'까지 기록하고 있어 더욱더 신라가 독자적으로 천재지변 기사를 작성하였으며 흔히 말하듯 중국의 정사에서 옮겨온 것이 아니라는 증거가 될 것이다. 사료 ④는 일단 중국의 정사 기사와 일치한다. 사료 ⑤와 ⑥은 중국 정사에는 전혀 없는 백제 독자의 기록이다. 사료 ⑦의 경우는 '太白晝見'의 연대는 같으나 달에 차이를 나타내고 있으며 더욱이 백제의 7월 기사에 대하여 晉에서는 5월과 6월, 9월에 걸쳐 세 차례나 나타난 것으로 기록되어 있으므로 역시 백제의 독자적 태백성 관측의 소산으로 생각된다. 끝으로 사료 ⑧도 당시 南北朝의 복잡한 正史 속에서 고구려 양원왕 11년 10월에 해당되는 年代記에서 같은 '太白晝見' 기사를 찾아볼 수 없다. 따라서 이 또한 고구려의 독자적인 태백 관측과 기록이라 볼 수 있다.

이와 같이 태백성 출현기사의 검토를 통해 보건대 흔히 말하듯 중국 정사에서 천문기사를 옮겨 실었다는 논의는 맞지 않다. 그렇다면 이같이 삼국이 태백성을 천재로서 관측하였다면 과연 어떠한 조짐으로 혹은 天譴으로 보았을까.

삼국의 太白星 기사가 삼국 독자의 관측기사라고 하더라도 실제로 그것이 과연 어떤 災異觀에 의거하는지는 알 수 없다.『三國史記』에는 중국 정사에서 흔히 보이는 天災에 대한 占이나 天譴의 내용이 전혀 기록되어 있지 않기 때문이다. 그러므로 여기서는 삼국의 태백성 星變에 대한 중국측의 재이관을 대비해 보는 데 그칠 수밖에 없다.

먼저 삼국의 태백성 출현 상태는 첫째로 '入太微', 둘째로 '晝見', 셋째로 '襲月' 또는 '犯月'의 세 가지로 구분된다.

먼저 태백의 入太微에 대해서 보면, 『漢書』 천문지6에,

효소제 시원 연간 … 후에 태백이 太微의 西藩 제1성에 들어가 북으로 東藩 제1성으로 나와서 북동으로 내려와 사라졌다. 太微란 것은 天帝의 宮廷으로 태백이 그 안에 들어가면 궁문을 닫지 않을 수 없으며 대장은 갑옷과 무기를 갖추고 邪臣은 伏誅된다.

孝昭始元中 … 後太白入太微西藩第一星 北出東藩第一星 北東下去 太微者 天廷也 太白行其中 宮門當閉 大將被甲兵 邪臣伏誅

라고 하였다. 또한 『後漢書』 천문지2에 의하면,

(왕망 지황) 4년 가을 태백이 太微 가운데 있어 땅을 밝혀 달빛과 같았다.

(王莽地皇) 四年秋 太白在太微中 燭地如月光

란 기사에 대하여 다음과 같이 설명하고 있다. 太白은 兵을 상징하며 太微는 천제의 天廷인데 태백이 커져서 태미로 들어가면 大兵이 천자의 궁정에 들어가는 모습이다. 이 때 왕망이 파견한 군사가 昆陽에 이르자 光武帝에게 격파되었으며 왕망이 또 九虎將 등을 華陰으로 보냈는데 모두 漢將에게 격파되었다. 10월에 漢兵이 宣平城門에 이르렀는데 城中에 少年 朱第, 張魚 등 수천 명이 군사를 일으켜 왕망을 공격하였고 결국 왕망이 참수되었다. 이 때 大兵이 궁전에 뛰어들었다. 거듭하여 다음 更始 연간에는 장안에 입성하였는데 赤眉賊은 劉盆子를 천자로 세웠다. 이처럼 大兵이 궁정에 들어간 것이 태백성이 태미에 들어간 응험이다.16)

결국 태백의 '入太微'의 응험이 왕조권력에 대한 큰 도전이라는 咎徵으로 해석되고 있음을 알 수 있는데, 삼국의 경우 과연 이러한 재이

---

16) 『後漢書』天文上 王莽 地皇 4年條.

사상을 수용하고 있었는지 추측 이상의 것은 할 수가 없다.

다음에는 '太白晝見'의 경우이다. 『史記』 天官書에 의하면, 태백은 원래 하늘의 子午線을 넘어서 출현하는 일이 없는데 만일 日中에 자오선상에 나타나면 천하에 혁명이 일어나고, 또 낮에 나타나 하늘의 자오선을 지나는 것은 爭明이라 부르는데 이 때는 强國이 약해지고 小國이 강해지며 女王의 운이 盛하게 된다고 한다. 『後漢書』 天文中 孝安帝 永初 3년 12월에 나타난 '太白晝見' 현상에 대한 해석을 보면 强臣이 등장하는데 이 때 바야흐로 鄧氏의 세력이 성하게 되었다고 한다. 결국 '태백주견' 현상은 强國과 弱國의 대결, 君主와 臣下와의 권력갈등을 나타내는 조짐으로 풀이되고 있다. 중국의 정사 帝紀나 天文志를 통해 太白星의 晝見이 많이 기록되어 있는 까닭도 짐작할 만하다.

다음에는 '太白犯月' 또는 '太白襲月' 현상이다. 『史記』 天官書에는 태백이 달의 자리에 들어가면 장군이 誅伐된다는 기록이 있다. 『後漢書』 志11 天文中에,

(효명제) 영평 15년 11월 을축 태백이 달 가운데 들어가니 3년이 되지 않아 대장이 살육되고 군주가 죽게 될 것이다. 후 3년이 되어 효명제가 죽었다.
(孝明帝) 永平十五年十一月乙丑 太白入月中 爲大將戮 人主亡 不出三年 後三年 孝明帝崩

고 하여 영평 15년의 '太白入月' 현상에 대해 대장의 죽음과 군주의 죽음으로 점치고 있으며, 동 18년에 돌아간 孝明帝 薨去의 조짐으로 해석하고 있다.

이상에서 태백성의 '入太微' '晝見' '犯月' 등 천변의 의미를 당대 중국의 정사 중심으로 파악하여 보았다. 삼국이 각각 어떠한 星占 내지는 天譴說의 범주에서 太白星의 운행을 관찰하고 또 기록으로 남겼는지는 명확히 추측할 수 없다.

(3) 土星(塡星・鎭星)

土星에 대해서는『三國史記』신라본기3에 다음과 같은 기사가 나온다.

① (소지왕) 6년 봄 정월 오함을 이벌찬으로 삼았다. 3월에 토성이 달을 범하고 우박이 내렸다. 가을 7월에 고구려가 북변을 침입하자 아군은 백제와 더불어 모산성 밑에서 함께 공격하여 크게 격파하였다.

(炤知王) 六年春正月 以烏含爲伊伐湌 三月 土星犯月 雨雹 秋七月 高句麗侵北邊 我軍與百濟 合擊於母山城下 大破之

② (진평왕 53년 가을 7월) 白虹이 왕궁의 우물에 드리웠는데 토성이 달을 범하였다. 54년 봄 정월에 왕이 죽었다.

(眞平王五十三年秋七月) 白虹飮于宮井 土星犯月 五十四年春正月 王薨

소지왕 때의 토성 기사는 당시 중국의 齊 武帝 永明 2年紀나 北魏 孝文帝 太和 8年紀에는 보이지 않고 다만 武帝 永明 2년 2월 戊辰에 '塡星犯東咸星'이란 기사가 보일 뿐이다.

한편 진평왕 53년 가을 7월의 '土星犯月' 기사는 '白虹飮于宮井' 기사와 함께 기록되어 있는데, 당시의『新唐書』와『舊唐書』에도 이러한 星變 기사는 보이지 않는다. 따라서 이것은 신라의 독자적인 관측과 기록으로 보인다.

'토성'의 星變에 대해서는『晉書』권12 天文中에,

의희 14년 4월 임신 달이 塡星을 張宿에서 범하였다. 점에 가로되, 천하에 大喪이 있을 것이라 하였는데 그 다음 해에 황제가 죽었다.
義熙十四年四月壬申 月犯塡星 於張 占曰 天下有大喪 其明年 帝崩

고 하여 東晉 安帝 義熙 14년의 '月犯塡星'을 天下大喪으로 점치고 다음 해 안제의 죽음을 싣고 있다.『新唐書』천문3에도,

원화 3년 3월 을미 鎭星이 달을 氐宿에서 삼켰다. 점에 이르기를, 그 지역의 군주가 죽을 것이라고 하였다.

元和三年三月乙未 鎭星蝕月在氐 占曰 其地主死

고 하여 鎭星(塡星·土星)의 달 침범을 군주의 죽음이라는 흉조로서 점치고 있음을 알 수 있다. 앞서 신라 진평왕 53년의 土星月犯 기사에서 진평왕 54년 정월 왕의 죽음을 기록한 것은, 중국측의 동진 安帝의 죽음과 대비하여 볼 때 매우 적중된 星變으로 간주할 수도 있다. 물론 신라에서는 같은 달에 '白虹飮于宮井'이라는 天變이 겹치기도 하였다. 이 백홍 출현의 재이도 군주의 죽음이나 파멸과 연관된 天譴으로 파악되고 있으므로[17] 진평왕의 죽음은 거듭된 천변에 의해 豫兆되고 있었던 것이다.

5. 기타 星變

(1) 長星

長星에 대해서는 孛·彗·長 三星 중의 하나로 그에 대한 占은 거의 같고 형상은 조금씩 다르다고 한다. 孛星은 光芒이 일직선으로 되어 하늘 끝까지 닿아 있는데 혹은 10丈, 3丈, 2丈으로 늘 일정하지 않다. 孛, 彗星의 경우에는 '除舊布新' '火災'를 나타내고 있으나 長星은 '兵革'을 나타내는 것이라고 하고 있다.[18]

『三國史記』에 보이는 삼국시대의 長星 출현기사는 다음과 같다.

① (지마왕) 17년 가을 8월 長星이 하늘 끝까지 뻗었고 겨울 10월에 나라 동쪽에 지진이 있었고 11월에는 우레가 있었다.

---

17) 『晉書』 卷12, 天文中, "凡白虹者 百殃之本 衆亂所基"；『宋書』 卷34, 五行5, "永嘉二年二月癸卯 白虹貫日 … 占曰 近臣不亂則諸侯有兵破亡其地".

18) 『漢書』 卷4, 文帝紀 8年夏 有長星出于東北方의 註 참조.

(祇摩王) 十七年秋八月 長星竟天 冬十月 國東地震 十一月 雷(新
羅本紀1)
○『後漢書』順帝紀 및 天文中에 없다.
② (위덕왕) 26년 겨울 10월 장성이 하늘 끝까지 뻗었다가 20일이 되어
사라졌다. 지진이 일어났다.
(威德王) 二十六年冬十月 長星竟天 二十日而滅 地震(百濟本紀5)
○ 陳 宣帝 太建 11年 冬10月 및 北周 靜帝 大象 元年紀 등에 없다.

이러한 長星 출현 기사는 당시 중국측 정사에는 잘 보이지 않는다.
따라서 이들 신라·백제의 장성 기사는 각기 독자적 관측기사로 보인
다. 더욱이 신라의 경우 지진과 우레 등의 기사와 함께 당시의 천재지
변 기사를 일괄하여 관찰 수록하여 온 것으로 보인다. 그러나 그 응험
이 앞서 제시한 '兵革' 등의 조짐과 관련된 것인지는 알 수 없다.

(2) 客星

『晉書』天文中 客星條에 의하면 客星에는 老子四星과 周伯, 王蓬
絮 등이 있는데, 老子星이 출현하면 그 나라는 爲饑爲凶·爲善爲惡·
爲喜爲怒의 조짐이 있으며, 周伯星이 보이면 그 나라는 大昌하고, 蓬
絮星이 나타나면 風雨不節·焦旱·物不生·五穀不登·多蝗虫의 災
異가 발생한다.
객성 출현의 구체적 응험에 대해서는『漢書』楚元王傳6에 다음과
같이 나와 있다.

元帝 즉위 초에 太傅 蕭望之는 前將軍이 되었으며 少傅 周堪은 諸
吏光祿大夫가 되어 모두 尙書의 직무를 수행하여 자못 존경을 받고
있었다. 更生은 望之나 堪보다도 나이가 젊었지만 두 사람이 모두 그
를 중히 여겨 更生은 종실에 충직하고 經術에 통하고 품행도 바르다
고 추천하였으므로 발탁되어 散騎宗正이 되어 궁중에 給事하여 侍中
金敞과 더불어 좌우에서 主上을 보좌하였다. 이들 4인은 同心으로 政
事를 보좌하고 外叔 許氏, 史氏 일족이 官位에 있어 방종하고, 또 中

書의 宦官 弘恭·石顯이 권력을 마음대로 하는 것을 괴로워하였다. 望之·堪·更生은 의논하여 그들을 내몰 것을 건의하였으나 이것이 사전에 누설되어 드디어 許·史 및 恭·顯에게 참소당하여 堪과 更生은 옥에 갇히고 望之 등도 모두 면직되었다. 그 자세한 것은 蕭望之傳에 기재되어 있다. 그 해 봄에 지진이 발생하고 여름에는 客星이 昴의 卷舌 중간에 나타났다. 주상은 이에 感悟하여 詔를 내리고 이들을 다시 參朝시켰다. 가을에 堪과 向(更生)을 불러 두 사람을 諫大夫로 삼으려 하자 恭과 懸이 上言하여 모두 中郎이 되었다.

이 기사로 보건대, 객성의 출현은 당시 지진의 발생과 함께 元帝에게 크나큰 충격을 주었고 결국 蕭望之 등의 복권을 가져오는 天譴으로 받아들여졌음을 알 수 있다. 그러나 이 때의 객성이 위의 객성 중어떤 것에 해당하는지는 알 수 없다.

『三國史記』에 보이는 삼국시대의 客星 출현기사는 다음과 같다.

① (파사왕 6년) 여름 4월 객성이 紫微에 들어갔다.
   (婆娑王六年) 夏四月 客星入紫微(新羅本紀1)
② (기루왕 9년) 여름 4월 을사 객성이 자미에 들어갔다.
   (己婁王九年) 夏四月乙巳 客星入紫微(百濟本紀1)

이는 『後漢書』章帝紀의,

장제 원화 2년 여름 4월 을사 객성이 자궁에 들어갔다.
章帝元和二年夏四月乙巳 客星入紫宮

는 기사와 일치하고 있다. 한편 고구려의 객성 기사는,

① (차대왕) 8년 여름 6월 서리가 내렸다. 겨울 12월 우레가 치고 지진이 일어났으며 객성이 달을 범하였다.
   (次大王) 八年夏六月 隕霜 冬十二月 雷 地震 客星犯月(高句麗本紀3)
○『後漢書』桓帝 永興 元年紀 및 同書 天文下에 없다.
② (봉상왕) 8년 가을 9월에 봉산에서 도깨비 우는 소리가 나고 객성이

달을 범하였다. 겨울 12월에 우레가 치고 지진이 발생하였다.

　(烽上王) 八年秋九月 鬼哭于烽山 客星犯月 冬十二月 雷 地震(高
　句麗本紀5)

　○『晉書』惠帝紀4, 惠帝 永平 9年紀 및 同書 天文 中·下에 없다.

고 하여 앞서 신라·백제의 기사가 중국의 같은 시기 기사와 일치하고
있는 데 비해 고구려 기사는 중국 정사에 보이지 않는다. 그러므로 고
구려의 객성 기사는 독자의 관측에서 나온 기록으로 볼 수 있다. 신라
나 백제의 기사는 두 나라가 서로 일치하는 동시에 중국의 기사와도
일치하고 있으므로 이 기사의 성립 배경에 의문이 있을 수도 있으나,
지금까지 본 삼국의 천문 기사들이 거의 독자적인 관측에 의한 산물임
을 볼 때 역시 신라·백제의 독자적 기사로 보고 싶다.

　이와 같이 삼국의 객성 기사를 삼국 독자의 기록으로 볼 때, 객성의
의미에 대해서는 추측할 수밖에 없겠으나 앞서 중국측의 天譴說이 적
용되었을 것으로 생각된다.

　(3) 星隕

星隕에 대해서는『三國史記』에 다음과 같은 기사가 보인다.

① (파사왕) 25년 봄 정월 뭇 별이 비처럼 내렸지만 땅에는 닿지 않았
　다. 가을 7월에 실직국이 반란을 일으키자 군사를 동원하여 토벌하
　였고 그 나머지 무리는 남쪽 변방으로 옮겼다.

　(婆娑王) 二十五年春正月 衆星隕如雨 不至地 秋七月 悉直叛 發兵
　討平之 徙其餘衆於南鄙(新羅本紀1)

② (진평왕) 8년 봄 정월 … 여름 5월 우레와 벼락이 일어나고 성운이
　비처럼 쏟아졌다.

　(眞平王) 八年春正月 … 夏五月 雷震 星殞如雨(新羅本紀4)

③ (평원왕) 23년 봄 2월 그믐 성운이 비처럼 쏟아졌다.

　(平原王) 二十三年春二月晦 星隕如雨(高句麗本紀7)

　사료 ①은 신라 파사왕 때의 성운 출현에 이어 그 해 7월에 실직에

반란이 발생하여 평정했다는 기사가 잇따르고 있어 주목된다. 이것과 대비해 볼 수 있는 것으로『晉書』天文下의,

> (진) 무제 태시 4년 7월 성운이 비처럼 쏟아지고 모두 서쪽으로 흘러 갔다. 점에 이르기를, 성운은 백성이 반란을 일으키는 것을 말하고 서 쪽으로 흐르는 것은 吳人이 晉나라로 돌아가는 것을 상징하는 것이라 고 하였다. 2년에 吳夏口가 孫秀를 독려하여 部曲 2000여 인을 거느리 고 항복해 왔다.
> (晉) 武帝泰始四年七月 星隕如雨 皆西流 占曰 星隕爲百姓叛 西流 吳人歸晉之象也 二年 吳夏口督孫秀率部曲二千餘人來降

는 기사와 동서의,

> (진 무제) 태강 9년 8월 임자 성운이 비처럼 쏟아졌다. 劉向傳에 이 르기를, 이는 아래로부터 위로 가는 상징이라 하였는데 뒤 3년 만에 황 제가 죽고 혜제가 즉위하여 천하는 이 때부터 어지럽게 되었다.
> (晉武帝) 太康九年八月壬子 星隕如雨 劉向傳云 下去其上之象 後三 年 帝崩而惠帝立 天下自此亂矣

는 기사가 있는데 둘 다 성운 현상에 이은 백성의 반란과 황제의 죽음 을 실제 사건으로 기록하고 있다. 신라에서도 성운 기사에 이어 실직 지방의 반란사건을 싣고 있어 어떤 전후관계가 있었던 것으로 보인다.

(4) 蚩尤旗

蚩尤旗에 대하여『史記』天官書에는 혜성을 닮아 뒤는 굽었고 旗의 모양을 하고 있는데 이것이 출현하면 王者가 사방을 정벌한다고 되어 있다. 그리고 그 구체적인 사례로서 같은 천관서 끝에, 漢 武帝 元光 원년과 元狩 2년에 蚩尤旗가 다시 나타나 하늘에 반 정도로 길게 뻗었 는데 그 뒤 首都로부터 사방으로 軍이 출동하여 변경의 이민족을 정벌 하였으며 그 가운데 흉노가 가장 많았다는 기사가 실려 있다. 사실상 원광 원년에는 衛靑 등이 흉노정벌을, 元狩 원년에는 霍去病 등이 역

시 흉노정벌을 단행하여 큰 승리를 거두었다. 『三國史記』의 蚩尤旗에 관한 기사를 보면 다음과 같다.

① (벌휴왕) 8년 가을 9월에 蚩尤旗가 角亢星에 나타났다.
   (伐休王) 八年秋九月 蚩尤旗見于角亢(新羅本紀2)
○ 헌제 초평 2년 9월 蚩尤旗가 나타났는데 길이가 10여 장이며 색은 희고 角亢의 남쪽으로 나왔다. 占에 이르되, 蚩尤旗가 나타나면 왕이 사방을 정벌한다고 하였다. 그 뒤 승상 曹公이 천하를 정벌하여 거의 30년이 되었다.
   獻帝初平二年九月 蚩尤旗見 長十餘丈 白色 出角亢之南 占曰 蚩尤旗見 則王征伐四方 其後丞相曹公征討天下 且三十年

이 기사는 蚩尤旗를 조조가 후한 말에 실권을 장악하고 魏왕조를 열게 된 사실과 결부시키고 있으나, 신라 벌휴왕 때의 蚩尤旗 출현은 어떠한 응험인지 알 수 없다. 그 밖에,

② (초고왕) 26년 가을 9월 蚩尤旗가 角亢星에 나타났다.
   (肖古王) 二十六年秋九月 蚩尤旗見于角亢(百濟本紀1)

고 한 백제기사는 앞의 신라기사와 함께 후한 獻帝 初平 2년 기사와 일치한다. 그러나 백제의 경우에도 역시 蚩尤旗 출현과 관련된 응험은 기록되어 있지 않다.

(5) 老人星

老人星에 대해 『史記』 天官書는 다음과 같이 기록하고 있다.

狼(天狼)星 아래의 지평선 가까운 곳에 큰 별이 있어 南極老人星이라 한다. 노인성이 나타나면 천하는 편안하게 다스려지고 나타나지 않으면 병란이 일어난다. 항상 추분이 되면 그 별을 도읍의 남쪽에서 관찰하는 것이 관례로 되어 있다.
   狼比地有大星 曰南極老人 老人見治安 不見兵起 常以秋分時候之于

南郊

그리고 동서 天官書의 正義에는,

노인성 하나가 弧星의 남쪽에 있어 일설에 남극성이라 한다. 이는
군주의 수명 연장의 조짐을 나타내는 것으로 점쳐진다. 항상 추분 새
벽에 해가 비추는 데서 나타난다. 춘분의 저녁에는 남쪽에 나타난다.
(노인성이) 나타나면 나라는 長命하여 고로 壽昌, 天下安寧이라 하고,
나타나지 않으면 군주는 근심한다.

老人一星 在弧南 一曰南極 爲人主占壽命延長之應 常以秋分之曙見
於景 春分之夕見於丁 見 國長命 故謂之壽昌 天下安寧 不見 人主憂
也

라고 해서 노인성을 長命과 천하의 안녕을 나타내는 것으로 기록하고
있다.

한편 노인성은 壽星으로 불리기도 한다.[19] 이러한 뜻을 가진 노인성
이 신라 기사에 나타난 것은 경순왕 말년으로,『三國史記』신라본기12
경순왕조에,

8년 가을 9월 노인성이 나타나고 運州지방의 10여 군현이 태조에게
항복하였다.

八年秋九月 老人星見 運州界三十餘郡縣降於太祖

라고 나와 있다. 이 때는 이미 고려에 의한 반도 통일이 거의 결정되는
때였다. 그러므로 이 때의 노인성 출현은 신생 고려 측의 瑞星이라 해
야 할 것이다.『高麗史節要』에는,

(고려 태조 17년) 가을 9월 정사 노인성이 나타났다.

(高麗太祖十七年) 秋九月丁巳 老人星見

고 하고 運州 일대의 승리로 熊津 이북 30여 성이 '聞風自降'하였다고

19)『漢書』卷4, 文帝紀 8年下 有長星出于東北方의 註 참조.

기록하고 있다.

6. 天文現象과 天譴說

이상에서 삼국시대의 천문현상으로서 日食, 日無光, 日暈, 白虹貫日, 五星, 長星, 彗星, 客星, 蚩尤旗, 老人星 등에 대하여 검토하였다. 이 중에 日食, 五星, 彗星(또는 星孛), 蚩尤旗, 客星 기사는 중국 정사의 해당 기록과 대비하여 특히 중국측 기사의 轉載 가능성에 대해 언급하였다. 이는 사료 비판의 문제로서, 전재 가능성은 특히 일식의 경우가 심하였고 五星이나 彗星도 중국 기록과 일치하는 경우가 발견되었다. 그러나 日無光, 日暈, 白虹貫日, 長星, 星隕, 老人星 등은 거의 중국의 기사와 겹쳐지지 않는 독자적 기사로 보인다. 이러한 사실은 삼국이 독자적으로 천문현상을 관측·기록하였으리라는 가능성을 강하게 해 준다. 그것은 삼국에서 각기 천문현상을 占星的인 측면이나 나아가 天人合一觀에 의한 天譴說을 수용하고 있었던 점을 고려하면 더욱 그러하다. 그러나『三國史記』에 실린 삼국의 천문기사 중에는 이러한 현상들을 天譴으로 파악할 만한 자료가 매우 드물다. 그러한 가운데서도 천문 현상을 천견설이나 점성적 측면에서 해석하고 있는 비교적 정확한 사료를 정리하면 다음과 같다.

(1) 고구려

① (차대왕) 4년 여름 4월 정묘 그믐 일식이 일어났다. 5월에 오성이 동쪽에 모였다. 日者는 왕의 노여움을 두려워하여 무고하기를, 이것은 君의 덕이며 나라의 福이 된다고 하니 왕이 기뻐하였다. 겨울 12월에 얼음이 얼지 않았다.

(次大王) 四年夏四月丁卯晦 日有食之 五月 五星聚於東方 日者畏王之怒 誣告曰 是君之德也 國之福也 王喜 冬十二月 無氷(高句麗

本紀3)

② (차대왕) 20년 봄 정월 그믐에 일식이 있었다. 3월에 태조대왕이 별
궁에서 돌아갔다. 나이 119세였다. 겨울 10월에 연나조의 명림답부
는 백성들이 참을 수 없음을 이유로 왕을 죽였다. 호를 차대왕이라
하였다.

(次大王) 二十年春正月晦 日有食之 三月 太祖大王薨於別宮 年百
十九歲 冬十月 椽那皂衣明臨答夫 因民不忍 弑王 號爲次大王(高
句麗本紀3)

③ (봉상왕) 8년 가을 9월에 봉산에서 도깨비 우는 소리가 나고 객성이
달을 범하였다. 겨울 12월에 우레가 치고 지진이 발생하였다.

(烽上王) 八年秋九月 鬼哭于烽山 客星犯月 冬十二月 雷地震(高句
麗本紀5)

④ (봉상왕) 9년 봄 정월 지진이 일어나 2월까지 계속되었다. 가을 7월
에 비가 오지 않았으며 흉년이 들어 백성들이 서로 잡아먹었다. 8월
에 왕이 국내 15세 이상의 남녀들을 징발하여 궁실을 수리케 하니
백성들은 식량이 궁핍하고 부역에 피곤하여 이로 말미암아 유망하
였다. 창조리가 왕에게 상소하기를, "천재가 거듭 일어나고 곡식이
되지 않아서 백성들이 살 곳이 없어 사방으로 흩어지고 노약자들은
개천과 구렁텅이에서 헤매고 있으니 이것은 참으로 하늘을 두려워
하고 백성들을 걱정하여 두려워하고 반성할 때입니다. 대왕이 일찍
이 이런 것을 생각지 않고 굶주리는 사람들을 몰아다가 토목공사로
괴롭히는 것은 백성의 부모로서 뜻에 어긋나는 것입니다. 더욱이
가까운 이웃나라에 강한 적이 있으니 그들이 만일 우리의 피폐한
틈을 타서 쳐들어온다면 나라와 백성들은 어떻게 되겠습니까? 원컨
대 대왕께서는 깊이 생각하소서" 하니 왕이 성을 내어 말하기를,
"임금이란 백성들이 우러러보는 바인데 궁실이 장려하지 않으면 위
엄과 무게를 보일 것이 없다. 이제 국상은 아마 나를 비방함으로써
백성들의 칭찬을 얻으려는 것이다"라고 하였다. 창조리가 말하기를,
"임금으로서 백성을 걱정하지 않으면 仁이 아니며 신하로서 임금에
게 간하지 않으면 충성이 아닙니다. 제가 이미 국상의 빈 자리를 맡
아 말하지 않을 수 없는 것이니 어찌 감히 칭찬을 구하겠습니까?"
하였다. 왕이 웃으면서 말하기를, "국상은 백성들을 위하여 죽으려

는가? 뒷말이 없기를 바란다"고 하였다. 창조리가 왕이 고치지 않
을 것을 알고 또한 자기에게 해가 미칠까 두려워서 물러나와 여러
신하들과 함께 의논하여 왕을 폐위하고 을불을 맞아 왕으로 삼았
다. 왕은 화를 면치 못할 것을 알고 스스로 목을 매어 죽으니 그의
두 아들도 따라 죽었다. 봉산원에 장사하고 호를 봉상왕이라 하였
다.

> (烽上王) 九年春正月 地震 自二月至秋七月不雨 年饑民相食 八月
> 王發國內男女年十五已上 修理宮室 民乏於食 困於役 因之以流亡
> 倉助利諫曰 天災荐至 年穀不登 黎民失所 壯者流離四方 老幼轉乎
> 溝壑 此誠畏天憂民 恐懼修省之時也 大王曾是不思 驅饑餓之人 困
> 木石之役 甚乖爲民父母之意 而況比鄰有强梗之敵 若乘吾弊以來
> 其如社稷生民何 願大王熟計之 王慍曰 君者 百姓之所瞻望也 宮室
> 不壯麗 無以示威重 今國相蓋欲謗寡人 以干百姓之譽也 助利曰 君
> 不恤民 非仁也 臣不諫君 非忠也 臣旣承乏國相 不敢不言 豈敢干
> 譽乎 王笑曰 國相欲爲百姓死耶 冀無復言 助利知王之不悛 且畏及
> 害 退與羣臣同謀 廢之 迎乙弗爲王 王知不免 自經 二子亦從而死
> 葬於烽山之原 號曰烽上王

위의 기사를 검토하여 보면, ①의 차대왕 4년 기사에서 日食 기사는
말할 것도 없이 咎徵으로 볼 수 있으며, 五星이 동방에 모였다고 한
것은『漢書』천문지에 의하면 '中國大破'에 해당하는 것이다. 따라서
오성이 동방에 모인 현상은 고구려에 크게 불리한 것임에 틀림이 없
다. 그러나 당시 고구려의 日官은 차대왕의 노여움을 두려워하여 왕의
德이요 나라의 福이라고 거짓 설명함으로써 차대왕을 기쁘게 하고 있
다. 물론 五星의 聚合이 그 밑에 위치한 국가에 대해서 천하를 지배하
는 王者를 낳게 하는 길조로 해석되는 경우도 있는데, 단 덕이 있는 사
람이면 경사를 맞이하고 빼어난 인물이 새로이 군주로 세워져 천하는
평화스럽게 보존되며 자손까지도 번창하게 되지만, 반대로 덕망이 없
는 사람이면 災害를 받아 국가와 종묘가 멸망에 이른다고 한다.[20] 그
러나 혹 후자로 해석한다 해도 고구려의 오성 취합은 폭군 차대왕에게

20) 본서 제1장 ;『史記』天官書 五星條 ;『漢書』天文志.

는 불리한 천변임에 틀림없다. 그러므로 자칫하면 죽음을 부를지도 모를 차대왕의 진노를 피하기 위해 고구려의 일관이 誣告를 하였던 것이다. 어쨌든 이 기사를 통하여 五星이라는 天變이 치자의 덕과 깊이 연관되어 이해되고 있었음을 엿볼 수 있다. 따라서 당시 고구려에서는 천인합일설에 바탕한 天譴說이 수용되고 있었음을 알 수 있다.

사료 ②에서는 역시 차대왕 20년의 일식 현상이 당시 은퇴해 있던 당년 119세의 태조왕의 죽음과 椽那皂衣 明臨答夫의 차대왕 시해에 이르기까지의 咎徵과 연관되고 있는 것으로 보인다. 그렇게 보면 이때의 일식은 태조왕의 죽음에 대한 豫兆인 동시에 부덕한 차대왕의 시해를 정당화하려는 명분이 잠재되어 있지 않는가 생각된다.

사료 ④는 당시 국상 倉助利가 부덕한 군주 봉상왕을 시해하고 美川王을 옹립한 정변의 중요 명분을 천재지변에서 찾도록 한 기사임을 엿볼 수 있다. 즉 정변을 일으킨 창조리는 봉상왕 8년에 발생한 客星犯月, 雷, 地震에 이어 동 9년에 일어난 地震, 不雨 등 일련의 천재지변을 명분으로 삼고 있다. 즉 '天災荐至'와 '年穀不登'으로 백성이 구렁텅이에 빠지게 되었으니 왕은 참으로 하늘을 두려워하고 백성을 걱정해야 하므로 恐懼修省할 것을 간언했으나 이 간언이 받아들여지지 않자 드디어 왕을 시해하고 새 왕을 옹립했다는 것이다. 해를 거듭하여 계속되는 천재지변, 더욱이 가뭄이 겹쳐서 年穀이 不登한데다가 궁실수리를 위한 토목공사의 동원은 폭군이나 부덕한 군주들이 되풀이하는 보편적 악정이기도 하였다. 여기에 善政을 촉구하는 신하의 간언은 당연히 수반되어야 할 정치윤리이기도 하였다. 이러한 간언이 받아들여지지 않을 때 天命은 당연히 그 자리를 거두어들여야만 한다. 이른바 군주의 敗亡은 必至의 사실이라 보는 것이다. 이러한 수순을 밟아 이루어진 고구려 봉상왕의 시해와 미천왕의 즉위는 적어도 형식상 천인합일설을 배경으로 한 정치질서의 전개로 간주할 수 있을 것이다.

(2) 백제

백제에는 天變 기사가 적지 않으나 뚜렷한 天譴說이 수반된 사료는 거의 발견되지 않는다. 다만 아래의 『三國史記』 백제본기에서 천견설의 자취를 더듬어 보려고 한다.

① (근구수왕) 10년 봄 2월 햇무리가 삼중으로 끼었다. 궁중의 큰 나무가 저절로 뽑히고 여름 4월에 왕이 돌아갔다.
　　(近仇首王) 十年春二月 日有暈三重 宮中大樹自拔 夏四月 王薨
② (진사왕) 6년 가을 7월 성패가 北河에 나타났다. 9월에 왕은 달솔 진가모에게 명하여 고구려를 정벌하기 위하여 도곤성을 빼앗아 200여 명을 사로잡았다. 왕은 진가모를 병관좌평으로 삼았다.
　　(辰斯王) 六年秋七月 星孛于北河 九月 王命達率眞嘉謨伐高句麗 拔都坤城 虜得二百人 王拜嘉謨爲兵官佐平
③ (진사왕) 8년 여름 5월 정묘 초하루 일식이 있었다. 가을 7월에 고구려왕 담덕이 병사 4만을 거느리고 북변으로 공격해 와서 석현 등 10여 성을 함락시켰다. 왕은 담덕이 용병에 능함을 알고 나아가 대적할 수 없어 한수 북쪽의 여러 부락이 많이 함락되었다. 겨울 10월 고구려가 관미성을 쳐서 함락하였는데 왕은 狗原으로 사냥을 나가 열흘이 지나도록 돌아오지 않았다. 11월에 왕은 狗原의 행궁에서 죽었다.
　　(辰斯王) 八年夏五月丁卯朔 日有食之 秋七月 高句麗王談德帥兵 四萬 來攻北鄙 陷石峴等十餘城 王聞談德能用兵 不得出拒 漢水北 諸部落多沒焉 冬十月 高句麗攻拔關彌城 王田於狗原 經旬不返 十 一月 薨於狗原行宮
④ (아신왕) 4년 봄 2월 성패가 서북에서 나타나 20일이 되어 사라졌다. 가을 8월 왕은 좌장 진무 등에게 명하여 고구려를 치도록 하였는데 고구려왕 담덕은 친히 병사 7천을 거느리고 패수 상류에 진을 치고 항전하였다. 아군은 대패하고 전사자가 8천이었다. 겨울 11월 왕은 패수 싸움을 보복하고자 친히 병사 7천을 거느리고 한수를 지나 다음 청목령 밑에서 큰 눈을 만나 군사가 많이 얼어죽고 회군하여 한산성에 이르렀는데 군사들은 지쳐 있었다.
　　(阿莘王) 四年春二月 星孛于西北 二十日而滅 秋八月 王命左將眞

> 武等伐高句麗 麗王談德親帥兵七千 陣於浿水之上 拒戰 我軍大敗
> 死者八千人 冬十一月 王欲報浿水之役 親帥兵七千人 過漢水 次於
> 靑木嶺下 會大雪 士卒多凍死 廻軍至漢山城 勞軍士

⑤ (아신왕 7년) 가을 8월 왕은 장차 고구려를 치기 위해 한산의 북책까지 출병하였다. 그 날 밤에 큰 별이 군영 중에 떨어지며 소리가 났다. 왕이 몹시 언짢게 여겨 그만 중지하였다.

> (阿莘王七年) 秋八月 王將伐高句麗 出師之漢山北柵 其夜大星落
> 營中有聲 王深惡之 乃止

⑥ (아신왕) 14년 봄 3월 白氣가 왕궁 서쪽으로부터 일어나 비단필을 펼친 것 같았다. 가을 9월에 왕이 죽었다.

> (阿莘王) 十四年春三月 白氣自王宮西起 如匹練 秋九月 王薨

먼저 사료 ①에서 日暈三重의 현상은 宮中大樹의 自拔과 함께 近仇首王의 죽음을 前兆하는 천변으로 보이며, ②의 진사왕 6년 星孛 출현은 백제가 대고구려전에서 승리를 거둔 전쟁의 조짐으로 보인다. 그리고 ③의 일식은 고구려 광개토왕의 來攻에 의한 거듭된 패전과 진사왕의 죽음에 이르기까지의 咎徵으로 해석된 듯하다. 그리고 ④의 아신왕 4년 서북에 출현한 星孛는 백제가 연거푸 광개토왕에게 패전한 기록과 관련된 것으로 보이는데, 이 시기는 아울러 광개토왕이 백제를 제패하기 전 해이기도 하다. ⑤는 백제 아신왕이 고구려를 공격하려던 과정에서 大星이 백제 진영에 떨어지자 매우 겁을 내었다는 것으로 물론 咎徵으로 파악되었음을 알 수 있다. 끝으로 아신왕 14년 3월의 白氣가 왕궁에서 발생한 뒤 아신왕의 죽음이 뒤따르고 있음을 볼 수 있다. 그러나 이들 백제의 천변 기사를 통하여 볼 수 있는 것은 주로 전쟁과 그 승패에 대한 단순한 조짐으로서, 그 이상의 天譴說的 요소는 매우 미약하다.

(3) 신라

신라의 천변 발생과 아울러 이와 대비되는 조짐으로 생각되는 기사를 『三國史記』 신라본기에서 찾아보면 다음과 같다.

① (파사이사금) 25년 봄 정월 뭇 별이 떨어졌지만 땅에는 닿지 않았다. 가을 7월 실직국이 배반하여 군사를 보내어 쳐서 평정하였다. 그 남은 무리는 남쪽 변경으로 옮겼다.

(婆娑尼師今) 二十五年春正月 衆星隕如雨 不至地 秋七月 悉直叛 發兵討平之 徙其餘衆於南鄙

② (진덕왕 원년) 8월 혜성이 남방에 나타나고 또 뭇 별이 북쪽으로 흘러갔다. 겨울 10월에 백제병이 茂山·甘勿·桐岑의 세 성을 포위하였다. 왕은 김유신을 파견하여 보병과 기병 1만으로 이를 막았으나 고전하며 힘이 다하자 유신의 부하인 비령자와 그의 아들 거진이 적진으로 들어가 급히 싸우다가 죽으니 여러 군사들이 모두 용감하게 쳐서 적군 3천 명의 머리를 베었다.

(眞德王元年) 八月 彗星出於南方 又衆星北流 冬十月 百濟兵圍茂山·甘勿·桐岑三城 王遣庾信率步騎一萬以拒之 苦戰氣竭 庾信麾下丕寧子及其子擧眞入敵陣 急格死之 衆皆奮擊 斬首三千餘級

사료 ①은 파사이사금 25년 정월 뭇 별들이 비처럼 쏟아진 뒤 7월에 실직 지방에서 반란이 일어나 이를 토벌한 내용으로, 앞의 성운의 천변이 실직의 반란을 豫兆한 것으로 볼 수가 있다. 사료 ②는 진덕왕 8년 혜성이 남방에 출현한 천변에 이어 10월에 백제군이 신라의 세 성을 포위하여 김유신 휘하에 있던 비령자 부자의 용기로 고전을 승리로 돌린 기사다. 이 경우 혜성의 출현은 백제와의 전쟁을 예조한 것으로 보인다. 이와 유사한 천문 기사는 얼마간 더 보이기는 하지만 대부분의 천변이 고립된 단순기사로서 전승되고 있을 뿐이다. 그러므로『三國史記』에 실려 있는 신라의 천문 기사들을 중국의 유사한 천문 기사들과 대비하여 그 의미를 추측해 보는 데 그칠 뿐이고 실제로 어떤 天譴思想이 적용되고 있는지는 알 수 없다. 그러한 가운데『三國史記』金庾信傳(上)에 실린 선덕여왕 16년 大臣 毗曇·廉宗 등의 반란기사가 주목된다.

王軍이 월성에 진영을 갖추고 열흘 동안 공방을 계속하였지만 풀리지 않았다. 한밤중에 큰 별이 월성에 떨어졌다. 비담 등이 군사들에게

"내가 들으니 별이 떨어진 아래에는 반드시 유혈이 있다고 하였다. 이것은 아마 여왕이 패전할 조짐일 것이다"라고 하였다. 사졸들이 외치는 소리가 땅에 진동하니 대왕은 이것을 듣고 두려워서 어찌할 바를 몰랐다. 유신이 왕을 뵙고 말하기를, "길흉은 무상하여 오직 사람이 하기에 달려 있습니다. 그러므로 紂王은 赤雀이 나타남으로써 망하였으며, 노나라는 기린을 잡음으로써 쇠퇴하였으며, 고종은 꿩이 욺으로써 일어나고 鄭公은 용이 싸움으로써 창성하였습니다. 그러므로 德이 요사를 이길 수 있으니 별의 변괴는 두려워할 것이 없습니다. 왕은 근심하지 마소서" 하고, 곧 허수아비를 만들어 여기에 불을 안겨 연에 실어 날려 하늘로 올라가는 것처럼 하였다. 이튿날 사람을 시켜 길거리에서 말을 퍼뜨리기를, 어제 밤에 떨어진 별이 도로 올라갔다고 하여 적군으로 하여금 의아하게 만들었다. 또 흰 말을 잡아 별이 떨어진 곳에 제사하며 축원하기를 "天道에는 陽이 剛하고 陰이 柔하며 人道에는 임금이 높고 신하가 낮습니다. 진실로 혹시라도 바뀌면 큰 난이 될 것입니다. 지금 비담 등은 신하로서 임금이 되고자 하며 아래가 위를 범하니 이는 亂臣賊子로서 사람과 신이 함께 근심할 일이요 하늘과 땅 사이에 용납되지 못할 것입니다. 이제 하늘이 만일 무심하여 도리어 별의 변괴를 왕성에 나타나게 한 것이라면 이것은 신의 의혹하는 바 비할 데 없습니다. 오직 하늘의 위엄으로 사람의 욕망에 따라 선을 선으로, 악을 악으로 하여 신령의 부끄러움을 없게 하소서" 하였다. 그리고 여러 장병을 독려하여 분격하니 비담 등이 패주하고 이를 쫓아가 九族을 멸하였다.

王師營於月城 攻守十日不解 丙夜 大星落於月城 毗曇等謂士卒曰 吾聞落星之下必有流血 此殆女主敗績之兆也 士卒呼吼聲振地 大王聞之 恐懼失次 庾信見王曰 吉凶無常 惟人所召 故紂以赤雀亡 魯以獲麟衰 高宗以雉雊興 鄭公以龍鬪昌 故知德勝於妖 則星辰變異不足畏也 請王勿憂 乃造偶人 抱火載於風鳶而颺之 若上天然 翌日 使人傳言於路曰 昨夜落星還上 使賊軍疑焉 又刑白馬祭於落星之地 祝曰 天道則陽剛而陰柔 人道則君尊而臣卑 苟或易之 卽爲大亂 今毗曇等以臣而謀君 自下而犯上 此所謂亂臣賊子 人神所同疾 天地所不容 今天若無意於此 而反見星怪於王城 此臣之所疑惑而不喩者也 惟天之威 從人之欲 善善惡惡 無作神羞 於是督諸將卒奮擊之 毗曇等敗走 追斬之 夷九族

여기에서 김유신은 천변이 人事와는 무관한 것이라고 강조하고 있고, 결국 선덕여왕과 그 왕군에게 사기를 불어넣어 비담군을 패퇴시키고 승리로 이끈다. 그러나 한편으로 天道의 陰陽, 剛柔의 질서, 人道의 君尊臣卑의 질서를 뒤엎으려는 비담 등의 반란은 人神과 天地가 용납할 수 없는 無道한 일인데도 도리어 반란군이 아닌 왕군 진영에 落星의 변괴라니 天道를 의아해하지 않을 수 없다고 하고 있다. 그러므로 이러한 星變은 일반으로 인간이 행한 선악과 관련되어 있다고 믿고 있었음을 반증한다.

앞서도 지적했듯이『三國史記』신라본기에 보이는 빈번하고 다양한 天變 기사는 대부분 고립된 기사로 기록되어 있을 뿐이다. 그러나 위에서 보았듯이 비담의 반란을 계기로 표명된 김유신의 災異觀을 통해서 보건대, 비록 그 의미는 기술되어 있지 않지만 많은 천변을 기록으로 남긴 것은 역시 천변이 있을 때마다 그것을 중대한 天意의 표명으로 인식하고 있었기 때문이 아닌가 생각된다. 따라서 이러한 천변을 관찰하고 기록하였던 당대 신라 사회에서는 중국적인 천인합일설에 의한 天文思想이 수용되고 있었다고 생각된다.

7. 結言

이상으로『三國史記』에 실린 삼국의 천문 기사를 天人合一說에 의한 天文思想의 측면에서 분석 검토해 보았다. 그러나 일식 기사에 있어서는 이것이 중국의 일식 관측기사를 전재한 것인지, 삼국 독자의 관측의 소산인지, 또는 기록 자체가 실제로 얼마나 정확성을 갖는 것인지 매우 불분명한 상태로 전승되고 있음을 알 수 있다. 그러나 삼국이 각기 일식이란 천변이 갖는 비상한 조짐에 관해 일정한 인식을 분명 지니고 있었다고 보이며, 따라서『三國史記』에 실린 일식 기사의 불확실성에도 불구하고 각기 전통적인 日食觀에서 중국적인 일식관으로 발전되고 있었을 것으로 보인다. 따라서 일식은 咎徵으로서 王者의 죽음을 예시하는 조짐으로 파악되기도 하고 때로는 이와 유사한 전조로서 인식되기도 하였을 것이다.

중국 천문 기사와의 관계에서, 五星이나 彗星, 客星, 蚩尤旗 등에서도 중국의 해당 기사와 일치하는 경우가 더러 나타나고 있어 그 사료의 전재 여부는 일식 기사와 더불어 논의가 여지가 없지 않다. 그러나 이 밖에 日無光, 日暈, 白虹貫日, 長星, 大星, 星隕, 老人星 등의 천문 현상에서는 거의 중국기사와 맞지 않는 독자적 기사로 되어 있다. 이러한 사실은 『三國史記』에 실린 많은 地變 기사들이 완전히 삼국의 독자적인 기록이라는 점과 함께 미루어 보면, 삼국시대 천재지변이 갖는 의미에 대해서는 천인합일적인 사상에 바탕을 둔 구조로 인식해야 한다고 믿는다. 물론 삼국시대의 천문 기사는 거의 대부분 그 의미를 파악할 자료가 보이지 않기 때문에 쉽사리 천인합일설의 적용 여부를 판단하기는 어렵다. 그러한 가운데서도 천변에 대한 고구려 차대왕·봉상왕 때의 천문관이나 특히 선덕여왕 말년에 비담의 반란을 계기로 표명된 김유신의 천문관에서 우리는 보다 명확한 천문에 대한 災異觀을 파악할 수 있었다. 따라서 『三國史記』에 실려 있는 그 많고 다양한 천문 기사들은 단순히 기록으로만 남은 것이 아니라, 이 시대에 중대하게 인식하고 있었던 천문관을 바탕으로 관찰되고 기록화된 소산으로 파악하고자 한다. 그리고 이것은 중국적 천인합일사상이 기본적인 사상적 바탕을 이루고 있었다고 생각된다.

제4장 삼국시대의 瑞祥說

1. 序言

『三國史記』에 실린 자연관계 기사를 검토해 보면 咎徵 기사와 함께 瑞祥에 관한 것도 적지 않게 나타나는 것을 알 수 있다.[1] 咎徵이란 자연계에 나타나는 여러 가지 變異를 五行說 등에 의해 해석하는 하나의 자연관으로서 흉조를 의미한다. 이에 비해 瑞祥이란 자연계에서 나타나는 변이나 특이한 현상을 정치사회의 추이와 결부시켜 해석하려는 것으로 다분히 길조를 나타내는 것이다. 그런데『書經』洪範에 따르면, 休徵이란 왕이 덕을 닦고 세상을 잘 다스리게 되면 하늘이 보호하는 징조를 기후에 나타낸 것이고, 咎徵이란 군주의 덕이 부족하여 행동이 부실하면 하늘이 보호를 삼가고 덕치를 할 수 있도록 天意를 스스로 나타낸 것이다. 그러므로 구징이란 자연현상에서의 어떠한 변이를 가리키는 것이며, 휴징은 정상적인 상태를 의미한다. 휴징은 물론 군주의 덕치를 전제로 하고 있다. 그러나 瑞祥이란 자연현상에서 四時가 조화되는 정상적인 상황보다 한층 더 이상적인 경지에서 나타나는 것으로 되어 있다. 그러므로 瑞祥은 聖君의 출현과 더불어 나타나는 것이다.

瑞祥의 대상이 되는 것을 보면 占星的인 것이나 麟鳳龜龍과 같은 靈物로 삼고 있는 짐승, 珍奇한 産物이나 기타 자연에 나타나는 어떤

---

1) 본서 제1장 4절 地變의 성격.

진기한 현상 등이다.

삼국시대에 이러한 瑞祥思想이 전개되었다는 사실은 주로『三國史記』에 의해 검출되고 있다. 물론 이러한 서상관은 중국에서 수용된 것으로 보이나 때로는 삼국 독자의 관행도 드러나 있다. 중국에서 瑞祥說의 기원은 戰國時代로 잡고 있으나 이러한 사상의 연원은 보다 거슬러 올라갈 것으로 믿는다.2) 그러나 중국에서 이러한 사상이 정치사상으로 정착되는 것은 漢代부터라고 보인다. 삼국은 각각 중앙집권적 국가체제를 발전시키는 과정에서 왕권강화를 위한 상징적 시책의 하나로 五行說에 의한 천인합일설을 수용하였고 여기에서 瑞祥說이 큰 몫을 차지하고 있었던 것으로 보인다. 그러나 삼국의 瑞祥 현상을 수록하고 있는『三國史記』의 사료들은 대부분 고립된 기사로 되어 있기 때문에 중국측의 瑞祥 기록과 대비함으로써 그 의미를 추측할 수 있을 뿐이다. 그러므로『三國史記』에 실린 瑞祥 관계기사를『宋書』符瑞志의 편목에 따라 그 유형과 전개 내용을 검토하기로 한다. 그것은『宋書』의 성립이 5세기 말로서 삼국 후기에 해당하고, 동 符瑞志에 역대의 瑞祥 기사가 집대성되어 있을 뿐 아니라 瑞祥이 지니는 상징적 의미도 정리되어 있기 때문이다.

2. 瑞祥說의 전개

중국에 있어서 서상설의 내용을 구체적으로 전해주는 것은『白虎通』권5 封禪編이다.

천하가 태평하여 상서로운 징조가 이르게 되는 것은 군주가 統理를 계승하고, 음양이 조화되고, 음양이 조화되어 만물이 질서를 가지고, 아름다운 기운이 가득 차서 그러므로 상서로운 징조가 함께 이르고 모

---

2) 졸저,『高麗儒敎政治思想의 硏究』, 1984, 143쪽.

두 덕에 응답하여 이르게 된다. 덕이 天에 이르게 되면, 北斗星과 北極
星이 밝고 日月이 빛나며 甘露가 내린다. 덕이 지상에 이르게 되면 嘉
禾가 생기고, 명협초가 무성하게 자라고, 秬鬯이 나와 태평함을 느낀
다. 덕이 천문현상으로 밝혀지면 景星이 나타나고, 五緯(五星)가 그 궤
도를 순조롭게 운행한다. 덕이 초목에 이르면 朱草가 생기고, 木이 連
理하고, 덕이 새나 짐승에 이르면 봉황이 날고, 鸞鳥는 춤을 추고, 기
린이 모이고, 백호가 도래하며, 여우가 아홉의 꼬리를 내며, 白雉가 내
려오고, 白鹿이 출현하며, 白烏가 내려온다. 덕이 山陵에 이르면 景雲
이 뜨고, 芝草의 열매가 무성하고, 산에서 異丹(新藥)이 나고, 언덕에
는 蓮이 크게 자라고, 산에서 器車(祥瑞物)가 나고, 연못에서 神鼎이
나며, 덕이 淵泉에 이르면 황룡이 나타나며, 醴泉이 뚫리고, 河에서 龍
圖가 나오고, 洛水에는 龜書가 나오며, 강에서는 大具(물치 다랑어)가
나고, 바다에서는 明珠가 나온다. 덕이 팔방으로 이르면 상서로운 바
람이 불어온다.

> 天下太平符瑞所以來至者 以爲王者承統理 調和陰陽 陰陽和 萬物序
> 休氣充塞 故符瑞竝臻 皆應德而至 德至天 則斗極明 日月光 甘露降
> 德至地 則嘉禾生 蓂莢起 秬鬯出 太平感 德至文表 則景星見 五緯順
> 軌 德至草木 朱草生 木連理 德至鳥獸 則鳳凰翔 鸞鳥舞 麒麟臻白虎
> 到 狐九尾 白雉降 白鹿見 白烏下 德至山陵 則景雲出 芝實茂 陵出異
> 丹 阜出蓮甫 山出器車 澤出神鼎 德至淵泉 黃龍見 醴泉通 河出龍圖
> 洛出龜書 江出大具 海出明珠 德至八方 則祥風至

여기에서는 王者의 덕이 天・地・文表・草木・鳥獸・山陵・淵泉
・八方에 미칠 때에 나타나는 구체적인 瑞祥物을 제시하고 있다.『三
國史記』의 고구려・백제・신라의 서상 기사도 이『白虎通』의 기사와
대부분 일치한다.

한편『白虎通』보다 후대에 나온 史書인『宋書』符瑞志에는 역대
서상 기사가 집대성되어 있다. 동 符瑞志는 上・中・下로 나누어 上
에서는 역대 서상 기사를 개관하고, 中・下에서는 구체적인 瑞祥物을
기록하고 있다. 이하에서 삼국의 서상 기사를 이 符瑞志와 대비하여
그 순서에 따라 살펴보고자 한다.

(1) 瑞祥 I

• 龍

용에 관해서는 『三國史記』 고구려본기1 시조동명성왕 3년 봄 3월조에,

> 황룡이 골령에 나타났다. 가을 7월에 慶雲이 골령 남쪽에 나타났는데 그 빛은 청색과 적색이었다.
> 黃龍見於鶻嶺 秋七月 慶雲見鶻嶺南 其色靑赤

라고 하였고, 신라본기1 시조혁거세거서간 5년 봄 정월조에,

> 용이 알영정에 나타나서 오른쪽 갈빗대에서 여자아이를 낳았다. … 자라며 덕이 있어 시조가 이것을 듣고 왕비로 맞이하였다.
> 龍見於閼英井 右脇誕生女兒 … 及長有德容 始祖聞之 納以爲妃

라 보이고 또 같은 신라본기1 동왕 60년조에는,

> 두 용이 금성정 중에 나타나고 우레와 비가 사납게 쏟아지고 성의 남문이 흔들렸다.
> 二龍見於金城井中 暴雷雨 震城南門

고 하였다. 같은 백제본기1 己婁王 21년조에도,

> 여름 4월 두 용이 한강에 나타났다.
> 夏四月 二龍見漢江

는 기사를 남기고 있다.

이와 같이 삼국은 개국에 즈음하여 용이라는 瑞祥 출현을 기록하고 있다. 고구려의 경우 개국 3년 만에 鶻嶺에 黃龍이 나타나더니 뒤이어 그 해 7월에는 靑赤빛의 慶雲 즉 상서로운 구름이 나타났으며 이를 왕조의 창업과 성군의 출현을 표징하는 서상으로 보았던 것이다.

백제의 경우는 시조왕 때 異鳥나 鴻鴈 등의 서상은 있었으나 용은

보이지 않다가 3대 기루왕 때에 와서 두 용이 한강에 나타났다고 하였다. 한편 신라에 있어서는 박혁거세의 왕비 關英이 알영정에서 나온 용의 오른쪽 옆구리에서 탄생하였으며, 또 왕이 돌아간 전년에 두 용이 金城井中에 나타났다는 것이다. 하나같이 용의 출현을 王者의 거동과 연관시켜 설명하고 있음을 알 수 있다.

帝王과 용이 관련된 것으로는 漢 高祖의 출생담이 있다.

> 고조는 패풍읍 중양리 사람이다. 성은 유씨이며 어머니가 어느 날 큰 연못가에서 쉬다가 잠이 들었는데 꿈속에서 신을 만났다. 그 때 우레와 번개가 치고 천지가 어두워져 아버지 태공이 가서 보았더니 어머니의 위에 교룡이 서려 있는 것을 보았다. 곧 어머니는 잉태하여 드디어 고조를 낳았다.
> 高祖沛豊邑中陽里人也 姓劉氏 母媼嘗息大澤之陂 夢與神遇 是時雷電晦冥 父太公往視則見蛟龍於上 而已有娠 遂産高祖(『漢書』高帝紀1上)

이 밖에도 제왕과 관련된 용에 관한 기사는 헤아릴 수 없을 만치 빈번히 나타나고 있다.

『三國史記』에서 삼국의 용 출현기사를 찾아보면 다음과 같다. 먼저 신라본기에서는 儒理王 33년 '龍見金城中', 阿達羅王 11년, '龍見京都', 沾解王 7년 '龍見宮東池', 味鄒王 원년 '龍見宮東池', 慈悲王 4년 '龍見金城井中', 炤知王 12년 '龍見鄒羅井', 동 22년 '龍見金城中', 法興王 3년 '龍見楊山井中', 眞興王 14년 '築新宮於月城東 黃龍見其地 王疑之 改爲佛寺 賜號曰皇龍' 등의 기사가 나온다. 한편 백제본기에서는 古爾王 5년 '震王宮門柱 黃龍自其門飛出', 比流王 29년 '黑龍見漢江 須臾雲霧晦冥飛去 王薨', 文周王 3년 '黑龍見熊津' 등 黃龍과 黑龍 등의 출현기사를 볼 수 있다. 고구려에 있어서는 동명성왕 3년에 황룡이 나타난 것 외에는 보이지 않는다.

신라에 있어서는 박혁거세의 왕비 알영이 알영정에서 나온 용의 오른쪽 옆구리에 탄생하였다고 한 것으로부터 비롯하여 그의 재위 60년에 두 용이 金城井中에 보이더니 이듬해 왕이 돌아갔다는 기사로 연결되어 있는 것으로 보면, 이는 왕의 죽음과 관련된 전조로서 祥瑞가 아니라 흉조라 할 것이다. 이 밖에도 신라에는 용의 출현 기사가 많은데, 모두 王都나 궁궐 등에 나타나고 있어 신라의 당시 왕과 관련된 것으로 볼 수 있다. 그 중 진흥왕 14년 月城 동쪽에 新宮을 지으려고 터를 닦다가 黃龍이 그 곳에 나타나자 皇龍寺를 짓게 되었다는 기사가 있는데 여기서 黃龍을 皇龍과 동일시하여 표기하고 있는 점도 주목된다. 백제의 경우를 살펴보면 왕궁의 문에서 黃龍이 날아갔다던가 黑龍이 漢江이나 熊津 등의 강에 나타났다던가 하는 기록이 있는데, 신라에서 용이 주로 우물에서 나타나고 있는 점과 대비를 이루고 있다. 한편 고구려에서는 鵠嶺에 나타났다고 되어 있어 신라와 백제의 경우와는 매우 다른 점을 보여주고 있다.

위에서 살펴보았듯이 용의 출현은 새 왕조의 창업이나 王者의 탄생·죽음 등을 豫兆하는 조짐으로 기록되고 있다. 그러므로 용의 출현이 반드시 瑞祥으로 해석되지는 않음을 알 수 있다. 물론 위의 삼국시대 용의 출현에 대해서는 의미가 거의 설명되어 있지 않으므로 그 실상을 잘 알 수 없으나, 이것이 제왕의 擧動과 연관되어 있음은 결코 부정할 수 없다. 『宋書』符瑞中의 황룡 기사를 참조해 보자.

> 황룡은 4용의 長이다. 물 있는 못에서 고기를 잡지 않는다. 덕이 연천에 이르면 황룡은 연못에서 놀아 높고 낮게 자유자재하고, 작고 큰 것도 능히 하며, 마음대로 숨고 어둡게 할 수 있으며, 짧고 긴 것도 마음대로 하고 잠시 있다가 잠시 사라진다.
> 黃龍者 四龍之長也 不漉池而漁 德至淵泉 則黃龍游於池 能高能下 能細能大 能幽能明 能短能長 乍存乍亡

王者의 덕이 淵泉에 이르게 될 때에 黃龍이 연못에서 놀게 된다는 것이다. 혹 용의 출현이 왕의 죽음과도 연관되고 있는 예도 있지만 대부분은 이처럼 王者의 聖德을 나타내는 서상으로 이해되고 있었을 것으로 보인다.

・靈龜

『三國史記』본기에 보이는 신령스러운 거북의 출현기사는 다음과 같다.

① (소지왕 10년) 여름 6월 동양에서 육안귀를 바쳤는데 배에 문자가 있었다.
    (炤知王十年) 夏六月 東陽獻六眼龜 腹下有文字(新羅本紀4)

② (의자왕 20년 여름 6월) 한 귀신이 궁중에 들어와서 "백제가 망한다! 백제가 망한다!"고 크게 외치다가 곧 땅 속으로 들어가니 왕이 이상하게 여겨 사람을 시켜 땅을 파게 하였다. 그랬더니 석 자쯤 되는 깊이에서 거북 한 마리가 발견되었는데 그 등에 "백제는 달과 같이 둥글고 신라는 달과 같이 새롭다"는 글자가 있었다. 왕이 무당에게 물으니 무당이 말하되 "달과 같이 둥글다는 것은 가득 찬 것이니 가득 차면 기울며 달과 같이 새롭다는 것은 가득 차지 못한 것이니 가득 차지 못하면 점점 차게 된다"고 하니 왕이 성을 내어 그를 죽여 버렸다. 어떤 자가 말하기를 "달과 같이 둥글다는 것은 왕성하다는 것이요 달과 같이 새롭다는 것은 미약한 것이니 생각건대 우리 나라는 왕성해지고 신라는 점차 쇠약해져 간다는 것인가 합니다" 하니 왕이 기뻐하였다.
    (義慈王二十年夏六月) 有一鬼入宮中 大呼百濟亡 百濟亡 卽入地 王怪之 使人掘地 深三尺許有一龜 其背有文曰 百濟同月輪 新羅如月新 王問之巫者曰 同月輪者滿也 滿則虧 如月新者未滿也 未滿則漸盈 王怒殺之 或曰 同月輪者盛也 如月新者微也 意者國家盛而新羅浸微者乎 王喜(百濟本紀6)

①의 六眼龜 기사는 『宋書』권28 符瑞中에,

태시 2년 8월 병인 육안귀가 동양장산에서 발견되었는데 효괘의 글자가 새겨진 것을 태수 유협이 헌상하였다.
    泰始二年八月丙寅 六眼龜見東陽長山 文爻卦 太守劉勰以獻

라고 한 기사와 대비하여 보면, 신라의 六眼龜・東陽・有文字 등이

晉의 泰始 기사를 옮겨온 듯한 인상을 준다. 어쨌든 六眼龜는 瑞祥物로서 왕에게 헌상된 것에 틀림없다. 신령스러운 거북의 출현이 갖는 의미에 대해 『宋書』권28 符瑞中에는 다음과 같이 기록되어 있다.

> 영귀란 것은 신귀이다. 왕자의 덕택이 맑고 맑으면 산천에서 고기잡이와 사냥을 하며 때에 따라 곧 나타나기도 한다. 오색이 선명하고 3백 살이나 연꽃잎 위에서 놀고 3천 살은 늘 이명초 위에 산다. 살고 죽는 것을 알고 길흉에 밝고 우임금이 궁실을 작게 하자 영귀가 나타났다.
> 靈龜者 神龜也 王者德澤湛淸 漁獵山川 從時卽出 五色鮮明 三百歲 游於蓮葉之上 三千歲常游於卷耳之上 知存亡 明於吉凶 禹卑宮室 靈 龜見

신령한 거북은 '王者德澤湛淸' '禹卑宮室' 등 군주의 맑은 덕이 드러나고 우왕과 같이 궁실을 작게 하는 검소한 생활이 영위될 때 나타난다는 것이다. 이러한 점에 비추어 보면 소지왕은 그의 즉위 2년 10월에 倉穀을 헐어 飢民들에게 나누어주었고, 4년 4월에는 오랫동안 비가 내리자 내외에 명하여 慮囚하였고, 5년 10월에는 一善界에 행행하여 여름에 大水의 재해를 입은 백성들을 存問하고 곡식을 내려주기도 하였다. 그 뒤 10년에는 다시 一善界를 순시하고 鰥寡孤獨者들을 위문하고 곡식을 내리고 또 순시하고 돌아온 州郡의 獄囚들에게 사형수를 제외하고는 모두 사면하였다. 이러한 소지왕의 선정에 이어서 六眼龜의 헌상이 있었던 것이다. 이렇게 보면 이 때 신라의 六眼龜 출현을 瑞祥說에 걸맞는 德治의 상징으로 파악한 것 같다. 그러나 사료 ②의 거북과 그 등에 쓰인 '百濟同月輪'과 '新羅如月新'에 대해서는 해석은 일치하지 않으나 아무래도 백제 멸망을 豫兆하는 咎徵으로 볼 수밖에 없으며 또한 讖緯說的 기사이기도 하다. 따라서 거북 출현이 반드시 서상으로만 이해되지 않았음을 알 수 있다.

• 神馬

신마에 관해서는 『三國史記』고구려본기2 大武神王條에 다음과 같은 기사가 나온다.

① 3년 가을 9월 왕이 골구천에서 사냥을 하다가 신마를 얻어 이름을
거루라고 하였다.
　(三年) 秋九月 王田骨句川得神馬 名駏驤
② 5년 봄 2월 … 왕이 풀로 허수아비를 만들어 병기로 무장시켜 병영
의 안과 밖에 세워 거짓 병사로 꾸며 놓고 사잇길을 따라 숨어 행
군하여 밤에 탈출하다가 골구천에서 얻은 신마와 비류수가에서 얻
은 큰솥을 잃었다. 이물림에 이르러 군사들이 굶주려서 일어나지
못하므로 들짐승을 잡아서 군사들을 먹였다. 왕이 환국하여 신하들
을 모아 개선잔치의 의식을 올리면서 말하기를 "내가 부덕한 사람
으로 가벼이 부여를 치다가 비록 그 임금을 죽였으나 그 나라를 멸
망시키지 못하고 또 우리의 군사와 물자를 많이 잃었으니 이는 나
의 허물이다" 하고 드디어 친히 전사한 자에게 문상하고 병든 자를
문병함으로써 백성들을 위로하였다. 이로써 국인들이 왕의 덕치에
감동하여 다 국사에 몸을 바치기로 하였다. 3월에 신마 거루가 부여
의 말 100필을 거느리고 학반령 아래 차회곡까지 함께 왔다.
　(五年春二月) 王令作草偶人 執兵立營內外爲疑兵 從間道潛軍夜出
　失骨句川神馬・沸流源大鼎 至利勿林 兵飢不興 得野獸以給食 王
　旣至國 乃會羣臣飮至曰 孤以不德 輕伐扶餘 雖殺其王 未滅其國
　而又多失我軍資 此孤之過也 遂親吊死問疾 以存慰百姓 是以國人
　感王德義 皆許殺身於國事矣 三月 神馬駏驤將扶餘馬百匹 俱至鶴
　盤嶺下車廻谷

사료 ①・②는 대무신왕 3년에 신마 거루를 얻었고, 5년에 부여를
공격하던 중 부여군에 포위된 가운데 골구천에서 얻은 신마와 또 지난
해에 얻은 沸流源大鼎을 잃게 되었으나 거루가 부여말 100필을 거느
리고 돌아왔다는 내용이다. 신마를 瑞祥으로 삼고 있다는 것은『宋書』
권28 符瑞中의 다음 기사로 알 수 있다.

등황은 신마이며 그 빛은 황색이다. 왕자의 덕이 사방에 나아갈 때면
나타난다.

騰黃者 神馬也 其色黃 王者德御四方則出

물론 고구려의 신마 거루가 騰黃이었는지는 알 수 없다. 그러나 대
무신왕 5년 부여와의 전투중에 서상인 신마까지 잃은 왕은 패전의 책
임을 스스로의 부덕으로 돌리고 친히 전사자를 조문하고 부상자를 위
문하는 한편 백성들도 위안하였다. 이에 國人이 왕의 德義에 감동하여
모두 살신의 태도로써 國事에 임하였고 그 뒤 3월에 신마 거루가 돌아
왔던 것이다. 앞서 인용한『宋書』부서지에서도 신마의 출현을 '王者
德御四方則出'이라 하였는데, 신마의 득실을 대무신왕의 덕치와 관련
하여 이해할 수 있을 것이다.

· 白狐
白狐를 瑞祥으로 삼는 것은『宋書』符瑞中에,

백호는 왕자가 인지하면 이르게 된다.
白狐 王者仁智則至

라 한 데서 알 수 있다. 그러나『三國史記』고구려본기3 차대왕 3년조
에,

추7월 왕은 평유원에서 사냥을 하였는데, 백호가 따라오면서 울었다.
왕은 이것을 쏘았으나 맞지 않았다. 사무에게 물었더니 여우는 요수로
서 좋은 징조가 아니며 하물며 그 색이 백색이니 더욱 괴이한 것이라
하였다.
秋七月 王田于平儒原 白狐隨而鳴 王射之不中 問於師巫曰 狐者妖
獸非吉祥 況白其色 尤可怪也

라고 한 것을 보면 고구려에서는 오히려 妖祥으로 이해하고 있었음을
알 수 있다. 따라서 白狐에 관한 瑞祥觀에서는 중국과 차이가 있다고
할 수 있다.

· 白鹿

『三國史記』에 보이는 白鹿에 관한 기사는 다음과 같다.

① (태조대왕) 10년 가을 8월 동쪽으로 사냥을 하다가 백록을 잡았다.
　　(太祖大王) 十年秋八月 東獵 得白鹿(高句麗本紀3)
② (서천왕) 7년 여름 4월 왕이 신성에 가서 백록을 잡았다.
　　(西川王) 七年夏四月 王如新城 獵獲白鹿(高句麗本紀5)
③ (서천왕) 19년 가을 8월 왕이 동쪽으로 사냥을 가서 백록을 잡았다.
　　(西川王) 十九年秋八月 王東狩 獲白鹿(高句麗本紀5)
④ (초고왕) 48년 가을 7월 서부인 회회가 백록을 잡아 헌상하였다. 왕
　　은 서상이라 하여 곡식 100석을 내렸다.
　　(肖古王) 四十八年秋七月 西部人茴會獲白鹿 獻之 王以爲瑞 賜穀
　　一百石(百濟本紀1)
⑤ (태종무열왕) 2년 겨울 10월에 우수주에서 백록을 헌상하였다.
　　(太宗武烈王) 二年冬十月 牛首州獻白鹿(新羅本紀5)

　고구려의 白鹿 기사는 왕의 사냥기사로만 나타나고 있는 데 비해,
백제와 신라의 경우는 왕에게 헌상된 것으로 보아 瑞祥物임을 알 수
있다. 더욱이 백제에서는 肖古王이 백록을 瑞物이라 하여 헌상자에게
곡식 100석을 내리고 있어 瑞祥으로 이해되었음이 확실하다. 『宋書』
符瑞中에는,

　　백록은 왕자의 명혜가 아래로 미치면 이르게 된다.
　　白鹿 王者明惠及下則至

고 하여 治者의 明惠가 미치게 될 때 백록이 출현한다고 하였다. 그러
나 백제를 비롯한 삼국에 과연 이러한 瑞祥觀도 수용되고 있었는지는
의문스럽다.

· 一角鹿 · 三角鹿

　一角鹿과 三角鹿에 관한 『三國史記』의 기사는 다음과 같다.

① (태조왕) 25년 겨울 10월 부여의 사신이 와서 삼각록과 장미도를 바
  쳤다. 왕이 서물로 여겨 대사령을 내렸다.
    (太祖王) 二十五年冬十月 扶餘使來獻三角鹿・長尾兎 王以爲瑞物
    大赦(高句麗本紀3)
② (내물왕) 21년 가을 7월 부사군에서 일각록을 진상하였으며 큰 풍
  년이 들었다.
    (奈勿王) 二十一年秋七月 夫沙郡進一角鹿 大有年(新羅本紀3)

  사료 ①은 부여 사신이 헌상한 三角鹿과 長尾兎를 태조왕이 서상물
로 받아들이고 大赦까지 시행함으로써 瑞祥 출현에 대해 이에 합당한
덕치를 베풀고 있다. 그리고 신라의 一角鹿 헌상도 뒤따른 풍년과 함
께 서상으로 파악되었음에 틀림없다.『宋書』符瑞中에는 그 의미가 다
음과 같이 기록되어 있다.

① 삼각수는 선왕의 법도가 닦아지면 이르게 된다.
    三角獸 先王法度修則至
② 일각수는 천하가 모두 태평하게 되면 이르게 된다.
    一角獸 天下平一則至

  先王의 법도를 잘 닦으면 삼각수가 나타나고, 天下平一하게 될 때
일각수가 출현한다는 이러한 해석이 과연 고구려나 신라에서도 수용
되었는지는 알 수 없다.

・白獐(麐)

  白獐에 대해서는『三國史記』고구려본기에 다음과 같은 기사가 나
온다.

① (민중왕) 3년 가을 7월 왕이 동쪽으로 사냥을 가서 백장을 잡았다.
    (閔中王) 三年秋七月 王東狩獲白獐
② (중천왕) 15년 가을 7월 왕이 기구에서 사냥하여 백장을 잡았다.
    (中川王) 十五年秋七月 王獵箕丘 獲白獐

이 기사만으로는 고구려에서 백장을 瑞祥으로 파악하였는지 분명치 않다. 단『宋書』符瑞中의 다음과 같은 기사로 보건대 중국에서는 瑞祥으로 파악하였음을 알 수 있다.

> 백장은 왕자가 형벌을 바르게 다스리면 이르게 된다.
> 白䶟 王者刑罰理則至

(2) 瑞祥 Ⅱ

『宋書』符瑞志 下에서는 嘉禾에서부터 瑞祥 기사를 열거하고 있다. 여기서는 符瑞志 下의 편찬에 따라 삼국의 서상 기사를 검토해 보고자 한다.

・嘉禾

서상 기록 가운데서도 嘉禾는 특히 전형적인 瑞祥物이다. 이미 중국에서는 戰國時代에 가화가 서상으로 지목되었다.[3]『宋書』符瑞志 下에 다음과 같은 기사가 나온다.

> 가화는 오곡의 장으로 왕자의 덕치가 성하면 두 이삭이 함께 패어난다. 주나라의 덕치에서는 세 이삭이 함께 나왔고, 상나라의 덕치에서는 같은 그루에서 다른 고갱이가 나왔으며, 하나라의 덕치에서는 다른 그루에서 하나의 고갱이가 패어났다.
> 嘉禾 五穀之長 王者德盛 則二苗共秀 於周德 三苗共穗 於商德 同本異穟 於夏德 異本同秀

다음은 漢 安帝 延光 2년 6월의 가화 출현 기사다.

> 가화가 구진에서 나왔는데 156그루에서 768개의 이삭이 생겼다.
> 嘉禾生九眞 百五十六本 七百六十八穗

---

3)『史記』郊祀志5上 穆公 9年條.

이 밖에도 역대의 가화 출현 기사는 많다. 嘉禾란 王者의 덕이 성할 때 생겨나는 것으로, 한 줄기의 벼에서 두 개 이상의 이삭이 패어나는 현상을 말한다. 周德三苗, 夏德 異本同秀니 하여 이미 戰國時代 이전의 고대부터 가화를 瑞祥의 상징으로 여기는 전통이 있었던 듯싶다. 그 뒤 漢代에 와서 서상설이 발전함에 따라 위의 기사에서 보듯이 156本에 768穗라고 하는 실로 진기한 가화 현상이 발견되기도 하였다. 『三國史記』에서 가화에 관한 기사를 찾아보면 다음과 같다.

① (벌휴이사금) 3년 가을 7월 남신현에서 가화를 진상하였다.
　　(伐休尼師今三年) 秋七月 南新縣進嘉禾(新羅本紀2)
② (조분이사금) 13년 가을 크게 풍년이 들었으며 고타군에서 가화를 진상하였다.
　　(助賁尼師今) 十三年秋 大有年 古陁郡進嘉禾(新羅本紀2)
③ (눌지이사금) 36년 가을 7월 대산군에서 가화를 진상하였다.
　　(訥祇尼師今) 三十六年秋七月 大山郡進嘉禾(新羅本紀3)
④ (양원왕) 4년 가을 9월 환도성에서 가화를 진상하였다.
　　(陽原王四年) 秋九月 丸都進嘉禾(高句麗本紀7)
⑤ (동성왕) 11년 가을 크게 풍년이 들었다. 나라의 남쪽 해촌에서 한 그루에서 두 개의 이삭이 패어난 벼를 헌상하였다.
　　(東城王) 十一年秋 大有年 國南海村人獻合穎禾(百濟本紀4)

이들 사료 가운데 ⑤의 백제기사에서는 合穎禾로 되어 있는데, 이는 한 줄기에서 두 개의 이삭이 뻗어난 벼를 말하며 嘉禾와 같은 뜻이다. 이들 사료는 모두 각 지방에서 가화를 왕에게 헌상하였다는 기사로, 이로 보건대 삼국이 가화를 瑞祥으로 인식하였음을 알 수 있다.

・慶雲

慶雲이 서상에 속한다는 사실은 『宋書』 권29 符瑞 下의 다음 기록으로 알 수 있다.

　　구름에 5색이 나타나면 태평성대를 드러내는 표징으로 慶雲이라 하

며, 구름 같으나 구름이 아니고, 연기 같지만 연기도 아니고 5색이 엉
켜 이것을 경운이라 한다.

　　雲有五色 太平之應也 曰慶雲 若雲非雲 若煙非煙 五色紛縕 謂之慶
雲

경운은 태평성대의 표징으로서 구름 같기도 하고 연기 같기도 하여
오색이 엉킨 모습의 찬란한 구름이다.『三國史記』고구려본기1에 다
음과 같은 기사가 나온다.

　　(시조 동명성왕) 3년 봄 3월 황룡이 골령에 나타났다. 가을 7월에 경
운이 골령 남쪽에 나타났다. 그 빛은 청적이었다.
　　　(始祖東明聖王) 三年春三月 黃龍見於鶻嶺 秋七月 慶雲見鶻嶺南 其
色青赤

3월에 황룡의 서상이 나타난 데 이어 7월에는 경운이 青赤色을 띠
고 鶻嶺 남쪽에 떴다는 기사다. 당시 고구려에서는 동명왕의 개국 이
래 松讓國의 내항이 있었고 24년에는 성곽과 궁실이 조영되었다. 이처
럼 동명왕의 창업과 정복사업이 순조롭게 진행되는 가운데 황룡과 경
운의 祥瑞가 잇따랐던 것이다. 상서로운 구름은 신라와 백제에도 떠오
르고 있었다.

　① (내물이사금) 3년 봄 2월 친히 시조묘에 제사하였는데 자색 구름이
　　묘 위에 서리고 묘정에는 신작이 모였다.
　　　(奈勿尼師今) 三年春二月 親祀始祖廟 紫雲盤旋廟上 神雀集於廟
　　庭(新羅本紀3)
　② (고이왕) 26년 가을 9월 청자색의 구름이 궁궐 동쪽에서 일어나 누
　　각과 같았다.
　　　(古爾王) 二十六年秋九月 青紫雲起宮東 如樓閣(百濟本紀2)

신라의 紫雲과 백제의 青紫雲이 모두 慶雲과 같은 서상으로 파악되
었음을 알 수 있다.

• 赤烏

赤烏의 서상에 대해서는 『三國史記』 고구려본기2에 다음과 같은 기
사가 나온다.

> (대무신왕 3년) 겨울 10월 부여왕 대소가 사신을 파견하여 적오를 보
> 내왔는데, 머리는 하나인데 몸은 둘이었다. 처음에 부여인이 이 까마귀
> 를 잡아서 왕에게 헌상하였는데 어떤 자가 말하기를 "까마귀란 (원래)
> 검은 것인데 지금 이것이 변하여 적색이 되고 또 머리 하나에 몸이 둘
> 이니 (이것은) 두 나라를 병합할 징조라 왕께서 혹 고구려를 병합하실
> 지도 모르겠습니다" 하였다. 대소가 기뻐하여 이것을 고구려에 보내는
> 동시에 어떤 자의 말을 전달하였다. 왕이 여러 신하와 의논하고 대답
> 하기를 "검은 것은 북방의 색인데 지금 (이것이) 변하여 남방의 색이
> 되고 또 적오는 상서로운 물건이므로 그대가 얻어서 갖지 않고 나에게
> 보내니 두 나라의 존망을 모르겠다"고 하였다. 대소가 이 말을 듣고 놀
> 라며 후회하였다.
>
> (大武神王三年) 冬十月 扶餘王帶素遣使送赤烏 一頭二身 初 扶餘人
> 得此烏獻之王 或曰 烏者黑也 今變而爲赤 又一頭二身 幷二國之徵也
> 王其兼高句麗乎 帶素喜送之 兼示或者之言 王與羣臣議 答曰 黑者北
> 方之色 今變而爲南方之色 又赤烏瑞物也 君得而不有之 以送於我 兩
> 國存亡 未可知也 帶素聞之 驚悔

대결 상황에 놓여 있던 고구려와 부여가 一頭二身의 赤烏를 둘러싸
고 벌인 외교전의 모습이다. 부여와 고구려의 해석을 보건대, 이 적오
는 분명 祥瑞物로 인식되었음을 알 수 있다. 동시에 赤과 黑이 五行說
에 따라 방위를 가리키고 있었던 것도 알 수 있다. 이 일이 있은 2년
뒤인 대무신왕 5년 2월에 대소왕이 전사했다는 사실을 생각한다면, 이
기사는 周나라 武王이 殷의 紂王을 정벌하는 전선에 赤烏가 나타났다
는 『宋書』 권29 符瑞志 下의 다음 기사와 대비해 볼 수 있다.[4]

적오가 주나라 무왕 때 곡식을 머금고 날아오자 병사들이 칼로 피를

---

4) 본서 제1장 地變의 性格 참조.

흘리지 않고서 은나라를 정복하였다.

赤烏 周武王時銜穀至 兵不血刃而殷服

이라 하여 周武王 때 赤烏가 곡식을 머금고 날아오자 병사들은 피를 흘리지 않고 殷을 항복시키게 되었다는 것이다.[5] 그러나 고구려의 경우, 적오를 선물받은 대무신왕은 수많은 부여군을 쓰러뜨리고 부여왕의 목을 베는 전과를 올리기는 했지만 결국 부여를 멸망시키지는 못하고 부여군의 포위망을 뚫고 나오는 苦戰을 치렀다.

• 白魚

『宋書』符瑞志 下에는 다음과 같은 주 무왕의 瑞祥故事가 실려 있다.

무왕이 맹진을 건널 때에 중류에 이르자 백어가 배에 뛰어들었다.

白魚 武王渡孟津 中流入于王舟

무왕 즉위 9년에 殷의 紂王을 치기 위하여 황하를 건너려고 중류까지 나아갔을 때 白魚가 왕의 배에 뛰어 들어와서 이를 잡았으며, 이미 황하를 건너가 불(火)이 상류 쪽에서 일어나 다시 내려와 무왕의 陣屋에 이르러 赤烏가 되었다는 것이다. 여기에서의 백어와 적오는 모두 주 무왕이 은을 성공적으로 정복한다는 서상이다.[6]

『三國史記』 고구려본기3에는 태조왕 때의 다음과 같은 백어 기사가 나온다.

7년 여름 4월 왕이 고안연에 가서 고기를 구경하다가 붉은 날개 달린 백어를 낚시로 잡았다.

七年夏四月 王如孤岸淵 觀魚 釣得赤翅白魚

5) 『宋書』 卷27, 符瑞上.
6) 『史記』 周本紀 第4 武王 9年條.

삼국시대의 백어 기사로는 유일한 것이다. 앞서 주 무왕의 고사는 백어가 배로 뛰어든 것으로 되어 있지만, 이 기사는 태조왕이 觀魚하면서 낚시로 잡은 것으로 되어 있다. 그러나 白魚를 낚시한 사실을 기록으로 남기고 있는 점을 감안할 때, 분명히 어떠한 서상으로서 파악하고 있었음직하다. 과연 고구려는 태조왕 4년에 東沃沮를 공격하여 국경을 동으로 滄海에 이르게 하고 남으로는 살수에 그 세력이 미치게 하는 등 이미 왕성한 정복활동을 펼치고 있었다. 이러한 상황에서 미루어 볼 때 태조왕이 낚은 백어는 당시 고구려 정복전쟁의 왕성한 활력을 보여주는 서상으로서 파악되고 있었을 것이다.

· 木連理

木連理 또한 중국의 瑞祥說에서 전형을 이루고 있다. 그 의미를 『宋書』符瑞下에서는 다음과 같이 기록하고 있다.

> 목연리는 왕자의 덕택이 순흡하여 팔방이 하나로 합하면 생긴다.
> 木連理 王者德澤純洽 八方合爲一則生

『三國史記』에도 다음과 같은 木連理 기사가 나온다.

> ① (양원왕) 2년 봄 2월 왕도의 배나무가 연리되었다.
>   (陽原王) 二年春二月 王都梨樹連理(高句麗本紀)
> ② (내물이사금) 7년 여름 4월 시조묘에 나무가 연리하였다.
>   (奈勿尼師今) 七年夏四月 始祖廟庭樹連理(新羅本紀3)

여기에서의 樹連理는 그루를 달리하는 나무가 가지에서 서로 엉켜붙어 하나로 보이게 하는 현상을 말하는 것으로 木連理와 같은 뜻이다. 삼국에서는 고구려와 신라에 각기 하나씩의 사례밖에 없으나 중국의 정사에는 많은 樹連理 기록이 보인다.

그런데 위의 고구려 양원왕 2년의 梨樹連理가 이른바 '王者德澤純洽 八方合爲一'과 어떻게 관련되는지 알 수가 없다. 내물왕 7년 신라의 樹連理 현상의 경우는, 내물왕 즉위 3년에 始祖廟 親祀에 뒤이어 나타난 '紫雲盤旋廟上 神雀集於廟庭' 등의 서상과 함께 내물왕대의 정치적 전환에 부응하는 조짐으로 해석할 수도 있을 것이다. 내물왕 이후 신라에서 김씨에 의한 왕위독점이 이루어진 점을 유의한다면 이 때의 始祖廟 樹連理는 새로운 정권의 전환기를 맞는 김씨 세력에 의한 '八方合爲一'의 표징으로 이해할 수 있을 것이다.

• 白雉

白雉에 대해서는『三國史記』신라본기3에 다음과 같은 기사가 나온다.

(눌지마립간) 25년 봄 2월 사물현에서 꼬리가 긴 백치를 진상하자 왕이 이것을 가상히 여기고 현리에게 곡식을 내렸다.
(訥祇痲立干) 二十五年春二月 史勿縣進長尾白雉 王嘉之 賜縣吏穀

백치를 진상한 史勿縣吏에게 왕이 곡식을 내린 것으로 보아, 백치도 瑞祥物임을 알 수가 있다.『宋書』符瑞下에도 백치 헌상 기사가 보이나 그 瑞祥적 상징은 설명되어 있지 않다. 그러므로 백치의 서상이 무엇을 뜻하는지 가늠할 수가 없다.

• 神鼎

『宋書』符瑞下는 神鼎의 의미에 대해 다음과 같이 기술하고 있다.

신정이란 것은 질문의 정으로 무겁고 가벼운 것을 능히 하고 불을 때지 않아도 끓고, 오미가 저절로 생긴다. 왕자의 덕치가 성하면 나타난다.
神鼎者 質文之精也 知吉知凶 能重能輕 不炊而沸 五味自生 王者盛德則出

神鼎이 符瑞를 가리킨다는 것을 알 수 있다.『三國史記』고구려본기2에도 다음과 같은 神鼎 기사가 나온다.

(대무신왕) 4년 겨울 12월 왕이 군사를 내어 부여를 치러 가다가 비
류수상에 이르러 물가를 바라보니 어떤 여인이 솥을 들고 놀이를 하는
것 같았다. 가서 보니 여인은 없고 솥만 있었다. 그 솥에 밥을 짓게 하
였더니 불을 때기 전에 저절로 열이 나서 밥이 지어져 모든 군사들을
배부르게 먹일 수 있었다. 이 때 갑자기 어떤 장부가 나타나서 말하기
를 "이 솥은 우리집 물건으로서 나의 누이가 잃어버린 것인데 지금 왕
께서 얻었으니 청컨대 제가 솥을 지고 왕을 따라가겠습니다" 하므로
드디어 그에게 부정씨라는 성을 내렸다.
(大武神王) 四年冬十二月 王出師伐扶餘 次沸流水上 望見水涯 若有
女人舁鼎游戲 就見之 只有鼎 使之炊 不待火自熱 因得作食 飽一軍
忽有一壯夫日 是鼎吾家物也 我妹失之 王今得之 請負以從 遂賜姓負
鼎氏

여기서 고구려 대무신왕이 얻은 神鼎은 '不待火自熱'이라고 하여
『宋書』의 '不炊而沸'와 같은 특성을 지니고 있다. 고구려에서는 이 神
鼎을 沸流大鼎이라 하였는데 다음 해 부여와의 전쟁에서 져 神馬 거
루와 함께 잃어버렸다. 그 다음 달에 신마는 돌아왔으나 끝내 神鼎을
찾았다는 기사는 보이지 않는다.

중국의 예를 보면 한나라 무제가 元鼎 원년 5월 5일 汾水上에서 鼎
을 하나 얻었고 이 사실로 말미암아 元鼎으로 개원하기도 하였다.[7] 이
어 元鼎 4년에,

6월에 보정을 후토사 근방에서 얻었다. 가을에 악와수중에 천마가
나타나 보정천마의 노래를 지었다.
六月得寶鼎后土祠旁 秋馬生渥洼水中 作寶鼎天馬之歌(『漢書』武帝
紀6)

고 하여 寶鼎을 后土祠 근방에서 얻고 가을에는 渥洼水에서 천마가

7)『漢書』卷6, 武帝紀6 元鼎 元年條의 註 참조.

나타나서 寶鼎歌와 天馬歌를 지었다는 기사가 나온다. 한대에도 寶鼎을 얻게 되면 이를 매우 상서롭게 여겼음을 알 수 있는데, 이것으로 볼 때 고구려의 神鼎 획득도 같은 범주에서 이해할 수 있을 것이다.

· 神雀

神雀에 관해서는 『三國史記』에 다음과 같은 기사가 나온다.

① (내물이사금) 3년 봄 2월 친히 시조묘에 제사지냈더니 자운이 묘 위에 서리고 신작이 묘정에 모였다.
　　(奈勿尼師今) 三年春二月　親祀始祖廟　紫雲盤旋廟上　神雀集於廟庭(新羅本紀)
② (동명성왕) 6년 가을 8월에 신작이 궁정에 모였다.
　　(東明聖王) 六年秋八月　神雀集宮庭(高句麗本紀1)
③ (유리명왕) 2년 가을 7월에 다물후 송양의 딸을 왕비로 삼았다. 9월에 서쪽으로 사냥을 나가 백장을 잡았다. 동10월에 신작이 왕정에 모였다.
　　(瑠璃明王) 二年秋七月　納多勿侯松讓之女爲妃　九月　西狩獲白獐　冬十月　神雀集王庭(高句麗本紀1)

신라 내물왕 3년의 神雀 기사는 왕의 시조묘 親祀에 이어 나타난 紫色 구름과 함께 등장하는데, 이는 내물왕대에 접어든 신라왕조의 새로운 정치적 전기를 상징하는 일련의 서상 기사로 이해하고자 한다. 한편 고구려의 신작 기사도 사냥에서 잡은 白獐 기사와 함께 나타나는데, 유리명왕 2년 송양왕의 딸을 왕비로 맞이하는 점 등이 기재된 것으로 보아 고구려 왕실의 번영을 상징하는 서상으로 이해할 수 있을 것이다.
『宋書』 符瑞志下에는,

한선제 원강 2년 여름 신작이 옹에 모였다.
漢宣帝元康二年夏　神雀集雍

는 신작 기사 외에 몇몇 사례가 기록되어 있으나, 그것이 상서의 상징으로서 갖는 의미는 기록되어 있지 않다. 그러나 신라와 고구려에 출현한 신작이나 한대의 그것이 모두 瑞祥的 상징으로 기록된 것은 사실이다.

(3) 瑞祥 Ⅲ

지금까지 삼국의 서상 기사를 주로『宋書』符瑞志의 기사와 대비하여 살펴보았다. 그런데『三國史記』에는 위 符瑞志에 실려 있지 않은 서상 관계 기사들이 보인다. 예를 들면 玄雲, 靑牛, 鸞, 長尾兎, 黑蛙와 赤蛙, 紫獐, 神鹿, 黑鳥, 王宮井水溢, 馬生牛 一首二身, 鴻鴈, 白鷹이 그렇다. 이것들은『宋書』가 아닌 다른 史書에 나타나는 경우도 있지만 일부는 삼국의 독자적인 기사로서 나타난다. 이들 기사를 차례로 검토하기로 한다.

• 玄雲

『三國史記』권1, 脫解尼師今 3년조에 다음과 같은 기사가 나온다.

　3년 봄 3월 왕이 토함산에 올라갔는데 현운이 뚜껑처럼 머리 위에 떠서 오랫동안 있다가 흩어졌다.
　三年春三月 王登吐含山 有玄雲如蓋 浮王頭上 良久而散

여기에서의 현운은 검은 구름으로서 어쩌면 咎徵으로도 볼 수 있을 것이다. 그러나 탈해의 전설에서 보면 궤짝에서 나온 지 7일 만에 토함산에 올랐고, 또 그 뒤 白衣를 데리고 東岳에 올라 그의 권위를 과시하였으며 사후에 그의 뼈를 토함산에 봉안하게 하고 東岳神으로서 제사를 받았음을 감안하면 탈해의 토함산 등정은 뜻깊은 일이었다. 따라서 토함산에서 탈해왕의 머리 위에 떠 있었다는 현운은 그의 즉위를 축복하는 것으로서 瑞祥으로 파악할 수 있다.

· 靑牛

靑牛에 대해서는 『三國史記』 권1, 신라본기1 婆娑尼師今條에 다음
과 같이 나온다.

5년 봄 2월 명선을 이찬으로 삼고 윤량을 파진찬으로 삼았다. 하5월
고타군주가 청우를 헌상하였다. 남신현에서는 맥연기(보리 이삭에 여
러 가닥이 생긴 현상)가 있었으며 크게 풍년이 들어 여행하는 자가 길
양식을 가지고 다니지 않았다.
五年春二月 以明宣爲伊湌 允良爲波珍湌 夏五月 古陁郡主獻靑牛
南新縣麥連歧 大有年 行者不賷糧

청우란 매우 희귀한 종류의 소로서 瑞祥의 대상이 될 수 있다. 이
해는 청우 이외에도 南新縣에 麥連歧의 瑞祥이 나타나고 대풍년이 드
는 등 祥瑞가 겹치는 해였다. 청우의 서상은 아마 중국 사서에도 보이
지 않은 신라 독자의 것으로 생각된다.

· 鸞

鸞에 대해서는 『三國史記』 고구려본기1 시조동명성왕 10년조에 다
음과 같이 나온다.

추9월에 난조가 왕대에 모이고 동11월에는 왕이 부위염에게 명하여
북옥저를 쳐서 이를 멸망시켰다. 그 지역을 성읍으로 삼았다.
秋九月 鸞集於王臺 冬十一月 王命扶尉猒伐北沃沮 滅之 以其地爲
城邑

『後漢書』에도 鸞鳥가 七郡에 모였다는 기사가 보이는데, 이 새는
'鳳凰之佐'라 하여 봉황에 속하며 '人君進退有度 親疏有序 則至'라 하
였다.[8] 고구려 동명왕 개국 10년에 이처럼 鸞鳥가 王臺에 보인 것은
서상이라 볼 수 있다.

___

8) 『後漢書』 卷3, 肅宗孝章帝紀3 元和 2年 5月條 및 同條 註 1 참조.

・長尾兎

長尾兎에 관해서는 『三國史記』 고구려본기3 태조대왕 25년 겨울 10월조에 다음과 같이 나온다.

부여의 사신이 와서 삼각록과 장미토를 바쳤는데 왕은 상서로운 물건이라 하여 대사령을 내렸다.
扶餘使來獻三角鹿・長尾兎 王以爲瑞物 大赦

부여 사신의 헌상물로서 三角鹿과 함께 長尾兎는 태조왕이 대사령을 내렸을 정도의 瑞祥物이었음을 알 수 있다.

・黑蛙와 赤蛙

『三國史記』 고구려본기1 瑠璃明王 29년조에 다음과 같은 기사가 나온다.

하6월 모천 위에 흑와가 있었는데 적와와 더불어 떼싸움을 하여 흑와가 이기지 못하고 죽었다. 이것을 풀이하는 자가 말하기를, "흑은 북방의 색으로 북부여가 파멸할 징조이다"라고 하였다.
夏六月 矛川上有黑蛙與赤蛙羣鬪 黑蛙不勝死 議者曰 黑 北方之色 北扶餘破滅之徵也

유리명왕 29년 흑와와 적와가 떼를 지어 싸우다가 흑와가 이기지 못하고 죽은 것에 대해, 黑은 북방을 가리키는 색이므로 북에 있는 부여가 파멸할 징조라고 한 기사이다. 여기에서 당시 고구려인들이 五行思想에 의한 방위개념을 이해하고 있었음을 알 수 있고, 이 때 적와의 승리는 남방[赤]에 있는 고구려의 승리를 예조하는 상서로서 이해하였다고 생각된다.

・紫獐

紫獐에 관해서는 『三國史記』 고구려본기3 태조대왕 55년조에 다음과 같은 기사가 나온다.

> 추9월 왕이 질산양에서 사냥을 하다가 자장을 잡았다. 동10월에 동
> 해곡수가 주표를 헌상하였는데 꼬리가 아홉 자였다.
> 　秋九月 王獵質山陽 獲紫獐 冬十月 東海谷守獻朱豹 尾長九尺

白獐의 경우는 瑞祥物로 여겨지고 있었으나 이 紫獐도 서상으로 삼
고 있었는지는 분명하지 않다. 그러나 진기한 紫獐의 수렵을 기록으로
남긴 것을 보면 아무래도 瑞祥的 분위기가 느껴진다.

・神鹿

神鹿에 관해서는 『三國史記』 백제본기1에 다음과 같은 기사가 나온
다.

> ① (온조왕) 5년 겨울 10월 북변을 순무하다가 신록을 사냥하여 잡았
> 　다.
> 　　(溫祚王) 五年冬十月 巡撫北邊 獵獲神鹿
> ② (온조왕) 10년 가을 9월 왕이 사냥을 나가 신록을 잡아 마한에 보냈
> 　다.
> 　　(溫祚王) 十年秋九月 王出獵獲神鹿 以送馬韓
> ③ (기루왕) 27년 왕이 한산에 사냥을 가서 신록을 잡았다.
> 　　(己婁王) 二十七年 王獵漢山 獲神鹿

신록이 마한왕에게 예물로 보내질 정도였던 것으로 보아 매우 상서
로운 珍奇物이었음에 틀림없다. 『宋書』 符瑞下에,

> 천록이란 것은 순하고 신령스런 짐승이다. 오색이 서로 이어 밝게 빛
> 난다. 왕자가 도를 갖추면 이르는 것이다.
> 　天鹿者 純靈之獸也 五色光輝洞明 王者道備則至

라고 하여 天鹿 기사가 나오는데, 神鹿이 위의 天鹿과 같은 의미의 상
징성을 지니고 있는지는 의문스러우나 신록도 서상의 범주에서 이해

할 수 있을 것으로 본다.

• 王宮井水溢, 馬生牛 一首二身

이에 관해서는『三國史記』백제본기1 온조왕 25년조에 다음과 같은
기사가 나온다.

> 춘2월에 왕궁의 우물 물이 갑자기 넘치고 한성의 인가에서 소가 머
> 리 하나에 몸이 둘인 새끼를 낳았다. 일자가 말하기를 "우물 물이 넘치
> 는 것은 대왕이 크게 일어날 징조이며, 소가 머리 하나에 몸이 둘인 새
> 끼를 낳은 것은 대왕이 이웃나라를 병탄할 조짐"이라 하였다. 왕이 이
> 것을 듣고 크게 기뻐하였으며, 드디어 진한과 마한을 병탄할 마음을
> 가지게 되었다.
> 　　春二月 王宮井水暴溢 漢城人家馬生牛 一首二身 日者曰 井水暴溢
> 　　者 大王勃興之兆也 牛一首二身者 大王并鄰國之應也 王聞之喜 遂有
> 　　并吞辰·馬之心

오행설에 의하면, 우물 물이 넘친다거나 머리 하나에 몸이 둘 달린
소와 같은 변이는 분명 咎徵이다.9) 그러나 백제 건국 초에는 위와 같
은 자연의 변이를 미래지향적인 방법으로 해석하여 오히려 서상적 의
미로 돌리고 있음을 알 수 있으며, 한편으로는 중국적 자연관에 미숙
했던 점도 생각할 수 있다.

• 鴻鴈

鴻鴈에 관해서는『三國史記』백제본기1 온조왕 43년조에 다음과 같
은 기사가 나온다.

> (추)9월에 홍안 백여 마리가 왕궁에 모였다. 일자가 말하기를 "홍안
> 은 민의 상입니다. 앞으로 멀리서 사람들의 내투가 있을 것입니다" 하
> 였다. 동10월에 남옥저의 구파해 등 이십여 가가 부양에 와서 정성을

---

9)『宋書』卷33, 五行4 ;『晉書』五行志下 牛禍條.

보이므로 왕이 이들을 받아 한산 서쪽에 안치하였다.

(秋)九月 鴻鴈百餘集王宮 日者曰 鴻鴈民之象也 將有遠人來投者乎 冬十月 南沃沮仇頗解等二十餘家至斧壤 納款 王納之 安置漢山之西

왕궁에 모여든 100여 마리의 鴻鴈에 대한 일관의 점에 걸맞게 10월에 남옥저인의 來投가 있었다고 한 것으로 보아, 鴻鴈을 서상적 豫兆로서 합리적으로 설명하고 있음을 알 수 있다.

• 白鷹

白鷹에 대해서는 『三國史記』백제본기3에 다음과 같은 기사가 나온다.

(비유왕) 8년 봄 2월 신라에 사신을 보내서 양마 두 필을 보냈다. 가을 9월에 또 백웅을 보냈더니 동10월에 신라에서 답례로 좋은 금과 밝은 구슬을 보내왔다.

(毗有王) 八年春二月 遣使新羅 送良馬二匹 秋九月 又送白鷹 冬十月 新羅報聘以良金・明珠

백제 비유왕이 신라왕실에 보낸 것이라면 白鷹은 진기한 선물이었을 것이다. 따라서 白鷹은 혹 서상으로 파악되지 않았을까 생각된다.

3. 結言

지금까지 살펴본 삼국시대 瑞祥의 구체적인 대상을 보면 龍, 靈龜, 神馬, 白狐, 白鹿, 三角鹿, 一角鹿, 白獐, 嘉禾, 慶雲, 赤鳥, 白魚, 木連理, 白雉, 神鼎, 玄雲, 靑牛, 鸞, 長尾兎, 黑蛙와 赤蛙, 紫獐, 神鹿, 異鳥, 王宮井水溢, 馬生牛一首二身, 鴻鴈, 白鷹 등이다. 그리고 이상과 같은 서상은 앞서 인용한 『白虎通』의 기사와 같이 王者의 덕이 天地

·文表·草木·鳥獸·山陵·淵泉·八方에 미칠 때에 각기 나타나게
된다. 1장과 2장에서 살펴본 바와 같이 구체적으로 『三國史記』에 나타
난 서상 덕목을 『宋書』 符瑞志와 대비하여 정리하면 다음과 같다.

① 용 : 덕이 연천에 이르면 황룡이 연못에 노닌다.
　龍 : 德至淵泉 則黃龍游於池
② 영귀 : 왕자의 덕택이 맑고 맑으면 산천에서 고기잡이와 사냥을 할
　때에 따라 곧 나타난다.
　靈龜 : 王者德澤湛淸 漁獵山川 從時卽出
③ 신마 : 왕자의 덕이 사방으로 나아가면 나타난다.
　神馬 : 王者德御四方則出
④ 백호 : 왕자가 인지면 이른다.
　白狐 : 王者仁智則至
⑤ 백록 : 왕자의 명혜가 아래로 미치면 이른다.
　白鹿 : 王者明惠及下則至
⑥ 일각록(수) : 천하가 다 태평하면 이른다.
　一角鹿(獸) : 天下平一則至
⑦ 삼각록(수) : 선왕의 법도를 닦으면 이른다.
　三角鹿(獸) : 先王法度修則至
⑧ 백장(장) : 왕자의 형벌이 바로 다스려지면 이른다.
　白獐(麞) : 王者刑罰理則至
⑨ 가화 : 왕자의 덕이 성하면 두 이삭이 같이 뻗어난다.
　嘉禾 : 王者德盛 則二苗共秀
⑩ 경운 : 구름이 오색이며 태평의 징조이다.
　慶雲 : 雲有五色 太平之應也
⑪ 적오 : 주 무왕 때 곡식을 머금고 이르게 되었는데 군사는 피를 흘
　리지 않고 은을 항복시켰다.
　赤烏 : 周武王時銜穀至 兵不血刃而殷服
⑫ 백어 : 무왕이 맹진을 건너는데 중류에서 왕의 배에 뛰어 들어왔다.
　白魚 : 武王渡孟津 中流入于王舟
⑬ 목연리 : 왕자의 덕택이 순흡하여 팔방이 하나로 합치면 나타난다.
　木連理 : 王者德澤純洽 八方合爲一則生

⑭ 신정 : 왕자의 덕이 성하면 나타난다.

　　神鼎 : 王者盛德則出

　여기에서 좀 구체적으로 밝혀져 있는 덕목을 보면, 왕의 덕이 湛淸, 御四方, 仁智, 明惠及下, 天下平一, 先王法度修, 王者刑罰理, 盛德, 太平之應, 八方合爲一 등에 이르게 될 때 각기 이에 상응하는 서상이 나타난다고 하였다.

　한편 3장에서 살펴본 서상 관계 기사들은 『宋書』 부서지에서는 볼 수 없는 것으로, 따라서 그 구체적인 덕목이 어떠한 것인지 잘 알 수 없다. 그리고 이들 기사가 확실히 서상에 속하는지도 분명하지 않다. 다만 이들 기사는 전후 정황으로 보아 서상적 색채가 짙은 事物로서 파악할 수 있다.

　어쨌든 서상은 王者의 盛德의 결과로 나타나게 되는 현상으로 간주되기 때문에 서상물이 발견되면 州縣 등에서 이것을 왕에게 헌상하는 것이 관례였다. 또한 서상물을 헌상한 대가로 왕으로부터 일정한 포상을 받는 경우도 많았다. 서상물은 왕자가 직접 사냥을 하거나 외교적 관계로 타국으로부터의 예물로서 취득하기도 하였다. 어떻든 王者가 서상물을 소유하게 됨으로써 그의 德治가 天에 의해서 보장되는 것이었다.

　이와 같이 『三國史記』에 실린 삼국의 서상 기사를 통하여 삼국이 각기 중국의 전형적인 瑞祥觀을 수용하여 왕자의 盛德을 과시하려 하였음을 파악할 수가 있다. 그리하여 고대국가의 왕권을 천명설에 의해 정당화하는 동시에 왕권강화를 위한 상징성을 증대시켰다고 할 수 있다.

제5장 통일신라의 地變과 政治

1. 序言

삼국시대 天災地變의 기사에 대한 검토[1])에 이어 통일 이후 신라시대에 와서 어떠한 자연관이 전개되었는지 검토하고자 한다. 삼국시대의 자연관에 대해서는 중국 측의 『後漢書』 五行志와 『三國史記』의 자연 관계 기사를 대비하여 분석하였는데, 통일신라시대의 자연 관계 기사는 이와 동시대에 해당되는 唐의 자료와 대비하고자 한다. 그것은 신라와 唐은 동시대일 뿐 아니라 정치·문화상으로도 밀접한 관계를 맺고 활발한 문물 교류가 이루어졌기 때문이다. 따라서 『三國史記』에 실려 있는 자연 관계 기사를 『新唐書』 五行志를 중심으로 대비해 보게 될 것이다. 그러나 천재지변 기사를 분석하는 데 있어서 때로는 『漢書』, 『後漢書』, 『隋書』 등의 오행지 기사와도 대비하여 통일신라시대에 전개된 자연관의 실상을 파악해 보려고 한다.

2. 木不曲直

『新唐書』 卷34 五行1에서는 木不曲直에 대해 다음과 같이 기술하

---

1) 본서 제1~4장 참조.

고 있다.

　　오행전에 이르되 사냥을 하는데 그 적기를 가리지 않고 음식을 예법
에 따라 들지 않고, (궁전)을 출입함에 절도가 없고, 백성의 농사철을
빼앗아 사역시키고 이리하여 간모를 꾸미면, 목은 그 구부리고 바르게
하는 곡직의 성질을 잃게 되고 오래 무성하지 못하고 많이 부러지고
마르는 현상이 생긴다고 하며 변괴가 되어 그 속성을 잃게 된다고 한
다. 또 이르되 외모를 공손하게 하지 않으면 정숙하지 않다고 한다. 그
재앙은 광기로 나타난다. 그 벌은 장마비이고, 그 궁극의 재앙은 흉이
다. 때로는 복요가 있고 때로는 귀얼이 있고 때로는 계화가 있고 때로
는 하체에 상체의 병이 생기고 때로는 청생과 청상이 있으며 서요가
있다. 이것은 금이 목에 손상을 준 것이다.

　　五行傳曰 田獵不宿 飮食不享 出入不節 奪民農時 及有姦謀 則木不
曲直 謂生不暢茂 多折槁 及爲變怪而失其性也 又曰 貌之不恭 是謂不
肅 厥咎狂 厥罰常雨 厥極凶 時則有服妖 時則有龜孽 時則有雞禍 時
則有下體生上之痾 時則有靑眚 靑祥 鼠妖 惟金沴木

　　五行傳 즉 洪範五行傳에 의하면, 왕의 田獵·飮食·出入이 법도에
어긋나거나 농번기에 농민을 동원하거나 姦謀 등 일련의 王道에 어긋
난 행위를 함부로 하게 되면 '木不曲直'이라는 오행질서상의 이변이
나타나게 된다는 것이다. 또한 오행전에 의하면, 왕이 五事 즉『書經』
洪範의 五事인 貌·言·視·聽·思에서 첫째인 貌의 不恭으로 자연
현상에 咎徵이 나타나게 된다고 한다. 그 구징은 木不曲直(枯木復生
·木冰), 常雨, 服妖, 龜孽, 鷄禍, 下體生上之痾, 靑眚靑祥, 鼠妖, 金沴
木의 순서에 따라 열거되어 있다.

　　(1) 枯木復生

　　木不曲直에 해당하는 지변으로서『三國史記』신라본기10의 다음
기사가 주목된다.

(헌덕왕 14년 3월) 패강 산곡간에 나무가 쓰러져 재이가 발생하였는데 하룻밤 사이에 높이 13척, 둘레 4척 7촌이나 되었다.
　(憲德王十四年三月) 浿江山谷間 顚木生蘗 一夜高十三尺 圍四尺七寸

이는 앞에서 인용한 『新唐書』 오행1의 나무가 不暢茂·折槁하여 변괴가 되어 그 속성을 상실하는 경우에 해당한다. 이에 비하여 『新唐書』 오행1에는 다음과 같은 기록이 보인다.

　무덕 4년 박주 노자사의 고목에 가지와 잎이 다시 돋아났다. 노자는 당의 조상이다. 점에서 이르되, "고목이 다시 살아나는 것은 권신이 집정하는 것이다." 휴맹이 말하기를 수명자(군주)가 있는 것이라 하였다. 9년 3월 순천문루의 동주가 이미 무너져 있었는데 저절로 일어섰다. 점에 이르기를, "쓰러져 죽은 나무가 저절로 살아 일어나는 것은 나라의 재앙이 있을 것을 나타낸다."
　武德四年 亳州老子祠 枯樹復生枝葉 老子 唐祖也 占曰 枯木復生 權臣執政 眭孟以爲有受命者 九年三月 順天門樓東柱 已傾毁而自起 占曰 木仆而自起 國之災

枯木의 復生 현상이 권신의 집정이나 국가의 재앙의 징조로서 점쳐지고 있음을 볼 수 있다.
　신라에서는 과연 헌덕왕 14년 3월 浿江鎭 山谷에 쓰러진 나무에 새싹이 무성한 그 달에 웅주도독 金憲昌이 반란을 일으켰는데, 국호를 長安이라 하고 武珍州·完山州·菁州·沙代州의 4도독과 國原京·西原京·金官京의 仕臣과 여러 郡縣의 수령을 복속시키는 등 실로 통일신라 역사상 가장 큰 반란이었다. 물론 반란은 진압되었으나 같은 달에 있었던 浿江鎭의 枯木復生은 이러한 사건에 대한 구징으로서 이해할 수도 있을 것이다.

(2) 木生異實

이것은 나무의 열매가 다른 나무의 열매로 변하여 맺히는 이변이다.
『三國史記』신라본기8에 다음과 같은 기사가 나온다.

① (성덕왕 원년) 겨울 10월 삽량주에서 가죽나무 열매가 변하여 밤이
   되었다.
   (聖德王元年) 冬十月 歃良州櫟實變爲栗
② (성덕왕 13년) 가을 삽량주에서 산도토리가 변하여 밤이 되었다.
   (聖德王十三年) 秋 歃良州山橡實化爲栗

가죽나무 열매가 밤으로 변하고 산도토리 열매가 밤으로 변했다는
기사다.『新唐書』오행1에는,

현경 4년 8월 털복숭아나무에 오얏이 열렸다. 李(오얏)는 국성이다.
점에 이르되 "나무에서 다른 열매가 생기면 국주에게 재앙이 온다."
顯慶四年八月 有毛桃樹生李 李國姓也 占曰 木生異實 國主殃

라고 해서 털복숭아나무에 오얏열매가 맺힌 것을 國主 즉 唐帝가 재
앙을 당할 조짐이라 보고 있다. 그러나『新唐書』에서 살피건대 이 때
를 전후하여 唐帝室에 어떠한 재앙 기사도 보이지 않는다. 한편 신라
에서도 聖德王 원년과 13년에 즈음하여 이렇다 할 왕실의 재앙 기사는
보이지 않는다. 실제로 신라 성덕왕 때는 통일정치가 무르익어 신라왕
조로서는 그 어느 때보다도 왕권이 안정된 시기였다. 그러므로 두 나
라의 木生異實 기사는 단지 당시의 관행에서 기록한 것이 아닐까 추
측된다.

(3) 鼠妖

이것은 쥐에 관한 災異이다. 이에 관해서는『三國史記』신라본기9
에 다음과 같은 기사가 나온다.

(혜공왕 5년) 겨울 11월 치악현에 쥐 80마리 가량이 평양으로 향하였다.

　(惠恭王五年) 冬十一月 雉岳縣鼠八十許 向平壤

이와 관련하여『新唐書』오행1 鼠妖條에 보면,

무덕 원년 가을 이밀, 왕세충이 낙수를 사이에 두고 서로 대치하고 있었는데 밀의 진영중에 있던 쥐가 모두 하룻밤 만에 물을 건너갔다. 점에 이르되 "쥐가 무고히 모두 밤에 달아나는 것은 성읍에 전쟁이 있을 것을 예고한 것이다."

　武德元年秋 李密 王世充隔洛水相距 密營中鼠 一夕渡水盡去 占曰 鼠無故皆夜去 邑有兵

라는 기사가 보인다. 먼저 신라는 혜공왕 4년에서 5년, 6년에 一吉湌 大恭의 난이 일어났으며, 치악현의 쥐가 대거 북으로 이동했다는 5년 11월을 지나 이듬해 6년 8월에는 大阿湌 金融의 반란이 일어났다. 당시 鼠妖는 어쩌면 이러한 혜공왕대의 불안하고 어수선한 정정과 연관된 조짐으로 파악된 것이 아닐까 생각된다.

　이상에서『三國史記』신라본기에 실린 災異 기사와 그에 해당하는『新唐書』오행지1의 기사를 대비해 본 결과 枯木復生·木生異實·鼠妖 등 겨우 3종의 재이 기사만을 볼 수 있었다.『新唐書』오행지 등에는 '木不曲直'에 속하는 재이로서 常雨, 服妖, 龜孼, 鷄禍, 下體生上之痾, 靑眚靑祥, 鼠妖, 金沴木 등 많은 종류가 나와 있지만『三國史記』에는 이와 대비할 만한 기사가 발견되지 않는다.

3. 火不炎上

이에 관해서는『新唐書』오행1의 다음 기사가 있다.

오행전에 이르되, "법률을 버리고 공신을 축출하고 태자를 죽이고 첩을 처로 삼으면 火는 炎上하지 않는다. 火가 그 성질을 잃어서 변괴가된다." 京房易傳에 이르되 "위에서 검소하지 않으면 아래에도 절제함이 없고 사나운 불이 자주 일어나 궁실을 태운다." 대개 火는 禮를 주관한다고 한다. 또 이르되 보는 것을 밝게 보지 못하면 이것은 不哲이라 하고 그 咎는 느슨함이고 그 벌은 오랜 더위이며 그 극단은 병이된다. 때로는 草妖가 있고 때로는 羽虫의 變異가 있고 때로는 羊의 禍가 있고 때로는 目痾(눈병)가 발생하고 때로는 赤眚과 赤祥이 나타나며 水가 火에 재앙을 끼치게 된다.

> 五行傳曰 棄法律 逐功臣 殺太子 以妾爲妻 則火不炎上 謂火失其性
> 而爲災也 京房易傳曰 上不儉 下不節 盛火數起 燔宮室 蓋火主禮云
> 又曰 視之不明 是謂不哲 厥咎舒 厥罰常燠 厥極疾 時則有草妖 時則
> 有羽蟲之孽 時則有羊禍 時則有目痾 時則有赤眚赤祥 惟水沴火

五行傳을 인용하여, 王者가 법률을 지키지 않고 공신을 축출하고태자를 죽이고 첩을 正妻로 삼으면, 오행이 질서를 잃어 火가 炎上하지 않으며 火가 그 본성을 잃고 변괴가 된다고 하였다. 아울러 京房易傳을 인용하여 上不儉과 下不節로 盛火가 자주 일어난다고 하였다.火不炎上에 속하는 재이로서 火災가 일어나고, 五行傳을 인용하여 視之不明 곧 관찰을 명확하게 하지 못하면 常燠・草妖・羽虫之孽・羊禍・目痾・赤眚赤祥・水沴火 등의 재이가 발생한다고 하였다. 다음에서『三國史記』에 보이는 火不炎上 기사의 각종 재이를 살펴보겠다.

(1) 火災

『三國史記』신라본기에 보이는 화재 기록은 다음과 같다.

① (문무왕 2년 2월) 영묘사에 화재가 일어났다.
　　(文武王二年二月) 靈廟寺災
② (문무왕 6년) 여름 4월 영묘사에 화재가 발생하여 大赦하였다.
　　(文武王六年) 夏四月 靈廟寺災 大赦
③ (문무왕 8년) 12월 영묘사에 화재가 일어났다.

(文武王八年) 十二月 靈廟寺災

④ (성덕왕 2년) 가을 7월 영묘사에 화재가 일어났다.

(聖德王二年) 秋七月 靈廟寺災

⑤ (헌덕왕) 5년 봄 정월 이찬 헌창을 무진주도독으로 삼았다. 2월 시조묘에 참배하였으며 현덕문에 화재가 일어났다.

(憲德王) 五年春正月 以伊湌憲昌爲武珍州都督 二月 謁始祖廟 玄德門火

⑥ (문성왕) 17년 봄 정월 사신을 보내 서남쪽의 백성들을 위무하였다. 겨울 12월에 진각성에 화재가 일어났으며 토성이 달에 들어갔다.

(文聖王) 十七年春正月 發使撫問西南百姓 冬十二月 珍閣省災 土星入月

『新唐書』오행1 火不炎上條에는,

① 증성 원년 정월 병신 밤에 명당에 화재가 일어나자 무태후는 정전을 피하고 음악을 거두려 하였다. 재상 요숙이 화재는 사람으로 말미암아 발생한 것으로 천재가 아니므로 폄손하는 것은 마땅하지 않다고 하였다. 태후는 이에 어단문에 백성들이 모여 잔치하는 것을 보고 건장고사에 따라 다시 명당을 지어 제사를 지냈다. 이 해에 내고에 화재가 나서 2백여 區를 태웠다.

證聖元年正月丙申夜 明堂火 武太后欲避正殿 徹樂 宰相姚璹以爲火因人 非天災也 不宜貶損 后乃御端門觀酺 引建章故事 復作明堂以厭之 是歲 內庫災 燔二百餘區

② 천보 2년 6월 동도 응천문에 화재가 일어난 것이 보이더니 좌・우연복문까지 연소하여 종일토록 꺼지지 않았다. 京房易傳에 이르되 "군주가 정도를 생각하지 않으면 天火가 그 궁실을 불태운다." 9년 3월에 華岳廟에 화재가 일어났다. 이 때 황제는 西嶽에 나아가 封禪하니 이에 묘의 화재가 그쳤다. 10년 8월 병진에 武庫에 화재가 일어나서 병기 40여만을 태웠다. 무고는 甲兵의 근본이다.

天寶二年六月 東都應天門觀災 延燒左右延福門 經日不滅 京房易傳曰 君不思道 天火燔其宮室 九載三月 華岳廟災 時帝將封西嶽 以廟災乃止 十載八月 丙辰 武庫災 燔兵器四十餘萬 武庫 甲兵之本也

『新唐書』 사료 ①에서는 증성 원년의 明堂 화재에 대하여 당시 측천무후가 正殿을 피하고 음악을 중지하여 天譴에 답하려 하였으나 재상 姚璹이 이는 천재가 아니니 貶損하는 것은 마땅치 않다고 하고 있다. 이리하여 명당을 재건하여 재해에 대비하고 있다. 이처럼 唐代에 들어오면 이미 화재를 天譴으로 파악하지 않고 人災로 돌리는 매우 합리적인 의식을 드러내고 있다.

그러나 사료 ②에서 보면 천보 2년 6월의 應天門 화재에 이은 左右 延福門까지 연소된 화재 사실에 대해서는 京房易傳을 인용하여 군주의 不思道가 원인이 되어 일어난 天火로서 파악하고 있다. 앞서 살펴본 바와 같이 唐代에 화재를 단순한 인재로서 파악하는 합리적인 인식이 대두하고 있었음에도 불구하고 京房易傳을 인용하면서 화재를 다시 天譴으로서 파악하던 관행이 계속 작용하고 있었음을 볼 수 있다. 『後漢書』 오행2에도 비슷한 사례가 나온다.

건무 연간에 어양태수 彭寵이 소환되었다. 조칙이 도달되었는데 다음 날 潞縣에 화재가 일어났다. 성중에서 일어나 성 밖으로 비화되어 천여 가를 태우고 사람을 죽게 한 것이다. 京房易傳에 이르되 "위에서 검소하지 않으면 아랫사람들도 절제가 없어 사나운 불이 자주 일어나 궁실을 불태운다."
　　建武中 漁陽太守彭寵被徵 書至 明日潞縣火 災起城中 飛出城外 燔千餘家 殺人 京房易傳曰 上不儉 下不節 盛火數起 燔宮室

건무 연간의 潞縣城 화재에 대하여 京房易傳에서는 上不儉·下不節이 원인이 되어 화재가 일어났다는 설명을 가하고 있다. 결국 『後漢書』나 『新唐書』에 인용된 京房易傳의 화재관은 견해의 차이는 있으나 화재를 전형적인 天譴으로 파악하는 것임에 틀림없다.

이와 같은 화재관을 위에 열거한 신라시대의 화재와 연관지을 수 있을 것이다. 물론 신라의 화재 기사에는 그 원인이나 그 消災儀式에 대해 대부분 기록이 없다. 단 『三國史記』 사료 ②에서 문무왕 6년 여름 4월 靈廟寺 화재 후 왕이 大赦令을 내리고 있어 하나의 消災儀式을 엿볼 수 있다. 이는 거듭된 靈廟寺 화재에 대하여 왕이 責己修德을 위해 대사령을 내림으로써 天譴에 답하려 한 태도라고 할 수 있기 때문이다. 아울러 사료 ⑤의 헌덕왕 5년 2월의 玄德門 화재도 천견으로 간주한 것이라 할 수 있는데, 화재가 있기 한 달 전 정월에 김헌창이 武珍州督都으로 임명되고 있기 때문이다. 김헌창은 헌덕왕 14년에 반란을 일으켰으므로 그 前兆로서 생각된 듯하다.

앞서 본 京房易傳이 '君不思道'나 '上不儉 下不節'을 盛火의 원인으로 설명하고 있는 점을 보면, 신라의 재이관이 중국의 재이관에 얼마만큼 근접하고 있는지 알 수 없다.

(2) 草妖

이에 관해서는 『三國史記』 신라본기9에 다음과 같은 기사가 나온다.

① (혜공왕 3년) 9월 김포현에 벼알이 모두 쌀이 되었다.
　　(惠恭王三年) 九月 金浦縣禾實皆米
② (소성왕 원년) 가을 7월 9척이나 되는 인삼을 얻어 매우 이상하게 여겼다. 사신을 당에 보내어 진봉하였더니 덕종은 인삼이 아니라 하여 받지 않았다.
　　(昭聖王元年) 秋七月 得人蔘九尺 甚異之 遣使如唐進奉 德宗謂非人蔘 不受

①은 金浦縣의 벼알이 모두 쌀로 결실되었다는 기사인데, 『三國遺事』 혜공왕조에도 같은 기사가 보인다. 사료 ②는 길이 9척의 인삼을 당에 진봉한 기사다. 이와 대비하여 『新唐書』 오행1 草妖條에,

무덕 4년 익주에서 사람 모습과 같은 芝草를 헌상하였다. 점에 이르되, "왕의 덕이 장차 쇠하여 하인이 일어나면 나무가 사람 모습으로 생겨난다. 草는 역시 木과 같은 것이다."
　　武德四年 益州獻芝草如人狀 占曰 王德將衰 下人將起 則有木生爲

人狀 草 亦木類也

라 하였다. 그리고 『後漢書』 오행2에,

안제 원초 3년 참외가 다른 그루끼리 같이 붙어 자라서 여덟 개의 참
외가 같은 꼭지에 열렸다. 이 때에 嘉瓜라 하였다. 혹은 참외란 밖으로
뻗어 그루와 떨어져서 열리는 것으로 여자의 外屬을 상징하는 것이다.
이 때에 閣 황후가 처음 책립되어 뒤에 염후와 外親 耽寶 등이 더불어
태자를 참소하고 폐위하여 濟陰王으로 삼고, 다시 濟北王子 犢을 맞
아 태자로 세웠다. 草妖이다.

安帝元初三年 有瓜異本共生 [八]瓜同蒂 時以爲嘉瓜 或以爲瓜者外
延 離本而實 女子外屬之象也 是時閣皇后初立 後閣后與外親耽寶等共
譜太子 廢爲濟陰王 更外迎濟北王子犢立之 草妖也

라 하였다. 『新唐書』의 기사는 사람의 모습으로 자란 芝草를 草妖로
보고, 앞으로 王德이 쇠퇴하고 下人이 흥기할 것이라고 풀이하고 있
다. 『後漢書』에서는 뿌리가 다른 참외가 같이 자라 같은 꼭지에서 8개
의 참외가 열렸다는 기사로 이를 '女子外屬之象'으로서 당시 閣 황후
가 외척 경보 등과 같이 태자를 헐뜯고 폐하여 제음왕으로 삼고 다시
외부에서 濟北王子 犢을 세운 사실과 결부시키고 있다.

신라의 草妖 기사는, 이러한 중국의 해석과 대비해서 적절한 해석을
가할 수 있는 자료가 없다. 다만 어린 혜공왕이 즉위하면서 왕권이 불
안해지고 친혜공왕파와 반혜공왕파로 나뉘어 대립하다가 결국 왕이
살해되기에 이른 역사적 사실에 비추어 보건대, 당시 신라 政情을 암
시적으로 나타내는 징조로 파악했을 가능성이 있다.

한편 『三國史記』 사료 ②의 인삼 기사는 草妖로 파악될 수도 있겠
으나 당시 신라에서 매우 기이하게 여겨 唐에 진봉하기까지 한 것을
보면 반드시 초요라고 생각되지는 않은 듯하다.

(3) 羽虫之孼

羽虫之孼은 새와 관계된 이변이다. 『三國史記』 신라본기10의 김헌창의 난 진압기사 끝에는 다음과 같은 註가 실려 있다.

(헌덕왕 14년 3월) 이보다 앞서 청주태수 청사의 남쪽 못 가운데 신장 5척이 되는 異鳥가 있었는데 색은 검고 머리는 다섯 살쯤 되는 아이의 머리와 같았다. 부리는 1척 5촌이며, 눈은 사람의 눈과 같고 멀떠구니는 닷되쯤 되는 그릇만하였다. 사흘 만에 죽었는데 헌창이 패망할 징조였다.

(憲德王十四年三月) 先是 菁州太守廳事南 池中有異鳥 身長五尺 色黑 頭如五歲許兒 喙長一尺五寸 目如人 嗉如受五升許器 三日而死 憲昌敗亡兆也

菁州太守 廳舍 남쪽 연못 가운데 나타난 신장 5척의 큰 異鳥의 출현과 그 죽음을 당시 발생한 김헌창의 패망 징조로서 기록하고 있다. 따라서 청주지방의 異鳥 출현을 羽虫의 孼, 즉 새의 이변으로 파악하고 있음을 알 수 있다. 『新唐書』 오행1에,

대력 8년 9월 무공이 大鳥를 잡았는데 몸과 날개가 여우의 목과 같았고 네 발에 발톱이 있었다. 길이는 4척쯤이고 털은 붉어 박쥐와 같고 새떼가 따라서 지저귀었다. 羽蟲의 變異에 가깝다.

大曆八年九月 武功獲大鳥 肉翅狐首 四足有爪 長四尺餘 毛赤如蝙蝠 羣鳥隨而噪之 近羽蟲孼也

무공이 잡은 큰 異鳥를 羽虫의 孼에 속한다고 기록하고 있으나 그 조짐에 대한 설명은 보이지 않는다. 그러나 『後漢書』 오행2에,

환제 원가 원년 11월에 오색 大鳥가 濟陰, 己氏에 나타났다. 이 때에 이것을 봉황이라 생각하였다. 이 때 정치는 쇠결하여 梁冀가 정권을 잡고 아부하고 왜곡하여 不正하였으며 천자는 亳后에게 幸行하고 있었다. 모두 羽孼의 때에 해당된다.

桓帝元嘉元年十一月 五色大鳥見濟陰己氏 時以爲鳳凰 此時政治衰

缺 梁冀秉政阿枉 上幸亳后 皆羽孼時也

라고 해서 桓帝 원년에 출현한 오색 大鳥를 정치 衰缺을 경고하는 羽
孼로 파악하고 있음을 알 수 있다. 이에 대비하여 신라 헌덕왕 14년 3
월의 異鳥 기사도 그 조짐으로 이미 밝혀져 있듯이 김헌창의 난과 결
부시켜 해석하고 있는 咎徵임은 말할 나위도 없다.

(4) 赤眚赤祥

赤眚赤祥에 해당되는 변이로서는 『三國史記』 신라본기8・9에 다음
과 같은 기사가 나온다.

① (무열왕 8년) 6월 대관사의 우물 물이 피가 되고 금마군에서는 땅에
피가 흘러 넓이가 5보나 되었다. 왕이 죽었다.
   (武烈王八年) 六月 大官寺井水爲血 金馬郡地流血廣五步 王薨
② (효소왕 8년) 가을 7월 동해의 물이 핏빛이 되어 닷새 만에 복구되
었다.
   (孝昭王八年) 秋七月 東海水血色 五日復舊
③ (효성왕 2년 여름 4월) 白虹이 해를 뚫고 소부리군의 河水가 피로
변했다.
   (孝成王二年夏四月) 白虹貫日 所夫里郡河水變血
④ (애장왕 5년) 웅천주 소대현 부포의 물이 피로 변하였다.
   (哀莊王五年) 熊川州蘇大縣釜浦水變血
⑤ (헌덕왕 14년) 여름 4월 13일 달빛이 피와 같았다.
   (憲德王十四年) 夏四月十三日 月色如血

전형적인 赤眚赤祥 기사로서는 『新唐書』 오행1의 다음 기록을 들
수 있다.

① 무후 때에 來俊臣 집의 우물 물이 붉게 변하여 피와 같았으며 우물
속에서 탄식하고 한숨 지으며 원망하는 소리가 들려 준신은 나무로
사다리를 걸쳤는데 나무가 갑자기 저절로 10보 밖으로 튀어나왔다.

武后時 來俊臣家井水變赤如血 井中夜有吁嗟歎悗聲 俊臣以木棧之
木忽自投十步外
② 장경 원년 7월 무오에 河水가 붉게 되더니 3일 만에 그쳤다.
　　長慶元年七月戊午 河水赤 三日止

이러한 재이에 대한 해석으로『後漢書』오행3은,

(안제 영초) 6년 하동의 연못 물이 색이 변해 모두 피와 같이 붉었다.
이 때 등태후가 아직 정치를 오로지하고 있었다.
　　(安帝永初) 六年 河東池水變色 皆赤如血 是時鄧太后猶專政

라 하였으며 이에 대한 註文에서,

수변은 점에 이르되, "물이 변하여 피가 된 것은 적을 죽이기를 즐겨
하고 죄 없는 자를 죽이며, 친척에까지 미치게 되면 물이 응당 피로 된
다" 하였다.
　　水變 占曰 水化爲血者 好任殘賊 殺戮不辜 延及親戚 水當爲血

라고 하여 '水化爲血'의 원인을 설명하고 있다. 위의 신라본기 기사 중
에 사료 ① 무열왕 8년 6월의 '大官寺井水'가 피가 되고 金馬郡의 땅
에 피가 흘러 넓이가 5步나 되었다는 재이는 곧이어 기록된 무열왕의
죽음과 연결되는 것으로 보인다. 그리고 사료 ⑤의 헌덕왕 14년 여름 4
월의 '月色如血'은 바로 3월에 있었던 김헌창의 난과 결부되는 재이로
파악되었던 것으로 보인다.

4. 稼穡不成

稼穡不成에 대해『新唐書』오행2에 다음과 같은 기사가 나온다.

오행전에서 이르되, 궁실을 치장하고 臺榭를 꾸미고 안으로 음란하

고 친척을 범하고 부모를 업신여기면 稼穡(농사)이 되지 않는다. 土가
그 본성을 상실하면 水旱의 재해가 발생하고 초목과 백곡이 여물지 않
는 것을 말한다. 또 이르되 생각하는 것이 바르지 않으면 이것을 聖스
럽지 않다고 하고, 그 咎는 어두움이며, 그 벌로서 늘 바람이 불며, 그
極은 凶・短・折이며 때로는 脂夜의 妖怪가 있으며, 때로는 꽃의 變
異가 있으며 蠃蟲의 變異가 있고, 때로는 牛禍가 있고, 때로는 心腹의
병이 있고, 때로는 黃眚과 黃祥이 나타나며, 때로는 木・火・金・水가
土에 재앙을 끼친다.

> 五行傳曰 治宮室 飾臺榭 內淫亂 犯親威 侮父兄 則稼穡不成 謂土失
> 其性 則有水旱之災 草木百穀不熟也 又曰 思心不睿 是謂不聖 厥咎霿
> 厥罰常風 厥極凶短折 時則有脂夜之妖 時則有華孽 蠃蟲之孽 時則有
> 牛禍 時則有心腹之痾 時則有黃眚黃祥 時則有木火金水沴土

오행전 즉 홍범오행전을 인용하여, 궁실을 치장하고 臺榭를 꾸미고
음란한 생활을 하고 친척을 범하고 부형을 모독하면 稼穡不成 즉 농
사의 不成 원인이 된다고 하였다. 이어서 오행전은『書經』의 五事 중
王者의 思心 不睿로 빚어지는 災異에 대하여 열거하고 있다. 즉 饑,
常風, 脂夜之妖, 華孽, 蠃虫之孽, 牛禍, 心腹之痾, 黃眚黃祥, 木, 火,
金, 水沴土 등이다. 이들 재이를 살펴보기로 한다.

(1) 稼穡不成―饑

오행전에서 보이듯이 水旱의 재이로 초목과 백곡이 성숙하지 않으
면 농사가 잘되지 않고 따라서 기근이 뒤따르게 된다. 그러므로『新唐
書』오행2의 稼穡不成條에 饑 현상이 수록되어 있다.『三國史記』에서
도 기근으로 말미암은 饑民에 대한 기록이 많이 보인다. 즉 文武王 12
년 9월, 聖德王 4년 겨울 10월, 聖德王 6년 정월, 景德王 6년 겨울, 景
德王 14년 봄, 元聖王 6년 5월, 12년 봄, 憲德王 7년 가을 8월, 12년 겨
울, 13년 봄, 興德王 7년 8월, 文聖王 2년 겨울, 憲德王 3년 봄, 景文王
13년 봄 등에 걸쳐 다른 기사에 비해 자못 많은 기민 기사가 등장한다.
농사가 잘되지 않아 백성이 굶주리게 되면 군주로서는 매우 기본적인

不德을 면할 길이 없다. 그러므로 당연히 기민 상태를 상세히 수록하는 것이다.『晉書』五行上에,

> 吳의 孫晧(歸命侯) 때에 여러 해 동안 수재와 한재가 없어 苗를 심어 잘 성장하였으나 결실이 되지 않아 백성이 주리게 되었다. … 손호는 처음 武昌에 천도하여 곧 建鄴으로 돌아왔다. 또 새로이 집을 세우고 珠玉으로 꾸미고 장려함이 매우 심하였으며, 軍營을 파괴하고 苑囿를 늘리고 넓혀 여름에 농사짓는 것을 방해하는 일을 범하여 관민이 피로하고 태만케 하였다. 月令에 季夏에는 토목공사를 일으켜서는 안된다고 하였는데, 호는 모두 함부로 하였다. 이것은 궁실을 꾸미고 臺榭를 장식한 벌이다.
>
> 吳孫晧時 常歲無水旱 苗稼豊美而實不成 百姓以飢 … 晧初遷都武昌 尋還建鄴 又起新館 綴飾珠玉 壯麗過甚 破壞諸營 增廣苑囿 犯暑妨農 官私疲怠 月令季夏不可以興土功 晧皆冒之 此修宮室飾臺榭之罰也

라고 하고 있다. 가뭄이 없고 苗가 무성하게 자랐으나 결실이 되지 않아 백성이 굶주리게 된 것을 지나친 궁궐의 건설과 치장을 위하여 농번기의 농민을 동원한 天罰로서 보고 있다.

신라의 경우도 饑民 발생을 왕의 부덕한 행위로 돌린 사례가 발견된다. 즉 경덕왕 14년 봄에 기민이 발생하였는데 7월에 가서 죄인에게 大赦를 내리고 또 '存問老疾鰥寡孤獨'하는 한편 곡식을 하사하고 있다. 이는 왕이 자신의 부덕을 반성하는 행위라고 볼 수 있다. 이와 같이 기민 발생 사실을 天戒로 받아들이려는 경덕왕의 태도는 분명히 흉작을 天譴으로 돌린 것이라고 생각된다. 사실 기민의 발생은 군주로서는 매우 중대한 재앙이었기 때문에 구휼과 아울러 天譴에 대처하여 仁政을 베푸는 것은 삼국의 모든 나라에서도 일반화되어 있었다.

(2) 常風

흔히 大風拔木이나 拔樹로 표현되는 常風 기사는 역시 오행적 질서

에 의해 파악된 것이다. 이러한 大風 또는 大風拔木에 관한 기사는
『三國史記』 신라본기의 문무왕 14년 가을 7월, 孝昭王 7년 2월, 聖德
王 15년 3월, 景德王 8년 3월, 경덕왕 22년 가을 7월, 景明王 5년 여름
4월 등에 보인다. 『新唐書』 오행지2에도 매우 많은 大風拔木 기사가
나온다. 다음은 大風拔木 현상이 일어나는 원인과 이에 따른 조짐에
대해 설명한 기사이다.

> 무덕 2년 12월 임자에 대풍이 불어 나무가 뿌리째 뽑혔다. 易에 巽卦
> 는 바람으로 巽卦가 겹쳐서 명령을 펴니 그것이 물체에 미치게 되어
> 군주의 誥命을 상징하고, 그것이 천지 사이에 고동을 쳐서 때로는 모
> 래가 날고 먼지가 나는 怒가 발생하여 집과 나무를 흔들고 뽑는 것은
> 怒가 심한 것이다. 그 점에 이르되, 대신이 專恣하여 기가 성하고, 衆
> 逆이 뜻을 같이하고 군주의 행동이 암몽하여 일을 시행하면 모두 傷害
> 를 입는다. 그러므로 常風이 된다. 또한 바람이 불어 궁궐로 들어가 하
> 루에 두세 번 불고, 만일 바람소리가 우레와 같이 땅에 닿았다가 일어
> 나면 군사를 일으키게 될 것이다.
>
> 武德二年十二月壬子 大風拔木 易巽爲風 重巽以申命 其及物也 象
> 人君誥命 其鼓動於天地間 有時飛沙揚塵 怒也 發屋拔木者 怒甚也 其
> 占 大臣專恣而氣盛 衆逆同志 君行蒙暗 施於事則皆傷害 故常風 又
> 飄風入宮闕 一日再三 若風聲如雷觸地而起 爲兵將興

常風은 대신의 專恣나 군주의 蒙暗 등이 원인이 되어 일어나며 앞
으로 병란이 일어난다는 豫兆로 해석되어 있다. 신라본기에 실린 8회
에 걸친 大風拔木 기사에서는 이러한 『新唐書』 오행지의 설명과 같이
大臣의 專恣나 당시 군주의 暗蒙으로 돌릴 수 있을 만한 사료는 보이
지 않는다. 그러나 정사 편찬의 관행상 本紀 기사에 大風拔木의 원인
이나 豫兆를 기록하고 있는 예는 매우 드물기 때문에 신라본기의 기사
도 그러한 범주에서 이해하여야 할 것이다. 따라서 신라의 경우에도
大風拔木 기사는 『新唐書』 오행지와 같이 오행적 질서의 소산이라 생
각한다.

(3) 華蘗

이것은 꽃의 變異이다.『三國史記』신라본기9·10·11에 이와 관련하여 나오는 기사는 다음과 같다.

① (경덕왕 22년) 8월 복숭아와 오얏이 다시 꽃을 피웠다. 상대등 신충과 시중 김옹이 면직되었다.
   (景德王二十二年) 八月 桃李再花 上大等信忠·侍中金邕免
② (흥덕왕 8년) 겨울 10월 복숭아와 오얏이 다시 꽃을 피웠으며 백성들이 많이 병으로 죽었다. 11월에 시중 윤분이 물러났다.
   (興德王八年) 冬十月 桃李再華 民多疫死 十一月 侍中允芬退
③ (경문왕 3년) 겨울 10월 복숭아와 오얏이 꽃을 피웠다.
   (景文王三年) 冬十月 桃李華

한편『新唐書』오행2에도 때아닌 복숭아·오얏꽃 등의 개화 기사가 보인다.

① 회창 3년 겨울 沁源에 복숭아·오얏이 꽃을 피웠다.
   會昌三年冬 沁源桃李華
② 광명 원년 겨울 복숭아·오얏이 꽃을 피우고, 山花가 모두 개화하였다.
   廣明元年冬 桃李華 山華皆發

이러한 복숭아·오얏꽃의 의미에 대해서는『漢書』오행지 中之下에는 다음과 같이 기술되어 있다.

혜제 2년 하늘이 宜陽에 雨血을 내렸는데 1경쯤 되었다. 劉向은 이것을 赤眚이라 하였다. 당시 또 冬雷가 치고 복숭아와 오얏이 꽃을 피운 것은 常奧의 벌이다. 당시 정치는 느슨하여 여씨 일족이 정권을 잡고 참언이 함부로 돌고, 황자 3인을 죽이고, 제위를 이을 수 없는 자 및 세워서는 안 될 왕을 세우고, 王陵·趙堯·周昌을 몰아냈다. 여태후가 죽자 대신들은 함께 여씨 일족을 주멸하니 죽어 쓰러져 피를 흘렸다. 京房易傳에 이르기를, 歸獄을 풀지 않는 것을 追非 즉 잘못을 수행하는 것이라 하고 그 咎로서 하늘이 雨血을 내리고 이것을 不親이라 하고, 백성들에게 怨心이 생기면 3년이 채 되기 전에 그 종족이 없어진다. 또 이르되 "佞人이 녹을 받고 공신이 살육당하면 하늘은 雨血을 내린다"고 하였다.

> 惠帝二年 天雨血於宜陽 一頃所 劉向以爲赤眚也 時又冬雷 桃李華 常燠之罰也 是時政舒緩 諸呂用事 讒口妄行 殺三皇子 建立非嗣 及不當立之王 退王陵 趙堯 周昌 呂太后崩 大臣共誅滅諸呂 僵尸流血 京房易傳曰 歸獄不解 玆謂追非 厥咎天雨血 玆謂不親 民有怨心 不出三年 無其宗人 又曰 佞人祿 功臣僇 天雨血

冬雷와 桃李華 현상을 常燠之罰이라고 보고 있다. 常燠이란 홍범오행전에 보이는 '視之不明 是謂不悊 厥九舒 厥罰恒燠'의 恒燠과 같은 것으로, 군주의 五事 즉 貌·言·視·聽·思 중에 視 곧 관찰의 不明으로 인하여 빚어진 재이이다. 따라서 혜제 2년 겨울의 桃李華 현상은 당시 정치가 舒緩하여 여후 일족이 정권을 장악하여 황자를 죽이고 후궁의 아들을 후사로 세우고, 부당하게 왕으로 세우는 등의 비리를 저지른 데 기인한다고 보고 있다. 말하자면 여후의 집권으로 부당한 정치행위가 진행되고 있는 데 대한 天譴이라 하겠다.

다시 신라 경덕왕 22년 8월의 桃李再花를 보면, 같은 해 7월에 京都에 대풍이 불어 飛瓦拔樹의 현상이 있었으며 8월의 桃李再花에 이어 상대등 信忠, 시중 金邕이 면직되고 대나마 李純은 당시 왕의 총신이었으나 은둔하여 斷俗寺에 가서 중이 된다. 이순은 경덕왕이 好樂에 빠졌다는 소문을 듣고 돌아와 간곡히 간언을 하였으며 왕도 이것을 받아들이고 있다. 경덕왕 만년의 이러한 정치적 舒緩 현상과 이 때의 桃李再華를 결부시킬 수 있을 것이다. 아울러 상대등 신충과 시중 김옹의 면직도 당시에 나타났던 천재지변과 연관지어 볼 만하다.

그리고 흥덕왕 8년 겨울 10월의 桃李再華는 같은 달 民多疾死의 재난과 함께 11월에 시중 允芬의 퇴임을 가져온 것 같다. 그뿐 아니라 이해 봄에 國內大飢라는 기사도 있고 해서 조카 哀莊王을 죽이고 그의 형인 憲德王을 이어 집권한 興德王의 말년은 정치적으로 매우 어려운

상황에 놓였던 것으로 보인다. 그러므로 이 시기의 桃李再華는 당시의
정치적 혼미를 豫兆하고 있었다고 보인다.

(4) 羸虫之孼

羸虫이란 蟲蟍의 종류로서 鱗甲, 毛羽가 없는 벌레를 말한다.『新唐
書』오행2에는 蟍, 蚙蚡, 蚯引, 蟻, 黑虫 등에 대한 기사가 있다. 여기
에 해당하는 기사로는『三國史記』신라본기에 다음과 같은 내용이 나
온다.

> ① (애장왕) 10년 봄 정월에 달이 畢星을 범하였다. 하6월에 서형산성
> 의 鹽庫에 울음소리가 났는데, 碧寺에 두꺼비가 뱀을 잡아먹었다.
> 가을 7월에 … 군사를 거느리고 대궐로 들어가 반란을 일으켜 왕을
> 죽였다.
> (哀莊王) 十年春正月 月犯畢 夏六月 西兄山城鹽庫鳴 聲如牛 碧寺
> 蝦蟆食蛇 秋七月 … 將兵入內 作亂弑王
> ② (헌덕왕) 15년 봄 정월 5일 西原京에 벌레가 하늘로부터 떨어졌고,
> 9일에는 白·黑·赤의 빛을 한 3종의 벌레가 눈을 무릅쓰고 기어
> 다니다가 햇볕을 보고는 멈추었다.
> (憲德王) 十五年春正月五日 西原京有蟲從天而墮 九月有白·黑·
> 赤三種蟲 冒雪能行 見陽而止

사료 ①의 애장왕 10년 6월 두꺼비가 뱀을 잡아먹었다는 기록은 같
은 달 西兄山城 鹽庫에 마치 소 울음 같은 소리가 들리고, 이 해 정월
에는 달이 畢星을 범하는 天變이 있었다는 재이와 더불어 왕에게 매
우 위험한 재난이 닥치리라는 예조로 볼 수 있다. 그것은 두꺼비의 재
이가 있던 다음 달인 7월에 왕의 숙부인 彦昇이 아우인 伊飡 悌邕과
함께 군사를 거느리고 내전에 침입하는 난리를 일으켜 왕을 죽이고 王
弟 體明이 왕을 시위하므로 아울러 그도 살해한 사건과 연관된 일련의
咎徵으로 볼 수 있기 때문이다. 그러나『舊唐書』오행전에는,

　　天寶 연간에 … 李揆가 재상이 되기 한 달 앞서 평상과 같은 큰 두
꺼비가 방안에 나타났다가 갑자기 사라졌다. 점치는 자는 두꺼비는 天
使로서 福慶之事가 있을 것이라 하였다.

　　天寶中 … 李揆作相前一月 有大蝦蟆如牀 見室之中 俄失所在 占者
　　以爲蟆天使也 有福慶之事

라고 하여 두꺼비의 출현을 福慶之事로 돌리고 있다. 애장왕 시해 직
전 두꺼비가 뱀을 잡아먹는 재이를 신하에게 시해되는 애장왕의 최후
와 연관지어 본 것과는 대조적이다.

　　이어 사료 ②에 나오는 헌덕왕 15년의 3종의 벌레가 과연 蠃蟲인지
알 수 없으나 일단 이것에 속하는 것으로 보고자 한다. 『新唐書』오행
2 蠃蟲之孼條에,

　　개성 원년 개미가 모였는데 길이 50~60보, 넓이 5척에서 1장, 두께
　　5촌에서 1척이 되었다. 4년에 하남에 흑충이 토지에 심은 곡식을 먹었
　　다.

　　開成元年 京城有蟻聚 長五六十步 闊五尺至一丈 厚五寸至一尺者
　　四年 河南黑蟲食田

라는 기사에서의 흑충은 신라 三種虫의 하나인 흑충과 대비된다. 『後
漢書』오행 4에서는 蠃蟲 발생에 대해 다음과 같은 재이적 해석을 내
리고 있다.

　　영제 희평 4년 6월에 홍농과 삼보에 蜋蟲의 재해가 발생하였다. 이
　　때 영제는 중상시 조절 등을 등용하였는데 참언으로 국내의 淸英한 선
　　비를 금고에 처하여 黨人이라 일컬었다.

　　靈帝憙平四年六月 弘農三輔蜋蟲爲害 是時靈帝 用中常侍曹節等 讒
　　言 禁錮海內 淸英之士 謂之黨人

蠃蟲의 발생을 군주의 부덕한 정치행위에 대한 天譴으로 해석하고
있음을 알 수 있다.

(5) 牛禍

牛禍에 관해서는 『三國史記』 신라본기9·10에 다음과 같은 기사가
나온다.

① (경덕왕) 2년 봄 3월에 主力公宅의 소가 한꺼번에 세 마리의 송아
   지를 낳았다.
   (景德王) 二年春三月 主力公宅牛 一産三犢
② (혜공왕 2년 2월) 良里公家의 암소가 송아지를 낳았는데 다리가 다
   섯이고 한 다리는 위로 향해 있었다.
   (惠恭王二年二月) 良里公家牝牛生犢 五脚 一脚向上
③ (소성왕 원년 여름 5월) 牛頭州 도독이 사람을 보내 奏言하되 소와
   같은 異獸가 있는데, 몸뚱이가 길고도 높고 꼬리의 길이는 3척쯤
   되며 털은 없고 코가 길어 岷城川으로부터 烏食壤으로 향하여 갔
   다고 하였다.
   (昭聖王元年夏五月) 牛頭州都督遣使奏言 有異獸若牛 身長且高
   尾長三尺許 無毛長鼻 自岷城川向烏食壤去
④ (애장왕 10년) 여름 6월에 西兄山城의 鹽庫가 저절로 울었는데 소
   우는 소리와 같았다.
   (哀莊王十年) 夏六月 西兄山城鹽庫鳴 聲如牛

사료 ①과 ②는 전형적인 牛禍 기사다. 『新唐書』 오행2 우화조의 다
음 기사는 전형적인 牛禍 기사로서 소의 기형출산, 다산, 疫 등이 보이
고 있다.

① 조로 원년 봄 소의 큰 병이 발생하였다. 京房易傳에 이르되 소가
   적은 것은 곡식이 여물지 못한다는 것이며, 또 점에 이르되 金革
   (전쟁)이 움직인다는 것이다.
   調露元年春 牛大疫 京房易傳曰 牛少者穀不成 又 占曰 金革動
② 長安 연간에 소를 헌상하였는데 앞 어깨가 없고 세 다리로 걸었다.
   또 소의 어깨 위에 여러 개의 다리가 생기고 모두 발굽이 갖추어져
   있었다. 무태후 從妹의 아들 司農卿 宗晉卿의 집 소는 뿔이 셋 생
   겼다.

長安中 有獻牛無前膊 三足而行者 又有牛膊上生數足 蹄甲皆具者
武太后從妹之子 司農卿宗晉卿家牛生三角

③ 함통 7년 荊州의 민가에서 소가 송아지를 낳았는데 다리가 다섯이
었다.

咸通七年 荊州民家牛生犢 五足

우화가 어떠한 구징을 豫兆하는지에 대해서는 『晉書』 권29, 五行下
牛禍條에 다음과 같이 기록되어 있다.

대흥 원년 무창태수 王諒의 집 소가 새끼를 낳았는데, 머리 둘에 발
은 여덟이었으며 두 개의 꼬리에 배는 하나였는데 3년 후에 죽었다. 또
다리 하나에 꼬리 셋 달린 소가 있었는데 태어나자 죽었다. 司馬彪의
설에 의하면 머리가 두 개인 것은 정치가 私門에 있어 상하 구별이 없
는 것을 상징하는 것이라 하였다. 京房易傳에 이르되 "다리가 많은 것
은 소임을 사사롭게 하는 것이며, 다리가 적은 것은 소임을 감당하지
못한다는 것이다. 그 후 왕돈 등이 정사를 어지럽혔는데 이것은 그 재
앙을 나타낸 것이다"고 하였다.

大興元年 武昌太守王諒牛生子 兩頭八足 兩尾共一腹 三年後死 又
有牛一足三尾 皆生而死 案司馬彪說 兩頭者 政在私門 上下無別之象
也 京房易傳曰 足多者 所任邪也 足少者 不勝任也 其後王敦等亂政
此其祥也

소의 기형출산을 政在私門, 上下無別, 所任邪, 不勝任 등의 정치적
인 혼란을 예조한다고 풀이하고 있으며 그 후 왕의 亂政이란 不祥이
뒤따랐다고 하고 있다. 신라에서나 당에서나 모두 결국 牛禍란 정치적
혼란과 관련된 구징이었을 것으로 보인다.

(6) 黃眚黃祥

이와 관련된 것은 雨土 현상으로서, 『三國史記』 신라본기9·10에
다음과 같은 기사가 나온다.

① (혜공왕 6년) 3월 雨土가 있었으며 … 16년 2월 雨土가 있었다.
  (惠恭王六年) 三月 雨土 … 十六年二月 雨土
② (문성왕 12년 봄 정월) 경도에 雨土가 있었고, 대풍이 불어 나무를
  뿌리째 뽑았는데 사형수 이하 죄수들을 석방하였다.
  (文聖王十二年春正月) 京都雨土 大風拔木 赦獄囚誅死已下

『隋書』五行2 黃眚黃祥條에도 雨土 현상이 수록되어 있으나 이 우
토가 무엇을 의미하는지에 대해서는 설명이 없다. 단『隋書』五行下
黃眚黃祥條에,

  양 대동 원년 하늘에서 우토가 내렸으며, 2년에는 하늘에서 雨灰가
  내렸는데 그 색은 황색으로서 黃祥에 가까웠다. 京房의 易飛候에 이
  르되 "善을 듣고도 이것을 이어가지 않으면 不知라 하고 이 이변은 黃
  色이다. 그 咎는 귀머거리이며 그 災異는 不嗣로서 賢을 가리우고 道
  를 절단하는 咎이다. 당시 帝는 스스로 총명·博達하다고 하여 재주가
  자기보다 나은 사람을 미워하고 또 佛法을 篤信하고 捨身하여 奴가
  되었으니 道를 절단하고 賢을 가리운 벌이다"라고 하였다.
    梁大同元年 天雨土 二年 天雨灰 其色黃 近黃祥也 京房易飛候曰 聞
    善不及 茲謂有知 厥異黃 厥咎聾 厥災不嗣 蔽賢絶道之咎也 時帝自以
    爲聰明博達 惡人勝己 又篤信佛法 捨身爲奴 絶道蔽賢之罰也

라고 하여 雨土의 咎徵에 대한 속성은 不嗣이고, 군주의 '絶道蔽賢'에
대한 벌로서 나타난다고 하고 있다. 신라의 경우 사료 ①, 특히 혜공왕
16년 2월의 우토 현상이 있은 두 달 후인 4월에 왕이 시해당함으로써
혜공왕계의 왕위계승이 끊어졌음을 상기할 때 당시의 우토 기사는 매
우 암시적 조짐이라 할 수 있다. 그리고 사료 ②의 문성왕 12년 우토
기사에 뒤이어 왕위가 他系인 憲安王으로 계승되고 있으므로『隋書』
의 이른바 '厥災不嗣'라는 조짐이 가당하다고 할 것이다.

  (7) 木 火 金 水 沴 土

  여기에는 지진이 그 災沴로 나타난다.『三國史記』신라본기에는 문

무왕 4년 3월, 8월, 동 6년 2월, 동 10년 12월, 동 11년 4월, 동 21년 5
월, 孝昭王 4년 10월, 동 7년 2월, 聖德王 7·9·17·19·21·24년, 孝
成王 원년·6년, 景德王 2·24년, 惠恭王 3·4·6·13·15년, 元聖王
3·7·10년, 哀莊王 3·4·6년, 興德王 6년, 景文王 8·10·12·15년,
神德王 2·5년, 景哀王 4년, 敬順王 2·6년 등 문무왕 이후 무려 40회
가 넘는 지진 기사가 수록되어 있다.『新唐書』오행2의 다음 기사는
지진의 咎徵에 대한 해석을 보여주고 있다.

> ① 무덕 2년 10월 을미 京師에 지진이 일어났다. 陰이 성하여 이치에
> 어긋나면 지진이 발생한다. 고로 그 점에 "臣이 강하게 되고, 후비
> 가 專恣하고, 夷가 중국을 범하고, 小人의 道가 성해지고, 도적이
> 이르게 되고, 신하가 반란을 일으키게 된다"고 하였다.
>> 武德二年十月乙未 京師地震 陰盛而反常則地震 故其占爲臣彊 爲
>> 后妃專恣 爲夷犯華 爲小人道長 爲寇至 爲叛臣
>
> ② 영휘 2년 10월에 또 지진이 발생하고 11월 무인에 定襄에 지진이
> 일어났다. 황제가 비로소 晉王을 봉하였다. 처음 즉위하여 여러 차
> 례 지진이 일어나 천하는 황제로 말미암아 동요된다는 것을 상징한
> 것이다.
>> 永徽二年十月 又震 十一月戊寅 定襄地震 帝始封晉王 初卽位而地
>> 屢震 天下將由帝而動搖象也

즉 지진이란 陰이 강성하여 正常을 뒤집으면 나타난다고 하여 지진
이 입히는 물리적 피해를 넘어서서 臣彊, 妃專恣, 夷犯華 등 제국의
안위를 뒤흔드는 조짐으로 설명하고 있다. 신라에 있어서도

> ① (성덕왕 9년 봄 정월) 지진이 일어나자 죄인을 석방하였다.
>> (聖德王九年春正月) 地震 赦罪人
>
> ② (혜공왕) 13년 봄 3월에 경도에 지진이 일어나고 여름 4월에 또 지
> 진이 있어 상대등 양상 등이 상소하여 時政을 극론하였다. 겨울 10
> 월에 이찬 주원을 시중으로 삼았다.
>> (惠恭王) 十三年春三月 京都地震 夏四月 又震 上大等良相上疏 極
>> 論時政 冬十月 伊湌周元爲侍中

고 하여 지진이 발생하자 성덕왕 때는 죄인에게 赦令을 내리고 혜공왕 때는 지진이 거듭되자 상대등 김양상이 時政을 極論하는 상소를 올리고 있음을 볼 수 있다. 이러한 사례로 미루어 신라에서도 지진을 단순한 자연적 재해로 보지 않고 天譴說에 입각한 재이관을 가지고 있었음을 확인할 수 있다.

이상으로 稼穡不成에 속하는 재이로서 民饑, 常風, 華孼, 羸蟲之孼, 牛禍, 黃眚黃祥, 木 火 金 水 沴土 등에 대하여 주로『新唐書』오행지를 중심으로 대비 검토하였다. 그러나 각기 해당되는 재이관을 이해하기 위하여『漢書』,『後漢書』,『晉書』,『隋書』등의 오행지와 대비하여 그 의미를 살펴보기도 하였다. 그 결과 신라의 천재지변 기사가 중국의 천인합일사상과 연관되고 있었음을 밝힐 수 있게 되었다.

5. 金不從革

『新唐書』오행2에는,

오행전에서 이르되, 攻戰을 즐겨하고 백성을 가벼이하고 성곽을 치장하고 변경을 침략하면 金은 모양을 바꾸는 것[從革]이 되지 않아, 금이 그 속성을 잃고 변괴가 된다고 하였다. 또 이르되 말이 순하지 않으면 이것을 不乂(治)라 하고 그 쏨는 참람됨이며, 그 벌은 常暘이며, 그 극단은 근심이며 때로는 詩妖가 있고, 訛言이 나돌고, 때로는 毛蟲의 變異가 있고 때로는 犬禍가 있고, 때로는 口舌의 병이 발생하고 때로는 白眚과 白祥이 발생한다. 木이 金에 재앙을 끼친 것이다.

五行傳曰 好攻戰 輕百姓 飾城郭 侵邊境 則金不從革 謂金失其性而爲變怪也 又曰 言之不從 是謂不乂 厥咎僭 厥罰常暘 厥極憂 時則有詩妖 訛言 時則有毛蟲之孼 時則有犬禍 時則有口舌之痾 時則有白眚白祥 惟木沴金

라 하여 전형적인 홍범오행전의 내용을 제시하고 있다. 즉 오행전에 따르면 침략전쟁을 일삼고 백성을 가벼이하고 성곽을 꾸미고 변경을 침공하면 五行의 金이 그 본성을 상실하게 된다. 이러한 金不從革에 따른 재이로서 兵器夜光・石有文・石自鳴이 일어나며, 言之不從 즉 군주가 언어를 바르게 사용하지 못하였을 때는 常暘・詩妖・訛言・毛蟲之孼・犬禍・白眚白祥・木沴金의 재이가 발생한다고 지적하고 있다.

(1) 金不從革

『三國史記』 신라본기에,

① (원성왕) 14년 봄 3월 왕궁 남쪽 누교에 화재가 나고 망덕사의 두 탑이 서로 싸웠다.
  (元聖王) 十四年春三月 宮南樓橋災 望德寺二塔相擊
② (애장왕 5년 가을 7월) 우두주 난산현에서 쓰러진 돌이 일어섰다.
  (哀莊王五年秋七月) 牛頭州蘭山縣伏石起立
③ (애장왕 5년) 9월 망덕사의 두 탑이 서로 싸웠다.
  (哀莊王五年) 九月 望德寺二塔戰
④ (헌덕왕 8년 봄 정월) 한산주 당은현에서 길이 10척, 넓이 8척, 높이 3척 5촌의 돌이 저절로 움직여 100여 보를 옮겨갔다.
  (憲德王八年春正月) 漢山州唐恩縣 石長十尺廣八尺高三尺五寸 自移一百餘步
⑤ (헌덕왕 8년) 여름 6월 망덕사의 두 탑이 서로 싸웠다.
  (憲德王八年) 夏六月 望德寺二塔戰
⑥ (헌덕왕 13년) 가을 7월 패강 남천의 두 돌이 싸웠다.
  (憲德王十三年) 秋七月 浿江南川二石戰
⑦ (진성여왕) 2년 봄 2월 소량리의 돌이 저절로 움직여 갔다. 왕은 전부터 각간 위홍과 내통하였다.
  (眞聖女王) 二年春二月 沙梁里石自行 王素與角干魏弘通

등 塔相擊, 伏石起立, 石自行(移)이라는 기현상이 기록되어 있다. 『新

唐書』오행2 金不從革條에는,

① 요군소가 隋를 위해 포주를 수비하게 되었는데 밤에 병기가 모두
  불과 같이 빛났다. 불이 쇠를 녹이니 쇠가 두려워한 것이며 패망할
  상징이다.

    堯君素爲隋守蒲州 兵器夜皆有光如火 火鑠金 金所畏也 敗亡之象
② 개원 23년 12월 을사에 용지 성덕송의 돌이 저절로 울었다. 그 소리
  가 맑고 멀어서 종경과 같았다. 돌과 쇠는 同類로서 춘추전에 백성
  에게 원한과 원망이 일어나면 말을 하지 않는 물체가 말을 한다고
  했다. 돌이 운다는 것은 돌이 말을 하는 것과 근사하다.

    開元二十三年十二月乙巳 龍池聖德頌石自鳴 其音淸遠如鐘磬 石如
    金同類 春秋傳 怨讟動于民 則有非言之物言 石鳴 近石言也

라는 기사가 있으며 좀더 구체적인 사례로서『漢書』五行中之上에,

    효소제 원봉 3년 정월 태산의 내무산 남쪽에서 수천 명의 사람 소리
  가 흉흉하게 들렸다. 백성들이 이것을 보고 있는데 높이 1장 5척, 크기
  48아름의 큰 돌이 일어서 8척의 땅 속 깊이 박히고 세 개의 돌이 다리
  를 받치고 있었다. 돌이 서 있는 주변에는 백조 수천 마리가 모여 있었
  다. 휴맹은 다음과 같이 생각하였다. 돌은 陰類에 속하여 아래 백성들
  을 상징하는 것이다. 태산은 岱宗으로 높여 세우는 산인데 王者가 역
  성혁명을 일으켜 교대를 고하는 곳이다. 반드시 서인으로서 천자가 될
  사람이 나타날 것이다. 휴맹은 죄로 몰려 처벌되었다. 京房易傳에서
  이르되 復의 卦辭에 '崩來無咎'라 하였는데 위에서 내려오는 것을 崩
  이라 하고 그 徵應으로서 태산의 돌이 아래로 굴러 떨어지고 성인이
  천명을 받고 人君이 포로가 된다고 하였다. 또 이르되 돌이 사람처럼
  서면 庶士가 천하의 雄者가 된다. 산에서 서면 同姓, 평지에서 서면
  異姓, 물에서 서면 聖人, 연못에서 서면 小人이라고 하였다.

    孝昭元鳳三年正月 太山萊蕪山南匈匈有數千人聲 民視之 有大石自
    立 高丈五尺 大四十八圍 入地深八尺 三石爲足 石立處 有白鳥數千集
    其旁 眭孟以爲石陰類 下民象 泰山岱宗之嶽 王者易姓告代之處 當有
    庶人爲天子者 孟坐伏誅 京房易傳曰 復崩來無咎 自上下者爲崩 厥應
    泰山之石顚而下 聖人爲命人君虜 又曰石立如人 庶士爲天下雄 立於山

　　同姓 平地 異姓 立於水 聖人 於澤 小人

라는 石自立 기사를 접할 수 있으며 후대에 와서『宋史』오행4에,

　　건도 2년 3월 병오 밤에 복청현 석죽산에서 큰 돌이 저절로 옮겨갔
　　다. 소리는 뇌성과 같고 돌은 사방이 9장이며, 지나온 곳의 지름길이
　　능히 4척이나 되었는데 산의 나무와 돌은 전과 다름 없었다.
　　　乾道二年三月 丙午夜 福淸縣石竹山大石自移 聲如雷 石方可九丈
　　　所過成蹊 才四尺 而山之木石如故

라고 하여 大石自移 사실이 실려 있다. 위의 각 기사에서 신라의 石自
移·伏石起立·(石)塔相擊과 漢代의 大石自立, 唐代의 兵器夜光如
火·石自鳴, 宋代의 大石自移 등은 金不從革의 전형이다. 물론 塔相
擊 등처럼 신라 특유의 사례도 있으나 이러한 재이는 홍범오행전의 금
불종혁에 연유하는 것이다.
　『漢書』의 태산·내무산 大石自立 사건에 대한 당시 휴맹의 논평을
보면 다음과 같다. 즉 돌이란 陰類로서 下民의 象이고, 태산은 五嶽의
長으로서 王者가 역성혁명으로 왕조를 교체하는 것을 보고하는 곳이
니 서인이 천자가 될 조짐이라는 것이다. 한편 京房易傳의 해석을 보
면, 復의 卦辭에는 '崩來無咎'라 하여 위로부터 내려오는 것을 崩이라
하고 그 징조로서 태산의 돌이 떨어져 내리는데 聖人이 천명을 받고
人君이 포로가 된다는 것이다. 그러나『新唐書』의 개원 23년 기사에서
는『春秋傳』을 인용하여 백성에 대한 원한에서 石鳴이 발생한다고 단
순하게 설명하고 있다.
　이상으로 신라의 石自移·自立·塔相擊 등의 재이는 중국 사서의
金不從革 기사와 동류의 범주에서 이해될 수 있을 것으로 믿는다. 그
것은 애장왕 때의 伏石自立과 塔戰은 애장왕의 피살과 찬탈사건, 진성
여왕 때의 石自行은 견훤에 의한 후백제 건국과 관련지어 생각할 수
있기 때문이다.

(2) 常暘

常暘이란 旱, 곧 가뭄이다. 가뭄은 인간의 생존을 위협하는 가장 무서운 재해이다. 그러므로 중국은 물론 우리 나라의 사서에서도 가뭄에 대해서는 다른 천재지변에 비해 상세하게 기록하고 있다.『三國史記』신라본기에 보면 孝昭王 5년 4월, 聖德王 4년 5월, 8년 5월, 13년夏, 14년 6월, 15년 6월, 景德王 4년 5월, 6년秋, 13년 8월, 元聖王 4년秋, 6년 3월, 11년 4월, 11년 6월, 哀莊王 10년 7월, 憲德王 9년 5월, 12년 봄여름, 興德王 2년 8월, 7년 봄여름, 文聖王 10년 봄여름, 憲安王 2년 5월, 安康王 원년 8월, 眞聖王 2년 5월, 孝恭王 10년 4~5월, 景明王 5년 8월 등 대단히 많은 旱魃 기사가 실려 있다. 이 가운데,

① (원성왕 11년) 여름 4월 가뭄이 있어 친히 죄수를 재심하니 6월에 가서 비가 내렸다.
　(元聖王十一年) 夏四月 旱 親錄囚 至六月乃雨
② (흥덕왕) 7년 봄여름에 가뭄으로 땅이 붉게 탔다. 왕이 정전을 피하고 상선을 줄이고 내외의 죄수들을 특사하였더니 가을 7월에 비가 내렸다. 8월에 기근과 흉년으로 도적이 곳곳에서 일어났다. 겨울 10월에 사자에 명하여 백성을 안무하게 하였다.
　(興德王) 七年 春夏旱 赤地 王避正殿 減常膳 赦內外獄囚 秋七月 乃雨 八月 飢荒 盜賊遍起 冬十月 王命使安撫之

라고 한 것은 常暘에 관한 전형적인 관행을 담은 기사이다. 한편『新唐書』오행2 常暘條에,

무덕 3년 여름 가뭄이 들었는데 8월에 가서 비가 내렸다. 4년에는 봄부터 비가 오지 않더니 7월에 가서 비가 내렸다. 少陰의 氣는 그 기가 무너지면 비가 내리지 않는다. 소음이란 것은 金이요 金은 刑이 되고 兵이 되는데 刑이 죄를 막지 못하고 兵이 전쟁을 그치지 못하게 하면 金氣가 무너지게 되므로 항상 가뭄이 온다. 火가 성하여 햇빛이 성하고 陽氣가 강하고 사나우므로 성인은 예를 제정하여 이를 절제하였다. 예를 잃으면 어지럽게 되어 교만하고 메말라서 盛陽으로 이끌게 된다.

火가 승하면 金이 쇠하기 때문에 또한 가뭄이 발생한다. 오행에 있어
土가 실제로 水를 제압하고 土功을 일으키면 水氣가 막혀서 또한 늘
가뭄이 된다.

> 武德三年夏 旱 至于八月 乃雨 四年 自春不雨 至于七月 雨 少陰之
> 氣 其氣毀則不雨 少陰者 金也 金爲刑 爲兵 刑不辜 兵不戢 則金氣毀
> 故常爲旱 火爲盛陽 陽氣彊悍 故聖人制禮而節之 禮失則僭而驕炕 以
> 導盛陽 火勝則金衰 故亦旱 於五行 土實制水 土功興則水氣壅閼 又常
> 爲旱

라고 하여 한발의 발생 원인이 土功을 일으키는 데 있다고 설명하고
있다.

한편『新唐書』高宗本紀3에,

> 영휘 4년 4월 임인에 가뭄이 발생하여 죄수를 재심하였는데 사신을
> 보내 전국의 감옥에 든 죄수를 판결하였으며, 殿中 太僕의 馬粟을 줄
> 이고 문무관에게 조서를 내려 상소하게 하였다. 갑진에 정전을 피하고
> 상선을 감하였다.
>
> 永徽四年四月壬寅 以旱慮囚 遣使決天下獄 減殿中 太僕馬粟 詔文
> 武官言事 甲辰 避正殿 減膳

라 하고 있다.『新唐書』오행지는 한재 발생의 원인으로서 무고한 형
벌과 그치지 않는 전쟁, 禮의 상실, 토목공사의 흥기 등을 들고 있다.
이처럼 왕도의 부덕으로 한발이 빚어지게 되면 구체적으로 왕에 대해
修德의 실천이 요청된다. 앞의 당 고종 영휘 4년의 한발대책을 보면,
먼저 죄수를 재심해서 풀어주고 전중과 태복의 馬粟을 줄이고 減膳함
으로써 自責修己하였다. 이러한 군주의 태도는 天譴에 대한 응답이며
천인합일사상의 전형을 이루는 것이다. 따라서 앞서 신라 흥덕왕 7년
에도 避正殿, 減常膳, 赦內外獄囚 등 왕의 自責修德으로 대응함으로
써 드디어 비를 내리게 하였다고 한다. 이러한 전형적인 재이관은 통
일신라에 앞서 이미 삼국시대부터 수용되고 있었음을 밝힌 바 있다.

(3) 詩妖

詩妖는 홍범오행전에 의하면 五事 중 '言之不從'에 따른 재이로 해석된다. 『三國遺事』 진성여왕조에 보면,

다라니에 '南無亡國 利尼那帝 判尼判尼蘇判尼 于于三阿干 鳧伊裟婆詞'라 하였다. 해설자가 말하기를 '利尼那帝'는 여왕을 가리키며, '判尼判尼蘇判尼'는 두 소판을 말하는 것인데, 소판은 직명으로 于于三阿干이고, '鳧伊'은 부호를 말한 것이다.

陁羅尼曰 南無亡國 利尼那帝 判尼判尼蘇判尼 于于三阿干 鳧伊裟婆詞 說者云 利尼那帝者 言女主也 判尼判尼蘇判尼者 言二蘇判也 蘇判爵名 于于三阿十也 鳧伊者 言鳧好也

라고 하여 전형적인 詩妖의 예가 보인다. 진성여왕과 두 소판(迎湌)과 于于三阿湌과 여왕의 유모로서 문제가 된 鳧好 부인이 나라를 망친다는 내용의 시요이다. 진성여왕이 즉위하여 각간 魏弘과 내통하고 그 뒤 미소년 2~3인을 궁궐에 끌어들여 문란한 생활을 일삼았으며 게다가 이들에게 國政까지 위임하여 나라가 크게 흔들리게 되었다는 『三國史記』 진성여왕본기의 내용으로 알 수 있듯이, 당시 신라의 정치는 극도로 문란하여 그 실상이 詩妖로 유포되고 있었던 것이다. 『新唐書』 오행2 詩妖條에는,

영순 원년 7월 동도에 큰비가 내렸다. 사람들이 많이 굶어 죽었다. 앞서 동요에 이르되 "햇벼가 창고에 들어가지 못하고 햇보리가 마당에 들어오지 못하니 8월과 9월에 와서 개가 빈 원장을 향해 짖는다."

永淳元年七月 東都大雨 人多殍殣 先是童謠曰 新禾不入箱 新麥不入場 迨及八九月 狗吠空垣牆

라 한 것이 보인다. 흉년의 참상을 노래한 것이다. 결국 詩妖란 당시의 세태를 풍자한 無名의 노래가 流轉하고 있음을 말한 것이다. 그것은 시국이 혼란하면 할수록 거센 전파력을 가졌다.

(4) 毛虫之孼

홍범오행전에 의하면 모충지얼은 '言之不從'으로 일어나는 구징으로서, 毛虫의 孼은 털이 있는 벌레나 짐승의 출현을 말한다.『三國史記』신라본기7에,

① (문무왕 13년) 여름 6월 호랑이가 대궁의 뜰에 들어오니 이를 죽였다.

　　(文武王十三年) 夏六月 虎入大宮庭 殺之

② (혜공왕 4년 6월) 호랑이가 궁중에 들어왔다.

　　(惠恭王四年六月) 虎入宮中

③ (문성왕 5년) 가을 7월에 호랑이가 신궁의 뜰에 들어왔다.

　　(文聖王五年) 秋七月 五虎入神宮園

④ (헌강왕) 11년 봄 2월에 호랑이가 궁정에 들어왔다.

　　(憲康王) 十一年春二月 虎入宮庭

라고 하여 호랑이가 궁중이나 신궁에 들어온 사실을 기록하고 있다.『新唐書』오행2 毛虫之孼에 의하면,

　　대력 4년 8월 기묘에 호랑이가 경사의 장수방 재신 元載의 가묘에 들어와 이것을 쏘아 죽였다. 호랑이는 서방에 속하는 것으로 사납게 물어뜯으므로 刑戮을 상징한다. 6년 8월 정축에 태극전의 內廊에서 白兎를 잡았다. 점에 이르되 "나라에 걱정이 있을 것이며, 白은 喪을 나타내는 妖祥이다"라고 하였다.

　　　大曆四年八月己卯 虎入京師長壽坊宰臣元載家廟 射殺之 虎 西方之屬 威猛吞噬 刑戮之象 六年八月 丁丑 獲白兎于太極殿之內廊 占曰 國有憂 白 喪祥也

라고 하여 宰臣家廟內 虎의 침입과 궁궐내 白兎의 입궁이 刑戮의 象이나 國有憂 등의 조짐으로 점쳐지고 있다. 신라 궁궐 내의 虎의 침입도 唐의 경우와 같이 맹수의 침입이라는 것 이상의 초자연적인 의미가 잠재해 있었다고 생각된다.

(5) 犬禍

犬禍도 '言之不從'이란 홍범오행전의 내용에 따라 초래된다는 재이
이다. 이와 관련된 『三國史記』 신라본기의 기사는 다음과 같다.

① (성덕왕 35년 겨울 11월) 개가 在城(月城) 鼓樓에 올라 3일 동안이
   나 짖었다.
   (聖德王三十五年冬十一月) 狗登在城鼓樓 吠三日
② (효성왕 3년 가을 9월) 여우가 월성 궁중에서 울었는데 개가 물어
   죽였다.
   (孝成王三年秋九月) 狐鳴月城宮中 狗咬殺之
③ (경명왕) 3년 사천왕사의 塑像이 잡고 있던 활시위가 저절로 끊어
   졌으며 벽화에 있는 개가 짖는 것과 같은 소리를 내었다. 상대등 김
   성을 각간으로 삼고, 시중 언옹을 사찬으로 삼았다. 우리 태조가 도
   읍을 송악으로 옮겼다.
   (景明王) 三年 四天王寺塑像所執弓弦自絶 壁畵狗子有聲 若吠者
   以上大等金成爲角湌 侍中彦邕爲沙湌 我太祖移都松岳郡

『新唐書』 오행2 犬禍條에,

① 무덕 3년 돌궐의 處羅可汗이 앞으로 침구해 온다고 하였는데, 밤에
   개떼의 짖는 소리가 들렸으나 개는 보이지 않았다.
   武德三年 突厥處羅可汗將入寇 夜聞犬羣嘷而不見犬
② 성예를 형남절도사로 삼았는데 성중의 개가 모두 밤에 짖었다. 일
   관 향은은 성곽이 앞으로 구허가 될 것이라고 하였다.
   成汭爲荊南節度使 城中犬皆夜吠 日者向隱以爲城廓將丘墟

고 하여 城中의 개가 일제히 짖는 것은 장차 성곽이 丘墟가 될 것임을
징조한다는 日者의 점이 보이고 있다. 신라의 경우 『三國史記』 사료
③에서 보는 바와 같이 사천왕사 塑像의 弓弦이 끊어진 것과 그 벽화
에 그려져 있는 개에서 우는 소리가 났다는 재이가 기록되어 있다. 이
기사는 『三國遺事』의 경명왕 3년조 기사에 좀더 자세히 기록되어 있
다. 이어서 기록된 상대등 金成과 시중 彦邕에 대한 관등수여 조치는

뭔가 연관성이 있는 듯하다. 그러나 신라의 犬禍 기사가 과연 어떠한 조짐으로 이해되었는지는 알 수 없다.

(6) 白眚白祥

이에 해당되는 기사로서 『三國史記』 신라본기에,

① (효소왕) 8년 봄 2월 백기가 하늘에 뻗쳐 있고 패성이 동쪽에 나타 났다.
  (孝昭王) 八年春二月 白氣竟天 星孛于東
② (경덕왕 15년) 여름 4월 크게 우박이 내렸다. 대영랑이 백호를 바치 매 남변 제일의 직위를 내렸다.
  (景德王十五年) 夏四月 大雹 大永郎獻白狐 授位南邊第一
③ (소성왕 원년 봄 3월) 냉정현령 염철이 백록을 진상하였다.
  (昭聖王元年春三月) 冷井縣令廉哲進白鹿

등의 白氣, 白狐, 白鹿에 대한 기사가 있다. 『新唐書』 오행2 白眚白祥 條에,

① 조로 원년 11월 임오에 진주 신정야 북쪽에 안개가 개이고 해가 처 음 떠오르는 것처럼 빛났으며 백록이 있고 백랑이 나타났다. 백상 에 가깝다.
  調露元年十一月壬午 秦州神亭治北 霧開如日初耀 有白鹿 白狼見 近白祥也
② 천복 원년 8월 기해에 서방에 백운이 떠 있었는데 가죽신의 바닥과 같아 보였다. 중간에 백기가 匹練처럼 나왔으며 길이는 5장으로 위 로 하늘을 찔렀는데 3개의 혜성으로 나뉘어 머리를 밑으로 드리웠 다. 점에 이르되 천하에 전쟁이 일어날 것이라 하였다. 白은 전쟁을 드러내는 요상이다.
  天復元年八月己亥 西方有白雲如履底 中出白氣如匹練 長五丈 上 衝天 分爲三彗 頭下垂 占曰 天下有兵 白者 戰祥也

라 하였다. 여기에서 보이는 白鹿, 白狼, 白雲, 白氣 등의 백색은 戰祥

등 불길한 조짐으로 이해되고 있으나, 신라의 경우 白氣竟天을 예외로
한다면 白鹿·白狐 등이 모두 왕에게 진상되고 있어 唐과는 달리 瑞
祥으로 파악되었음을 알 수 있다.

6. 水不潤下

『新唐書』 오행3에,

　　오행전에 이르되 종묘를 소홀히 하고 사당에서 빌지 않고 제사를 폐
　하고 천시를 거역하면 水는 불어서 아래로 내려가지 않는다. 이는 水
　가 그 본성을 잃어 百川이 넘쳐서 향읍을 파괴하고 인민을 익사케 하
　여 재앙이 되는 것을 말한다. 또 이르되 듣는 것이 총명하지 못하면 이
　것을 不謀라 하고 그 책망은 급함이요, 그 벌은 恒寒이며, 그 궁극의
　재앙은 궁핍이며 때로는 鼓妖가 일어나고 豕禍가 있으며, 때로는 耳痾
　가 있으며, 때로는 雷電, 霜, 雪, 雨雹과 黑眚黑祥이 일어난다. 이것은
　火가 水에 손상을 끼친 것이다.
　　　五行傳曰 簡宗廟 不禱祠 廢祭祀 逆天時 則水不潤下 謂水失其性 百
　　川逆溢 壞鄕邑 溺人民 而爲災也 又曰 聽之不聰 是謂不謀 厥咎急 厥
　　罰常寒 厥極貧 時則有鼓妖 時則有豕禍 時則有耳痾 時則有雷電 霜
　　雪 雨雹 黑眚黑祥 惟火沴水

라 하여 홍범오행전에서는 정묘를 소홀히 하고 사당에서 빌지 않고 제
사를 폐하여 天時를 거역하면 '水不潤下'에 이르게 된다고 하였다. 또
한 오행전에서는 '聽之不聰' 즉 洪範五事 중 聽의 不聰으로 常寒, 鼓
妖, 豕禍, 耳痾, 雷電, 霜, 雪, 雨, 雹, 黑眚黑祥, 火沴水 등 재이가 나
타난다고 하였다.

(1) 水不潤下

『三國史記』 신라본기에,

① (효소왕 7년) 가을 7월 경도에 큰물이 졌다.
   (孝昭王七年) 秋七月 京都大水
② (성덕왕 2년 가을 7월) 경도에 큰물이 지고, 익사자가 많았다. 중시
   원훈이 퇴임하고 아찬 원문을 중시로 삼았다.
   (聖德王二年秋七月) 京都大水 溺死者衆 中侍元訓退 阿湌元文爲
   中侍
③ (원성왕 13년 가을 9월) 큰물로 산이 무너지고 시중 지원이 퇴임하
   였다. 아찬 김삼조를 시중으로 삼았다.
   (元聖王十三年秋九月) 大水山崩 侍中智原免 阿湌金三朝爲侍中
④ (헌덕왕 6년) 여름 5월 국서에 큰물이 져서 왕이 사자를 보내어 수
   해를 입은 주군의 백성을 위문하고 1년간 조세와 공물을 면제하였
   다.
   (憲德王六年) 夏五月 國西大水 發使撫問經水州郡人民 復一年租
   調
⑤ (경문왕) 15년 여름 6월 큰물이 졌다.
   (景文王) 十五年夏六月 大水
⑥ (경문왕 7년) 가을 8월 큰물로 곡식이 부실하였다.
   (景文王七年) 秋八月 大水 穀不登
⑦ (경문왕 10년) 가을 7월 큰물이 졌다.
   (景文王十年) 秋七月 大水

등의 大水 기사를 찾아볼 수 있다. 물론 재이의 측면이 아니라 하더라
도 水害는 현실적 생존을 위협하는 크나큰 천재에 속하므로 중요한 기
록의 대상이 될 수 있다. 그러나 大水나 旱魃 같은 것은 역시 天意와
결부시키는 것이 일반적이다. 『新唐書』오행3 水不潤下에 의하면,

정관 3년 가을 貝, 譙, 鄆, 泗, 沂, 徐, 豪, 蘇, 隴의 九州에 큰물이 졌
다. 물은 태음의 氣이다. 만일 신하의 道가 문란하고 여자가 謁行하고,
夷狄이 강하고, 小人의 道가 성하고, 가혹한 刑으로 권력을 남용하여

아래 백성들이 그 근심을 감내할 수 없게 되면 陰類가 이기게 된다. 그
렇게 되면 그 기에 응하여 水가 이르게 되어 하늘에서는 견책을 나타
내어 달과 辰星과 여러 水를 맡은 별들의 변고가 나타난다. 만일 七曜
(日, 月, 歲星, 熒惑, 太白, 辰星, 鎭星)가 中道의 北을 순행하면 모두
水의 재이이다.

> 貞觀三年秋 貝譙鄆泗沂徐豪蘇隴九州水 水 太陰之氣也 若臣道顚女
> 謁行 夷狄彊 小人道長 嚴刑以逞 下民不堪其憂 則陰類勝 其氣應而水
> 至 其謫見于天 月及辰星與列星之司水者爲之變 若七曜循中道之北 皆
> 水祥也

라 하여 臣道 문란이나 여자의 謁行 등이 원인이 되어 夷狄의 강성,
小人의 난무, 嚴刑의 遍行이 일어나 下民들이 그 근심을 감당할 수 없
게 되면 그 견책으로서 하늘이 月變과 星變을 나타낸다는 것이다. 결
국 통치자의 부덕이 하늘에까지 감응하여 水災를 가져온다는 것이다.
신라의 大水 기사에서는 이러한 설명이 보이지는 않지만, 역시 이들
기록은 중국처럼 자연재해를 넘어 재이적 측면에서 이해할 수 있을 것
으로 믿는다.

(2) 常寒

常寒에 해당되는 기사로서『三國史記』신라본기에 다음 大雪 또는
大寒 기사가 있다.

① (신문왕 3년) 여름 4월 평지에 눈이 내려 한 자나 되었다.
  (神文王三年) 夏四月 平地雪一尺
② (성덕왕) 10년 봄 3월 큰 눈이 왔다.
  (聖德王) 十年春三月 大雪
③ (성덕왕 32년 가을 7월) 한 길이나 되는 큰 눈을 만나 산길이 막히
  고 군사의 사망자가 과반이나 되고 전공도 거두지 못하고 돌아왔
  다.
  (聖德王三十二年秋七月) 會大雪丈餘 山路阻隘 士卒死者過半 無
  功而還

④ (선덕왕 4년) 2월 경도에 눈이 와서 높이가 석 자나 되었다.

(宣德王四年) 二月 京都雪三尺

⑤ (원성왕 7년) 겨울 10월 경도에 눈이 내려 석 자나 되고 사람이 얼어죽기도 하였으며 시중 종기를 면직하였다.

(元聖王七年) 冬十月 京都雪三尺 人有凍死 侍中宗基免

⑥ (애장왕 2년) 겨울 10월 큰 추위가 와서 송죽이 모두 죽었다.

(哀莊王二年) 冬十月 大寒 松竹皆死

⑦ (애장왕 8년) 가을 8월 큰 눈이 왔다.

(哀莊王八年) 秋八月 大雪

⑧ (헌덕왕 14년) 2월 눈이 와서 5척이나 되고 나무가 말라죽었다.

(憲德王十四年) 二月 雪五尺 樹木枯

⑨ (홍덕왕 3년) 3월 눈이 와서 깊이가 석 자나 되었다.

(興德王三年) 三月 雪深三尺

『新唐書』 오행3 常寒條에,

① 현경 4년 2월 임자에 큰 눈비가 왔다. 바야흐로 봄이 되었는데 소양이 횡행하여 추운 기운이 위협하니 옛 점에 이르기를 "군주가 형법을 함부로 남용하는 것을 상징하는 것으로 상한에 가깝다"고 하였다.

顯慶四年二月壬子 大雨雪 方春 少陽用事 而寒氣脅之 古占以爲人君刑法暴濫之象 近常寒也

② 정원 원년 정월 무술 크게 바람이 불고 눈이 내려 추웠다. 병오에 또 크게 바람이 불고 눈이 내려 추웠으며 백성들이 주리고 얼어죽는 사람이 많았다. 12년 12월에 크게 눈이 와서 몹시 춥고 대, 잣나무, 감나무가 많이 얼어죽었다. 점에 이르되 "유덕자가 재액을 만나면 그 재앙은 폭한이다"라고 하였다.

貞元元年正月戊戌 大風雪 寒 丙午 又大風雪 旱 民飢 多凍死者 十二年十二月 大雪甚寒 竹栢柿樹多死 占曰 有德遭險 厥災暴寒

등 常寒의 종류로서 大雨雪, 大風雪, 寒 등의 기사가 보이고 군주의 '刑法暴濫' '有德遭險' 등의 부덕한 행위 때문에 이러한 상한이 초래된다고 하고 있다. 신라의 상한 기록에서는 아무런 설명도 보이지 않는다.

(3) 鼓妖

鼓妖에 대해서는『三國史記』신라본기에 다음 기사가 있다.

① (경덕왕) 19년 봄 정월 도성의 동북쪽에서 북을 치는 것과 같은 소
리가 났다. 여러 사람들이 도깨비북이라 하였다.

(景德王) 十九年春正月 都城寅方 有聲如伐鼓 衆人謂之鬼鼓

② (혜공왕 2년) 겨울 10월 하늘에서 북소리와 같은 소리가 났다.

(惠恭王二年) 冬十月 天有聲如鼓

『新唐書』오행3의 鼓妖條에 보면,

① 무덕 3년 2월 정축 서울의 서남쪽에서 산이 무너지는 듯한 소리가
났는데 鼓妖와 가깝다. 說者는 "군주가 듣는 것이 총명하지 못하면
대중이 현혹되고 그러면 소리는 들리나 모습은 보이지 않아 그것이
어디서 온 것인지 알지 못한다"고 하였다.

武德三年二月丁丑 京師西南有聲如崩山 近鼓妖也 說者以爲人君不
聽 爲衆所惑 則有聲無形 不知所從生

② 정원 13년 6월 병인에 하늘이 어둡고 길거리의 북이 울리지 않았다.

貞元十三年六月丙寅 天晦 街鼓不鳴

등의 鼓妖 기사가 보이는데 '君不聽' 즉 홍범오행전의 '聽之不聰'이라
는 부덕을 그 원인으로 보고 있다.

신라 기사에서는 아무런 설명을 발견할 수 없으나 전형적인 고요를
기록하고 있는 점으로 미루어 재이설의 범주에서 이해할 수 있을 것이
다.

(4) 魚孼

이는 물고기의 이변으로서,『三國史記』신라본기의,

(헌안왕 2년) 5월에서 가을에 이르기까지 비가 내리지 않았으며, 당성군 남쪽 강기슭에 대어가 나타났다. 길이가 40보, 높이 6장이었다.

　　(憲安王二年) 自五月至秋七月不雨 唐城郡南河岸有大魚出 長四十步 高六丈

는 기사와『三國遺事』권2 혜공왕조의,

대력 초에 강주 관청 대당의 동쪽에 땅이 점차 꺼져 못이 되었는데 세로가 13척, 가로가 7척이었다. 갑자기 잉어 5~6마리가 나타나 서로 이어서 점차 커지고 못이 또한 점차 커졌다.

　　大曆之初 康州官署大堂之東 地漸陷成池 縱十三尺 橫七尺 忽有鯉魚五六 相繼而漸大 淵亦隨大

는 두 기사가 전형적인 魚孽에 속한다.『新唐書』오행3 魚孽條에는,

① 원화 14년 2월 낮에 길이 한 자쯤 되는 고기가 나타나 운주시에 떨어졌다가 자못 오래 되어 죽었다. 고기가 물을 잃고 시장에 떨어지니 패멸할 징조다.

　　元和十四年二月 晝 有魚長尺餘 墜於鄆州市 良久而死 魚失水而墜于市 敗滅象也

② 개성 2년 3월 임신에 길이 6장이나 되는 큰 고기가 바다로부터 회지방에 들어왔다가 호주 초의 지방에 이르렀는데 백성들이 이를 죽였다. 어얼에 가깝다.

　　開成二年三月壬申 有大魚長六丈 自海入淮 至濠州招義 民殺之 近魚孽也

③ 건부 6년 범수의 물고기가 상류로 거슬러 원곡의 평륙 지경에 이르렀다. 물고기는 백성을 상징하는 것으로 위로 역류하는 것은 백성이 君令을 따르지 않는다는 것이다.

　　乾符六年 氾水河魚逆流而上 至垣曲平陸界 魚 民象 逆流而上 民不從君令也

라는 기사가 있는데, 唐의 경우 사료 ③에서 보는 바와 같이 魚를 民

의 상징으로 보고 물고기가 역류하여 거슬러 올라가는 것을 민이 君令
에 따르지 않는다고 해석하고 있다. 신라의 경우『三國遺事』에 보이는
혜공왕대 강주의 鯉魚 출현은 당시 8세의 어린 나이로 즉위하여 태후
의 섭정을 받고 있던 불안한 왕권의 실상에 견주어 볼 만하다.

(5) 蝗

蝗虫의 재해기록은『三國史記』신라본기 聖德王 19년 7월, 景德王
13년 8월, 惠恭王 5년 5월, 元聖王 3년 7월, 동 13년 9월, 文聖王 15년
8월, 景文王 12년 8월 기사 등에 보인다. 이 중에,

> (혜공왕 5년) 여름 5월 누리와 가뭄이 있어 백관에게 명하여 아는 사
> 람을 각기 천거하게 하였다.
> (惠恭王五年) 夏五月 蝗·旱 命百官各擧所知

라는 기사는 蝗·旱을 하나의 天譴으로 보고 백관으로 하여금 각기
아는 사람을 천거토록 요청하고 있어 주목된다.『新唐書』오행3의 蝗
條에,

> ① 무덕 6년 하주에 누리의 재해가 있었다. 누리는 백성을 손상케 하는
>   것이다. 공이 없이 녹을 받는 것과 같으며, 모두 탐하고 착취하는
>   데서 발생하는 것이다. 先儒는 군주가 되어 禮度를 상실하고 가혹
>   행위가 잦으면 가뭄이 오고, 물고기와 소라가 벌레와 누리로 변하
>   기 때문에 어얼에 속한다고 하였다.
>   武德六年 夏州蝗 蝗之殘民 若無功而祿者然 皆貪撓之所生 先儒以
>   爲人主失禮煩苛則旱 魚螺變爲蟲蝗 故以屬魚孽
> ② 정관 2년 6월 경기에 가뭄과 누리가 있었다. 태종은 정원에서 누리
>   를 잡아 빌기를 사람은 곡식으로 생명을 삼는데 백성의 과실이 있
>   으면 나 한 사람에게 달려 있사오니 오직 나에게 충해를 당하게 하
>   고 백성들에게는 해가 없게 하소서 하면서 누리를 삼키려 하였다.
>   시신이 황제가 병에 걸릴까 두려워하여 급히 간하였더니 황제가 말

하기를 짐의 몸으로 재앙을 옮기려고 하는데 어찌 병을 피하겠는가
하면서 드디어 삼켰다. 이 해에 누리는 재이를 끼치지 않았다.

> 貞觀二年六月 京畿旱蝗 太宗在苑中掇蝗祝之曰 人以穀爲命 百姓
> 有過 在予一人但當蝕我 無害百姓 將呑之 侍臣懼帝致疾 遽以爲諫
> 帝曰 所冀移災朕躬何疾之避 遂呑之 是歲 蝗不爲災

③ 개성 5년 여름 幽, 魏 … 汝 등의 주에 며루와 누리가 곡식을 해하
였다. 점에 이르되 나라에 邪人이 많고 조정에 충신이 없는데 관직
을 차지하고 녹을 먹으면 벌레와 백성이 먹이를 다투는 것과 같기
때문에 근년에 누리가 충해를 입혔다고 하였다.

> 開成五年夏 幽 魏 … 汝等州螟蝗害稼 占曰 國多邪人 朝無忠臣 居
> 位食祿 如蟲與民爭食 故比年蟲蝗

고 하여 蝗災에 대한 재이관이 잘 드러나 있다. 즉 無功而祿者가 있거
나 군주가 失禮煩苛하거나, 邪人이 많고 충신이 없으면 蝗虫의 재이
가 발생한다는 것이다. 이에 대한 태종의 적극적인 황충 퇴치책도 주
목된다.

신라의 경우도 혜공왕대 蝗旱에 대비하여 백관의 상소를 명하고 있
는 것으로 보아 蝗災는 단순한 재난을 넘어선 五行說적인 측면에서
받아들여지고 있었던 것으로 보인다.

(6) 雷電

『新唐書』 오행3에 의하면,

연화 원년 6월 하남 언사현 이재촌의 민가에 벼락이 들이치고 지진
이 일어나 땅이 갈라졌는데 갈라진 것이 한 길쯤 되고 길이는 15리이
고 깊이는 측량할 수 없었다. 갈라진 곳이 우물과 뒷간이 서로 통하는
곳으로 혹은 무덤과 통하여 관이 평지에 드러났는데 손상되지 않았다.
李는 國姓이다. 벼락이 친 것은 형벌을 두렵게 하는 것을 상징한다. 땅
은 陰類이다.

> 延和元年六月 河南偃師縣李材村 有震電入民家 地震裂 闊丈餘 長
> 十五里 深不可測 所裂處井廁相通 或衝冢墓 柩出平地無損 李 國姓也

震電 威刑之象 地 陰類也

라고 하여 震電 즉 雷電을 威刑의 상징으로 해석하고 있다. 신라의 경우는 『三國史記』 신라본기에 문무왕 2년 8월, 신문왕 7년 2월, 경덕왕 17년 7월, 문성왕 7년 11월 등의 기사에 雷電 기사가 보이고 있다. 이 중 사례 두 가지를 들면 다음과 같다.

① (문무왕 2년 8월) 사찬 여동이 어머니를 구타하였는데 하늘에서 뇌우가 쳐서 죽었다. 그 몸 위에 '須畢堂'이라는 석 자가 씌어 있었다.
　(文武王二年八月) 沙湌如冬打母 天雷雨震死 身上題須畢堂三字
② (신문왕) 7년 봄 2월 원자(태자)가 탄생하였다. 이 날은 일기가 음침하고 어둡고 큰 우레와 번개가 있었다. … 여름 4월에 음성서의 장을 卿이라 고쳤다. 조묘에 대신을 보내어 제를 올리며 가로되 "王某는 머리 숙여 재배하고 삼가 태조대왕·진지대왕·문흥대왕·태종대왕·문무대왕의 靈에 아뢰나이다. 某가 천박한 자질로 큰 왕업을 이어받아 자나깨나 근심과 근면으로 편안할 겨를이 없고, 종묘의 애호 지지와 천지의 주는 복록을 입어 사방이 안정되고 백성이 화목하여 외국의 손님이 보물을 싣고 와 바치며, 刑政이 청명하고 쟁송이 그쳐 오늘에 이르렀습니다. 요즈음 도를 잃은 때 왕위에 임하고, 의가 어그러짐에 天鑒이 보이어, 星象은 괴이하게 나타나고 태양은 빛을 감추매 두려워함이 마치 깊은 못과 골짜기에 빠지는 것 같습니다. 삼가 모관 모를 보내어 변변치 않은 물건을 받들어 계신 것과 같은 신령께 드리오니, 바라건대 이 작은 정성이나마 밝게 살피시고 그 조그만 몸을 불쌍히 여기사 사시의 절후를 고르게 해주시고 五事(貌·言·視·聽·思)를 이룸에 잘못이 없도록 하여주시며, 곡식이 잘되고 질병이 없어지고 의식이 풍족하고 예의가 갖추어지고 중외가 편안하고 도적이 사라지며 후손에게 너그러움을 내리어 길이 다복함을 누리게 하여주소서, 삼가 아룁니다" 하였다.
　(神文王) 七年春二月 元子生 是日 陰沉昧暗 大雷電 … 夏四月 改音聲署長爲卿 遣大臣於祖廟 致祭曰 王某稽首再拜 謹言太祖大王·眞智大王·文興大王·太宗大王·文武大王之靈 某以虛薄 嗣守崇基 寤寐憂勤 未遑寧處 奉賴宗廟護持 乾坤降祿 四邊安靜 百姓

雍和 異域來賓 航琛奉職 刑淸訟息 以至于今 比者 道喪君臨 義乖
天鑒 怪成星象 火宿沉輝 戰戰慄慄 若墜淵谷 謹遣使某官某 奉陳
不腆之物 以虔如在之靈 伏望炤察微誠 矜恤眇末 以順四時之候 無
愆五事之徵 禾稼豊而疫癘消 衣食足而禮義備 表裏淸謐 盜賊消亡
垂裕後昆 永膺多福 謹言

위의 사료 ①은 친모를 구타함으로써 천벌을 받았다는 기사이고, 사
료 ②는 신문왕 7년 2월에 왕이 원자의 출생을 보았는데 바로 그 날
일기가 음침하고 어둡고 하늘에서 大雷電이 발생하였다는 것이다. 이
는 당시 신문왕에게는 매우 충격적인 사건으로 받아들여졌던 듯하다.
그래서 두 달 후인 4월에 대신을 祖廟로 보내 태조대왕으로부터 문무
왕에 이르기까지 4대조에게 제사를 올리고 있다. 특히 제사의 축문 내
용에는 당시 신라인들의 天文觀이 잘 드러나 있다. 즉 근일 正道가 무
너진 때에 왕위에 오르고 의리가 乖違하여 大雷電 같은 天譴이 나타
나고 괴이한 星變이 나타나고 태양(火宿)은 빛을 잃는 天變이 나타났
다는 것이다.[2]

즉 천변의 원인은 王道의 상실에 있고 그것이 天譴으로 나타났다고
보았다. 따라서 致祭를 통해 기원한 바는 四時의 節候를 고르게 해달
라는 것이며 무엇보다 중요한 것은 ‘無愆五事之徵'이었다. 주지하는
바와 같이 五事란『書經』홍범의 오사이다. 貌·言·視·聽·思는 제
왕의 기본적인 행동규범으로 곧 王道이다. 그러므로 홍범오행전은 군
주가 五事를 제대로 실천하지 않았을 때 하늘이 그 경고로서 천견을
내리게 된다고 하였다. 이러한 천견이란 곧 天災와 地變이다. 원자의
탄생과 함께 내린 天雷를 크나큰 천견으로 간주하였다는 것을 읽을 수
있다.

---

2)『三國史記』新羅本紀8에 의하면, 神文王 2년 5월에 太白犯月, 동 3년 10월
에 彗星出五車, 동 4년 10월 自昏及曙 流星縱橫, 동 7년 2월 元子生 是日陰
沉昧暗 등의 천변이 계속 일어나고 있다.

(7) 霜

『新唐書』오행3 霜條에,

> 정관 원년 가을에 서리가 내려 곡식을 죽였다. 京房易傳에 이르되 임금의 형벌이 함부로 행해지면 하늘이 그 응징으로 서리를 내린다고 하였다.
> 貞觀元年秋 霜殺稼 京房易傳曰 人君刑罰妄行 則天應之以隕霜

라 하여 京房易傳을 인용하여 군주의 가혹한 刑政이 隕霜이라는 天譴으로 나타난다고 보고 있다. 신라에서 隕霜 기사는 원성왕 5년 7월, 동 11년 8월, 흥덕왕 2년 5월, 헌안왕 2년 4월, 효공왕 6년 3월, 동 9년 4월, 신덕왕 2년 4월, 동 3년 3월 등에 보인다. 그러나 이들 隕霜의 의미를 나타낸 기록은 보이지 않는다. 다만 『三國史記』진성여왕조에 보면, 진성여왕이 즉위하여 정치가 문란해지자 陁羅尼의 隱語로 왕을 비방하는 글이 노상에 던져져 이를 隱者 王居仁의 소행으로 단정하고 그를 옥에 가두었는데 이 때 居仁이 시를 지어 하늘에 호소하니 하늘이 그 獄에 벼락을 쳐서 면하게 했다는 기록이 나온다. 그가 지었다는 시는 다음과 같다.

> 燕丹의 피어린 눈물
> 무지개가 해를 뚫고
> 鄒衍의 먹음은 슬픔
> 여름에도 서리를 나린다
> 지금 이내 시름 그와 같도다
> 아 皇天아, 어찌해 아무 표시도 없는가[3]

억울한 형벌에 대해 서리로써 군주의 부덕을 徵驗한다는 것이다. 앞서 신라본기의 隕霜 기사의 배후에도 이러한 천견설이 함축되어 있었을 것으로 보인다.

---

3) 『三國遺事』卷2.

(8) 雹

『新唐書』오행3 雹條에,

함형 원년 4월 경오, 옹주에 크게 우박이 떨어졌다. 2년 4월 무자에 크게 우박이 떨어지고 벼락을 치고, 대풍으로 나무가 부러졌다. 則天門의 鴟尾 세 개가 떨어졌다. 선유는 "雹이란 陰이 陽을 위협한 것이다"라 하였다. 또 말하기를 "군주가 그 과실을 듣기 싫어하며 현자를 물리치고 사악한 자를 등용하면 우박과 비가 더불어 내리고, 참소를 믿고 죄 없는 사람을 죽이면 우박이 내려 기와를 부수고, 수레를 파괴하고 우마를 죽인다"고 하였다.

咸亨元年四月庚午 雍州大雨雹 二年四月戊子 大雨雹 震電 大風折木 落則天門鴟尾三 先儒以爲 雹者 陰脅陽也 又曰 人君惡聞其過 抑賢用邪 則雹與雨俱 信讒殺無罪 則雹下毀瓦 破車 殺牛馬

라 하였다. 우박이 내리는 현상은 군주가 그 과실을 뉘우치지 아니하고 賢人을 멀리하고 邪人을 등용하거나 참소를 믿고 무고한 사람을 살해할 때 나타나는 것이라고 하고 있다.

신라의 우박 기사로는 『三國史記』신라본기에 성덕왕 19년 4월, 동 24년 4월, 경덕왕 4년 4월, 동 13년 4월, 동 15년 4월, 혜공왕 12년 4월 등에 보인다. 그러나 이들 기사가 과연 당대의 刑政執行과 관련해서 이해되었는지는 알 수 없다.

(9) 火珍水

이에 해당되는 것으로서 『三國史記』신라본기에,

① (효소왕 8년) 9월 동해의 물이 싸워 그 소리가 왕도에까지 들리었다.
    (孝昭王八年) 九月 東海水戰 聲聞王都
② (혜공왕 4년 6월) 샘물이 모두 말랐다.
    (惠恭王四年六月) 泉井皆渴

③ (신덕왕) 4년 여름 4월 참포수와 동해의 물이 서로 싸워 물결의 높이가 20장쯤 되어 사흘이 되어 그쳤다.

(神德王) 四年夏四月 槧浦水與東海水相擊 浪高二十丈許 三日而止

고 하여 水戰, 水相擊, 泉井渴 등이 기록되어 있다. 사료 ③의 水相擊이 『三國遺事』효공왕조에는 신덕왕 4년 6월의 일로 기록되어 있다. 『新唐書』오행3 火沴水條를 보면,

① (정원) 21년 여름 월주의 경호가 말랐다. 이 해에 낭주의 웅·무 지방의 五溪의 물이 싸웠다. 점에 이르되 "산이 무너지고 시내가 마르면 나라가 반드시 망한다"고 하였으며 또 이르되 "방백이 武斷政治를 하면 물이 싸운다"고 하였다.

(貞元) 二十一年夏 越州境湖竭 是歲朗州 熊武五溪水鬪 占曰 山崩川竭 國必亡 又曰 方伯力政 厥異水鬪

② 중화 3년 가을 변수가 회수로 흘러들어 싸우니 파괴된 배가 수척이었다.

中和三年秋 汴水入于淮水鬪 壞船數艘

고 하여 水渴·水鬪의 기록과 함께 그 조짐으로 '國必亡', 그 원인으로서 '方伯力政' 등이 지적되고 있다. 신라의 경우 재이의 의미를 짐작하기 어려우나 水鬪나 水渴 등의 사실이 기록된 점으로 미루어 唐의 水鬪나 水渴과 같은 오행설의 범주에서 이해하여야 할 것이다.

7. 皇之不極

이에 대해 『新唐書』오행전에서는,

오행전에 이르되 군주가 中正하지 못한 것을 不建이라 하고 그 책망은 멍청함이며, 그 벌은 常陰이요, 그 궁극의 재앙은 弱體다. 때로는

射妖가 있고, 때로는 龍과 蛇의 재앙이 있고 때로는 馬禍가 있고, 때로
는 하인이 上을 伐하는 재난이 일어나고, 때로는 日月이 亂行하고, 星
辰이 逆行하는 수가 있다. 木, 金, 火, 水, 土가 天에 손상을 끼친 것이
다.

> 五行傳曰 皇之不極 是謂不建 厥咎眊 厥罰常陰 厥極弱 時則有射妖
> 時則有龍蛇之孽 時則有馬禍 時則有下人伐上之痾 時則有日月亂行 星
> 辰逆行 謂木金火水土沴天也

라 하였는데, ‘皇之不極’ 즉 왕도의 中正이 이루어지지 않으면 常陰,
射妖, 龍蛇之孽, 馬禍, 下人伐上之痾, 日月亂行, 星辰逆行, 木金火水
土沴天 등에 이르는 재이가 발생한다는 것이다. 『新唐書』 오행3에는
재이의 사례로서 常陰, 霧, 虹蜺, 龍蛇孽, 馬禍, 人痾, 疫, 天鳴, 隕石
등을 수록하고 있다. 이러한 재이 내용 중 신라시대에 해당되는 것을
살펴보면 다음과 같다.

(1) 常陰

상음에 해당하는 것으로는 『三國史記』 신라본기에 다음과 같은 기
사가 있다.

① (문무왕) 21년 봄 정월 초하루에 종일 낮이 밤과 같이 어두웠다.
   (文武王) 二十一年春正月朔 終日黑暗如夜
② (헌덕왕 6년) 가을 8월 경도가 바람과 안개로 밤과 같았다. 무진주
   도독 헌창이 서울로 들어와 시중이 되었다.
   (憲德王六年) 秋八月 京都風霧如夜 武珍州都督憲昌入爲侍中

『新唐書』 오행3 常陰條에는,

원화 15년 정월 경진에서 병신에 이르기까지, 낮에 늘 구름이 끼어
어두웠으며 약간의 비와 눈이 내리고 밤에는 맑게 개였다. 점에 이르
기를, “낮에 안개가 끼고 밤이 맑으면 신하의 뜻이 펴지게 된다”고 하
였다.

元和十五年正月庚辰 至于丙申 晝常陰晦 微雨雪 夜則晴霽 占曰 晝霧夜晴 臣志得申

라 하였다. 여기에서는 상음이 '臣志得申'을 豫兆하는 것으로 되어 있는데, 신라의 경우 사료 ②에 보이는 경도의 風霧는 헌덕왕이 동생 秀宗(뒤 흥덕왕)과 함께 조카인 어린 애장왕을 살해하고 즉위한 지 6년째에 해당하는 시기에 나타난 현상으로, 같은 해 8월에는 앞으로 난을 일으킬 무진주도독 김헌창이 侍中으로 임명되었다. 아마 風霧로 인한 常陰은 이 같은 정치권력의 갈등과 관련시킨 것이 아닌가 생각된다.

(2) 霧

黃霧에 관해서는 『三國史記』 신라본기9에 다음과 같은 기사가 보인다.

(혜공왕) 16년 봄 정월에 누런 안개[黃霧]가 끼고 2월에 우토가 내렸다. 어려서 즉위한 왕이 자라서 聲色에 빠지고 巡遊하는 것이 법도에 어긋나고 기강이 문란하여 재이가 자주 나타났으며, 인심이 이반하고 사직이 불안하게 되니, 이찬 김지정이 반란을 일으켜 무리를 모아 궁궐을 에워쌌다. 여름 4월에 상대등 김양상과 이찬 김경신 등이 군사를 일으켜 지정 등을 베고, 왕과 후비도 반란군에게 시해되었다. 양상 등은 왕의 시호를 혜공왕이라 하였고, 원비는 신보왕후로서 이찬 유성의 딸이며 차비는 이찬 김장의 딸이다. 史記에는 입궁한 연월이 전하지 않는다.

(惠恭王) 十六年春正月 黃霧 二月 雨土 王幼少卽位 及壯 淫于聲色 巡遊不度 綱紀紊亂 災異屢見 人心反側 社稷杌隉 伊飡金志貞叛 聚衆 圍犯宮闕 夏四月 上大等金良相與伊飡敬信 擧兵誅志貞等 王與后妃爲 亂兵所害 良相等謚王爲惠恭王 元妃新寶王后 伊飡維誠之女 次妃伊飡 金璋之女 史失入宮歲月

『新唐書』 오행3 霧條에는,

① 장수 원년 9월 무술에 누런 안개가 사방에 끼었다. 안개는 온갖 사악한 기운으로 陰을 위하여 陽을 가리며, 땅에서 비롯되어 하늘에 응징이 나타난다. 黃은 土가 되고 土는 中宮이 된다.

　　長壽元年九月戊戌 黃霧四塞 霧者 百邪之氣 爲陰冒陽 本于地而應于天 黃爲土 土爲中宮

② 경룡 2년 8월 갑술에 누런 안개가 끼어 혼탁하고 비는 오지 않았다. 2년(3년?) 정월 정묘에 누런 안개가 사방에 끼고 11월 갑인에 해가 진 뒤 저녁에 안개가 사방에 끼고 2일이 지나서야 그쳤다. 점에 이르되 "안개가 연일 흩어지지 않으면 그 나라는 혼란하다"고 하였다.

　　景龍二年八月甲戌 黃霧昏濁不雨 二年正月丁卯 黃霧四塞 十一月 甲寅 日入後 昏霧四塞 經二日乃止 占曰 霧連日不解 其國昏亂

라고 하여 黃霧 기사와 함께 그 災異的 해석이 실려 있고, ‘百邪之氣’ ‘其國昏亂’ 등을 황무 현상의 豫兆로 풀이하고 있다. 신라의 경우 혜공왕 말년 기사에도 왕의 부덕한 치세로 黃霧·雨土 등 재이가 자주 일어나더니 결국 김양상 등에 의해 왕의 살해가 일어난 것으로 기록하고 있다.

(3) 龍蛇孼

여기에 속하는 것으로 『三國史記』 신라본기11에 다음 기사가 있다.

(경문왕) 15년 봄 2월 경도 및 국동에 지진이 일어나고 성패가 동쪽에 나타나서 20일이 되어 사라졌다. 여름 5월에 왕궁 우물에 용이 나타나 잠시 운무가 사방에 모이더니 날아가 버렸다. 가을 7월 8일에 왕이 돌아가니 시호를 경문이라 하였다.

　　(景文王) 十五年春二月 京都及國東地震 星孛于東 二十日乃滅 夏五月 龍見王宮井 須臾雲霧四合飛去 秋七月八日 王薨 諡曰景文

2월의 지진과 星孛의 출현, 용이 왕궁 우물에서 날아간 현상을 경문왕의 죽음과 연결지어 기록한 것으로 보인다. 『後漢書』 권17 오행5에,

안제 연광 3년 제남에서 황룡이 역성에 나타났다고 하고, 낭사에서는 황룡이 제에 나타났다고 하였다. 이 때에 안제는 참언을 듣고 태위 양진을 면직하니 양진이 자살하였다. 또 안제는 홀로 아들 하나를 두어 태자로 삼았으나, 참소를 믿고 이를 폐하였다. 이것은 皇의 不中에 해당되므로 용의 재이가 있었던 것으로, 이 때에 많은 아첨꾼들을 기용하였기 때문에 그 응징이 나타난 것이다.

> 安帝延光三年 濟南言黃龍見歷城 琅邪言黃龍見諸 是時安帝聽讒 免太尉楊震 震自殺 又帝獨有一子 以爲太子 信讒廢之 是皇不中 故有龍孽 是時多用佞媚 故以爲瑞應

라 하여 후한 안제의 信讒·用佞媚 등 제왕의 王道不中이 龍孽을 가져왔다고 보았다. 이러한 점에서 혜공왕의 시해사건과 안제의 부중 등은 용과 관련해서 설명되고 있다고 짐작할 수 있다.

(4) 人痾

人痾에 대해서는『三國史記』신라본기에 다음과 같은 多産·奇形産 기사가 나온다.

① (문무왕 10년 6월) 한기부 여인이 한 번에 3남1녀를 낳아 粟 2백 석을 내렸다.

　(文武王十年六月) 漢祇部女人 一産三男一女 賜粟二百石

② (원성왕 7년 봄 정월) 웅천주 향성 대사의 아내가 한 번에 세 쌍둥이 아들을 낳았다.

　(元聖王七年春正月) 熊川州向省大舍妻 一産三男

③ (원성왕 14년 여름 6월) 굴자군 석남오 대사의 처가 한 번에 3남1녀를 낳았다.

　(元聖王十四年夏六月) 屈自郡石南烏大舍妻 一産三男一女

④ (헌덕왕 6년) 겨울 10월 검모 대사의 처가 한 번에 세 쌍둥이 아들을 낳았다.

　(憲德王六年) 冬十月 黔牟大舍妻 一産三男

⑤ (헌덕왕 17년) 3월 무진주 마미지현의 한 여인이 아기를 낳았는데

머리가 둘에 몸도 둘이며 팔이 넷이었다. 아기를 출산할 때 하늘에
서 크게 벼락을 쳤다.

  (憲德王十七年) 三月 武珍州馬彌知縣女人産兒 二頭二身四臂 産
  時天大雷

⑥ (헌덕왕 17년 가을) 우두주 대양관군 황지 내마의 처가 한 번에 2남
2녀를 낳아 租 100석을 내렸다.

  (憲德王十七年秋) 牛頭州大楊管郡黃知奈麻妻 一産二男二女 賜租
  一百石

⑦ (헌강왕 8년) 겨울 12월 고미현의 한 여자가 한 번에 세 쌍둥이 아
들을 낳았다.

  (憲康王八年) 冬十二月 枯彌縣女 一産三男

이에 대비하여 『新唐書』 오행3 人痾條에는,

① 영휘 6년 치주 고원의 백성 오위의 처와 가주 백성 신도호의 처가
모두 한 번에 아들 네쌍둥이를 낳았다. 무릇 사물이 常道에 반하면
妖가 된다. 또한 음기가 성하면 母道가 성하게 된다.

  永徽六年 淄州高苑民吳威妻 嘉州民辛道護妻皆一産四男 凡物反常
  則爲妖 亦陰氣盛則母道壯也

② 건부 6년 가을 촉군의 부인 윤씨가 아들을 낳았는데 머리가 돼지와
같았으며 눈이 볼기짝 밑에 붙어 있었다. 점에 이르되 "군주가 도를
잃는다"고 하였다.

  乾符六年秋 蜀郡婦人尹生子首如豕 目在脽下 占曰 君失道

고 하였다. 신라에서는 多産인 경우 '조 100석을 내렸다'는 기사가 있
어 자못 경사로 삼고 있으며, 奇形産인 경우 '아이를 낳을 때 하늘에서
크게 벼락을 쳤다'고 한 사실과 결부시킨 것을 보면 咎徵으로 처리하
고 있음을 알 수 있다. 그러나 당나라의 경우는 다산이건 기형이건 모
두 物反常의 妖나 君失道 등 재이로 파악하고 있다.

(5) 疫

疫에 대해서는 『三國史記』 신라본기에 흥덕왕 8년 겨울 10월, 문성왕 3년 봄, 경문왕 7년 5월, 동 10년 겨울 등에 기사가 보인다. 『新唐書』 오행3 疫條에는,

> 영순 원년 겨울 크게 병이 유행하여 양경에서 죽은 자가 길에 서로 포개졌다. 점에 이르되, 장차 나라에 근심할 일이 있을 것인데 邪亂의 기운이 먼저 백성에게 나타날 것이므로 병이 발생한 것이다.
>
> 　永淳元年冬 大疫 兩京死者相枕於路 占曰 國將有恤 則邪亂之氣 先被于民 故疫

라 하여 나라에 邪亂의 기운이 있어 역이 유행한다고 보았다. 疫의 발생도 어떤 疫學外的인 초자연적 힘에 의해 유행되고 있다고 본 것이다. 신라의 경우도 이 같은 오행설적인 관점에서 기록된 것이 아닌가 생각된다.

8. 祥瑞

앞서 살펴본 바와 같이 홍범오행전에서는 목·화·토·금·수의 오행질서가 순조롭지 않게 되거나 『書經』 홍범의 五事가 中正치 못할 때 天譴으로서 구징이 나타난다고 하였다. 천재나 지변의 형태로 자연현상에 이변이 나타나는 것이다. 이것은 다름 아닌 군주의 부덕한 정치행위를 譴責하려는 것이었다.

이와는 반대로 군주가 이상적인 도덕정치를 구현하게 되면 祥瑞가 나타나게 된다고 보았다. 따라서 상서는 구징과 대조를 이루는 자연현상이라 할 수 있다. 『淮南子』의 覽冥訓에 보면, 옛날 黃帝가 천하를 다스릴 때 日月의 운행을 잘 다스리고 음양의 기운을 헤아리며 四時의 度를 조절하며 이상적인 정치를 펼치자 日月이 精明하고 星辰이

그 운행을 잃지 않으며 風雨도 제때에 와서 오곡이 잘 익으니 봉황이
뜰에 와서 날고 기린이 郊外에 와서 놀며 靑龍이 멍에를 메고 飛黃처
럼 천년을 사는 짐승이 우리에 와서 엎드렸다고 하였다. 이는 군주가
성덕을 베풀어 선정을 펴면 자연에 좋은 징조가 나타난다는 것을 말한
것이다. 그리고 한 무제 때 董仲舒는 그가 올린 대책에서 다음과 같이
지적하였다. 군주는 마음을 바르게 하여 조정을 바르게 하고, 조정을
바르게 하여 百官을 바르게 하고, 백관을 바르게 하여 만민을 바르게
하고, 만민을 바르게 하여 四方을 바르게 한다. 사방이 바르게 되면 遠
近을 불문하고 바르게 하지 않으려는 것이 없어 그 사이에 邪氣가 범
하지 않는다. 여기에 음양이 조화하여 風雨도 계절에 맞추어 群生이
和하여 만민이 불어나고 오곡이 여물고 초목이 무성하며 천지간이 윤
택하여 풍요롭고 아름다워지며 四海 안에서는 盛德을 듣고 모두 찾아
와 臣仕하며 여러 가지 복된 사물이 나타날 상서가 이르지 않는 것이
없으며 이리하여 王道는 완성되는 것이라고 하였다. 이어서 동중서는
무제가 즉위한 뒤 여러 가지 시책을 펴서 聖君으로서의 정치를 수행하
여 왔음에도 아직 천지가 이에 감응하여 아름다운 상서를 나타내고 있
지 않은 것은 무엇 때문인가 하고 반문하고 있다.[4]

이와 같이 瑞祥說은 한대에 이미 널리 전개되어 군주의 덕치를 이
끄는 방향으로 통용되었음을 알 수 있다. 통일신라에서의 瑞祥說은 삼
국시대에 이어 군주의 도덕정치 구현과 더욱 밀접한 관계를 가지면서
수용되었을 것으로 보인다. 다음에서 瑞祥의 사례를 통하여 이러한 사
상이 전개된 실태를 구체적으로 파악해 보기로 한다.

(1) 赤烏

『史記』周本紀4에는 赤烏의 유래가 다음과 같이 실려 있다. 주나라
무왕이 즉위한 지 9년에 殷나라 紂王을 정벌하기 위해 황하를 건너게

---

4) 『漢書』卷56, 董仲舒傳.

되었는데 중류까지 나아가자 白魚가 왕의 배에 뛰어들었다. 무왕이 엎드려 그 고기를 잡아 제사를 지냈다. 여기에서 다시 황하를 건너자 하류 쪽에서 일어난 불이 상류 쪽으로 올라와 무왕의 陣屋 앞에 이르더니 까마귀가 되었다. 그 빛은 붉고 그 우는 소리는 안정되고 여유가 있었다. 이 때 諸侯들이 약속도 하지 않았는데 盟津에 모인 것이 800이나 되었다. 제후들은 주왕을 정벌해야 된다고 하였다. 은을 정벌하기에 앞서 나타난 白魚는 殷帝室의 正色을 나타내며, 이것이 무왕의 배에 뛰어들었다는 것은 은의 패망을 의미한다. 그리고 赤烏는 赤이 주왕실의 正色이고 烏가 孝鳥로서 무왕이 아버지 문왕의 대업을 완성하였음을 의미하는 것으로, 瑞鳥로 해석되고 있다.[5] 단 이 白魚와 赤烏는 은나라 주왕을 토벌하기 이전에 나타난 것이므로 하나의 豫兆라고 할 수 있다.

『三國史記』 신라본기에는 다음과 같은 赤烏 진헌기사가 보인다.

① (원성왕 6년 봄 정월) 웅천주에서 적오를 바쳤다.
   (元聖王六年春正月) 熊川州進赤烏
② (헌덕왕 2년 봄 정월) 하서주에서 적오를 바쳤다.
   (憲德王二年春正月) 河西州進赤烏
③ (애장왕 2년 가을 9월) 무진주에서 적오를 바쳤다.
   (哀莊王二年秋九月) 武珍州進赤烏
④ (애장왕 3년 가을 8월) 삽량주에서 적오를 바쳤다.
   (哀莊王三年秋八月) 歃良州進赤烏

『史記』에 보이는 赤烏 출현은 새 왕조의 확립과 그 왕조의 정당성이 天命에 의해 보장되는 상징이라고 볼 때, 신라의 적오 출현 기록은 거기에 직접 상응하는 상황을 찾아보기 어렵다. 단 원성왕 6년의 적오 기사는 무열왕계 金周元을 밀어내고 왕권을 장악한 원성왕의 정통성 확보와 관련지어 생각해 볼 수 있으며, 헌덕왕의 경우에는 그의 조카인 애장왕을 동생인 秀宗(뒤의 흥덕왕)과 결탁하여 시해하고 왕위를

---

5) 『史記』 周本紀4 武王 9年條 및 同條馬融 集解 참조.

찬탈한 사실에 비추어 어쩌면 왕권 정당화를 위한 상징으로도 보인다.
그러나 어느 경우든 추측 이상의 것은 아니므로 당시에 이미 일반화되
어 있던 瑞祥으로서 赤烏의 진헌이 있었다고 풀이된다.

(2) 白魚

『三國史記』의 白魚 기사로는 앞서 본 고구려 이외에 신라본기에 다
음과 같은 내용이 나온다.

> (문무왕) 11년 정월 伊飡 禮元을 拜하여 中侍로 삼았다. 군사를 발
> 하여 백제에 침입, 熊津 남쪽에서 싸워 幢主 夫果가 전사하였다. 靺鞨
> 兵이 舌口城을 에워쌌다가 이기지 못하고 퇴각하려 하자 (우리가) 군
> 사를 내어 그들을 쳐서 300여 인을 죽였다. (왕은) 唐兵이 백제를 來救
> 하려 한다는 말을 듣고 大阿飡 眞功과 阿飡 □□□□을 보내어 군사
> 를 이끌고 甕浦를 지키게 하였다. 白魚가 뛰어들었는데 (원문 10자 결
> 자) … 一寸이었다.

이 백어가 뛰어들었다는 문무왕 11년 정월은 이미 신라가 백제와 고
구려를 멸망시키고 唐과 대립하고 있던 때다. 이 기사에 따르면 당시
唐兵이 백제부흥군을 도와 신라를 치려 한다는 정보를 듣고 대아찬 진
공을 파견하여 甕浦를 수비하는데 白魚가 신라군의 배에 뛰어 들어왔
다는 것이다. 이는 앞서 주나라 무왕이 은나라 주왕을 정벌하러 가던
길에 황하 중류에서 백어가 왕의 배에 뛰어 들어왔다는 고사와 비슷하
다. 결국 신라는 5년 뒤 당제국의 침략을 완전히 구축하였고, 그 과정
에서 뛰어든 백어를 신라인은 瑞祥의 징조로서 파악한 것이라 보인다.

(3) 白雉

『漢書』王莽傳에는 白雉를 瑞祥으로 보는 다음과 같은 기록이 나온
다. 왕망은 塞外 蠻夷로부터 白雉를 헌상케 한 다음 元始 원년 정월
태후에게 상서하여 詔를 내리게 하고 白雉를 종묘에 供上하였다. 그리

하여 群臣이 태후에게 다음과 같이 진상하였다. "태후는 大司馬莽에게 위임하여 策을 정하고 국가를 安泰케 하였습니다. 이전에 大司馬 霍光은 국가를 안태케 한 공로를 인정받아 3만 호를 더 封하여 그 封邑과 작위가 일치하게 하기 위해 蕭相國과 어깨를 나란히 하였습니다. 왕망에 대해서도 곽광의 전례와 같이하여야만 합니다." 왕망의 공로가 周公·成王 때와 같이 백치의 서상을 불러왔다고 칭송한 것이다. 이에 그에게 太傅로서 四輔의 정무를 맡게 하고 安漢公이라는 嘉號를 내려 漢帝室 최고의 대우를 해주고, 황제를 輔翼하여 태평하게 했다는 策書를 내리게 하였다. 그 8년 후 왕망은 한 제실을 찬탈하고 신왕조를 세우게 되는데 그에 앞서 이처럼 세상을 풍미하던 瑞祥說을 이용하여 그 기반을 세우고 있었던 것이다. 이 같은 기사를 통하여 漢代에 있어서 백치의 출현은 중국역사상 이상정치가 가장 잘 실현되었다는 주공의 공덕을 상징할 만큼 매우 중요한 瑞祥으로 간주되었음을 알 수 있다.

『後漢書』에도 明帝 永平 11년에 濛湖에 황금이 나와 헌상되었으며 그 때에 麒麟, 白雉, 醴泉, 嘉禾가 출현하였다는 기사가 있는데 역시 서상으로 파악된 것임에 틀림이 없다.

『三國史記』 신라본기에는 경덕왕 12년 武珍州에서, 원성왕 9년 奈麻 金惱에 의해서, 애장왕 2년 牛頭州에서, 헌덕왕 2년 西原京에서 각기 백치가 헌상되었다는 기사가 보인다. 왕에게 헌상되었다고 한 것으로 보아 백치가 서상으로 파악되었음은 알 수 있으나, 이러한 서상이 漢代처럼 큰 의미를 지닌 서상으로까지 생각된 것으로는 보이지 않는다.

(4) 白鳥, 白雀, 白鵲, 白鷹

이들 흰색을 지닌 조류가 당시 瑞祥物로 이해되었다는 것은 왕에게 헌상되었다는 사실로 알 수 있으며, 白鳥·白雀의 경우는 『南齊書』 瑞祥志에 다른 瑞祥鳥와 함께 수록되어 있어 중국에서도 서상물로 이해되었음을 알 수 있다.

(5) 嘉禾

嘉禾에 대해서는『三國史記』신라본기에 다음과 같은 기사가 있다.

① (효소왕) 6년 가을 7월 완산주에서 가화를 바쳤는데 다른 밭이랑에
서 맞붙은 이삭이 났다.
(孝昭王) 六年秋七月 完山州進嘉禾 異畝同穎
② (헌덕왕 6년) 가을 8월 웅주에서 가화를 바쳤다. 9월 9일에 왕이 좌
우 신하를 거느리고 월상루에 올라 사방을 바라보았다. …
(憲德王六年) 秋八月 熊州進嘉禾 九月九日 王與左右登月上樓四
望 …

사료 ②의 경우 웅주에서 嘉禾를 바친 다음 달 9월에 왕이 월상루에
올라 侍中 敏恭으로 하여금 "皇上이 즉위한 이래 음양이 고르고 풍우
가 순조로워 해마다 풍년이 들고 백성은 먹을 것이 넉넉하며 변경은
평온하고 市井은 안락하니 이는 모두 聖德의 소치입니다"라고 칭송케
하였던 기사로서 바로 新羅下代의 번영을 구가하던 시기이기도 하다.
따라서 이 기사는 헌강왕의 聖德과 맥이 이어지는 서상 기사로 이해할
수 있다. 이와 관련하여『宋書』符瑞志下에서는,

가화는 오곡의 장으로 왕자의 덕이 성하면 두 개의 이삭이 같이 뻗
어난다. 주나라 덕치에서는 세 이삭이 같이 뻗어났고, 은[商]나라 덕치
에서는 같은 그루에서 다른 고갱이가 나왔고, 하나라 덕치에서는 다른
그루에서 같은 이삭이 빼어났다.
嘉禾 五穀之長 王者德盛 則二苗共秀 於周德 三苗共穗 於商德 同本
異穚 於夏德 異本同秀

라고 하고 있듯이 가화를 夏·殷·周 3대의 이상시대의 재현의 표징
으로 삼고 있음을 알 수 있다. 이처럼 중국의 가화 해석과 연관지어 생
각한다면 헌강왕대의 가화 출현의 뜻은 더욱 분명해질 것이다.

(6) 老人星

『史記』天官書에,

> 이르기를 남극 노인성이라 한다. 노인성이 나타나면 치안이 잘되고, 나타나지 않으면 전쟁이 일어난다. 늘 추분 때에 南郊에서 바라볼 수 있다.
> 曰南極老人 老人見 治安 不見 兵起 常以秋分時候之于南郊

라고 하여 남극 노인성의 출현이 治安 즉 태평한 세월을 나타내고, 나타나지 않으면 兵起 즉 전쟁이 일어난다고 기록하고 있다. 그리고 『史記』 同條의 '正義'에서는,

> 노인성 하나가 弧星의 남쪽에 있어 일설에 남극성이라 한다. 이는 군주의 수명 연장의 조짐을 나타내는 것으로 점쳐진다. 항상 추분 새벽에 해가 비추는 데서 나타난다. 춘분의 저녁에는 남쪽에 나타난다. (노인성이) 나타나면 나라는 長命하여 고로 壽昌, 天下安寧이라 하고, 나타나지 않으면 군주는 근심한다.
> 老人一星 在弧南 一曰南極 爲人主占壽命延長之應 常以秋分時曙見於景 春分之夕見於丁 見 國長命 故謂之壽昌 天下安寧 不見 人主憂也

라고 하여 노인성의 출현을 長命과 아울러 천하의 안녕을 豫兆한다고 보고 있다. 그러나 『三國史記』 신라본기12에는,

> (경순왕) 8년 가을 9월 노인성이 나타났으며 운주계 30여 군현이 태조에게 항복하였다.
> (敬順王) 八年秋九月 老人星見 運州界三十餘郡縣降於太祖

라고 하고 있어 그 1년 뒤인 9년 10월 경순왕이 천년사직을 들어 고려로 투속하는 역사적 현실과 함께 대비해 볼 때, 이 때의 노인성 출현을 중국의 예대로 해석하기는 어렵다.

(7) 芝草

芝草란 버섯을 가리키며 金芝, 瑞芝 등으로 기록되어 있다.『三國史記』신라본기8에 지초에 관해 다음과 같은 기사가 나온다.

① (성덕왕) 3년 봄 정월 웅천주에서 金芝를 바쳤다.
   (聖德王) 三年春正月 熊川州進金芝
② (성덕왕) 7년 봄 정월 사벌주에서 瑞芝를 바쳤다.
   (聖德王) 七年春正月 沙伐州進瑞芝
③ (경덕왕 13년 5월) 성덕왕비를 세웠으며, 우두주에서 瑞芝를 바쳤다.
   (景德王十三年五月) 立聖德王碑 牛頭州獻瑞芝

한편 중국의『宋書』符瑞下에는,

지초는 왕자가 인자하면 생기고 이것을 먹으면 사람으로 하여금 속세를 초월하게 한다.
   芝草 王者慈仁則生 食之令人度世

라고 하여 지초가 군주의 인자한 정치 밑에서 생장한다고 하였다. 그리고 符瑞志에 漢代의 金芝九莖 등 芝草 기사를 수록하고 있다. 지초가 고대로부터 瑞祥草로 상징되고 있음을 확인할 수 있다. 따라서 신라의 金芝와 瑞芝 또한 서상으로 파악되었을 것이다. 그런데『新唐書』오행1에 의하면,

상원 2년 7월 갑진에 정영전 어좌 위에 백지가 났는데 한 줄기에 세개의 꽃이 피었다. 白은 喪을 상징한 것이다.
   上元二年七月甲辰 廷英殿御座上生白芝 一莖三花 白 喪象也

라고 하여 반드시 서상으로만 파악되지는 않은 것으로 보인다.

이상으로 통일신라시대의 瑞祥說의 전개를 몇몇 서상물의 출현 기사를 중심으로 검토하여 보았다. 그 결과 서상설이 적합하게 이용된 사례도 있었으나 그렇지 않은 경우도 있었다. 그러나 전체적으로 보면

중국적 오행사상에서 유래된 瑞祥說의 전형이 신라사회에 수용되었음
은 분명하다 하겠다.

9. 結言

이상으로 통일신라시대의 天災와 地變에 관한 기록을 검토하였다.
그 중에서도 주로 지변을 중심으로 살펴보았는데『三國史記』신라본
기의 자연관계 기사를 논의의 대상으로 하였다. 그런데 이러한 천재지
변 문제는 주로 중국에서 고대로부터 발생하여 전개된 사상이기 때문
에 중국의 正史 五行志의 내용을 기준으로『三國史記』신라기사를 비
교하여 고찰하였다. 그 결과『新唐書』오행지의 내용과 신라의 자연관
계 기사는 기본적으로 같은 범주에 속하며 같은 사상적 기반을 갖고
있음을 확인할 수 있었다. 단 양자를 비교해 보면,『新唐書』오행지의
경우 災異 항목이 전반적으로 많고 그 해석이나 적용에서 신라와 다른
경우도 있었다. 다음에『新唐書』오행지의 순서에 따라 木, 火, 土, 水,
金 순으로 신라의 재이 기사 내용을 간추려 보기로 한다.

① 木不曲直에 해당하는 구징 사례로는 枯木復生, 木生異實, 鼠妖
등이『三國史記』신라본기에 실려 있다. 이들 기사 내용은 중국의 역
대 재이관과 부합되는 것으로, 통일신라시대에 전형적인 중국적 오행
설에 의한 자연관이 구체적으로 전개되고 있었던 것으로 생각된다.

② 火不炎上에 있어서는 火災, 草妖, 羽虫之孼, 水變血色 등이 신
라기사에 실려 있으며, 그 가운데 羽虫之孼에 속하는 헌덕왕 14년 菁
州의 異鳥 출현은 당시 김헌창의 난과 결부되고 있어 신라에서의 오행
적 자연관의 구체적 적용례를 접할 수 있다. 물론 火災, 草妖, 水變血
色 등의 사례도 전형적인 성격의 것이다.

③ 稼穡不成(土)으로는 饑民, 常風, 華孼, 羸虫之孼, 牛禍, 雨土, 地
震 등의 구징 사례가 실려 있다. 饑民에서는 구체적인 구휼과 더불어

죄수에 대한 특사령이 내려지고 있다. 그리고 성덕왕 9년에 지진이 발생했을 때도 죄인에게 赦令이 내려지고 있다. 천재지변의 발생을 군주의 부덕에 대한 天譴으로 받아들여 군주가 責己修德의 차원에서 이같은 赦令을 내린 것이다. 이 밖에 桃李華, 牛禍, 雨土 등 그야말로 중국적 자연관의 표본이라 할 만한 전형적인 구징 사례가 기록되어 있어 신라사회에서 천인합일관의 진면목을 파악할 수 있게 한다.

④ 水不潤下에 속하는 구징으로서는 大水, 常寒(大雪・大寒), 鼓妖, 魚孼, 蝗, 雷電, 霜, 雹, 水鬪, 泉渴 등이 『三國史記』에 기록되어 있다. 이 가운데 혜공왕 5년 蝗災가 발생하였을 때 백관에게 각기 상소를 올리도록 명령한 사실은 황재를 천견으로 간주하였기 때문이다. 문무왕 2년 沙湌 如冬의 打母사건에서 '天雷雨震死'케 되었다는 기록도 사건을 역시 天罰 또는 天譴으로 인식한 소치이다. 더욱이 신문왕 7년 2월 원자 탄생과 더불어 발생한 日陰沉昧暗, 大雷電 등 거듭된 천재지변에 대하여 祖廟에 제사를 올리면서 祭文에 '無愆五事之徵'이라고 쓴 것은 바로 洪範五事의 無愆함을 뜻하는 것으로서, 통일신라 사회에 있어서 오행적 자연관의 이론적 근거를 발견할 수 있게 한다.

⑤ 金不從革에 관련되는 재이로서 石自移, 塔相戰, 伏石起立, 常暘, 詩妖, 毛蟲之孼, 犬禍, 白氣, 白狐, 白鹿, 白雲 등이 『三國史記』에 수록되어 있다. 이 중 원성왕 11년에는 가뭄에 대해 親錄囚하고, 흥덕왕 7년 봄 가뭄에 대해 왕은 正殿을 피하고 常膳을 감하고 內外獄囚에게 特赦令을 내리고 있다. 이는 이미 삼국 이래로 내려오던 관행이고 재이설 중에 핵심을 이루는 대책이기도 하다. 더욱이 가뭄은 농경국가의 생존을 위협하는 크나큰 재해이기 때문에 가뭄에 대한 治者의 관심은 지대할 수밖에 없다. 따라서 가뭄은 天譴說에서도 가장 큰 비중을 차지하고 있다. 여기에서 이 같은 가뭄에 대처하는 군주들의 責己修德은 天人合一說에 따른 대표적인 사례임을 알 수 있다. 이 밖에 白鹿, 白雲 등은 오히려 瑞祥說의 측면에서 검토될 문제이다.

⑥ 皇之不極에서는 常陰, 霧, 龍蛇孼, 人痾, 疫 등의 사례가 보인다.

이 중 龍蛇孼에 해당되는 기사로 신라 경문왕 15년 5월에 용이 왕궁의
우물에 나타났다가 구름과 안개에 싸여 날았으며 그 해 7월에 왕이 돌
아갔다고 하는 내용이 있다. 필경 용이 날아갔다는 사실을 경문왕의
죽음과 관련시킨 것으로 보인다. 그리고 人痾에 해당되는 헌덕왕 6년
의 기사에서 기형아가 출산될 때 벼락이 쳤다고 한 것은, 당시 사람들
이 기형아 출산을 단순한 人事를 넘은 현상으로 파악하고 있었음을 보
여준다. 그러므로 이것들은 오행설의 龍蛇孼이나 人痾로 분류되며 따
라서 재이설의 차원에서 이해할 수 있다.

끝으로 瑞祥에 관한 것으로서 赤烏, 白雉, 白鳥, 白雀, 白鵲, 白鷹,
嘉禾, 老人星, 芝草(瑞芝·金芝) 등이 보이는데, 이 중에서 赤烏, 白
雉, 嘉禾, 老人星, 芝草 등은 전형적인 서상의 상징으로 되어 있다. 물
론 이들 瑞祥物이 가지고 있는 상징적인 속성이 중국과 같이 신라에서
도 그대로 수용되었는지는 의문이나 이들이 서상으로 파악되고 있었
음은 의심할 나위가 없다.

제6장 통일신라의 天災와 政治

앞장의 地變 기사에 이어서 통일신라시대의 天變 기사를 검토하기
로 한다. 신라의 천변 기사에서도 天文觀을 파악할 수 있는 기사는 매
우 드물며 대부분 고립된 天文기록으로 남아 있다. 물론 뚜렷하게 天
譴思想을 보여주거나 어렴풋하게나마 천문관을 추측케 하는 것이 없
지는 않으나, 대부분은 천문 기사에 내포되어 있는 의미를 추출할 수
가 없다. 따라서 이들 기사를 신라와 동시기인 唐의 천문 기사를 수록
한『新唐書』五行志와 대비함으로써 그 의미를 추정해 보려고 한다.
물론『新唐書』에서도 잘 대비되지 않을 경우에는 그 전후의 正史 天
文志를 활용할 것이다.

1. 日食

日食에 관한『三國史記』신라본기 기사를『新唐書』본기와 대조하
여 보면 다음과 같다.

① (원성왕 3년) 8월 신사 초하루에 일식이 있었다.
　　(元聖王三年) 八月辛巳朔 日有食之
○ (덕종 정원) 3년 8월 신사 초하루에 일식이 있었다.
　　(德宗貞元) 三年八月辛巳朔 日有食之(本紀7)
② (원성왕) 5년 봄 정월 갑진 초하루에 일식이 있었다.

(元聖王) 五年春正月甲辰朔 日食之

○ (덕종 정원) 5년 정월 갑진 초하루에 일식이 있었다.

(德宗貞元) 五年正月甲辰朔 日有食之 (本紀7)

③ (원성왕 8년) 겨울 11월 임자 초하루에 일식이 있었다.

(元聖王八年) 冬十一月壬子朔 日有食之

○ (덕종 정원) 8년 11월 임자 초하루에 일식이 있었다.

(德宗貞元) 八年十一月壬子朔 日有食之(本紀7)

④ (애장왕 2년) 여름 5월 임술 초하루에 일식이 일어나야 하는데 일식
이 일어나지 않았다.

(哀莊王二年) 夏五月壬戌朔 日當食不食

○ (덕종 정원) 17년 5월 임술 초하루에 일식이 있었다.

(德宗貞元) 十七年五月壬戌朔 日有食之(本紀7)

⑤ (애장왕 9년) 가을 7월 신사 초하루에 일식이 있었다.

(哀莊王九年) 秋七月辛巳朔 日有食之

○ (헌종 원화) 3년 7월 신사 초하루에 일식이 있었다.

(憲宗元和) 三年七月辛巳朔 日有食之(本紀7)

⑥ (헌덕왕 7년) 가을 8월 기해 초하루에 일식이 있었다.

(憲德王七年) 秋八月己亥朔 日有食之

○ (헌종 원화) 10년 8월 기해 초하루에 일식이 있었다.

(憲宗元和) 十年八月己亥朔 日有食之(本紀7)

⑦ (헌덕왕) 10년 여름 6월 계축 초하루에 일식이 있었다.

(憲德王) 十年夏六月癸丑朔 日有食之

○ (헌종 원화) 13년 여름 6월 계축 초하루에 일식이 있었다.

(憲宗元和) 十三年夏六月癸丑朔 日有食之(本紀7)

⑧ (흥덕왕) 11년 봄 정월 신축 초하루에 일식이 있었다.

(興德王) 十一年春正月辛丑朔 日有食之

○ (문종 개성) 원년 정월 신축 초하루에 일식이 있었다.

(文宗開成) 元年正月辛丑朔 日有食之(本紀8)

⑨ (문성왕) 6년 봄 2월 갑인 초하루에 일식이 있었다. 태백이 鎭星을
범하고 3월에 경도에 우박이 내렸으며 시중 양순이 물러나고 대아
찬 김여를 시중으로 삼았다.

(文聖王) 六年春二月甲寅朔 日有食之 太白犯鎭星 三月 京都雨雹
侍中良順退 大阿湌金茹爲侍中

o (무종 회창) 4년 2월 갑인 초하루에 일식이 있었다.

(武宗會昌) 四年二月甲寅朔 日有食之(本紀8)

⑩ (진성왕 2년) 3월 무술 초하루에 일식이 있었다. 왕이 병이 나서 죄수를 재심하고 사형수 이하의 죄수에게 특사를 내리고 度僧 60여 인을 허가하니, 왕의 병이 곧 나았다. 여름 5월에 가뭄이 있었다.

(眞聖王二年) 三月戊戌朔 日有食之 王不豫 錄囚徒 赦殊死已下 許度僧六十人 王疾乃瘳 夏五月 旱

o (희종 문덕) 원년 3월 무술 초하루에 일식이 있었는데 皆旣食이었다. 임인에 황제의 병이 점차 크게 심해져 수왕 걸을 황태제로 삼고 지군국사로 하였다. 계묘에 황제가 무덕전에서 돌아가니 나이 27세였다.

(僖宗文德) 元年三月戊戌朔 日有食之 旣 壬寅 疾大漸 立壽王傑爲皇太弟 知軍國事 癸卯 皇帝崩于武德殿 年二十七(本紀9)

⑪ (효공왕) 15년 봄 정월 병술 초하루에 일식이 있었다. 왕은 천첩을 총애하고 정사를 돌보지 않았다. 대신 은영이 간하였으나 따르지 않았다. 은영은 그 첩을 잡아 죽였다. 궁예가 나라를 열어 태봉이라 하였으며 연호를 수덕만세라 하였다.

(孝恭王) 十五年春正月丙戌朔 日有食之 王嬖於賤妾 不恤政事 大臣殷影諫 不從 影執其妾 殺之 弓裔改國號泰封 年號水德萬歲

o (후량 태조 건화) 원년 정월 병술 초하루에 일식이 있었다. 황제가 소복을 하고 정전을 피하고, 백관은 관사를 지키고 天事를 공경하였더니 광명이 회복되고 일식이 그쳤다. 制하여 가로되 "兩漢 이래 일식과 지진이 일어나면 백관은 각기 封事를 올려 득실을 指陳하였는데 대체로 당시의 병폐를 주지하고 물정을 다 드러내어 나라의 법식을 빛냄으로써 天戒를 받들고자 한 것이다. 짐은 매양 忠諫을 생각하고 비늘을 찌르는 것을 꺼림이 없이 하고 장차 政經을 和하여 언로를 열기를 바랬는데 하물며 이에 일식이 나타나 구징을 당하게 되었다. 여러 제후와 신하들은 준엄한 말과 바른 간언으로 만방의 이해를 다하여 천하의 殷昌에 이르게 하고 나 한 사람을 도와 길이 皇極(王法)을 세우게 하라" 하였다.

(後梁太祖乾化) 元年正月丙戌朔 日有食之 帝素服避殿 百官守司 以恭天事明復而止 制曰 兩漢以來 日蝕地震 百官各上封事 指陳得

失 蓋欲周知時病盡達物情 用緝國章 以奉天戒 朕每思逆耳 罔忌觸
鱗 將和政經 庶開言路 況玆謫見 當有咎徵 其在列辟羣臣 危言正
諫 極萬邦之利害 致六合之殷昌 毗予一人 永建皇極(『舊五代史』卷
6 梁書6 太祖紀6)

『三國史記』의 일식 기사를 두고 중국측 정사에서 옮겨 실은 것이라
는 종래 일본인 학자들의 주장이 있거니와 적어도 통일신라기에 속하
는 일식 기사는 당시 신라의 천문학적 지식에 의해 이루어진 관측의
결과라고 보는 논의가 있었다.[1] 더욱이 위의 일식 관계 기사 중 사료
④의 애장왕 2년 여름 5월의 기사는 주목된다. 천문학상 임술 초하루
에 당연히 발생해야 할 일식이 나타나지 않았다는 것이다. 반면『新唐
書』덕종본기에는 임술 초하루에 일식이 발생한 사실이 기록되어 있
다. 그뿐 아니라 일본에서도 그 때 일식이 발생하였다고『日本紀略』에
기록되어 있다.[2] 결국 이러한 애장왕 2년의 일식 관측기사는 당시 신
라가 천문관측술의 미숙으로 제대로 관측하지는 못했으나 일식의 관
측을 시행하고 있었다는 확실한 증거이며, 아울러 그 사실을 그대로
역사기록에 남기고 중국측 기록을 빌려 옮기지는 않았음을 입증해 주
고 있다. 그러므로 위의 통일신라기의 일식 기사는 당시 중국의『新唐
書』와 대비할 때 앞서 애장왕 2년의 것을 제외하면 당나라의 일식 관
측과 차이가 없이 제대로 관측된 것을 게재한 것이라고 볼 수 있다.[3]
통일신라기에 접어들어 천문지식이 확충됨에 따라 독자적인 일식
관측을 실시하였다고 한다면, 당연히 거기에는 어떠한 목적의식이 있
었을 것이다. 물론 이것은 천문학적인 발전의 결과라는 차원도 있을
것이나 보다 중요하게 생각되는 것은 다름 아닌 중국적 天譴說과의 관
련이다. 즉 천견설은 이미 삼국 이래로 수용되고 있었지만 이것이 보
다 심화된 것이라 생각된다. 그러나 위의 11개 사료에서는 당시 신라

---

1) 金容雲・金容局,『韓國數學史』, 열화당, 1982.
2) 鈴木武樹 編譯,『三國史記』附錄, 275쪽 참조.
3) 물론 唐에 있어서는 신라에 비하여 몇 배가 넘는 일식 발생 관측기록을『新
   唐書』天文志에 남기고 있다.

인의 天命觀을 직접 파악할 수 있는 예가 발견되지 않는다. 그러므로 그러한 천명관을 수록하고 있는『新唐書』의 천문지나『漢書』,『後漢書』등을 통하여 일식에 관한 천견설을 유추해 볼 수밖에 없다.

먼저『新唐書』권32 천문2에는,

① 정관 2년 3월 무신 초하루 일식이 있었는데 婁宿의 11度에 있었다. 점에 이르되 "대신의 근심이 된다"고 하였다.
　　貞觀二年三月戊申朔 日有食之 在婁十一度 占爲大臣憂

② 정관 3년 8월 기사 초하루에 일식이 있었는데 翼宿의 5度에 있었다. 점에 이르되 "가물 것이다"고 하였다.
　　貞觀三年八月己巳朔 日有食之 在翼五度 占曰 旱

③ 정관 4년 정월 정묘 초하루에 일식이 있었는데 영실의 4度에 있었다. 7월 갑자 초하루에 일식이 있었는데 장수의 14度에 있었다. 점에서 이르되 "禮를 잃게 된다"고 하였다.
　　貞觀四年正月丁卯朔 日有食之 在營室四度 七月甲子朔 日有食之 在張十四度 占爲禮失

④ 정관 9년 윤4월 병인 초하루에 일식이 있었는데 필수의 13度에 있었다. 점에서 이르되 "변방에서 전쟁이 있을 것이다"고 하였다.
　　貞觀九年閏四月丙寅朔 日有食之 在畢十三度 占爲邊兵

⑤ 정관 20년 윤3월 계사 초하루에 일식이 있었는데 위수의 9度에 있었다. 점에서 이르되 "임금이 병이 날 것이다"고 하였다.
　　貞觀二十年閏三月癸巳朔 日有食之 在胃九度 占曰主有疾

고 하여 일식을 점성적인 예시로서 파악하고 있다. 즉 '大臣憂' '旱' '禮失' '邊兵' '主有疾'이라고 해서 일식의 발생 방위에 따라 그 징험이 각異하게 나타나는 것으로 점치고 있는 것이다. 그런데 중국에서는 전통적으로 일식이 일어나는 것은 태양을 상징하는 군주가 부덕한 정치를 한 데 기인한다고 보았다. 즉『禮記』昏義篇에 의하면, 男敎가 다스려지지 못할 때 일식이라는 재이가 나타나며 일식이 일어나면 군주는 素服을 입고 六官에 의한 정치와 교화를 실현함으로써 天戒에 순응하여야 한다고 하였다.4) 이러한 중국의 천문관은 漢代에 보다 구체적인 모

습을 띠며 전개된다. 즉『漢書』五行志7 下之下에 보면,

　　영시 원년 9월 정사 그믐에 일식이 있었다. 곡영은 京房易占에 의해
　　대답하되 "원년 9월의 일식은 술 때문에 절도를 잃어 초래된 소치로서,
　　단지 京師에 일식을 드러내고 四方의 나라에 보이지 않는 것은 술에
　　빠져 군신을 분별할 수 없는 지경이 되었으므로 禍는 조정 안에 있는
　　것이다"라 생각한다고 하였다.

　　　　永始元年九月丁巳晦 日有食之 谷永以京房易占對曰 元年九月日蝕
　　　　酒亡節之所致也 獨使京師知之 四國不見者 若曰 湛湎于酒 君臣不別
　　　　禍在內也

라 하였고,

　　영시 2년 2월 을유 그믐에 일식이 있었다. 곡영이 京房易占에 의해
　　대답하기를 "금년 2월에 일식이 일어난 것은 賦斂이 도를 지나쳐 백성
　　이 근심하고 원한을 갖게 된 때문이다. 사방에는 모두 나타나게 하고
　　京師에 가리게 된 것은 그대로 말하면, 인군이 궁실 치장을 즐겨하고
　　크게 분묘를 만들어 賦斂이 더욱 무거워 백성의 힘을 다 썼기 때문으
　　로 화는 외방에 있는 것이다"라고 하였다.

　　　　永始二年二月乙酉晦 日有食之 谷永以京房易占對曰 今年二月日食
　　　　賦斂不得度 民愁怨之所致也 所以使四方皆見 京師陰蔽者 若曰 人君
　　　　好治宮室 大營墳墓 賦斂玆重 而百姓屈竭 禍在外也

고 한 바와 같이 곡영은 영시 원년 9월에 발생한 일식이라는 天變의
원인을 당시 成帝가 잡배들과 어울려 술을 마시고 거리를 횡행하는 등
군주로서의 품위를 손상시키고 있는 데 있다고 풀이하고 있다. 또한
京房易傳을 인용하여 동 2년에 일어난 일식은 好治宮室, 大營墳墓,
賦斂玆重으로 백성을 屈竭하게 한 데 원인이 있는 것으로 보고 있다.
즉 군주의 몸가짐과 한편으로는 군주의 失政 등 내외 요인이 일식 발
생의 원인이 된다고 밝히고 있는 것이다. 이러한 천문관은 後漢代로

---

4) 졸저,『高麗儒敎政治思想의 硏究』, 1984, 68~70쪽.

계승되었다.『後漢書』오행6에,

① 안제 영초 원년 3월 2일 계유에 일식이 있었다. 위수의 2度에 있었
는데 위수는 창고를 주관한다. 이 때에 등태후가 전정하였는데 지
난해 큰물로 농사를 그르치고 창고는 비었다.
　　安帝永初元年三月二日癸酉 日有蝕之 在胃二度 胃主廩倉 是時鄧
　　太后專政 去年大水傷稼 倉廩爲虛

② (안제 영초) 5년 정월 경진 초하루에 일식이 있었는데 허수의 8度
에 있었다. 정월은 임금이 統事하여 陽事를 바르게 하는 것이다. 虛
는 空名이다. 이 때에 등태후가 섭정하여 안제는 정사를 행사할 수
없어 그것을 모두 바로잡을 수 없었다. 즉 임금이 虛位에 있기 때문
에 정월에 陽이 이기지 못하는 것을 나타낸 상징이다. 여기에 陰이
陽을 오르게 되었으므로 夷狄이 아울러 침구하여 오고 서쪽 변경
의 여러 군은 모두 허공에 이르게 되었다.
　　(安帝永初) 五年正月庚辰朔 日有蝕之 在虛八度 正月 王者統事之
　　正日也 虛空名也 是時鄧太后攝政 安帝不得行事 俱不得其正 若王
　　者位虛 故於正月陽不克示象也 於是陰預乘陽 故夷狄並爲寇害 西
　　邊諸郡皆至虛空

라고 하여 당시 등태후의 專政으로 虛位를 지키고 있던 후한 안제의
위상이 일식이라는 천변을 불러왔다고 보고 있다.

　이러한 천문관은 唐代에 와서 천문학적 지식의 증가로 변화를 가져
오게 되었다. 먼저 唐의 憲宗은 元和 3년 7월에 발생한 일식에 대해
전통적인 천문관에 의문을 표하고 있다. 즉 이 때 일어난 일식에 대해
일월이 운행하면서 남과 북으로 교차하여 태양이 달을 가려서 일어나
는 현상이라고 설명하고 있는 것이다. 그러나 태양은 人君의 象이라
하며『禮記』昏義에 실려 있는 고전적인 消災儀式을 따르도록 납득시
키고 있다.[5] 그러므로 당시 천문학의 진보로 비록 일식 현상을 天文運
行의 법칙에서 발생하는 것이라고 파악하는 지식이 대두하고 있기는
하였으나, 전통적인 일식에 관한 관행은 답습되고 있었던 것으로 보인

　5)『舊唐書』天文志 災異 ; 졸저, 앞의 책, 88~89쪽.

다. 예컨대 玄宗 開元 20년 2월의 일식에 대하여,

> 2월 갑술 초하루에 일식이 있었다. 임오에 죄수의 형을 감하고, 徒
> 이하는 방면하였다.
> 二月甲戌朔 日有食之 壬午 降囚罪 徒以下原之(『新唐書』玄宗本紀)

라든가 僖宗 乾符 3년 9월의 일식에 대하여,

> 9월 을해 초하루에 일식이 있어 정전을 피하였다.
> 九月乙亥朔 日有食之 避正殿(『新唐書』僖宗本紀)

고 하여 일식에 대한 消災의 방법으로서 죄수에 대한 특사를 행하고,
한편으로는 제왕이 호화로운 正殿을 피하여 정사를 집행하는 등 責己
修德이 이루어지고 있다. 따라서 唐代에는 천문학의 진보로 일식에 대
한 천문학적 지식이 발전되고는 있었지만 여전히 전통적인 日食觀이
상존해 있었다고 보인다.

삼국 이래로 수용된 이러한 천문관이 통일신라시대에 와서 어떻게
전개되었는지 구체적으로 살펴보기로 한다. 먼저 앞서 살펴본 중국 역
대 사서의 기사처럼 뚜렷한 천문관을 나타내는 예는 보이지 않는다.
단 신라의 일식 기사 중에서 사료 ⑨의 문성왕 6년의 일식은 太白과
우박 등이 중첩된 천재지변이기는 하지만 이로 인하여 侍中의 교체가
단행된 것으로 보인다. 사료 ⑩에서는 진성여왕 2년의 일식 발생에 이
어 여왕이 발병하자 죄수를 재심하고 死罪 이하는 赦免하고 度僧 60
인을 허락하자 왕의 병이 나았다고 되어 있다. 또 사료 ⑪의 일식은 천
첩에게 빠져 정사를 제대로 펴지 못한 효공왕에 대한 天戒로 파악되고
있는 것 같다. 이렇게 보면 사료 ⑨ · ⑩ · ⑪은 일식을 人事 곧 王道와
관련시키는 천문관을 보여주는 예로 파악된다. 이 같은 사실로 미루어
보건대 위에서 열거한 신라의 일식 기사들은 아무래도 唐이나 그 이전
부터 수용 · 전승되어 온 天譴說에 의한 중국적 천문관을 바탕으로 이
루어진 관측의 결과라 생각된다.

2. 日變

日變으로는 白氣竟天, 白虹貫日, 日有珥, 二日並出, 日有黑暈, 三日並現, 日暈五重 등의 천변 기사가 『三國史記』 신라본기에 실려 있다. 즉,

① (효소왕) 8년 봄 2월 백기가 하늘에 뻗쳤고 성패가 동쪽에 나타났다.

  (孝昭王) 八年春二月 白氣竟天 星孛于東

② (효성왕 2년 여름 4월) 백홍이 해를 꿰뚫고 소부리의 河水가 핏빛으로 변하였다.

  (孝成王二年夏四月) 白虹貫日 所夫里郡河水變血

③ (경덕왕) 20년 봄 정월 초하루 무지개가 해를 꿰뚫고 해에 해무리가 끼었다. 여름 4월에 혜성이 나타났다.

  (景德王) 二十年春正月朔 虹貫日 日有珥 夏四月 彗星出

④ (혜공왕) 2년 봄 정월 두 해가 함께 나타나서 크게 죄수를 사하였다.

  (惠恭王) 二年春正月 二日並出 大赦

⑤ (헌덕왕 14년) 가을 7월 12일 해에 검은 무리가 둘러 남북을 가리켰다.

  (憲德王十四年) 秋七月十二日 日有黑暈 指南北

⑥ (문성왕 7년) 겨울 11월 우레가 치고 눈은 오지 않았다. 12월 초하루에 세 해가 나란히 나타났다.

  (文聖王七年) 冬十一月 雷 無雪 十二月朔 三日並出

⑦ (진성왕) 4년 봄 정월 해무리가 다섯 겹으로 겹쳤다. 15일 왕은 황룡사에 행차하여 看燈하였다.

  (眞聖王) 四年春正月 日暈五重 十五日 幸皇龍寺看燈

또한 『三國遺事』 感通7의 月明師兜率歌條에,

  경덕왕 19년 경자 4월 초하루 두 해가 나란히 나타나 10일 동안이나 없어지지 않았다. 일관이 아뢰기를, 緣僧을 청하여 散花功德을 지으면

재앙을 물리치리라 하였다.

    景德王十九年庚子四月朔 二日並現 挾旬不滅 日官奏請緣僧 作散花
功德則可禳

라고 한 日變 기사가 나온다. 먼저 『三國史記』 사료 ⑦의 日暈五重에
해당하는 기사는 『新唐書』 천문2에서 볼 수 있다.

    천보 3년 정월 경술에 해무리가 다섯 겹으로 겹쳤다. 점에 이르되
"이것은 빛을 잃는 것이라 하며 천하에 전쟁이 있을 것이다" 하였다.
    天寶三載正月庚戌 日暈五重 占曰 是謂棄光 天下有兵

日暈五重의 천변은 '天下有兵'의 조짐이라는 것이다. 신라에서는 진
성여왕 4년 정월에 15일 동안 긴 해무리가 나타나자 여왕이 황룡사 看
燈 의식으로써 이러한 천변을 消災하려 하였던 것 같다. 사실 진성여
왕 3년이라고 하면 沙伐州에서 元宗과 哀奴가 반란을 일으키고 견훤
이 무진주를 점령하여 실질적으로 후백제를 건국하기에 이르는, 이른
바 후삼국의 서막이 열린 천하대란의 시대였다. 과연 진성여왕 4년의
해무리는 이러한 시대 상황을 반영한 것이 아닌지 모르겠다. 아울러
사료 ⑤의 헌덕왕 14년 7월 '日有黑暈' 현상도 이 해 3월에 일어난 김
헌창의 난과 관련시켜 볼 수 있을 것이다.

사료 ②의 白虹貫日과 ③의 虹貫日의 경우는 다음 중국의 『晉書』
天文中의 기록과 대비해 볼 수 있다.

    함강 2년 7월 백홍이 해를 꿰뚫었다. 이로부터 유씨가 專政하였는데
황후족으로 말미암아 귀하게 되었다. 대개 부인이 역시 나라를 마음대
로 하였다는 뜻이다. 그러므로 해를 연이어 백홍이 꿰뚫은 것이다.
    咸康二年七月 白虹貫日 自後庚氏專政 由后族而貴 蓋亦婦人擅國之
義 故頻年白虹貫日

왕후족의 擅權으로 백홍관일 현상이 원년에 이어 계속해서 일어나
게 되었다고 파악한 것이다. 그러나 효성왕이나 경덕왕대의 白虹貫日

은 과연 어떠한 天戒로 파악되었는지 알 수가 없다.

⑥의 三日並出은『晉書』天文中의 다음 기록과 대비된다.

민제 건흥 5년 정월 경자에 세 해가 나란히 비치고 무지개가 하늘에 둘러 있고 해는 두 겹으로 무리를 짓고 좌우로 해무리를 짓고 있었다. 점에 이르되, "白虹은 전쟁의 기운이다. 3, 4, 5, 6개의 해가 같이 나란히 다투어 나타나고 천하에 전쟁이 일어날 것이다"라고 하였다. 정사에도 역시 그 수가 같았다. 또 이르되 "세 해가 나란히 나오니 3旬이 못 되어 제후는 황제가 되기 위하여 다투며, 해가 두 겹의 무리를 지으니 천하에 왕을 세우는 일이 있을 것이며, 量에서 珥로 되었으니 천하에 제후를 세우는 일이 있을 것이다"라고 하였다. 그러므로 陳卓이 말하되 "당연히 큰 경사가 있을 것인데 천하가 셋으로 나뉘어졌는가?" 3월에 강동에서 건무로 改元하였고 이웅이 또 조유의 영토를 넘어 여기에 전쟁이 여러 해 계속되었다.

愍帝建興五年正月庚子 三日並照 虹蜺彌天 日有重暈 左右兩珥 占曰 白虹 兵氣也 三四五六日俱出並爭 天下兵作 丁巳亦如其數 又曰 三日並出 不過三旬 諸侯爭爲帝 日重暈 天下有立王 暈而珥 天下有立侯 故陳卓曰 當有大慶 天下其三分乎 三月而江東改元爲建武 劉聰 李雄亦跨曹劉疆宇 於是兵連累葉

여기에서는 '三日並照' '三四五六日俱出並爭' '三日並出' 등 거듭된 日의 多出 현상이 등장하고 있다. 그 중 三日並出 현상 이후 三旬을 지나지 않아 諸侯가 제위에 오르기 위해서 다투게 된다는 기록이 주목된다. 과연 西晉의 마지막 황제 愍帝 건흥 5년은 이미 전년에 민제가 漢에 항복한 뒤 劉聰에게 시해된 해이다. 동시에 승상 琅邪王 睿가 晉王이 되어 그 이듬해에 東晉의 元帝로서 즉위한 해이기도 하다. 따라서 천문상의 변이는 당시의 이러한 政情을 반영하는 것으로 파악되고 있었다.

사료 ④의 二日並出과 사료 ⑥의 三日並出 등 신라 천문기사6)가 과연 4세기 초의 중국 정정과 대비될 수 있을 것인지는 알 수 없다. 다

6)『三國遺事』感通7 月明師兜率歌條 참고.

만 사료 ④의 혜공왕 2년 二日並出 기사에서 이러한 천변에 이어 大赦
令이 내려지고 있는 점이 주목된다. 천변에 대한 大赦令은 왕의 責己
修德을 위한 덕치의 표방이기 때문이다. 혜공왕은 여덟 살의 어린 나
이에 즉위하여 왕후의 섭정을 받으며 집권하였으나 재위 16년째에 반
란 속에서 시해당하고 왕통은 무열왕계를 떠나 새로이 내물왕계로 옮
겨갔다. 혜공왕 2년의 二日並出 기사는 경덕왕 말년부터 귀족세력이
크게 대두하고 어린 새 왕이 즉위하는 가운데 이미 內燃되고 있었던
당시 신라왕실의 권력투쟁을 암시하는 천변으로 파악되고 있었음직하
다. 한편 사료 ⑥의 문성왕 7년 三日並出 기사는 당시 문성왕과 그의
부왕인 신무왕 즉위에 결정적인 역할을 담당한 淸海鎭大使 張保皐가
그의 딸을 왕의 次妃로 맞이하게 하려던 사건과 연관지어 볼 수도 있
을 것이다. 당시 장보고의 딸은 群臣의 반대로 納妃되지 못하고 이듬
해 장보고는 살해되었다. 三日並出의 천문 현상은 당시 왕권을 압도한
장보고의 세력에 비유하여 연관시킨 것이 아닌가 생각된다.

한편 사료 ③의 '日有珥' 역시 『晉書』 天文志의 '暈而珥 天下有立
侯'와 대비하면 경덕왕 말기의 政情과 관련지어 볼 수도 있다. 즉 경덕
왕 16년에는 內外群官의 月俸 대신 다시 祿邑이 부활되는 등 귀족세
력의 대두가 뚜렷하였고, 그러한 상황에서 어린 태자를 두고 만년을
맞이하는 경덕왕 20년의 '日有珥' 현상은 『晉書』의 '天下有立侯'로 상
징되는 불안한 정정을 암시한 것일 수도 있다. 그리고 『三國遺事』에
보이는 경덕왕 20년의 二日並現과 月明師의 兜率歌에 의해 가시게 한
佛敎的 祈禳도 역시 이러한 정치적 상황에 대응하기 위한 조처라 하
겠다.

끝으로 사료 ①의 효소왕 8년 2월의 '白氣竟天'은 『新唐書』 천문2
의,

함통 7년 12월 계유에 백기가 해를 꿰뚫었으며 해에 두 겹의 무리가
졌다. 갑술에 또 그러하였다. 백기는 전쟁을 상징하는 것이다.
咸通七年十二月癸酉 白氣貫日 日有重暈 甲戌 亦如之 白氣 兵象也

라는 기록을 참조해 보건대, 白氣가 兵象의 조짐으로 파악되고 있음을
알겠다. 그러나 효소왕 8년에는 뚜렷한 병란이 없었고 다만 이듬해 9
년 5월에 伊湌 慶永의 모반이 일어나 이를 토벌하는 동시에 이에 연좌
된 中侍 順元을 파면한 사건이 있었을 뿐이다. 따라서 이 때 신라의
白氣竟天과 관련시킬 만한 人事는 발견되지 않는다.

3. 彗星, 星孛

彗星은 星孛라고도 하며 孛란 惡氣가 발생하는 바를 말하는 것으
로, 孛孛하여 막고 가리우기 때문에 어둡고 혼란되어 분명치 않은 모
습을 뜻한다고 하였다.[7] 『新唐書』천문2 孛彗條에 보면,

> 무덕 9년 2월 임오에 성패가 胃宿와 昴宿 사이에 나타나고 정해에
> 패성이 卷舌宿에 나타났다. 패성과 혜성은 모두 비상한 惡氣가 낳은
> 것인데 재앙은 패성이 혜성보다 심하다.
> 武德九年二月壬午 有星孛于胃昴間 丁亥 孛于卷舌 孛與彗皆非常惡
> 氣所生 而災甚于彗

라고 하여 패성과 혜성을 비상한 惡氣所生이라고 보았다. 이처럼 彗孛
의 출현은 인간사회에 심한 재이로 파악되었기 때문에 중국의 역대 사
서는 물론 『三國史記』에서도 이를 중요한 天變으로 간주하여 관측하
고 또 역사기록으로서 남기고 있다. 삼국을 통일한 신라시대에도 역시
彗孛의 관측과 기록은 중시되었다. 다음에 『三國史記』신라본기에 실
린 통일신라의 혜성과 패성 기사를 『新唐書』本紀와 대비하여 정리하
고자 한다.

① (문무왕 8년) 여름 4월 혜성이 天船星을 지켰다.

---

7) 『漢書』五行7下之下 文公 14年條.

(文武王八年) 夏四月 彗星守天船

○ (고종 총장 원년) 4월 병진 혜성이 나타났는데 五車星에서 나왔다. 정전을 피하고 상선을 줄이고 음악을 거두고 詔를 내려 내외관으로 부터 상소를 받았다.

　　(高宗總章元年) 四月丙辰 有彗星出于五車 避正殿 減膳 撤樂 詔內 外官言事

② (문무왕 12년) 9월 혜성이 일곱 번이나 북쪽에서 나타났다. 왕이 먼 젓번에 백제가 당에 가서 호소하고 군사를 청하여 우리 나라를 침 범할 때 사세가 급박한 까닭으로 (唐主)에게 미처 申奏하지 못하고 군사를 내어 이를 토벌하였거니와 이로 인하여 大朝의 죄를 얻게 되어…

　　(文武王十二年) 九月 彗星七出北方 王以向者百濟往訴於唐 請兵 侵我 事勢急迫 不獲申奏 出兵討之 由是 獲罪大朝…

③ (문무왕 16년) 가을 7월 혜성이 북하·적수 사이에 나타났는데 길 이는 6~7보 가량이나 되었으며, 당병이 와서 도림성을 攻拔하매 현령 거시지가 전사하였다.

　　(文武王十六年) 秋七月 彗星出北河積水之間 長六七許步 唐兵來 攻道臨城拔之 縣令居尸知死之

○ (고종) 의봉 원년 7월 정해에 혜성이 동정에 나타났다.

　　(高宗) 儀鳳元年七月丁亥 有彗星出于東井

④ (효소왕) 8년 봄 2월 백기가 하늘에 뻗쳤고 성패가 동쪽에 나타났 다.

　　(孝昭王) 八年春二月 白氣竟天 星孛于東

⑤ (경덕왕 18년) 3월 혜성이 나타났다가 가을에 가서 사라졌다.

　　(景德王十八年) 三月 彗星見 至秋乃滅

⑥ (경덕왕) 20년 봄 정월 초하루 무지개가 해를 꿰뚫고 해무리가 끼었 다. 여름 4월에 혜성이 나타났다.

　　(景德王) 二十年春正月朔 虹貫日 日有珥 夏四月 彗星出

⑦ (경덕왕 23년) 3월 성패가 동남쪽에 나타나고 용이 양산 밑에 나타 났다가 갑자기 날아갔다.

　　(景德王二十三年) 三月 星孛于東南 龍見楊山下 俄而飛去

⑧ (혜공왕 6년) 5월 11일 혜성이 五車星 북쪽에 나타났다가 6월 12일 에 이르러 사라졌다.

　　(惠恭王六年) 五月十一日 彗星出五車北 至六月十二日滅
　○ (대종 대력 5년) 5월 기묘에 혜성이 북쪽에 나타났다가 6월 기미에
　　사라졌다. 死罪를 감해주고 流罪 이하는 형을 면제하였다.
　　(代宗大曆五年) 五月己卯 有彗星出于北方 六月己未 以彗星滅 降
　　死罪 流以下原之
　⑨ (흥덕왕 11년) 여름 6월 성패가 동쪽에 나타났다. 가을 7월 태백이
　　달을 범하고 겨울 12월 왕이 돌아갔다.
　　(興德王十一年) 夏六月 星孛于東 秋七月 太白犯月 冬十二月 王薨
　⑩ (경문왕) 15년 봄 2월 경도와 국동에 지진이 일어나고 성패가 동쪽
　　에 나타나서 20일 만에 사라졌다. … 가을 7월 8일에 왕이 돌아갔
　　다.
　　(景文王) 十五年春二月 京都及國東地震 星孛于東 二十日乃滅…
　　秋七月八日 王薨
　⑪ (효공왕) 12년 봄 2월 성패가 동쪽에 나타났다.
　　(孝恭王) 十二年春二月 星孛于東

　　이 『三國史記』 혜성 기사들을 『新唐書』의 그것과 대비하면 사료 ①
·③·⑧만 그 출현 시기가 일치하고 있을 뿐이며 게다가 그 출현 방
향은 차이를 보이고 있다. 즉 사료 ①의 경우 신라 기사에서는 '守天
船'이라 되어 있으나 『新唐書』에는 '出于五車'라고 되어 있다. 그리고
사료 ③의 경우 신라 기사에서는 '出北河積水之間'이라 한 데 대하여
『新唐書』에서는 '出于東井'이라 하였다. 사료 ⑧은 신라에서는 '出五
車'로 되어 있고 『新唐書』에서는 '出于北方'으로 되어 있다. 이것은 삼
국시대의 혜성 출현 기사가 당시 중국의 혜성 기사와 대다수 일치했던
것과는 매우 다른 양상이다. 이는 결국 통일신라시기의 혜성 기사가
당시 신라 독자의 관측에 의해서 이루어진 것임을 강력히 시사하는 것
이다.
　　다음에는 신라에서 이들 혜성 출현이 어떠한 천문관을 나타내고 있
는지 역시 『新唐書』, 『宋書』, 『晉書』 등의 천문 기사와 대비하여 검토
하고자 한다.
　　먼저 사료 ①에서 문무왕 8년 4월 혜성이 天船을 守衛했다는 기사

를 보면,『新唐書』의 같은 기사에는 혜성이 五車에서 나왔다고 되어
있다.『新唐書』를 비롯하여 몇몇 중국 사서의 천문 기사 중에는 신라
와 같이 혜성이 天船을 지킨다는 기사는 잘 발견되지 않는다. 그러나
『宋書』천문2에,

> 진목제 승평 2년 5월 정해 혜성이 천선성에 나타나서 胃宿의 度中에
> 위치하였다. 혜성은 兵喪의 조짐으로 헌 것을 없애고 새 것을 펴는 것
> 이다. 天船星을 나온 것은 外夷가 침범한다는 것이며, 일설에는 큰물
> 이 진다고 하였다.
>   晉穆帝 升平二年五月丁亥 彗出天船 在胃度中 彗爲兵喪 除舊布新
>   出天船 外夷侵 一日 爲大水

고 하여 혜성이 天船을 벗어난 것은 兵喪, 除舊布新, 外夷侵, 大水 등
의 조짐이라고 풀이하고 있다. 그러나 신라에서는 혜성이 천선을 守衛
하는 것을 어떠한 조짐으로 보았는지 알 수 없다.

  북방에 혜성 일곱이 출현한 기사를 게재한 사료 ②를 보면, 혜성이
출현하기 이전에 멸망한 백제가 熊津都督府로 하여금 唐에 請訴하여
신라를 침범케 하자 사세가 급해진 문무왕이 미처 당나라 황제에게 申
奏치 못하고 군사를 내어 이를 토벌한 일이 있었다. 이에 대한 신라의
對唐外交政策으로서 級湌 原川과 奈麻 邊山, 신라에 억류중인 당나
라의 郞將 등과 군사 170인을 보내면서 사죄의 乞表를 전했다는 기사
가 일곱 혜성의 출현에 이어 보이고 있다. 이 시기는 바로 신라와 당나
라가 연합해서 백제와 고구려를 멸망시킨 이후 羅唐戰爭으로 발전되
는 와중이었다. 이러한 시기에 나타난 혜성의 조짐은 필경 唐과 멸망
한 백제가 야합해서 신라를 침공하는 군사적 위협을 나타내는 것이었
다고 보인다. 이 기사를『晉書』天文下의 다음 기사와 대비해 보자.

> 성제 함화 4년 7월 성패가 서북에 나타나서 북두성을 범하여 23일
> 만에 사라졌다. 점에 이르되 "병란이 일어날 것이다"라고 하였다. 12월
> 에 곽묵이 강주자사 유윤을 죽이고 형주자사 도간은 곽묵을 토벌하여

죽였다. 당시 석륵이 또한 황제를 참칭하였다.

　　成帝咸和四年七月 有星孛于西北 犯斗 二十三日滅 占曰 爲兵亂 十
二月 郭默殺江州刺史劉胤 荊州刺史陶侃討默 斬之 時石勒又始僭號

　서북방에 출현한 星孛를 兵亂의 조짐으로 점치고 12월에 일어난 일
련의 병란을 기록함으로써 그 조짐을 증험하고 있다. 한편 『新唐書』에
보면 高宗 總章 6년 혜성이 출현했을 때 避正殿, 減膳, 撤樂과 內外官
에게 言事를 요청하는 詔를 내리는 등 修己自責함으로써 天譴에 대처
하고 있음을 볼 수 있다. 또 代宗 大曆 5년에 혜성이 출현했을 때도 祈
禳策으로 死罪는 감하고 流 이하는 석방하는 선정을 베풀어 天變에
대응하고 있다. 이러한 사례는 혜성의 출현을 흔히 병란의 조짐으로
점치는 점성적 측면만이 아니라 여전히 치자의 부덕을 견책하는 天人
合一說의 측면에서 풀이하고 있음을 보여준다.

　사료 ③의 문무왕 16년 혜성이 北河와 積水 사이에 출현하였다는
기사는 『晉書』 天文下 孝武帝 太元 15년조의 다음 기사와 대비해 볼
수 있다.

　7월 임신(제기에는 정사로 되어 있다) 성패가 북하수에 나타나 태미,
삼태, 문창을 지나 북두성으로 들어갔다. 색은 희고 길이는 10여 장이
었다. 8월 무술에 紫宮으로 들어가 사라졌다. 점에 이르되 "북하수는
호문이라고도 부르는데 胡에서 兵喪이 있을 것이며 태미를 쓸고 紫微
에 들어갔으니 왕자가 이것을 감당해야 할 것이고, 三台는 三公으로,
文昌은 將相으로 삼으니 將相과 三公이 재앙을 당할 것이다. 북두성
에 들어간 것은 제후가 죽게 된다는 것이다." 일설에 "북두성을 쓸었다
고 하니 강국이 發兵하고 제후가 권력싸움을 하고 大人이 근심할 것"
이라 하였다. 21년에 황제가 죽었다.

　　七月壬申(帝紀에는 丁巳로 되어 있다) 有星孛于北河戍 經太微 三台
文昌 入北斗 色白 長十餘丈 八月戊戌 入紫宮乃滅 占曰 北河戍 一名
胡門 胡有兵喪 掃太微 入紫微 王者當之 三台爲三公 文昌爲將相 將
相三公有災 入北斗 諸侯戮 一曰掃北斗 强國發兵 諸侯爭權 大人憂
二十一年 帝崩

신라의 경우 北河와 積水의 사이로 되어 있고, 『晉書』에는 北河戍라 하여 혜성의 출현 방향에 차이가 있기는 하나 '北河'로 되어 있으므로 대비해 보고자 한다. 北河戍는 胡門으로도 불리며 胡에서 兵喪이 있을 조짐이라고 했는데, 과연 신라에서는 唐兵이 내공하여 도림성을 함락당하고 현령 居尸知가 전사하는 등 이 때의 혜성 출현이 크나큰 재앙을 초래한 것으로 이해된 듯하다.

사료 ④의 효소왕 8년 성패의 동방 출현은 『晉書』天文下 惠帝 太安 2년 3월조의 다음 기사와 대비해 볼 수 있다.

혜성이 동쪽에 나타나고 三台로 향하였다. 점에 이르되 兵喪을 상징하며 三台는 三公으로 삼는다. 3년 정월에 동해왕 월이 태위인 장사왕 예를 체포하고, 장방이 또한 그를 죽였다.
　　彗星見東方 指三台 占曰 兵喪之象 三台爲三公 三年正月 東海王越 執太尉 長沙王乂 張方又殺之

성패의 동방 출현을 '兵喪之象'으로 풀이하고 이듬해 태위 장사왕 예가 장방에게 살해당한 사건과 연결시키고 있다. 신라에서는 효소왕 8년 혜성이 출현한 다음 해인 9년 5월에 伊湌 慶永이 모반을 일으켰다 伏誅되고 中侍 順元이 여기에 연좌되어 파면된 일은 있지만 이 일을 혜성 출현과 연결시키지 않고 있어 이 때의 혜성 출현이 어떠한 咎徵으로 파악되었는지 알 수가 없다.

사료 ⑨·⑩·⑪의 경우도 각각 혜성이 동방에서 발견된 예이다. 사료 ⑨에서는 흥덕왕 11년 6월 성패의 출현 이후 그 해 12월 흥덕왕이 죽었고, ⑩에서는 2월의 성패 출현 이후 7월에 景文王이 죽었다. 그리고 ⑫의 효공왕 12년 2월의 성패 출현 이후 이듬해 궁예가 珍島를 쳐서 항복시킨 기사가 보인다. 그러나 이들 기사를 반드시 당시의 성패 출현과 관련시켰는지는 확인할 수 없다.

이 밖에 사료 ⑧의 혜공왕 6년 五車에 출현한 혜성의 경우는 『舊唐書』天文下 災異篇의 다음 기사와 대비해 볼 수 있다.

총장 원년 4월 혜성이 五車星에 나타나자 황제는 정전을 피하고 常膳을 줄이고 내외 5품 이상으로 하여금 封事를 올리게 하였더니 허경종이 말하되 "별은 비록 패성이나 光芒이 작아 이는 나라의 재앙이 될 수 없으니 황제께서 근심을 하지 않아도 되니 청컨대 정전에 임어하시고 상선을 회복하십시오"라고 하였으나 따르지 않았다.

> 總章元年四月 彗見五車 上避正殿 減膳 令內外五品已上上封事 極言得失 許敬宗曰 星雖孛而光芒小 此非國眚 不足上勞聖慮 請御正殿 復常膳 不從

혜성 출현이라는 천변에 대한 唐初의 관행이 엿보이는데, 이러한 天變을 여전히 天譴으로 간주하였기 때문에 高宗이 自責修己하는 의식을 행하였음을 알 수 있다.

신라에서는 혜성이 나타난 지 두 달 뒤에 대아찬 金融의 모반사건이 기록되어 있으므로 이를 당시 혜성 출현의 구징으로 파악하고 있었을 가능성이 있다.

끝으로 통일신라시대의 11개 성패 출현 기사 가운데 사료 ⑤·⑥은 혜성 출현의 지점이나 방향을 기록하지 않고 단순히 출현 사실만 전하고 있다. 이는 모두 경덕왕 만년에 해당되는 기사로서 당시 혜성 출현과 결부시킬 만한 뚜렷한 사건은 발견되지 않는다.

이상에서 검토한 성패 기사는 그 출현 지점이나 방향이 '守天船' '出北方' '出北河積水之間' '東' 또는 '東南' '出五車' 등에 따라 다소 그 조짐이 차이가 있기는 하지만, '兵喪'이나 '兵亂' 등을 나타낸다는 점에서는 공통되어 있다. 일반적으로 혜성의 출현은 전쟁이나 전쟁의 패배, 모반, 내란, 諸侯나 王者의 죽음 등을 예시하는 구징으로 파악되었고, 신라에서도 거의 비슷하게 파악되고 있었다고 보인다.

4. 星變

(1) 星隕

星隕에 관한 『三國史記』 신라본기 기사는 다음과 같다.

① (혜공왕 3년 가을 7월) 세 별이 왕정에 떨어져 서로 부딪치니 그 빛이 불과 같이 흐트러졌다.
　　(惠恭王三年秋七月) 三星隕王庭 相擊 其光如火迸散

② (혜공왕 4년) 6월 경도에 우레와 우박이 쳐서 초목을 상하게 하고, 큰 별이 황룡사 남쪽에 떨어지고, 지진이 나서 그 소리가 우레와 같았으며, 샘과 우물이 모두 마르고 호랑이가 궁중에 들어갔다. 가을 7월에 일길찬 大恭과 아찬 大廉이 반란을 일으켜 무리를 모아 왕궁을 포위한 지 33일 만에 왕군이 이를 토벌하고 9족을 베었다.
　　(惠恭王四年) 六月 京都雷電傷草木 大星隕皇龍寺南 地震聲如雷 泉井皆渴 虎入宮中 秋七月 一吉湌大恭與弟阿湌大廉叛 集衆 圍王宮三十三日 王軍討平之 誅九族

③ (애장왕 2년 가을 9월) 성운이 비와 같이 떨어졌다.
　　(哀莊王二年秋九月) 星隕如雨

④ (효공왕) 9년 봄 2월 성운이 비와 같이 떨어졌다. 여름 4월에 서리가 내렸다. 가을 7월에 궁예가 철원으로 도읍을 옮겼다. 8월에 궁예가 군사를 동원하여 우리의 변두리 읍을 침탈하여 죽령 동북에까지 이르니 왕은 강토가 날로 줄어드는 것을 매우 근심하였다. 그러나 방어할 힘이 없으므로 여러 성주에게 명하여 삼가며 출전하지 말고 성벽을 굳게 지키라고 하였다.
　　(孝恭王) 九年春二月 星隕如雨 夏四月 降霜 秋七月 弓裔移都於鐵圓 八月 弓裔行兵 侵奪我邊邑 以至竹嶺東北 王聞疆場日削 甚患 然力不能禦 命諸城主 愼勿出戰 堅壁固守

이러한 기록은 신라에서 성운이 당시 다른 천재지변과 함께 중요한 재이로서 파악되고 있었음을 보여준다. 중국에서는 『隋書』 天文下에,

(양 무제) 중대통 4년 7월 갑진에 성운이 비처럼 떨어졌다. 점에 이르되 "성운은 陽이 그 자리를 잃는 것으로 재해의 상징이 싹트는 것이다"라고 하였다. 또 이르되, "성운이 비와 같이 쏟아지면 인민이 반란을 일으켜 아래로 토벌을 주로 해야 할 것이다"라고 하였다. 또 이르되 "대인이 근심한다"고 하였다. 그 뒤 후경이 간교하게 반란을 일으켜 황제가 근심하다 죽고 백성의 무리는 달아나 흩어지니 모두 그 응징이다.

　　(梁武帝) 中大通四年七月甲辰 星隕如雨 占曰 星隕 陽失其位 災害
　　之象萌也 又曰 星隕如雨 人民叛 下有專討 又曰 大人憂 其後侯景狡
　　亂 帝以憂崩 人衆奔散 皆其應也

라고 한 것을 보면 성운의 발생은 참으로 범상한 재이가 아님을 알 수 있다. 즉 성운의 출현을 陽이 기운을 잃는 재해의 조짐으로서 大人의 憂가 된다고 하고 그 뒤 후경의 난을 맞아 무제가 죽은 사실을 기록하고 있다. 그러나 실제로 후경의 난으로 양 무제가 죽게 된 것은 중대통 4년(532)에서 17년이나 지난 太淸 3년(549) 5월의 일이다. 그러므로 중대통 4년에 일어난 성운에 대한 豫兆는 당시 향배가 무상한 후경의 위협에 대한 예측을 나타낸 것이거나, 아니면 후대에 붙인 附會로 볼 수 있다. 어쨌든 이 기사는 성운에 대한 당시의 일반적인 재이관을 보여주는 것이라 할 수 있다.

이 같은 성운에 관한 재이관으로 미루어 보면, 신라의 경우 사료 ①의 혜공왕 3년 三星隕 현상은 어린 혜공왕의 즉위를 맞아 점차 불안해져 가던 왕권에 대한 위협을 상징하는 豫兆로 파악된 듯하다. 그리고 다음 해인 동왕 4년 6월에 또 다른 大星隕이 황룡사 남쪽에 떨어졌다. 이러한 성운 발생에 이어 7월에 이른바 신라 中代王朝를 종언시키는 반란의 서곡이 되는 일길찬 大恭과 아찬 大廉의 반란이 일어났다. 사료 ③의 애장왕 2년이라는 시기는 장차 13세에 즉위한 어린 왕을 시해하고 왕권을 탈취할 뒤의 헌덕왕 彦昇이 상대등으로 승진하여 점차 세력을 확고히 해 나가던 시기이다. 따라서 이 때의 '星隕如雨'는 『隋書』에 보이는 이른바 '大人憂'에 대비될 수 있을지 모르겠다.

(2) 流星

『晉書』天文中의 流星條에 따르면, 유성이란 별이 하늘에서 내려오는 것으로 큰 것은 奔星이라 한다. 이 유성은 출현하여 오래 있으면 大風이 일고 發屋折木한다고 하여 천변에 속하는 것으로 보고 있다. 통일신라기의 유성 기사를 『三國史記』 신라본기에서 찾아보면 다음과 같다.

① (문무왕 19년) 6월 태백이 달에 들어가고 유성이 參大星을 범하였으며 가을 8월에 태백이 달에 들어가고 각간 천존이 죽었다.

  (文武王十九年) 六月 太白入月 流星犯參大星 秋八月 太白入月 角干天存卒

② (문무왕 21년) 여름 5월 지진이 일어나고 유성이 參大星을 범하였다. 6월에 천구성이 坤方(서남방)에 떨어져 왕은 경성을 새롭게 하고자 승려인 의상에게 물었더니 그가 말하기를, "비록 거친 돌과 거친 집에 있더라도 정도만 행하면 복업이 오래 갈 것이요, 만일 그렇지 못하면 비록 사람을 수고롭게 하여 성을 쌓을지라도 아무 이익이 없을 것입니다"라고 하니 왕이 곧 역사를 그쳤다. 가을 7월 1일에 왕이 돌아갔다.

  (文武王二十一年) 夏五月 地震 流星犯參大星 六月 天狗落坤方 王欲新京城 問浮屠義相 對曰 雖在草野茅屋 行正道則福業長 苟爲不然 雖勞人作城 亦所無益 王乃止役 秋七月一日 王薨

③ (신문왕) 4년 겨울 10월 저녁으로부터 새벽에 이르기까지 유성이 종횡으로 나타났다. 11월에 안승의 族子인 장군 대문이 금마저에서 반란을 모의한 사실이 발각되어 목베어졌다.

  (神文王) 四年冬十月 自昏及曙 流星縱橫 十一月 安勝族子將軍大文 在金馬渚謀叛 事發伏誅

④ (성덕왕 14년) 겨울 10월 유성이 자미를 범하고 12월에 유성이 천창으로부터 태미에 들어갔다. 죄인을 사하고 왕자 중경을 봉하여 태자로 삼았다.

  (聖德王十四年) 冬十月 流星犯紫微 十二月 流星自天倉入大微 赦罪人 封王子重慶爲太子

⑤ (성덕왕) 15년 봄 정월 유성이 달을 범하였으며 달이 빛이 없었다.

(聖德王) 十五年春正月 流星犯月 月無光

⑥ (성덕왕 17년) 겨울 10월 유성이 묘수로부터 규수로 들어가고 여러 小星이 이를 따랐으며, 천구성이 동북쪽에 떨어졌다.

(聖德王十七年) 冬十月 流星自昴入于奎 衆小星隨之 天狗隕艮方

⑦ (효성왕 원년) 가을 9월에 유성이 태미에 들어갔다.

(孝成王元年) 秋九月 流星入太微

⑧ (효성왕 6년) 여름 5월 유성이 參大星을 범하고 왕이 죽었다.

(孝成王六年) 夏五月 流星犯參大星 王薨

⑨ (경덕왕 23년) 겨울 12월 11일 유성이 나타나 크기도 하고 작기도 하여 보는 사람들이 헤아릴 수가 없었다.

(景德王二十三年) 冬十二月十一日 流星或大或小 觀者不能數

⑩ (경덕왕) 24년 여름 4월 지진이 있었다. … 6월에 유성이 심성을 범하였으며 이 달에 왕이 죽었다.

(景德王) 二十四年夏四月 地震 … 六月 流星犯心 是月 王薨

⑪ (헌덕왕 2년) 가을 7월 유성이 자미성에 들어갔다 … 겨울 10월 … 유성이 왕량성에 들어갔다.

(憲德王二年) 秋七月 流星入紫微 … 冬十月 … 流星入王良

⑫ (헌덕왕 15년) 여름 4월 12일 유성이 천시성에서 일어나 제좌를 범한 후 천시성 동북 垣의 직녀성·왕량성을 지나 각도성에 이르러 셋으로 나뉘었는데 북치는 소리와 같은 소리가 나더니 사라졌다.

(憲德王十五年) 夏四月十二日 流星起天市 犯帝座 過天市東北 垣 織女·王良至閣道 分爲三 聲如擊鼓而滅

이들 사료 중에 ①의 유성 출현은 곧이은 8월의 각간 천존의 죽음과 연결된 듯하며, ②의 유성은 다음 달 천구의 발생도 있으나 역시 7월에 있었던 문무왕의 죽음과 연결된 것으로 보인다. 또한 사료 ⑩의 유성의 心星 침범은 곧 경덕왕의 죽음과 연결되고 있어 유성의 발생은 군주의 죽음을 豫兆하는 것으로 나타나 있다. 그리고 사료 ③의 유성은 다음 달 11월 안승의 族子 장군 대문의 모반과 연결되는 咎徵으로 볼 수 있다.

이들 사료와 관련하여 『舊唐書』天文下 재이편에는,

무덕 3년 10월 30일 유성이 동도의 성내에 떨어져 은은한 소리가 났다. 고조가 侍臣에게 "이것은 어떠한 조짐인가?" 하고 물으니, 起居舍人 令狐德棻이 대답하되, "옛날 司馬懿가 遼를 정벌하였는데 유성이 요동의 梁水 위에 떨어지자 이어서 公孫淵이 패주하고 晉軍이 이를 압박하여 그 별이 떨어진 곳에 이르러 목을 베었는데, 이번 것은 王世充이 멸망할 조짐입니다" 하였다.

> 武德三年十月三十日 有流星墜於東都城內 殷殷有聲 高祖謂侍臣曰
> 比何祥也 起居舍人 令狐德棻曰 昔司馬懿伐遼 有流星墜于遼東梁水上
> 尋而公孫淵敗走 晉軍迫之 至其星墜處斬之 此王世充滅亡之兆也

이는 유성 현상을 실제로 구체적인 전쟁의 승패를 나타내는 예조로서 파악한 예이다. 특히 이 때의 유성은 당시 反服이 무상했던 王世充의 멸망을 예고하는 것으로 파악되고 있다.

한편 신라측 기사에서 사료 ④의 두 차례의 유성 출현에 이어서 죄수를 특사하는 仁政이 베풀어지고 있음을 보면, 유성 현상에 대하여 역시 단순한 점성적인 측면 외에 이것을 天譴으로 파악하고 있음을 볼 수 있다.

(3) 妖星

『隋書』天文中 妖星條에 의하면, 妖星은 오행의 氣로서 五星의 變名이며 이 별이 출현한 방향에 재앙이 일어난다고 한다. 그리고 각기 나타난 五色에 따라서 점을 치면 어떤 나라가 길하고 흉할 것인가를 알 수 있으며, 無道之國이나 失禮之邦은 전쟁과 기근이 따르고 水旱과 사망의 징후가 나타난다고 하고 있다. 『三國史記』신라본기 경덕왕조에,

> 3년 겨울 요성이 중천에 나타났는데 크기가 닷말들이 그릇만하더니 열흘 만에 사라졌다.
> (三年) 冬 妖星出中天 大如五斗器 浹旬乃滅

라는 요성 기사가 보인다. 그러나 이 시기를 전후하여 신라에는 이에 상응할 만한 역사적 사실이 눈에 띄지 않는다. 그러나 『宋書』 天文2 晉 惠帝 永康 원년 3월조에는,

> 妖星이 남쪽에 나타나고 中台星이 터지며, 태백이 낮에 나타났다. 점에 이르되 "요성이 나타나면 천하에 大兵이 장차 일어나고, 台星이 정상에서 벗어나면 三公이 근심을 하고 태백이 낮에 나타나면 신하가 신하 노릇을 하지 않는다"라고 하였다. 이 달에 가태후가 태자를 죽이고 조왕 윤이 이어 왕후를 폐하여 죽이고 사공 장화를 베고 또 황제를 폐하여 스스로 제위에 오르니, 여기에 세 왕이 나란히 일어나 모든 대권을 갈아치웠다.
>
> 妖星見南方 中台星坼 太白晝見 占曰 妖星出 天下大兵將起 台星失常 三公憂 太白晝見爲不臣 是月賈后殺太子 趙王倫尋廢殺后及司空張華 又廢帝自立 於是三王並起 迭總大權

라고 하여 진 혜제 영강 초에 일어난 일련의 권력투쟁을 바로 당시 妖星의 남방 출현이라는 天變과 연결시키고 있다.

(4) 天狗

天狗星은 유성의 한 종류로서 역시 유성의 하나인 大奔星과 그 모양이 같다고 한다. 빛은 황색이며 소리를 낸다고 하며 그것이 땅에 떨어지면 개의 모양과 비슷하다고 한다. 이러한 유성의 출현에 대해서는 그 땅의 군주가 영토를 잃고 군사가 크게 일어나며 나라에 혁명이 일어나는 등의 조짐으로 파악하고 있다.[8] 신라에서 天狗 출현에 관해서는 『三國史記』 신라본기와 『三國遺事』에 다음과 같은 기사가 나온다.

① (문무왕 21년) 여름 5월 지진이 있었고 유성이 參大星을 범하였다. 6월에 천구성이 서남쪽에 떨어졌다. 왕이 경성을 새롭게 하고자 승려 의상에게 물었더니 대답하기를 "비록 거친 들과 거친 집에 있더

---

8) 『隋書』 天文中 流星 天狗條.

라도 정도를 행하면 복업이 오래 갈 것이요 만일 그렇게 못하면 비
록 사람을 수고롭게 하여 성을 쌓아도 또한 이익됨이 없을 것입니
다"라고 하니 왕이 곧 역사를 그쳤다.

> (文武王二十一年) 夏五月 地震 流星犯參大星 六月 天狗落坤方 王
> 欲新京城 問浮屠義相 對曰 雖在草野茅屋 行正道則福業長 苟爲不
> 然 雖勞人作城 亦所無益 王乃止役 秋七月一日 王薨

② (성덕왕) 9년 봄 정월 천구성이 삼랑사 북쪽에 떨어졌다. 당에 사신
을 파견하여 방물을 전하였다. 지진이 있었으며 죄인을 사하였다.

> (聖德王) 九年春正月 天狗隕三郎寺北 遣使入唐貢方物 地震 赦罪
> 人

③ (성덕왕 17년) 겨울 10월 유성이 묘수로부터 규수로 들어갔으며 여
러 작은 별들이 이를 따르고 천구성이 동북쪽에 떨어졌다.

> (聖德王十七年) 冬十月 流星自昴入于奎 衆小星隨之 天狗隕艮方

④ (경덕왕) 7년 봄 정월, 천구가 땅에 떨어지고 가을 8월 태후가 영명
신궁으로 이거하였다고 한다.

> (景德王) 七年春正月 天狗落地 秋八月 太后移居永明新宮

⑤ 대력 초 … 2년 정미(혜공왕 3)에 이르기까지 또한 천구성이 동루
의 남쪽에 떨어졌는데 그 머리가 독[甕]과 같았으며 꼬리는 석 자
쯤 되고 색은 불꽃과 같고 천지가 또한 진동하였다. … 安國兵法
하권에 의하면 "천하의 군사가 대란을 일으킨다"고 하였다. 이 때에
크게 죄수를 특사하고 修省하였다. 7월 3일 대공 각간의 賊徒가 일
어나고…

> 大曆之初 … 至二年丁未(혜공왕 3) 又天狗墜於東樓南 頭如甕 尾
> 三尺許 色如烈火 天地亦振 … 據安國兵法下卷云 天下兵大亂 於
> 是大赦修省 七月三日 大恭角干賊起…(『三國遺事』惠恭王條)

이들 사료 중 ③의 성덕왕 17년 10월의 천구 출현의 의미는 알 수
없으나 ①의 경우 앞서 5월의 지진 발생과 더불어 유성 및 천구의 출
현은 문무왕의 죽음과 연결지을 수 있을 것 같다. 그리고 사료 ②의 성
덕왕 9년의 천구 출현은 이어진 지진의 발생과 더불어 죄인에게 특사
령을 내리는 계기를 마련한 것이다. 사료 ④는 경덕왕 7년 정월 천구의
출현에 이어 8월 태후의 移宮 기사가 뒤따르고 있다. 사료 ⑤에서는

천구의 출현과 더불어 地漸陷成池, 忽有鯉魚, 三星墮地, 蓮自生, 木上雀集 등 일련의 災異가 일어나고 그에 대하여 왕이 大赦修省하는 덕치를 행하였음을 알 수 있다. 그러나 곧 왕권을 부정하는 효시로서 대공의 난이 일어났다.

한편 『隋書』 天文下에서는 천구성의 출현을 다음과 같이 풀이하고 있다.

> 무평 3년 11월 을해 천구성이 서북쪽으로 내려왔다. 점에 이르되 "그 밑에 大戰과 有血이 있을 것이라" 하였다. 뒤에 주 무제는 진주를 공격하고 진군하여 병주를 평정하니 대전으로 피를 흘리게 되었다.
> 武平三年十一月乙亥 天狗下西北 占曰其下有大戰有血 後周武帝攻晉州 進兵平幷州 大戰流血

이렇게 보면 천구성을 왕의 죽음과 연결시키는 신라의 재이관은 중국의 것과 반드시 일치하는 것이 아님을 알 수 있다. 그러나 천구의 재이에 대한 消災의 방법으로서 特赦令과 修省이 단행되고 있어 역시 天譴으로서 받아들여졌음을 알 수 있고, 따라서 천구에 대한 재이를 천인합일설의 범주에서 이해하고 있었다고 할 수 있다.

(5) 客星

『隋書』 天文中 客星條에 의하면, 객성에는 周伯, 老子, 王蓬絮, 國皇, 溫星의 五星이 해당된다고 한다. 그리고 이들 오성의 출현에 따라 '兵起' '人主有憂' '五穀不成登' '天下有兵' 등 다양한 조짐이 발생한다. 그러나 王者가 만일 구징을 消災한다면 이러한 재이는 소멸된다고 보고 있다. 신라의 객성 기사를 『三國史記』 신라본기에서 찾아보면 다음과 같다.

> (경문왕 7년) 12월 객성이 태백을 범하였다.
> (景文王七年) 十二月 客星犯太白

이와 같은 신라의 객성 출현 기사가 어떠한 의미를 지니고 있는지
잘 알 수 없으나 이듬해인 동왕 8년 정월에 伊飡 金銳, 金鉉 등이 모
반죄로 伏誅된 사실이 있어 어쩌면 그 前兆로서 파악되지 않았을까
생각된다. 신라의 객성 출현 상황과 똑같지는 않으나 『晉書』 天文下
妖星·客星條에는,

① 위 문제 황초 3년 9월 갑진에 객성이 태미의 좌액문 안에 나타났다.
점에 이르되 "객성이 태미에 나타나면 나라에 戰死者가 있을 것이
다" 하였다. 10월에 문제가 남으로 손권을 정벌하였고 이후 여러 차
례 전쟁이 있었다.
　　魏文帝黃初三年九月甲辰 客星見太微左掖門內 占曰 客星出太微
　　國有兵喪 十月 帝南征孫權 是後 累有征役
② (고귀향공) 감로 4년 10월 정축 객성이 태미 중에 나타나 동남쪽으
로 옮겨가서 진수를 지나 7일 동안 머물다 사라졌다. 점에 이르되
"객성이 태미에 나타나면 전사자가 생긴다" 하였다. 경원 원년 고귀
향공이 살해되었다.
　　(高貴鄕公) 甘露四年十月丁丑 客星見太微中 轉東南行 歷軫宿 積
　　七日滅 占曰 客星出太微 有兵喪 景元元年 高貴鄕公被害
③ (진 혜제) 영흥 원년 5월 객성이 畢宿에 나타났다. 점에 이르되 "천
자는 후사가 끊어지며, 일설에는 대신이 죽음을 당할 것이다"라고
하였다. 당시의 諸王은 군사를 보유하고 있었으며 그 뒤 혜제는 적
통을 잃고 끝내 후사가 없었다.
　　(晉惠帝) 永興元年五月 客星守畢 占曰 天子絶嗣 一曰大臣有誅 時
　　諸王擁兵 其後惠帝失統 終無繼嗣

라고 하여 객성 출현을 天變으로 보고 그 前兆와 원인을 수록하고 있
다. 즉 征役, 군주 피살, 제위 후계자의 絶嗣 등을 점치고 또 그것이 사
실로서 나타난 것으로 파악하고 있다. 신라에서도 경문왕 7년 12월에
이어 이듬해 정월, 즉 두 달 뒤에 일어난 金銳 등의 모반사건을 객성이
태백을 범한 천변과 관련지어 이해하였을 것으로 보인다.

5. 五星凌犯과 星變

五星이란 歲星(木星), 熒惑(火星), 塡(鎭)星(土星), 太白(金星), 辰星(水星)을 통칭한 것이다. 『史記』天官書에는 五星의 여러 가지 특징과 또 이들이 交會할 때 나타나는 여러 가지 조짐에 대하여 자세한 설명을 붙이고 있다. 통일신라시대에도 삼국시대를 이어 오성에 대한 관측이 이루어져 신라본기에 전해지고 있는데 이를 차례대로 살펴보고자 한다.

(1) 熒惑(火星)

熒惑의 星變은 『三國史記』 신라본기에 다음과 같이 기록되어 있다.

① (문무왕 19년) 여름 4월 형혹이 우림성을 지키고 6월에 태백이 달에 들어가고 유성이 參大星을 범하였다. 가을 8월에 태백이 달에 들어가고 각간 천존이 죽었다.
　　(文武王十九年) 夏四月 熒惑守羽林 六月 太白入月 流星犯參大星 秋八月 太白入月 角干天存卒
② (성덕왕) 34년 봄 정월 형혹이 달을 범하고 김의충을 당나라에 파견하여 賀正하였다. 2월 부사 김영이 당에서 죽었다.
　　(聖德王) 三十四年春正月 熒惑犯月 遣金義忠入唐賀正 二月 副使 金榮在唐身死
③ (애장왕 2년) 가을 9월 형혹이 달에 들어가고 성운이 비와 같이 떨어졌다.
　　(哀莊王二年) 秋九月 熒惑入月 星隕如雨

사료 ①은 문무왕 19년 형혹이 羽林을 지킨다는 天變으로서, 『晉書』天文中에 보이는 東晉 安帝 隆安 원년의 다음 재이 기록과 대비해 볼 수 있다.

　　2월에 세성과 형혹이 모두 우림성으로 들어갔다. 점에 이르되 "중군

의 군사가 起兵한다"고 하였다. 4월에 왕공 등이 군사를 일으키자 내
외가 경계를 엄히 하였다.

　　　二月 歲星 熒惑皆入羽林 占曰 中軍兵起 四月 王恭等擧兵 內外戒嚴

　이 사료에서는 歲星과 熒惑이 동시에 羽林에 들어간 것으로 되어
있으므로 신라의 '熒惑守羽林'과는 일치하지 않는다. 그러나 매우 근
접한 내용으로 생각되어 인용하였다. 결국 동진의 사료는 이 현상을
내란의 조짐으로 점쳤으며, 그 다음 달의 王恭 등의 거병 사실과 연관
시키고 있다. 그러나 신라는 문무왕 19년을 전후하여 이와 유사한 역
사적 사실을 찾아볼 수 없으므로 당시의 '熒惑守羽林'이 어떠한 천변
으로 받아들여졌는지 가늠할 수 없다.

　사료 ②의 성덕왕 34년 정월의 '熒惑犯月'은 곧이어 2월에 있었던
遣唐副使로 수행한 金榮의 죽음과 연결된 것으로 보인다. 그 밖에 이
시기의 신라 政情으로 보아 이와 관계될 만한 상황은 달리 보이지 않
는다.

　사료 ③의 애장왕 2년 9월 '熒惑入月'은 당시 신라왕실의 권력투쟁
과 상관시켜 해석할 수 있을 것으로 보인다. 즉 애장왕이 13세의 어린
나이로 즉위했을 때 숙부인 阿湌 兵部令 彦昇은 섭정이 되고 동왕 2
년에는 御龍省 私臣이 되고 곧 上大等으로 초특급 승진을 거듭하며
사실상 신라의 정치권력을 한손에 장악한 것으로 보인다. 이와 대비하
여 『晉書』天文中의 東晉 孝武帝 太元 18년조에서는,

　　　정월 을유에 형혹이 달에 들어갔다. 점에 이르되 "근심이 궁중에 있
　　으며 賊은 아닌데 곧 도적이 될 것이며, 일설에는 亂臣이 있고 혹 죽은
　　자가 있을 것이다"라고 하였다.

　　　正月乙酉 熒惑入月 占曰 憂在宮中 非賊乃盜也 一曰 有亂臣 若有戮
　　者

라고 하여 熒惑入月 현상을 '憂在宮中', '有亂臣'으로 점치고 있다. 이
는 신라 애장왕 때의 政情과 일치하는 것으로, 아마 당시 신라에서 熒

惑入月의 재이가 이러한 우려를 나타내는 구징으로 파악되지 않았을까 추측된다.

(2) 太白

太白은 金星을 가리킨다.『史記』天官書에 의하면 태백은 서방을 나타내고 가을에 해당하며 軍事를 지배하는데 그 운행이 정상을 벗어나면 군주가 왕위를 반드시 탈취당하게 된다고 한다. 신라시대의 태백성에 관한 기사를『三國史記』신라본기에서 정리하면 다음과 같다.

① (문무왕 19년) 6월 태백이 달에 들어가고 유성이 參大星을 범하였다. 가을 8월에 태백이 달에 들어가고 각간 천존이 죽었다.

　　(文武王十九年) 六月 太白入月 流星犯參大星 秋八月 太白入月 角干天存卒

② (신문왕 2년) 5월 태백이 달을 범하였다.

　　(神文王二年) 五月 太白犯月

③ (성덕왕 14년) 가을 9월 태백이 庶子星을 가리웠다. … 왕자 중경을 봉하여 태자로 삼았다.

　　(聖德王十四年) 秋九月 太白掩庶子星 … 封王子重慶爲太子

④ (혜공왕) 15년 봄 3월 경도에 지진이 일어나 민가를 무너뜨리고 죽은 자가 100여 인이나 되었다. 태백이 달에 들어가자 백좌강회를 설치하였다.

　　(惠恭王) 十五年春三月 京都地震 壞民屋 死者百餘人 太白入月 設百座法會

⑤ (원성왕 3년) 여름 5월 태백이 낮에 나타났다.

　　(元聖王三年) 夏五月 太白晝見

○ (정원 3년) 5월 윤달 무인에 태백이 낮에 나타났다.

　　(貞元三年) 五月閏月戊寅 太白晝見(『新唐書』德宗本紀7)

⑥ (원성왕 6년) 여름 4월 태백과 진성이 東井宿에 모였다. 5월에 粟을 내어 漢山 · 熊川 2주의 주린 백성들을 진휼하였다.

　　(元聖王六年) 夏四月 太白辰星聚于東井 五月 出粟賑漢山 · 熊川二州饑民

⑦ (흥덕왕 2년) 여름 5월에 서리가 내렸다. 가을 8월에 태백이 낮에 나타나고 경도에 큰 가뭄이 있었으며 시중 영공이 물러났다.

　(興德王二年) 夏五月 降霜 秋八月 太白晝見 京都大旱 侍中永恭退

⑧ (흥덕왕 11년) 가을 7월 태백이 달을 범하였다. 겨울 12월에 왕이 돌아갔다.

　(興德王十一年) 秋七月 太白犯月 冬十二月 王薨

⑨ (문성왕) 6년 봄 2월 갑인 초하루에 일식이 있었으며 태백이 진성을 범하였다. 3월에 경도에 우박이 내렸다. 시중 양순이 물러나고 대아찬 김여를 시중으로 삼았다.

　(文聖王) 六年春二月甲寅朔 日有食之 太白犯鎭星 三月 京都雨雹 侍中良順退 大阿湌金茹爲侍中

⑩ (헌강왕) 6년 봄 2월 태백이 달을 범하고 시중 예겸이 물러나고 이찬 민공을 시중으로 삼았다.

　(憲康王) 六年春二月 太白犯月 侍中乂謙退 伊湌敏恭爲侍中

⑪ (헌강왕) 11년 봄 2월에 호랑이가 궁정에 들어갔다. … 겨울 10월 임자에 태백이 낮에 나타났다.

　(憲康王) 十一年春二月 虎入宮庭 … 冬十月壬子 太白晝見

⑫ (신덕왕) 6년 봄 정월 태백이 달을 범하고 가을 7월에 왕이 돌아갔다.

　(神德王) 六年春正月 太白犯月 秋七月 王薨

이상 신라시대의 태백성 출현 기사에서는 太白入月, 太白犯月, 太白掩庶子星, 太白辰星聚于東井, 太白晝見, 太白犯鎭星의 여섯 가지 유형의 재이 사례가 발견된다. 이 중에서도 太白入月 또는 犯月이 사료 ①·②·④·⑧·⑫의 다섯 차례로 가장 많고 다음으로 太白晝見이 ⑤·⑦·⑪의 세 차례로 나타나고 있다.

먼저 太白入月 또는 犯月의 경우를 살펴보자. 이러한 천변에는 각간 천존의 죽음과 혜공왕의 '設百座法會', 시중의 퇴임 등이 뒤따른다. 즉 왕과 최고위 귀족의 죽음, 백좌법회를 통한 消災儀式의 ·거행, 천재지변에 대한 시중의 自責退任 등이 나타나는 것이다. 그러나 이러한 사실이 반드시 太白入月, 犯月과 연관되었는지는 확실치 않다. 그러므로 『晉書』 天文志를 통하여 이러한 太白星의 災異에 해당되는 예를 찾아 대비하여 보기로 한다. 같은 책 天文中의 東晉 元帝 太興 3년조에,

> 12월 기미에 태백이 달에 들어갔다가 斗宿에 있었다. 郭璞이 이르되 "달은 坎(水 및 北方)에 속하고 陰府는 법을 상징한다. 태백인 金이 운행하여 돌아와 범하니 하늘의 뜻은 형벌을 다스리는데 중심을 잃으면 스스로 그 법을 허물게 하는 것이다"라고 하였다.
> 十二月己未 太白入月 在斗 郭璞曰 月屬坎 陰府法象也 太白金行而 來犯之 天意若曰 刑理失中 自毁其法

라 하였고 또 成帝 咸康 6년조에는,

> 2월 을미에 태백이 달에 들어갔다. 점에 이르되 "임금이 죽는다"고 하였다.
> 二月乙未 太白入月 占曰 人主死

고 풀이하고 있다. 그러므로 신라의 太白入月이나 犯月은 위의 『晉書』 천문지의 재이관과 상응하는 측면을 찾을 수 있다.

다음에 太白晝見의 경우를 살펴보자. 사료 ⑤의 경우 『新唐書』 德宗本紀와 대비하면 신라에서는 여름 5월로, 唐에서는 5월 윤달 무인으로 되어 있어 신라 기사에 착오가 있었는지 아니면 신라 기사가 당과는 다른 기사인지 갑자기 확인할 수 없다. 그러나 여기에 제시된 10개의 태백 기사 중 9개가 중국의 태백 기사와 일치하지 않으므로 사료 ⑤의 경우도 신라의 독자적인 것으로 보고자 한다. 그렇다고 해서 신라의 太白晝見이 어떠한 災異觀에서 관찰된 것인지 밝힐 수 있는 기사는 보이지 않는다. 다시 『晉書』 천문지의 太白晝見에 관한 기사를 인용하기로 한다. 즉 같은 책 天文志下 魏 文帝 黃初 4년 6월조에,

> 갑신에 태백이 낮에 나타났다. 유향의 五紀論을 상고하건대, 태백은 少陰으로 弱하여 단독으로 행할 수 없다. 고로 기미를 한계로 하여 하

늘을 거쳐 갈 수가 없다. 하늘을 경유하려면 낮에 나타난다. 그 점은
"전쟁에서 죽음이 되고 신하는 臣이 되지 않고 고쳐 왕이 된다. 강국은
약하고 소국은 강해진다"고 하였다. 이 때에 손권이 魏의 爵號를 받았
으나 군사를 들어 대항하고 지켰다.

> 甲申 太白晝見 案劉向五紀論曰 太白少陰 弱 不得專行 故以己未爲
> 界 不得經天而行 經天則晝見 其占爲兵喪 爲不臣 爲更王 强國弱 小
> 國强 是時孫權受魏爵號 而稱兵距守

고 하였다. 즉 太白晝見에 관한 조짐으로서 유향의 五紀論을 인용하
여 兵喪, 爲不臣, 爲更王, 强國弱, 小國强 등으로 해석하고 당시 吳가
魏와 대치하여 三國으로 3분된 당시의 형세를 太白晝見의 재이로 설
명하고 있다.

사료 ⑥은 원성왕 6년에 太白星과 辰星이 東井에 모였다는 기사이
다. 중국 정사의 천문지나 본기에서는 이러한 기사는 잘 보이지 않고
다만 『宋書』 天文1 魏高貴鄕公 甘露 3년조에,

> 3년 경자에 태백이 東井宿를 범하였다. 점에 이르되 "나라는 실정을
> 하고 대신은 난을 일으킨다"고 하였다.
> 三年庚子 太白犯東井 占曰 國失政 大臣爲亂

라고 하였고, 같은 책 天文4 孝武帝條에,

> 대명 4년 12월 … 태백이 東井宿를 범하였는데, 雍州에 병란이 일어
> 난 데 대한 응징이다.
> 大明四年十二月 … 太白犯東井 雍州兵亂之應也

라 하고 있다. 즉 태백이 東井을 범하면 나라에 失政이 발생하고 大臣
이 난을 일으키며 또 雍州 지방에 반란이 일어날 조짐이라는 것이다.
한편 『三國史記』 신라본기10 원성왕 7년조에는,

> 봄 정월 왕태자가 죽어 諡하기를 혜충이라 하였다. 이찬 제공이 반란
> 을 일으켜 형벌을 받아 죽었다.

春正月 王太子卒 諡曰惠忠 伊湌悌恭叛 伏誅

고 하여 悌恭의 반란을 전하고 있는데, 이는 太白과 辰星이 東井에 모
인 지 8개월 뒤의 일이다. 그렇게 보면『宋書』천문지에 보이는 천문
관과의 일치점을 발견할 수 있다. 그러나 이는 역시 추리에 지나지 않
는다. 사료 ⑧의 '太白犯鎭星'의 기사에 보이는 鎭星은 土星의 異稱이
며 塡星으로도 많이 기록되고 있다.『宋書』天文2 光熙 원년조에서는,

　　12월 계미에 태백이 塡星을 범하였다. 점에 이르되 "안으로 병란이
　　되어 큰 전쟁이 있을 것이다"라고 하였다. 이후 하간왕이 동해왕 월에
　　게 죽고 다음 해 정월 동해왕 월은 제갈매 등을 죽였다. 5월에는 급상
　　이 풍숭을 격파하고 동연 왕을 죽였다. 8월에 구희가 급상을 크게 파하
　　였다.
　　　　十二月癸未 太白犯塡星 占曰 爲內兵 有大戰 是後河間王爲東海王
　　　　越所殺 明年正月 東海王越殺諸葛玫等 五月汲桑破馮嵩 殺東燕王 八
　　　　月苟晞大破汲桑

라고 하여 이듬해 8월까지 연속된 내란을 태백이 塡星을 범한 구징으
로 말미암은 재이로 돌리고 있다. 이와 대비하여 신라에서는 문성왕 6
년 태백이 진성을 범한 뒤 시중인 대아찬 김여가 퇴임을 하고 이듬해
7년에는 당시 청해진대사로서 지방에 할거하던 장보고가 그의 딸을 왕
의 次妃로서 들이려 한 일이 있었다. 그러나 귀족들의 반대에 부딪쳐
8년에 살해되었음은 주지의 사실이다. 물론 당시에는 日食, 雨雹, 雷,
無雪, 三日並出 등의 다양한 재이가 거듭된 바 있다. 따라서 이들 천
재지변과 아울러 태백이 塡星을 범한 것은 당시의 그런 정황에 대한
조짐으로 파악되었을 것이라 믿는다.
　끝으로 사료 ③의 성덕왕 14년 9월 太白星이 庶子星을 가린 천변을
보자. 서자성은 북극성의 太子, 帝星, 庶子, 后宮, 天樞의 五星 중 하
나로서 五番星에 해당한다. 서자성이 태백성에 의해 가로막히는 천변
기사는 중국 정사에서 잘 발견되지 않는다. 그뿐 아니라『三國史記』에
서도 태백이 서자성을 가린 이후 이에 상응하는 어떤 정치적 사건을

발견할 수 없다. 그러므로 이에 관한 적절한 災異觀은 발견할 수 없다.

(3) 土星(鎭星·塡星)

『史記』天官書에 의하면, 土星 또는 鎭星은 주로 塡星으로 불리고 있다. 塡星은 그 위치가 중앙이며, 土를 나타낸다. 黃帝이자 德을 지배하며 皇后의 상징이기도 하다. 『三國史記』신라본기에서 土星 또는 鎭星에 관한 기사를 찾아보면 다음과 같다.

① (문무왕 10년) 12월 토성이 달에 들어가고 경도에 지진이 있었다. 중시 지경이 물러났다. 왜국이 국호를 고쳐 일본이라 하고 스스로 말하되 "해가 뜨는 쪽에 가까워서 그와 같이 이름지었다"라고 하였다. 한성주총관 수세가 백제의 (원문 6자 결자) 나라를 掠取하다가 마침 일이 발각되어 대아찬 진주를 보내어 베었다.

    (文武王十年) 十二月 土星入月 京都地震 中侍智鏡退 倭國更號日本 自言近日所出以爲名 漢城州摠官藪世取百濟□□□□□□國 適彼事覺 遣大阿湌眞珠 誅之

② (성덕왕) 7년 봄 정월에 사벌주로부터 瑞芝를 진상받았다. 2월 지진이 있고 여름 4월에 진성이 달을 범하여 크게 죄수를 사하였다.

    (聖德王) 七年春正月 沙伐州進瑞芝 二月 地震 夏四月 鎭星犯月 大赦

③ (효성왕) 4년 봄 3월 당이 사신을 보내 부인 김씨를 왕비로 책봉하였다. 여름 5월에 鎭星이 軒轅大星을 범하였다. … 8월 파진찬 영종이 반역을 꾀하여 베어 죽였다. 앞서 영종의 딸이 후궁으로 들어왔는데 왕이 매우 사랑하여 은총이 날로 더하니 왕비가 이를 질투하여 자기 친족과 함께 그를 죽이려고 공모하자 영종이 왕비와 친족들에게 원한을 가져 반역을 한 것이다.

    (孝成王) 四年春三月 唐遣使册夫人金氏爲王妃 夏五月 鎭星犯軒轅大星 … 八月 波珍湌永宗謀叛 伏誅 先是 永宗女入後宮 王絶愛之 恩渥日甚 王妃嫉妒 與族人謀殺之 永宗怨王妃宗黨 因此叛

④ (문성왕) 12년 봄 정월 토성이 달에 들어가고 경도에 우토가 내리고 大風으로 나무가 뿌리째 뽑혔다. 죄수들의 사형죄 이하는 사하여

주었다.

　　(文聖王) 十二年春正月 土星入月 京都雨土 大風拔木 赦獄囚誅死
　　巳下

　⑤ (문성왕) 17년 봄 정월에 사신을 보내 서남지방의 백성들을 위무하
　　였다. 겨울 12월에 珍閣省에 화재가 나고 토성이 달에 들어갔다.

　　(文聖王) 十七年春正月 發使撫問西南百姓 冬十二月 珍閣省災 土
　　星入月

　이들 기사에서 먼저 눈에 띄는 것은 신라의 土星 기사 다섯 건 중
네 건에 모두 '土星'이라는 표기가 나온다는 점인데 중국 역대 정사에
서는 土星이라는 표기가 거의 보이지 않는다. 따라서 삼국시대 이래
이 땅에서는 土星이라는 표기가 계속 전승되고 있었으며, 이는 중국과
구별되는 특징임을 지적해 둔다.

　그럼 구체적으로 사료 ①의 土星入月, ②의 鎭星犯月, ④의 土星入
月, ⑤의 土星犯月 등을 살펴보기로 한다. 그런데 토성이나 진성이 달
에 들어간다거나 달을 범한다거나 하는 기사는 중국의 정사 기록에서
잘 보이지 않는다. 다만『史記』天官書의 月에 관한 기사에서 달이 塡
星을 가리면 아랫사람이 윗사람을 범한다는 설명이 있으나 이것은 塡
星犯月의 반대 경우이므로 그 逆이 성립될 수 있는지 알 수가 없다.
단『新唐書』天文3에,

　　(당 헌종) 원화 3년 3월 을미에 진성이 달을 먹고 氐宿에 머물렀다.
　　점에 이르되 "그 땅의 임금이 죽는다"고 하였다.
　　(唐憲宗) 元和三年三月乙未 鎭星蝕月在氐 占曰 其地主死

고 하여 鎭星이 月을 氐星 자리에서 침범하였고, 그 豫兆로서 '그 땅
의 임금이 죽는다'는 점의 내용이 나온다. 물론 당시『新唐書』의 내용
에는 그러한 일이 보이지 않는다.

　신라의 경우는 土星의 天變에 즈음하여 사료 ①에서는 중시 지경이
퇴임을 하고, 한주총관 수세가 옛 백제 땅을 略取하여 백제로 도망가
려다 발각되어 대아찬 진주에게 죽임을 당하는 사건이 보이고 있다.

물론 土星의 재이와 함께 지진도 있었지만 이러한 천재지변을 당시 중
시의 퇴임 및 수세의 모반과 관련성이 있는 것으로 본 듯하다. 사료 ②
에서는 鎭星犯月 현상에 대해 곧 大赦가 실시된 점이 주목된다. 즉 천
재지변에 대하여 군주가 自責修己의 일단으로 仁政을 베풀어 天譴에
응답하려는 천인합일관이 보이기 때문이다. 사료 ④에서도 雨土, 大風
拔木 등의 재이와 겹치기는 하였으나 '赦獄囚誅死已下'라는 특사령을
내려 天意에 답하려는 천인합일적 관행을 엿볼 수 있다. 사료 ③의 파
진찬 영종의 모반과 伏誅는 분명 당시의 천변과 관련지은 것으로 보인
다. 이와 관련하여 『晉書』天文下는,

> (동진 목제) 승평 2년 2월 신묘에 진성이 軒轅大星을 범하였다. 점에
> 이르되 "군주가 나쁠 것이다"라고 하였다.
> 　(東晉穆帝) 升平二年二月辛卯 塡星犯軒轅大星 占曰 人主惡之

고 하여 塡星이 軒轅大星을 범한 것을 '人主惡之'의 조짐으로 기록하
고 있어 공통된 천문관을 발견할 수가 있다.

어쨌든 신라시대의 五星의 天變 가운데 두번째로 많은 사례를 남기
고 있는 土星(鎭星·塡星) 기사에서는 신라 나름대로의 특색이 보여
지고 있다. 물론 중국의 전통적인 天譴說에 바탕을 둔 자연관이 구체
적으로 표명되어 천인합일관이 정착된 일면을 파악할 수 있게도 한다.

(4) 辰星

『史記』천관서에 의하면 辰星은 북방에 해당하며 水로서 太陰의 精
이며 겨울을 지배하고 형벌을 잘못 집행하면 辰星에 그 조짐이 나타나
게 된다고 한다. 신라의 辰星 기사는 『三國史記』신라본기10 元聖王
6년조의 기사가 유일하며 그것도 太白星과 함께 나타나고 있다.

> 여름 4월 태백과 진성이 東井宿에 모였다. 5월에 粟을 내어 한산·
> 웅천 두 주의 굶주린 백성들을 진휼하였다.

夏四月 太白辰星聚于東井 五月 出粟賑漢山·熊川二州饑民

『新唐書』天文3 五星聚合條에는,

> 정관 18년 5월 태백과 진성이 東井宿에 모였는데 점에 이르되, "전
> 쟁을 꾀할 것이다"라고 하였다. 19년 6월 병진에 태종이 고구려를 치기
> 위하여 안시성에 군사를 주둔시켰는데, 태백과 진성이 東井宿에 모여
> 있었다. 史記에 이르되 "태백은 주인이 되고 진성은 客이 되고 蠻夷가
> 되어 서로 따라나와서 군사가 들에서 싸운다"고 하였다.
> 　貞觀十八年 五月 太白 辰星合于東井 占曰 爲兵謀 十九年 六月丙辰
> 太宗征高麗次安市城 太白 辰星合于東井 史記曰 太白爲主 辰星爲客
> 爲蠻夷 出相從而兵在野爲戰

라고 하고 같은 책 太宗本紀에서는,

> 19년 6월 정유에 白巖城에서 이겼다. 기미에 안시성 동남산에서 고
> 구려에 크게 패하고 左武衛將軍 王君이 놀라 죽었다. 신유에 3일간 잔
> 치를 베풀게 하였다.
> 　十九年六月丁酉 克白巖城 己未 大敗高麗于安市城東南山 左武衛將
> 軍王君愕死之 辛酉 賜酺三日

고 기록되어 있다. 태백성과 진성의 東井合聚 현상을 安市城 대패의
豫兆로 파악하고 있음을 알 수 있다. 그러나 신라 원성왕 6년의 기사
의 경우는 太白·辰星의 東井合聚 이후 饑民에 대한 진휼이 베풀어지
고 있기는 하지만 이는 당시 한발에 대비한 것으로서 星變과는 직접
관련이 없는 것으로 보인다. 따라서 신라의 유일한 辰星 기사가 과연
어떠한 천문관에서 파악된 것인지는 분명하지 않다.

6. 結言

이상으로 신라의 天災 기사를 『三國史記』를 중심으로 검토하였다. 천재는 지변과 더불어 중국의 전통적인 천인합일사상에 바탕을 둔 것으로, 신라와 같은 시기인 唐代와 대비하기 위하여 주로 『新唐書』 天文志를 함께 검토하였다. 그리하여 대부분 단순한 고립된 천문 기사로 전승되고 있는 『三國史記』 천변 기사의 재이설적인 의미를 『新唐書』 천문지를 통하여 파악할 수 있게 되었다. 물론 『新唐書』 이외의 역대 중국의 정사 천문지도 보충해서 대비해 보았다. 결론적으로 신라의 天災 기사를 『新唐書』 천문지의 순서에 따라 日食, 日變, 孛彗, 星變, 五星凌犯及星變 등의 순으로 검토해 보면 다음과 같다.

① 日食에 관해서는 삼국 이래로 중국의 것을 轉載하였으리라는 논의가 거듭되고 있으나 적어도 통일신라 이후에는 신라에 의한 독자적인 관측이 이루어진 것으로 본다. 진성여왕 2년 일식이 있은 후 여왕이 발병하자 죄수에게 특사령을 내리고 度僧 60인을 허가했더니 병이 나았다고 하는, 일식과 왕의 병과 特赦令 및 度僧 허가 그리고 병의 치유라는 과정에서 天譴說의 일단을 엿볼 수 있다. 효공왕 15년의 일식은 왕이 賤妾에게 빠진 부덕을 견책하는 구정으로 볼 수 있으며, 문성왕 6년의 일식은 동시에 발생했던 太白犯鎭星, 京都雨雹 등의 천재지변과 함께 당시의 侍中 良順을 교체하는 구실이 되었다. 즉 왕의 부덕을 막지 못한 臣者에 대한 견책의 의미로 파악하였던 것이다.

② 日變에서는 白氣竟天, 白虹貫日, 日有珥, 二日並出, 日有黑暈, 三日並現, 日暈五重 등 다양한 천변이 기록되어 있는데 이 중 天譴說의 의미를 추출할 수 있는 것으로는 혜공왕 2년의 二日並出 현상과 뒤이어 내려진 大赦令 및 진성왕 4년의 日暈五重 현상과 이에 뒤따른 왕의 황룡사 親幸看燈 의식 등인데, 이는 仁政과 佛功을 통해 天譴에 응답한 사례로 보인다.

③ 孛彗의 경우는 중국측 기록과 일치하는 예도 있으나 그 출현 방

향이 중국과 차이를 나타내고 있어 신라의 독자성이 확인된다. 혜성의
출현은 문무왕 8년 4월의 '彗星守天船'의 경우 6월에 있을 고구려 멸
망의 전조로 해석된 것으로 보인다. 혜공왕 4년 동북에 나타난 혜성의
경우는 이어 5월에 특사령이 내려지고 있는 사실로 보아 혜성 출현에
천견설을 적용한 것으로 추측된다.『新唐書』에서는 高宗 總章 원년 4
월 혜성이 출현하자 正殿을 피하고 減膳, 撤樂, 詔內外官言事 등 전통
적인 責己修德이 이루어진 사실을 전하고 있다.

④ 星變으로는 星隕, 流星, 天狗隕, 妖星, 客星, 大星 등의 다양한
천변 기사가 기록되어 있다.

먼저 星隕의 경우 반란이나 王者의 죽음을 豫兆하는 것으로 해석되
었는데 혜공왕 초기의 성운이나 애장왕 초년의 성운은 당시 왕권을 둘
러싼 叛臣의 등장과 관련된 것 같으며, 효공왕 9년의 성운은 이어지는
궁예의 鐵圓移都와 대비되는 것으로 신라왕조에 대한 위협을 예시한
것이다.

流星의 출현은 문무왕 19년 각간 천존의 죽음, 동 21년 왕의 죽음,
신문왕 4년 安勝族子 大文의 모반, 효성왕 6년 왕의 죽음, 경덕왕 24
년 왕의 죽음 등이 잇따르고 있어 王者의 죽음과 모반 등의 전조로서
풀이되고 있다. 성덕왕 14년 두 차례에 걸쳐 유성이 출현한 뒤 죄인을
特赦하는 인정이 베풀어진 점은 역시 유성을 天譴으로 받아들인 소치
라 보인다.

天狗星도 유성의 한 종류로서 신라에서는 다섯 번에 걸쳐 나타난다.
이는 왕의 사망 전조로서 파악되기도 하고, 성덕왕 9년에는 天狗의 출
현에 대해 죄인의 特赦가 행해진 점으로 미루어 역시 천견설의 범주에
서 파악되었음을 알 수 있다.

妖星은 五行의 氣로서 五星의 變名이며 전쟁과 기근, 水旱과 사망
의 징후로 파악되고 있으나, 경덕왕 3년에 보이는 유일한 妖星 기사는
그 의미를 가늠할 사료가 보이지 않는다.

客星은 周伯, 老子, 王蓬絮, 國皇, 溫星의 五星이 여기에 해당되며

'天下有兵'이나 '五穀不登' 등의 조짐으로 나타난다 하였으나, 경문왕 7년에 나타난 유일한 客星 기사는 이듬해에 일어난 이찬 金銳 등의 반란과 관련된 듯하나 추측에 불과하다.

④ 五星星變에서 五星이란 歲星(木星), 熒惑(火星), 塡(鎭)星(土星), 太白(金星), 辰星(水星)을 말하는데, 木星인 歲星에 관한 기사는 보이지 않고 나머지 4星 기사만 보이고 있다. 먼저 熒惑에 대해서는 문무왕 19년, 성덕왕 34년, 애장왕 2년 등에 보이나 그 조짐이 무엇인지는 추측밖에 할 수 없다. 단『晉書』天文志에 의하면 반란의 조짐으로 점쳐지고 있다.

太白은『史記』천관서에 군사를 지배한다고 하였으며, 그 운행이 정상을 벗어나면 군주가 왕위를 탈취당하는 것으로 되어 있다. 신라시대의 五星 기사 중에는 이 태백성의 출현이 가장 많아 총 10건에 달한다. 먼저 太白入月 또는 太白犯月의 경우 興德 · 神德 두 왕의 죽음과 각간 천존의 죽음이 뒤따르고 있고,『晉書』천문지에 의하면 兵喪 · 强國弱小國强 등의 구징으로 해석되고 있으나 신라에서는 어떤 조짐인지 알 수 없다. 문성왕 6년 태백이 鎭星을 범한 기사에서는 侍中인 대아찬 金茹의 퇴임이 뒤따르고 있다. 태백이 庶子星을 가리운 天災에 대해서는 그 조짐을 예측할 만한 사료를 찾아볼 수 없다.

다음 土星(鎭星 · 塡星)에 대해서는 다섯 사례가 보인다. 土星 또는 鎭星의 출현에 이어 두 차례의 반란사건이 있었으며 두 차례에 걸쳐 特赦令이 내려지고 있다. 특히 성덕왕 7년과 문성왕 12년의 토성 출현에 이어 취해진 대사령은 仁政으로서, 天戒에 응답하려는 天譴說의 전개를 입증하고 있다.

끝으로 辰星에 관한 기사는 원성왕 6년 태백과 함께 東井에 모였다는 것이 유일하다.『新唐書』천문지에서는 이러한 현상을 패전의 조짐으로 파악하고 있으나 신라의 경우는 알 수 없다.

제7장 고대의 天災地變과 王道政治

앞에서 『三國史記』에 실린 天災(變)와 地變의 기사를 『後漢書』 五行志・天文志, 그리고 『新唐書』 五行志・天文志 등과 대비하여 분석・검토하고 이들 災異 기사가 함축하고 있는 의미를 추정하여 보았다. 먼저 天災의 경우 日食・彗星・五星・星隕 등의 명칭이 위의 중국 정사와 대부분 공통되고 있음을 알 수 있다. 그런데 삼국시대의 日食・彗星・五星의 기사, 특히 일식은 중국의 일식 기사를 많이 轉載하였다는 추론이 적지 않다. 그러나 통일신라시대는 물론 삼국의 일식에서도 각기 이 시기의 독자적 관측기사로 간주할 만한 것들이 확인되고 있다. 더구나 日變・星隕・長星・大星・老人星 등의 경우는 완전히 삼국 및 통일신라의 독자적인 天變 기사이다. 그러므로 天災 기사를 전체적으로 보면 삼국 및 신라의 독자적인 天災 관측기록의 비중이 높음을 알 수 있다.

한편 地變 기사는 삼국이나 통일신라 모두 전혀 독자적 기록으로 간주할 수 있다. 旱, 大風拔木, 地震, 大石自移, 嘉禾, 連理樹 등은 중국의 해당 기사와는 무관한 독립된 것이다. 단 이들 地變의 명칭만은 대개 중국의 전형적인 명칭과 일치하고 있다.

이와 같이 天變과 地變의 기사를 통틀어 볼 때 중국의 해당 기사를 轉載하였을 가능성은 한층 희박해진다. 한편 천재와 지변의 관측과 기록이 중국의 전형적인 天人合一思想의 수용으로 이루어진 것이라고 볼 때, 『三國史記』에 실린 이들 기사는 하나의 사상적 구조 위에서 성립된 것으로 이해할 수 있다. 단 『三國史記』의 기사들은 대부분 고립된 天災·地變 기사로만 기록되어 있기 때문에 그 의미를 추구할 경우 상당 부분을 위의 중국 정사를 통해 추정할 수밖에 없다. 물론『三國史記』에 이들 천재지변의 의미를 기록하고 있는 경우도 남아 있다.

대개『三國史記』의 기사만으로는 당시의 천재지변의 의미를 충분히 파악할 수 없다 하더라도, 역시 삼국 및 신라의 몇몇 독자적 기사를 토대로 해서 보건대『三國史記』에 실려 있는 다양한 천재지변 기사들은 적어도 당시에는 반드시 필요하고도 의미 깊은 사상적 바탕 위에 이루어진 것이라 믿어진다. 즉 중국적 천인합일사상을 바탕으로 한 天意의 소재를 파악하기 위한 중대한 사명이 내재해 있었던 것이다. 따라서『三國史記』의 천재와 지변 기록들은 적어도 각기 당대의 역사적 생명을 내포하고 있는 사료로 평가할 수 있을 것이다.

『三國史記』의 천재와 지변을 고찰함에 있어서 먼저 天災에 대해 정리하여 보고자 한다.

삼국의 天災 기사 중에 그 의미가 비교적 명확히 드러나는 것은 고구려 次大王 4년 기사이다. 즉 이 때 日食과 五星이 출현하였는데 日官이 폭군 차대왕의 노여움을 두려워한 나머지 誣告하여 일식과 오성 출현을 君의 德이며 나라에 복이 되는 것이라고 풀이한 기사이다. 다음으로는 烽上王代의 기사를 들 수 있다. 봉상왕 8년에 客星犯月·雷·地震이 나타나고, 동 9년에는 地震·不雨·年饑民相食 등의 재난에다 왕이 국내 남녀 15세 이상을 동원하여 궁실을 수리하니 백성들이 크게 유망하게 되었다. 이에 國相 倉助利는 천재가 겹쳐 곡식이 수확되지 않고 백성들은 곤경에 빠져 있으니 참으로 하늘을 두려워하고 백성들을 걱정하여 두려워하고 반성할 때라고 간언하였다. 그러나 봉상왕은 이 간언을 받아들이지 않아 결국 창조리에게 축출당하고 美川王이 왕위에 오르게 되었다. 이 두 기사는 고구려에서 天災가 君主의 부덕한 정치에서 빚어진 天譴으로 받아들여졌다는 구체적인 사례가 되며, 아울러 천재지변이 있을 때 國相이 時政의 득실을 상소하는 관행이 있었음을 보여준다.

백제에서는 近仇首王 10년 2월에 '日有暈三重'의 日變과 '宮中大樹 自拔'의 천재지변에 이어서 4월에 왕이 돌아갔다는 기사가 있다. 이것 은 근구수왕의 죽음을 豫兆하는 재이로서 해석된다.

신라에서는 선덕여왕 말년에 이찬 비담의 반란군에 포위된 王城에 大星이 떨어진 기사와 이에 대한 김유신 장군의 天災地變觀에서 이 시대 신라인들의 재이관을 엿볼 수 있다. 즉 김유신이 해박한 중국의 故事를 들어 大星의 낙하는 人事와 무관한 것임을 설득하면서도 연에 다 불을 달아 大星이 다시 올라간 것처럼 보이게 한 것이나, 또 大星 이 天道를 어긴 반란군 진영이 아니라 王軍에 떨어진 데 대해 실로 천 도를 의아해하지 않을 수 없다고 한 것이 그것이다. 여기서 김유신은 급박한 사태 수습을 위한 방편으로 災異說을 부정하고 있는 듯하지만 한편으로 그의 내심에는 大星이라는 天災가 갖는 天譴의 의미를 간접 으로 시인하였음을 알 수 있다.

지극히 단편적이기는 하나 이와 같은 사료를 통해, 고구려·백제· 신라에서 天災의 발생을 부덕한 군주에 대한 天戒로서 실제로 인식하 고 있었던 것을 이해할 수 있다.

삼국의 地變에 관련한 기록은 天災에 비하여 매우 다양하다. 이것은 『後漢書』오행지에서와 같이 五行과 五事 및 皇極에 따라 분류될 수 있다. 즉 木不曲直과 貌不恭에는 屋自壞, 金不從革과 言之不從에는 旱, 狼食人, 火不炎上과 視之不明에는 羽蟲孼, 水不潤下와 聽之不聰 에는 大水, 水變色, 雹, 冬雷, 魚孼, 蝗, (土)稼穡不成과 思心不睿에서 는 地震, 山崩, 大風拔樹, 皇之不極에는 龍蛇孼, 馬禍, 人痾 등이 나타 나고 있다. 이것은 비록『後漢書』오행지의 내용에는 미치지 못하지만 『三國史記』에 그 전형적인 재이 기사가 다수 실려 있다. 이것은 말할 것도 없이 군주가 부덕하여 오행의 질서를 어기고,『書經』洪範의 王 道를 어김으로써 발생한 咎罰 현상이다. 이 중 부덕한 군주에 대한 대 표적인 譴告로는 旱魃을 들 수 있다. 한발이 발생하면 창고를 헐어 진 휼함은 물론 왕은 責己修德하기 위하여 호화스러운 正殿을 피하고 常

膳을 감하고, 죄수를 석방하고 減刑하는 仁政을 베푸는 것이 관행으로
되어 있다. 특히 한발은 五事의 言之不從, 즉 군주가 언동을 함부로한
데서 말미암은 天罰로서 고대로부터 농업사회에서 인간의 생존을 위
협하는 실제적인 큰 재앙이었다. 그러므로 고구려·백제·신라에서 한
발 기사가 차지하는 비중은 매우 크며, 아울러 실제의 한발 대책이나
消災儀式을 실시한 사례가 비교적 뚜렷하고 많다. 이러한 한발과 관련
된 地變이야말로 중국의 전형적인 천인합일사상의 진면목을 드러내는
부분이라 하겠다. 이 밖에 삼국의 지변 기사 중에 왕이 責己修德한 예
가 보인다. 예컨대 신라 訥祇痲立干 24년 4월 우박이 떨어지자 慮囚하
였으며, 炤知痲立干 4년 2월에 大風拔木·金城南門火, 4월에 久雨 등
일련의 재이가 거듭되자 동 4월에 내외의 有司에게 명하여 慮囚하고
있다. 재이에 대한 消災儀式으로서 이처럼 慮囚, 즉 죄수들에게 은전
을 베푸는 것은 仁政에 속하는 것으로 덕치를 구현함으로써 天戒에
응답한다는 의미를 갖고 있다. 비록『三國史記』의 많은 지변 기사 중
에 이처럼 天戒에 응답한 기사는 매우 드물지만 이들 재이 기사들은
대부분 군주의 부덕에 대한 天譴으로서 파악되고 있었을 것이다.

災異가 군주의 부덕한 행위에 대한 咎罰로서 나타난 것이라면, 瑞
祥은 군주가 이상적인 덕치를 편 결과 天으로부터 나타나는 현상이다.
『宋書』瑞祥志와 대비하여 삼국의 瑞祥 기사를 정리해 보면 다음과
같이 구체적인 瑞祥物이 나타난다.

龍, 靈龜, 神馬, 白狐, 白鹿, 三角鹿, 一角鹿, 白獐, 嘉禾, 慶雲, 赤烏,
白魚, 木連理, 白雉, 神鼎, 玄雲, 靑牛, 鸞, 長尾兎, 黑蛙와 赤蛙, 紫獐,
神鹿, 異鳥, 王宮井水溢, 馬生牛一首二身, 鴻鴈, 白鷹

『淮南子』의 覽冥訓이나 漢代 董仲舒에 의하면, 군주가 盛德을 베
풀어 선정을 펴게 되면 瑞祥은 이르지 않은 것이 없으며 이리하여 왕
도는 완성된다고 하였다. 그렇다면 삼국시대의 고구려·백제·신라에
서 나타난 瑞祥物은 당시의 정치상황을 미화하여 덕치에 도달하였다

는 상징을 나타낸 것으로서, 이른바 왕도의 실현을 擬制化한 것이라고
보인다.

이처럼 천재지변은 王道의 不德과 德治라는 양면을 드러내는 현상
으로서 삼국에서 각기 인식되고 있었음을 알 수 있다.

삼국에 이어서 통일신라시대에 와서도 천재지변에 관한 관심은 기
본적으로 변화가 없다. 이 시대의 재이 기사를『新唐書』오행지 및 천
문지와 대비 검토하였다. 天災(變)의 경우는 日食, 日變, 孛彗, 星變,
五星凌犯 등『新唐書』천문지의 순서에 따라 그 天譴說的 의미를 파
악하게 되었다. 그런데 통일신라는 삼국시대에 비하여 천견설의 적용
사례가 보다 많이 드러나 있음을 알 수 있다. 그것은 그만큼 이 시대에
와서 천인합일사상이 심화된 증거라 생각된다. 구체적인 예를 들면, 효
공왕 15년의 일식은 당시 천첩에게 빠져 정사를 제대로 수행할 수 없
었던 왕의 부덕을 견책하는 咎徵으로 파악된 듯하고, 문성왕 6년의 일
식은 동시에 발생한 太白犯鎭星・京都雨雹 등의 천재지변과 더불어
당시 侍中 良順이 교체되는 구실이 되었다. 이 밖에 혜공왕 2년의 二
日並出에 뒤이은 大赦令의 조치와 진성여왕 4년 日暈五重이 있은 뒤
왕의 황룡사 親幸看燈 행사는 仁政과 佛功을 통해 天譴에 응답하려
한 사례로 보인다. 그러나 통일신라시대의 天災 기사는 고립된 단순한
기록들이 많아『新唐書』천문지나 그 밖에 중국의 역대 正史 천문지
등을 참고하여 그 의미를 추정하게 되었다.

이와 같이 통일신라시대의 天災 기사에서 천인합일설의 수용 사례
가 좀더 뚜렷이 밝혀짐으로써 그 이전의 삼국시대에 비하여 이 사상의
발전과 심화를 엿볼 수 있게 한다.

한편 地變은『新唐書』오행지와 대비해 보았는데, 순서는 木, 火,
土, 金, 水의 이른바 五行相生說에 따랐다. 그리하여 木不曲直과 貌之
不恭에서는 枯木復生・木生異實・鼠妖 등이 나타나고, 火不炎上과
視之不明에서는 火災・草妖・羽虫之孼・赤眚赤祥 등이 나타나고, 稼
穡不成에서는 饑・常風・華孼・蠃虫之孼・牛禍・黃眚黃祥・地震 등

이 나타났다. 金不從革과 言之不從에서는 塔相擊·石自移·常暘·詩妖·犬禍·白氣·白狐·白鹿 등이 나타나고, 水不潤下와 聽之不聰에서는 大水·常寒·鼓妖·魚孽·蝗·雷電·霜·雹·水戰·泉井渴 등이 나타났으며, 끝으로 皇之不極에서는 常陰·霧·龍蛇孽·人痾·疫 등이 나타났다.

이러한 地變의 검토에서 먼저 눈에 띄는 것은 그 명칭이 唐의 전형적인 지변과 같다는 점이다. 통일신라에서도 천인합일사상이 뚜렷이 표명된 것은 역시 旱魃이다. 전형적인 예가 홍덕왕 7년 봄·여름에 旱·赤地 현상이 있자 왕이 正殿을 피하고 常膳을 감하고 內外의 獄囚를 赦하였더니 7월에 비가 내렸다는 사례이다. 이 밖에 한발이 일자 죄수에 대한 특사의 예가 보이고, 경덕왕 6년에 지진이 발생한 후 '赦罪人'한 예를 볼 수 있다. 그리고 혜공왕 5년 5월의 蝗災와 旱魃에서는 백관의 상소를 듣기도 하였다. 이것은 앞서의 가뭄, 지진 등의 재이와 함께 天譴說의 실재를 파악할 수 있는 중요한 사례들이다.

그런데 통일신라시대에 발생한 천재지변 기록에서 새롭게 등장하는 국면은 中侍(侍中)의 任免과의 관계이다. 이에 대해서는 이미 논구된 바가 있으나 여기에서 요약해 보면 다음과 같다. 문무왕 10년 土星入月·京都地震의 천재지변에 이어 중시 智鏡이 퇴임한 이래 모두 17명의 中侍(侍中)가 임면되고 있으며 上大等 信忠이 퇴임하였다. 천재지변의 종류를 보면 地震, 地動, 大風折木, 火災, 大水, 蝗虫, 白虹, 雪, 雹, 旱, 桃李再華, 山崩, 風霧, 太白晝見, 土星入月 등이며 이 중에 지진으로 임면된 경우가 다섯 차례로 가장 많다. 원래 천재지변은 군주의 부덕으로 五行이 교란되고 洪範五事와 皇極의 正道가 상실된 데서 기인한다고 보는 것이 천인합일사상의 핵심이다. 그러므로 天譴에 대한 책임은 군주에게 있다. 그런데 통일신라에서는 천재지변이 발생하는 데 대해 빈번하게 중시의 임면을 행하고 있다. 참고로 중국 漢代에 승상 孔光이 大司空 師丹과 함께 哀帝 즉위 초에 傅太后와 그 일족의 전횡을 막으려다 결국 師丹과 함께 파면당한 일이 있다. 이 때 그가 퇴출당한 이유는 '日月無光 山崩河決 五星失行'이라는 천재지변이었다. 이들에게 천재지변이 일어날 만큼 군주를 보좌하지 못한 허물을 물은 것이다. 이후 後漢代에도 일식 등의 천재지변 때는 三公의 免官을 관행화하기도 하였다. 따라서 신라에서의 천재지변과 中侍·上大等의 임면은 이와 궤를 같이하고 있다 하겠다.

이뿐 아니라 통일신라시대에 오면 천재지변을 계기로 重臣에 의한 上疏가 이루어지고 있다. 경덕왕 14년 상대등 金思仁이 災異屢見을 이유로 時政의 득실을 극론한 바 있으며, 혜공왕 13년 상대등 金良相은 그 해 3월에 京都지진, 4월에 又震이 있자 時政을 극론하고 있다. 천재지변이 군주의 부덕한 소치에서 발생한다고 할 때 군주는 이러한 천견에 대하여 責己修德의 차원에서 避正殿·減常膳·慮囚·大赦 등의 修德, 仁政과 함께 백관의 상소를 받는 것이 관행화되고 있었던 것이다. 이처럼 통일신라에서는 漢代 이래의 천재지변으로 인한 여러 가지 책기수덕과 함께 三公을 면관하고 백관의 상소를 받아 부덕한 시정을 정상화한다는 天譴說의 전형을 구현하고 있었던 것이다.

한편 祥瑞說에서도 삼국시대와는 차이를 보인다. 먼저 瑞祥物로서 赤烏, 白雉, 白鳥, 白雀, 白鵲, 白鷹, 嘉禾, 老人星, 芝草 등이 제시되고 있다. 이것은 前代에 비하면 매우 단조로워진 것으로, 대부분 중국의 전형적인 서상물과 일치한다. 앞서 보았듯이 瑞祥의 출현은 王者의 성덕을 나타내는 것인데, 통일신라에서도 瑞祥說이 왕권의 신비성을 과시하는 사상으로 계속 활용되고 있음을 알 수 있다. 더욱이 당나라 등 중국의 전형적인 瑞祥物과 일치함으로써 이 시대의 정치사상의 성장의 한 측면을 엿볼 수 있게 한다.

결국 王者의 도덕적 행위와 정치가 잘 이루어지지 않으면 水火金木土의 오행질서가 흔들려 天의 견책으로서 천재와 지변이 일어나고, 한편 『書經』의 洪範五事와 皇極이 정상으로 구현되지 않아 中正을 세우지 못하면 또 天의 戒와 罰이 천재와 지변으로 나타난다. 따라서 천재와 지변은 王道의 不中에서 초래되는 것이다. 『三國史記』에 실린 삼

국 및 신라의 재이 현상들도 당시에 왕도 실현을 위한 天戒로서 인식
되었다고 할 수 있을 것이다.

　이상으로 삼국 및 통일신라시대의 천재와 지변의 정치적 의미를 추
구하여 보았다. 물론 이러한 사상은 홍범오행전에서 구체적으로 전개
되었던 것이다. 앞에서 거듭 인용한 바와 같이 홍범오행전은 천재와
지변의 발생 원인을 五行과 五事로 나누어 각기 다양하고 구체적인
범주로 설정하고 있다. 그 가장 전형적인 예로서 五行의 金이 본성을
잃는 경우와 旱災의 발생 원인을 한 번 보자

　　오행전에서 말하기를, (군주)가 전쟁을 즐겨하고 백성을 가벼이하고
　성곽을 치장하며 변경을 침범하면 金이 그 본성을 잃고 從革, 즉 변형
　이 되지 않게 된다. 金이 그 본성을 잃으면 재이가 된다. 또 (오행전)에
　서 말하기를, 말이 順하지 않으면 다스려지지 않는다. 그 문책은 어긋
　나는 것이고 그 벌은 가뭄이며 그 궁극의 재앙은 걱정이다. 어느 때는
　詩妖가 있고 어느 때는 介蟲의 요물이 생기고 어느 때는 개의 화가 있
　고 어느 때는 口舌의 병이 생기고 어느 때는 白眚白祥이 생긴다. 이것
　은 木이 金에 손상을 끼친 것이다. 介虫은 劉歆傳에서는 毛虫으로 되
　어 있다. 乂는 治와 같다.
　　　五行傳曰 好攻戰 輕百姓 飾城郭 侵邊境 則金不從革 謂金失其性而
　　爲災也 又曰 言之不從 是謂不乂 厥咎僭 厥罰恒陽 厥極憂 時則有詩
　　妖 時則有介蟲之孽 時則有犬禍 時則有口舌之痾 時則有白眚白祥 惟
　　木沴金 介蟲 劉歆傳以爲毛蟲 乂治也(『後漢書』 五行1)

　金이 그 본성을 잃게 되는 것은 '好攻戰 輕百姓 飾城郭 侵邊境'에
있으며 旱災는 五事 중에 '言之不從'에 있음을 확인할 수가 있다. 그러
나 전한 이래로 수록된 천재와 지변 기사를 보면 비단 金이나 旱災뿐
아니라 대부분이 오행전의 규범과 일치되지 않는다. 그것은 오행전의
재이 규범이 인위적으로 설정되었기 때문이다. 즉 군주의 '言之不從'으
로 인해 반드시 旱災가 발생하는 것은 아니며, 아울러 오행전의 규범
대로 詩妖・犬禍・介虫之孽 등이 발생하는 것도 아니다. 그러므로 오
행전이 규정하고 있는 五行의 水, 火, 金, 木, 土, 皇極과 五事의 貌,

言, 視, 聽, 思에 따른 재이 발생과의 필연성은 실제로 있을 수 없다. 그래서 오행전의 규범에 맞추어 재이의 원인이 기술된 사례가 일부 있기는 해도 한대 이후의 대부분의 천재와 지변 기사에는 재이가 전반적인 정치사회의 부덕 때문에 발생하는 것으로 기술되고 있다.

이러한 경향은 삼국이나 통일신라에서 더욱 뚜렷하여, 대부분 그 원인이 기록되고 있지 않다. 기록된 경우라도 오행전의 규범에 맞추어 각기 다양한 원인이 설명되어 있는 것이 아니라 단순히 당시 군주나 치자층의 부덕한 政事 때문에 재이가 발생한 것으로 인식하고 있다.

그러므로 홍범오행전이 규정하고 있는 재이 발생의 원인은 후대로 내려오면서 五行·皇極·五事 등 개별적이고 다양한 범주로부터 治者의 정치적 不德이라고 하는 범주로 단순화·추상화되고 있다. 물론 홍범오행전의 다양한 재이 발생의 원인이 단순화·추상화되었다고는 해도 그것이 목표로 했던 것, 즉 천재와 지변을 王者의 부덕한 정치에 대한 天譴으로 보는 기능은 중국은 물론 삼국 및 통일신라에 이르기까지 지속되고 있었음을 확인할 수 있다.

(별장) 龍飛御天歌와 瑞祥說

1. 序言

흔히 조선왕조의 개창을 두고 史家들은 易姓革命이라고 말한다. 그러나 고려왕조로부터 조선왕조가 탄생하는 데 어떤 필연성이 있었다고 믿었는가에 대한 보다 심층적인 천착은 그리 이루어지고 있지 않은 듯하다.

필자는 여기에서 새 왕조를 세운 그들이 조선왕조는 반드시 역사적인 필연성에 의해 건국되었다는 것을 애써 설명하고 증명하려고 노력하였음을 밝히고자 한다. 그것은 오랜 전통사상인 天命說에 의한 것이었다고 믿는다. 전통적으로 왕조의 혁명을 논할 때 가장 먼저 떠오르는 것이 孟子의 사상이다. 즉 만일 군주가 훌륭한 治者가 될 덕성을 갖추고 있지 못하면 백성들은 혁명을 일으킬 수 있는 도덕적 권리를 가지고 있다는 것이다. 그럴 경우 자기의 군주를 죽인다고 하더라고 결코 弑逆의 죄를 범하지는 않는다고 보았다. 만일 군주가 자기의 임무를 다하지 않으면 그는 도덕적으로 군주의 자격을 상실하게 되는 것이고, 그렇게 되면 군주는 공자의 正名論에 따라 '一夫'에 지나지 않기 때문이라는 것이다.[1]

恭讓王 3년 天災가 계속하여 일어나자 왕은 교지를 내려 여러 신하들에게 直言을 구하였다. 이에 따라 金子粹, 金貂, 許應, 鄭道傳, 南誾

---

1) 馮友蘭 著, 鄭仁在 譯, 『中國哲學史』, 1977, 111쪽 ; 『孟子』 梁惠王下8.

등이 차례로 상소를 올렸는데, 그 가운데 정도전의 것을 보면 다음과
같다.

> 전하께서 平日 일찍이 글을 읽어서 聖賢의 成法을 상고한 일이 없으
> 며, 일을 처리하여 當世의 通務를 알지 못하였으니, 어찌 감히 德이 반
> 드시 닦이고 政事가 잘못된 것이 없다고 보증하겠습니까. … 전하께서
> 天稟이 좋다고 스스로 믿지 말고 배워 행함이 지극하지 못한 것으로
> 경계를 삼는다면 덕이 닦이고 정사가 다스려질 것입니다.(『국역 고려
> 사절요』 권4, 405쪽)

자기 본성의 극진한 啓發을 통하여 인간은 天을 알 뿐만 아니라 天
과 합일될 수도 있다고 주장한[2] 맹자의 사상에 비추어 볼 때 왕도정치
를 실현해야 할 공양왕이 이미 치자로서의 능력을 갖추지 못한 존재임
을 은연중에 나타내고 있다. 이처럼 조선왕조 개창의 당위성은 공양왕
의 부덕을 지적한 정도전의 상소에서 주장되고 있다. 새 왕조의 창업
이나 王者의 자리가 聖者의 능력을 가진 인간에 의해 지배되어야 한
다는 이론은 자못 합리적이지만 그렇다고 이것만으로써 혁명의 정당
성이 충족될 수는 없다. 龍飛御天歌 제1장은

> 海東 六龍이 나라샤 일마다 天福이시니 古聖이 同符하시니

라는 구절로 시작한다. 여기에서 말하는 古聖이란 주로 중국의 역대
제왕을 가리킨다. 제왕이란 반드시 하늘의 命을 받아 천자의 자리에
오르는 것으로, 李氏의 창업도 天命을 받은 일이기 때문에 양자의 사
적이 서로 일치한다는 것이다. 천명의 所在로써 得國의 사실을 합리화
하려 한 것이니, 龍飛御天歌는 이를 증명하려 한 것이다.[3]

---

2) 馮友蘭 著, 鄭仁在 譯, 『中國哲學史』, 115쪽.
3) 許雄 註解, 『龍飛御天歌』, 8쪽. 이 글을 작성하는 데 있어 金聖七 譯註本을
   전적으로 인용 참고하였으며 아세아문화사본 『龍飛御天歌』를 대본으로 하였
   다. 한편 많은 용비어천가 연구업적 중에 全寅初의 「龍飛御天歌의 故事性」
   (『國學紀要』 1/『東方學志』 19 特刊, 연세대 국학연구원, 1978. 9)과 「龍飛御

필자는 여기에서 용비어천가에 담긴 이들 천명설의 연원과 그 징조를 오행설에 의거하는 瑞祥이라는 상징 구현에서 밝혀보고자 시도하였다.

2. 中國史上의 瑞祥

戰國 말의 사상가 鄒衍은 당시 군주들이 더욱 음란하고 사치하여 덕을 숭상할 수 없음을 보고 음양의 변화를 깊이 관찰하여 이른바 五德終始說을 제창하였다. 그는 자연현상을 관찰하여 원래 인간의 일상생활에 필요한 생활자료로서 五材의 뜻을 가지고 있는 五行(土·木·金·火·水) 즉 五德으로써 五行相勝說을 주장하였다. 오덕(오행)은 이길 수 없는 것이 뒤에 오는 순서로 배열되어 있는데, 土德 뒤에 木德이 오고, 金德이 그 다음이고, 火德이 그 다음이며, 水德이 그 다음이다. 이와 같이 鄒衍은 자연현상을 관찰하여 얻은 물질 상호간의 세력 발전에 관한 소박한 인식을 인간역사를 지배하는 왕조세력의 홍망성쇠의 법칙으로 연역한 것 같다.[4]

무릇 제왕이 일어나려고 할 때 天은 반드시 먼저 下民에게 祥瑞를 보인다. 黃帝 때에 하늘은 먼저 큰 지렁이와 땅강아지를 보이셨다. 황제가 이르시되, "土氣가 우세하다!" 土氣가 우세하니 따라서 그 색은 노란색을 숭상하고 그 직무는 土를 본받았다. 禹(王) 때에 이르러 하늘은 草木이 秋冬에 죽지 않음을 보이셨다. 禹(王)가 이르시되, "木氣가 우세하다!" 木氣가 우세하니 따라서 그 색은 푸른색을 숭상하고 그 직

天歌에 인용된 先秦故事」(『東方學志』 29, 1981. 12)의 두 논문과 용비어천가에 관한 최신의 연구업적으로서 朴菖熙의 「龍飛御天歌에서의 '天'과 '民'의 개념」(『千寬宇선생환력기념 한국사학논총』, 정음문화사, 1985)은 용비어천가의 사상적 배경을 이해하는 데 힘입은 바 크다.
4) 宋榮培, 「董仲舒의 歷史哲學」, 『哲學』 23, 1985년 봄, 4~5쪽.

무는 木을 본받았다. 湯(王) 때에 이르러 하늘은 물 속에서 칼날 있는
쇠붙이가 나옴을 보이셨다. 湯(王)이 이르시되, "金氣가 우세하다!" 金
氣가 우세하니 따라서 그 색은 흰색을 숭상하고 그 직무는 金을 본받
았다. 文王 때에 이르러 하늘은 불[火]을 보이시니 赤烏가 丹書를 입
에 물고 周의 社廟에 보였다. 文王이 이르시되 "火氣가 우세하다!" 火
氣가 우세하니 따라서 그 색은 붉은색을 숭상하고 그 직무는 火를 본
받았다. 火를 대치하는 것은 반드시 水일 것이니 하늘은 또한 먼저 水
氣가 우세함을 보일 것이다. 水氣가 우세하니 따라서 그 색은 검은색
을 숭상하고 그 직무는 水를 본받을 것이다. 그 통치도 언젠가는 끝나
고 때가 오면 모든 것은 다시 土로 돌아간다. 그 때가 언제 올 것인가
는 우리로서는 알 수가 없다.

여기에는 天命이 제시하는 新王 출현의 조건과 新王의 통치권위를
天命의 소치로 합리화하는 권위적인 수단이 내포되어 있다.5) 『史記』
封禪書나 郊祀志에는 다음과 같은 이야기가 나온다. 始皇이 천하를
통일한 직후 어떤 사람이 始皇에게 고하기를, 黃帝 이하 夏・殷・周
는 각기 土・木・金・火의 덕을 얻고 또 각기 그 덕에 상응되는 符瑞,
즉 祥瑞를 받았다며 이로 미루어 秦은 周에 대신하여 들어선 水德의
시대이며, 그 증거로서 文公이 사냥하러 가서 수덕의 상서인 黑龍을
얻었다는 설명을 드니 秦의 여러 제도를 수덕에 맞게 하였다고 한다.

한제국이 성립하자 당연히 帝權의 天授說이 대두되었다. 『史記』孝
文帝紀나 封禪書, 『漢書』郊祀志에 의하면 한제국의 天命이 과연 土
德인가 水德인가 하는 점이 문제가 되었다. 公孫臣은 土德을 주장하
였으며 그 증거로서 漢이 秦의 水德을 이었고 成紀에 黃龍이 나타나
는 瑞祥이 있었음을 들었다. 한편 승상 張蒼은 漢은 水德의 시작이라
고 주장했다. 그 예로서 황하의 金堤가 터진 사실을 들고 있다. 즉 황
하는 水이므로 金堤라는 둑이 터진 사례로써 水가 승리했다는 증거로
보았다. 한편 『史記』曆書에서는 高祖가 秦의 서울 咸陽에 입성하여

---

5) 宋榮培, 위의 논문, 5~6쪽 ; 『呂氏春秋』 應同篇, 騶子 玉函山房 輯佚書
/Needha, *Science and Civilization in China*의 日譯本 2권, 278~279쪽 수록.

北畤(천지 신령에게 제사하는 곳)를 세워 水德의 瑞祥을 얻은 데 근거하여 漢이 水德이라고 하기도 하였다.6) 그 뒤에 일어난 중국의 왕조에서도 왕조의 흥기와 관련된 瑞祥說은 물론 왕조의 盛運을 찬탄하는 여러 가지 서상설이 계속 이어졌다. 그리고 이것들은 정사 體裁 속에서 五行志는 물론 符瑞志, 瑞祥志 등의 형태로 정리되기도 하였다.

3. 朝鮮朝 이전의 瑞祥 기록

『三國史記』와 『三國遺事』에는 瑞祥 기사가 흔히 나타난다. 물론 이러한 기록은 한반도에 五行說이나 五德終始說 등의 역사관이 수용되고 있었음을 전제로 한다. 고구려·백제·신라의 삼국이 각기 어떠한 천명설을 수용하고 있었는지 잘 알 수 없으나, 신라의 경우 金氏族은 小昊 金天氏의 후예임을 말하고 있다. 중국고대의 전설의 제왕인 小昊 金天氏가 신라의 시조로 받들어진 것은 신라의 金德 표방과도 무관하지 않다고 한다. 즉 신라의 金德 표방은 삼국통일 직후부터였다고 추측되는데, 이와 때를 같이하여 金德에 배당된 小昊 金天氏의 전설이 신라나 가야의 시조전설에 부회되어 신라 김씨왕족이나 구 가야왕족이 金氏라고 稱姓하였으며, 나아가 신라 수도의 이름을 金城, 구 가야의 수도를 金官小京이라 한 것도 金德의 표방과 무관하지 않다고 한다.7)

『三國史記』에 보면 김씨왕계의 시조인 미추이사금 원년 봄 3월에 용이 궁성의 東池에 나타났다는 기사를 위시하여 王者의 선정을 나타내는 嘉禾, 樹連理 등의 瑞祥 기사가 보인다. 물론 고구려본기에도 동명성왕 3년 봄 3월에 황룡이 鶻嶺에, 가을 7월에는 慶雲이 골령 남쪽

6) 小林信明, 『中國上代陰陽五行思想の硏究』, 1951, 136~142쪽.
7) 『三國史記』卷41, 金庾信傳上 ; 崔柄憲, 「高麗時代의 五行的 歷史觀」, 『韓國學報』 13, 1978, 33쪽.

에 나타났다는 기사가 있으며 그 밖에도 왕의 선정의 징표로서 파악되
는 서상 기사가 있다. 백제에서도 온조왕 10년 9월에 왕이 사냥하러 나
갔다가 神鹿을 잡았다든지 동 25년 봄 2월에 왕궁의 井水가 넘친 것을
보고 日官이 말하기를 '大王幷隣國之應也'라 하니 왕이 이를 듣고 기
뻐하며 진한과 마한을 병탄할 마음을 갖게 되었다는 기사가 있다.

한편『三國史記』신라본기에 문무왕 11년 정월 唐兵이 백제부흥군
을 도와 신라를 치려 한다는 정보를 듣고 대아찬 眞功을 파견하여 甕
浦를 수비하는데 白魚가 배에 뛰어 들어왔다는 기사가 있다. 이는 周
나라 武王이 즉위 9년에 殷나라의 紂王을 정벌하기 위해 출정하여 황
하를 건너고자 중하류까지 진군하였을 때 白魚가 왕의 배에 뛰어들어
잡았다는 이야기와 비슷하다. 이는 주왕조가 은왕조를 멸망시키고 중
국을 차지하기 직전의 서상 기사이고, 신라의 白魚 기사는 백제는 물
론 고구려까지 멸망시키고 唐軍을 몰아내는 과정에서 나타난 것으로
서 결국 5년 뒤 당제국의 침략군을 완전히 구축하는 과정에서 신라인
에게는 서상의 징조로서 파악된 것으로 보인다.

후삼국기에 弓裔가 水德萬歲라고 연호를 고친 것도 오행설을 채용
한 예로 볼 수 있으며 고려왕조를 水德王朝로 설정한 연구가 있다. 고
려왕조의 경우는 五行說이나 五德終始說을 보다 구체적으로 수용한
증거를 많이 남기고 있다. 王建家의 시조설화 속에도 龍女나 黃龍, 豚
에 관한 이야기가 등장하며 그의 탄생기사를 전하는『高麗史』世家
太祖條에도 "唐 乾符 4년 丁酉 정월 丙戌에 松嶽의 南第에서 탄생하
였다. 신기한 빛과 보랏빛 기운이 방안에 비치고 뜰에 가득하여 종일
토록 서려 있는 것이 마치 蛟龍과 같았다"고 하여 開國聖王의 神異한
탄생을 설명하고 있다. 교룡은 용의 일종으로서 蛇形에 다리가 넷이며
비늘은 있으나 뿔이 없고 水族의 신이라 할 만큼 모습이 으젓하여 흔
히 영웅의 相貌에 비유되는데, 영웅이 一朝에 得意하면 패업을 성취한
다는 뜻으로 해석되고 있고 漢高祖의 출생담에도 나타난다.[8]

---

8)『漢書』高帝紀1上 ;『三國志』吳志 周瑜傳 ;『譯註 高麗史』卷1, 世家1, 1쪽

이와 같이 고려왕조의 창업은 전통적인 천명설에 매우 접근되어 있음을 볼 수 있다. 고려의 왕업이 天意에 의해 이룩되었다는 조짐은 『高麗史』 오행지의 다음 기사에서도 잘 드러난다.

태조 원년 6월 무진 일길찬 능윤의 집 정원에서 瑞兆인 芝草가 한 뿌리에 아홉 줄기가 생겨 세 줄기가 더욱 빼어난 것을 왕에게 바쳤더니 內倉의 곡식을 상으로 내렸다.
太祖元年六月戊辰 一吉粲能允家園 生瑞芝 一本九莖三秀 獻于王 賜內倉穀

芝草는 『宋書』 符瑞志 下에 따르면 '王者慈仁則生'으로서, 인자한 君德으로 해서 나타나는 서상이다. 포악한 궁예를 내치고 혁명을 이룩한 인자한 군주의 출현을 나타낸 것이라 본 것이다. 이 밖에 고려시대를 통하여 역대 군주들의 선정의 標徵으로서 瑞祥이 가끔 나타나고 있다.[9] 이러한 기록들은 고려왕조의 창업이 전통적인 천명설에 의해 미화되었으며 동시에 五德終始說에 의해 고려를 水德王朝로 보는 五行思想이 전개되고 있었음을 보여준다.

4. 龍飛御天歌에 보이는 瑞祥說 기사

조선 태조가 天福에 의해 즉위하기에 앞서 공양왕 3년에 天災가 잇달아 일어났다. 日食, 彗星, 客星 침범 등 일련의 天變이 그것이다. 이러한 천변에 대하여 이미 앞에서 제시한 바와 같이 왕은 관행에 따라 교지를 내려 여러 신하들의 직언을 구하였다. 成均大司成 金子粹, 成均博士 金貂, 郎舍 許應, 政堂文學 鄭道傳, 密直副使 南誾 등이 상소를 올렸는데, 이 때의 상소 중 정도전이 올린 것을 보면 다음과 같다.

의 註 2 참조.
9) 졸저, 『高麗儒敎政治思想의 硏究』, 1984, 144~147쪽.

이 천변은 군주의 不德에 대한 하늘의 譴告로서 그 책임은 元首를 잘 보좌하지 못한 신하에게 있다. 그래서 옛날에는 災異가 발생하면 三公이 인책 면직하고 大臣이 된 자도 벼슬을 사퇴하여 재앙을 물리치려 했으니 자신의 관직을 파면하여 재이를 그치게 하라고 하고 있다. 특히 여기에서는 漢代 董仲舒의 災異說을 인용하면서 극단적인 발언을 하고 있다.10)

이것은 전통적인 천명설에 따라 공양왕의 부덕을 서슴지 않고 성토한 것이다. 마침내 그 이듬해 裵克廉 등이 공민왕의 정비로 하여금 '今王은 昏暗無德'하다며 이성계를 추대케 함으로써 공양왕은 고려왕조 최후의 왕이 되었다.

이것은 전통적인 천명설에 입각하여 고려왕조가 종언을 고하고 새로이 천명을 授受한 자가 새 왕조를 열게 되었음을 밝힌 것이다. 조선왕조가 개창된 지 반세기 만인 세종 27년(1445)에 완성된 龍飛御天歌는 그 제목으로도 알 수 있듯이 조선왕조가 흔히 史家들이 말하듯 단순한 역성혁명에 의해서가 아니라 하늘의 命에 의해 세워진 왕조임을 그간의 고사를 바탕으로 읊은 정치적 서사시이다.

용비어천가 속에 실려 있는 瑞祥 또는 瑞祥的 요소를 띤 내용은 이미 지적된 바 있다.11) 그러나 필자의 견해로는 여기에 얼마간의 가감이 필요하다고 믿는다. 그것은 거의 일상적인 사건에서 다소 신비스럽게 나타나는 상황 등이 서상 속에 포함되어 있고, 전형적인 오행설에 근거한 기사들 중에 누락된 것도 있기 때문이다. 이들 瑞祥 기사는 크게 첫째 度祖, 둘째 태조, 셋째는 태종에 관한 것 등으로 나누어 볼 수 있다.

첫째, 度祖에 얽힌 瑞祥.

용비어천가 제7장

---

10) 위의 책, 92~93쪽.
11) 홍이섭, 『세종대왕』, 1971, 101~103쪽.

붉은새 글을 물어 침실 앞에 앉으니 聖子 革命에 天祐를 뵈옵나니
배암이 까칠 물어 나무 끝에 얹으니 聖孫 將興에 嘉祥이 먼저시니

『史記』周本紀에 의하면, 周王室의 건설자인 文王 昌은 태어날 때
에 문왕의 조부인 古公에게 聖瑞가 있었다고 한다. 昌이 태어나는 날
赤雀이 丹書를 물고 産室 앞에 앉았다는 것이 그것이다.[12] 이것은 주
왕실이 火德에 의한 왕조임을 나타내는 瑞祥이며, 주왕실을 세운 聖人
문왕의 탄생에 대한 符瑞가 그 조부 古公에게 전해진 것이다. 따라서
문왕 창은 태어나면서부터 앞으로 天命의 授權이 예정되어 있었던 것
이다. 물론 주왕실의 이 천명은 문왕의 아들 武王으로 이어진다. 즉 殷
의 紂王을 격멸하고 천하를 통일하는 전쟁에서 최후의 승리를 앞두고
문왕이 타고 있던 배에 白魚가 뛰어들고 또 赤鳥가 진영에 접근하였
다는 瑞祥이 이를 입증한다. 이것은 신왕조의 탄생과 더불어 나타나는
서상의 고전적인 예를 이룬다.

이와 대비되는 용비어천가의 대목은 다음과 같다. 태조의 할아버지
度祖가 行營에서 집무하던 중 수백보 떨어진 곳에 있던 까치 두 마리
를 쉽사리 활로 쏘아 땅에 떨어지게 하였는데 마침 큰 뱀이 나와서 물
어다 나무 위에 가져다 두고 먹지 않으므로 사람들이 이상히 여기며
모두 칭송하였다. 7장의 이 구절은 장차 聖孫 즉 李成桂가 일어날 것
이라는 아름다운 祥瑞를 묘사한 것이다. 여기에서 주목할 점은 度祖의
탁월한 활솜씨에 대한 칭송에 이어 나오는 대목으로, 뱀이 좋은 먹이
인 까치를 먹지 않고 나무 위에 올려다 놓았다는 행위이다. 필자는 여
기의 뱀을 五行說에 따라 설명하고자 한다. 뱀은 五行說에 따르면 水
項에 속하는 동물이다.『高麗史』오행지1의 水 항목 중에는 다음과 같
은 蛇・龍이 등장한다.

① 인종 9년 7월 여진 땅의 뱀떼가 압록강을 건너 의주 경내로 들어갔
다.

---

12)『史記』周本紀4 生昌條의 4 定義所引 尙書帝命驗云.

　　　仁宗九年七月 女眞地 群蛇涉鴨綠江 入義州境
　② 명종 7년 8월 계사 정주창중에 청룡이 들어 있다가 날아서 하늘로
　올라갔으며 감깐 사이에 창고에 화재가 났다.
　　　明宗七年八月癸巳 靜州倉中 有靑龍飛出騰空 頃之倉災

　여기에서 뱀이 水行에 속함을 알 수 있으며, 이와 관련하여 멸망일
로에 처한 고려왕조가 바로 水德의 왕조임을 상기할 때 이성계의 조부
度祖가 잡은 까치를 큰 뱀이 먹지 않았을 뿐 아니라 나무에까지 물어
다 놓은 일은 水王朝의 無力과 새 왕조 창업의 힘을 豫示하는 瑞祥이
라고 볼 수 있다.[13]

　　　용비어천가 제22장
　赤帝가 일어나려실새 白帝가 한칼에 죽으니
　火德之王을 神婆가 아뢰오니
　黑龍이 한살에 죽고 白龍을 살려내시니
　子孫之慶을 귓것이 사뢰외니

　여기에서 보이는 중국의 赤帝와 白帝 이야기는 용비어천가 제18장
에 있는

　　　驪山 役徒를 잃으사 집으로 돌아오실제
　　　열의 마음을 하늘이 달래신가

라고 한 부분과 관련된다. 즉 漢의 高祖가 泗上亭長으로 있을 때 驪山
의 役事를 위해 壯丁을 인솔하고 가던 중 다 도망을 치고 그 중 10여
인이 함께 가고자 하였다. 이들과 함께 길을 가던 중 날이 저물었는데
큰 뱀을 만났다. 모두가 돌아가자고 하였으나 劉邦은 술김에 壯士가
무엇을 겁내는가 하면서 뱀을 칼로 내리쳤다. 뱀은 두 동강이가 났고
길이 열려 몇 리를 더 가서 취해 누웠는데 뒤에 오던 사람이 뱀을 죽
인 곳에 이르니 한 할미가 통곡을 하고 있었다. 그 까닭을 물으니 "어

---

　13) 졸저, 앞의 책, 106쪽.

떤 놈이 내 아들을 죽여서 운다" 하므로 "무슨 일로 할미의 아들이 죽었느냐" 하니 "내 아들은 白帝子인데 뱀이 되어 길에 나왔다가 赤帝子에게 베임을 당했으므로 운다" 하였다. 그 사람이 할미의 말이 부실하다 하여 매질을 하려 하니 곧 흔적이 없어졌다. 이 말을 고조가 누워 있는 데까지 와서 전하니 고조가 마음속으로 좋아하고 따르는 사람들도 날로 더 고조를 두려워하였다고 한다. 한편 秦始皇이 늘 東南에 天子氣가 있다 하여 동으로 순행하여 막으려 하자 고조가 스스로 의심하고 숨었는데 夫人 呂后가 늘 찾아왔다. 그 까닭을 물으니, 당신이 있는 곳엔 늘 그 위에 구름이 있으므로 구름을 쫓아와 당신을 찾는다고 하므로 고조가 매우 기뻐하였다. 그는 곧 沛縣의 沛公이 되고 이에 黃帝와 蚩尤를 패현에서 제사지내고 釁鼓와 旗幟를 모두 붉게 하였다. 이는 자신이 죽인 뱀은 白帝子이고 자기는 赤帝라고 해서 붉은 빛을 숭상한 것이었다. 이 기사에서 고조 劉邦은 赤帝子, 秦帝國의 황제는 白帝로 비견된 것으로 보인다. 왜냐하면 이미 고조가 진제국의 타도를 의식하고 있었기 때문이다. 그런데 진시황제가 白帝라고 한다면 水德의 왕조인 秦과는 맞지 않는다. 진은 수덕을 표방하였기 때문이다. 그리고 漢帝國의 경우는 수덕을 이은 土德 또는 진제국을 무시하고 바로 周와 연결하여 水德이라는 說도 제기되었다. 土德은 황색이며 水德은 흑색을 표방한다. 그렇다면 위의 기사에서 보이는 白帝와 赤帝 이야기는 오덕설이나 오행설로 설명하기 어렵게 된다. 그리고 유방이 沛公이 된 뒤 土德인 黃帝를 제사지낸 것은 오덕설에 입각한 것으로 보이나 旗幟를 붉게 하고 붉은 빛을 숭상한 것은 이해할 수 없다.

그러나 진제국이 서방에서 일어나 서쪽에 그 수도가 치우쳐 있었던 점으로 보면 白帝에 배당할 수 있으며, 유방의 경우 沛縣은 진의 도읍보다 동남쪽에 위치하므로 南方의 색인 赤을 적용시킬 수도 있을 것이다. 실제로 漢을 火德으로 보는 기록도 보인다. 즉 『漢書』 律曆志에는 世經이라는 것이 실려 있는데 이에 해당하는 부분을 요약하면 다음과 같다.

太昊 ══ 共公 ══ 炎帝 ══ 黃帝 ══ 少昊 ══ 顓頊 ══ 帝嚳 ══
木 ── 閏 ── 火 ── 土 ── 金 ── 水 ── 木 ──

帝摯 ══ 唐帝 ══ 虞帝 ══ 伯禹 ══ 成湯 ══ 周武 ══ 泰白 ══ 漢
閏 ── 火 ── 土 ── 金 ── 水 ── 木 ── 閏 ── 火

　여기에는 五行相生에 의한 五德의 순서가 끝나고 다시 시작하는 순
환과 木·火 사이의 閏統 조직이 들어 있는데, 한 고조는 火德의 符瑞
를 얻어 赤帝로 나타남을 알 수 있다. 火德의 색은 赤色이기 때문이
다.14)
　한편 용비어천가에 나오는 黑龍과 白龍의 이야기는 이렇다. 하루는
度祖의 꿈에 백룡이 나타나 흑룡이 자신이 있는 곳을 빼앗으려 하니
좀 도와달라는 것이었다. 이상한 꿈이라고 여기고 있었는데 다시 꿈에
백룡이 나타나 公은 어찌 내 말을 믿지 않으십니까, 아무날 꼭 와주시
오 하고 간청하였다. 도조가 비로소 이상히 여겨서 일러준 날에 弓矢
를 차고 가 보니 과연 雲霧가 가득 끼고 백룡과 흑룡이 깊은 못 가운
데서 싸우고 있었다. 도조가 흑룡을 한 살에 맞추어 못으로 떨어뜨렸
다. 이후 꿈에 다시 백룡이 와서 사례하면서 公의 큰 경사가 장차 자손
에게 있을 것이라고 하였다.
　흑룡과 백룡의 대결에서 도조가 백룡을 도와 흑룡을 쏘아 죽였다는
이 설화가 갖는 의미는 무엇일까. 먼저 흑룡은 水德인 고려왕조를 상
징한다고 볼 수 있다. 그러므로 고려의 상징인 흑룡을 쏘아 죽인 도조
에게 백룡이 장차 자손에게 경사가 있을 것이라고 한 것은 곧 조선왕
조의 개창을 예시한다고 추측할 수 있다. 그러나 우리의 역대 왕조를
五德終始說에 근거하여 신라를 金德의 왕조로, 고려를 水德의 왕조로
보고 이어지는 조선왕조를 木德의 왕조에 배당함으로써 五行相生說
을 적용하려는 연구가 있다.15) 실제로 조선왕조를 木德에 배당하는 이

---

14) 小林信明, 앞의 책, 131~132쪽.
15) 崔柄憲, 앞의 논문, 38~39쪽.

러한 연구는 근거를 갖고 있다.16) 이에 대해서는 뒤에서 살펴볼 것이다. 조선왕조를 이처럼 木德왕조로 간주한다면, 그 숭상하는 색은 청색이다. 그렇다면 흑룡과 싸운 백룡은 오히려 木의 청룡으로 대치되어야 할 것이다. 실제로 오행상생설의 순서로 보았을 때도 水德 다음의 白色 즉 金德은 상응되지 않는다.

이러한 어긋남을 풀기 위해 우리는 새로운 시도를 하지 않을 수 없다. 바로 漢代의 역사철학이라 할 수 있는 三統說과의 대비이다.『史記』封禪書에서는, 秦을 水德으로 정하고 오행은 서로 승리하며 순환한다는 순서에 따라 秦 이전의 왕조를 五德에 맞추어 배열하고 있다. 가령 黃帝(土德)·殷(金德)·周(火德)로 배열하고 伏羲·神農·堯舜을 제외하고 모두 5왕조가 되게끔 설정하고 있다. 秦을 水德으로 삼은 이유는 水는 방위상 북방으로서 南面하여 천하를 다스리는 덕을 나타내는 것이라 진나라로 하여금 영구한 절대적 자리를 부여한 것이라 보인다. 이것은 왕조의 정치혁명을 정당화하기 위한 일종의 혁명사상으로서 극히 정치적 색채가 짙은 것이다. 이러한 사상은 戰國 말에 나타나서 秦제국을 이어 漢代에 이르러 점점 발전하였다. 즉 한대에 오면 鄒衍(騶衍)의 오덕설과 흡사한 三統說이 나타나게 된다. 그 대표가 董仲舒이다. 동중서에 의하면, 역대의 제왕은 세 계통으로 분류되며 각각의 계통은 각기 세 가지 특유한 제도를 수반하게 된다. 따라서 역사상의 각 왕조는 각기 어떠한 계통에 속하게 되는데, 그 삼통의 순서는 일정하다. 즉 黑統 뒤에는 반드시 白統, 백통 뒤에는 반드시 赤統, 적통 뒤에는 반드시 黑統이 된다. 이리하여 夏王朝는 흑통, 商은 백통, 周는 적통이고, 주 이후에는 다시 黑統으로 순환하게 된다.17) 여기에서 하나의 시사를 얻을 수 있다. 즉 黑統왕조를 이어 필연적으로 白統

---

16) 鄭道傳의『三峯集』에 수록된 "木子乘猪下 復正三韓境", 그리고 "朝鮮卜世八百卜年八千"이라 한 데서 木은 李의 破字로도 보겠으나 木德의 왕조로 볼 수도 있다. 왜냐하면 "卜世八百卜年八千"에서 八百과 八千은 모두 8의 倍加數로서 木德의 數이기 때문이다.

17) 東京大學中國哲學研究所 編,『中國思想史』, 92~94쪽.

왕조가 돌아온다는 동중서의 삼통설에 맞추어 고려의 黑統왕조에서 조선의 白統왕조로 순환한다는 역사적 필연성을 세우기 위하여, 용비어천가 제22장에서 黑龍과 白龍의 대결을 내세우고 이것을 저 한 고조 유방의 고사와 연결시킨 것으로 생각된다. 물론 한제국의 경우는 삼통설이 성숙되기 이전의 오행설에 근거한 것으로 생각된다. 조선왕조 개창을 天命이라는 필연성에 의해 정립하려는 시도는, 앞서 살핀 바와 같이 공양왕 3년의 천재지변을 계기로 제기된 정도전의 상소문에 동중서의 정치사상을 천명함으로써 나타난 바 있다. 그리고 왕조교체의 정당성을 마련한 조선왕조의 건설자들은 이를 다시 동중서의 삼통설에 의지하여 '天福'의 왕조로서의 논리를 확립하려 한 것이 아닐까?

둘째, 태조에 관한 瑞祥 또는 瑞祥的 기사.

첫번째는 용비어천가 제83장에 있는 金尺에 관한 기사이다.

> 君位를 보배라 할새 큰 命을 아뢰오리라 바다 위에 金塔이 솟으니
> 자로 制度가 날새 仁政을 맡기리라 하늘 위에 金尺이 내리시니

이것은 고려 태조 왕건이 즉위하기 10여 년 전인 30세에 바다 가운데 서 있는 9층의 금탑 위에 올라갔다는 꿈[18]에 대비하여, 태조 이성계가 潛邸에 있을 때 꿈에 神人이 나타나 金尺을 내주며 "公은 자질이 文武를 겸하고 백성이 모두 心腹하니 이 자를 가지고 나라를 바로잡을 이 公이 아니면 뉘 있으랴" 하였다는 이야기다. 고려는 불교국가로 자처하였으며 실제로 불교를 國敎로 삼았던 점으로 보아 고려왕조 개창의 상징으로서 金佛塔이 등장하는 것은 있을 법한 일이다. 고려 태조가 즉위한 뒤에도 崔凝에게 말하기를, "옛날 신라에서 9층탑을 세워서 드디어 통일을 이룩하였으니 이제 개경에 7층탑을 세우고 서경에 9층탑을 세워 玄功을 빌려 群醜를 제거하고 三韓을 합하여 一家를 삼

---

18)『高麗史』卷1, 太祖世家1.

고자 하니 경은 나를 위하여 發願疏를 지어 달라"고 하므로 凝이 드디어 製述하여 올렸다는 기록이 있다.19) 개경을 도읍으로 정했으면서도 늘 서경이 地脈의 근본이 된다는 등 오히려 개경보다 서경을 중시하고 불교에 대한 玄功으로 당시 후삼국의 분열과 혼란을 수습하겠다고 한 점은, 佛力의 가호로 삼한을 통일하였다는 十訓要의 제1조를 상기시킨다. 이에 대하여 유교를 국가이념으로 채택한 조선왕조는 하늘로부터 金尺을 받았다고 하였다. 자는 법도를 상징하거니와 이것이 天賜의 金尺이란 점에서 천명설에 假託된 것임을 알 수 있다. 그러나 寡聞한 필자로서는 이것이 어떠한 고사와 관련된 것인지 알 수 없다. 역대의 오행설 기록에서 金尺이나 尺度에 의한 瑞祥 출현의 예를 찾지 못하였기 때문이다.

두번째는 이 노래 제86장의 다음 구절이다.

여섯 노루가 지며 다섯 가마귀 죽고 비낀 남글 날아 넘으시니
石壁에 숨었던 옛글이 아니런들 하늘뜻을 뉘 모르시오리

앞구절은 태조가 어려서부터 신묘한 武術의 소유자로서 영웅의 속성을 가지고 있음을 설명한 것이고, 뒷구절은 이러한 영웅의 출현에 대해 지리산 암석 중에서 얻었다는 異書로써 天命임을 실증하고 있다. 여기에서 말하는 異書란 정도전의 『三峯集』에 수록된 것으로서,

목자가 돼지를 타고 내려와 다시 삼한의 땅을 바로잡았다.
木子乘猪下 復正三韓境

라는 讖句와,

조선은 880代 8000년간 왕조가 계승된다.
朝鮮卜世八百卜年八千

---

19) 『高麗史』卷92, 崔凝傳.

라는 구절과 더불어 새 왕조 개창을 위한 讖說이다. 태조가 즉위하기 직전에 지리산의 암석 가운데서 異人이 얻었다는 秘記를 근거로 '木子 得國'의 참설이 유행하였는데 정도전 등의 혁명세력이 이를 이용한 것이다.[20]

여기에서 '木子'를 '李'자의 破字로 보는 견해와 함께 오행설에 따라 木德의 인물이 왕조를 개창한다고 보는 견해가 있다. 즉 오행상생설에 의하여 水德왕조인 고려를 대신하여 木德왕조가 이성계에 의하여 개창된다고 보는 것이다.[21] 이 두 가지 견해는 매우 설득력을 갖고 있다. 필자는 두 가지를 합친 복합설, 즉 당시 전승되어 온 破字에 의한 참설과 오행설이 뒤섞인 것이라고 보고 싶다. 나아가 '木子乘猪下 復正三韓境'에서 그것이 李씨이건 목덕왕조이건 '木子'가 다시 삼한을 바르게 통치한다는 예언인 것이다. 여기에서 '乘猪下'의 猪는 이성계가 乙亥生으로서 돼지띠를 가리킨다는 견해가 있다.[22] 매우 흥미로운 의견이다. 그러나 필자는 오행설에 따라 猪를 고려왕조로 보고, 木德이 水德에 속하는 猪를 타고 내려와 삼한을 바르게 다스린다고 해석하고자 한다. 과연『高麗史』오행지 水項에는 猪의 奇形, 山猪의 入城, 野豕의 入城 기사 등이 나오며,『漢書』오행지의 豕禍(猪禍)에서는 昭帝 元鳳 원년 豕(猪)가 우리에서 나가 부엌을 파괴한 것을 京房易傳을 인용하여 설명하고 있다.[23]

세번째는 용비어천가 제84장의 다음 기사이다.

> 임금이 착하시건만 太子를 못 얻으실새 누운 남기 일어서니이다
> 나라가 오래건마는 天命이 다해 갈새 이운 남기 새잎 나니이다

앞구절의 임금이 태자를 얻지 못했다는 것은 漢 昭帝 때의 이야기다. 즉『漢書』열전 眭兩夏侯京翼李傳45에는 다음과 같은 眭弘에 관

---

20) 崔柄憲, 앞의 논문, 40쪽.
21) 崔柄憲, 위의 논문, 41쪽.
22) 許雄 註解,『龍飛御天歌』, 282쪽.
23) 졸저, 앞의 책, 108쪽.

한 기사가 나온다.

효소제 원봉 3년 정월 태산현 내무산 남쪽에 흥흥한 수천 명의 소리가 나서 백성들이 가서 보니 큰 돌이 저절로 섰는데 높이는 1丈 5尺, 크기는 48아름이고, 땅에 8尺이 박히고 세 개의 돌이 갈라져 다리를 이루고 있었다. 돌이 선 뒤에 수천 마리의 백조가 와서 그 옆에 모여 있었다. 이 때에 昌邑 지방에서는 枯木으로 쓰러져 있던 社木이 다시 살아났다. 그리고 上林苑中에 부러져 枯木으로 지면에 넘어져 있던 大柳樹도 역시 저절로 다시 살아 일어섰다. 그 잎은 벌레가 먹었는데 문자로 미루어 '公孫病已立'이라고 되어 있었다. 眭弘은 『春秋』의 뜻으로 미루어 생각하길, '돌이나 버들은 모두 陰類로 下民의 상징이며 태산은 岱宗의 山으로 王者의 姓이 바뀌어 즉위한 것을 天에 告하는 곳이다. 이제 大石이 저절로 일어서고, 쓰러져 있던 버들이 다시 살아나 일어난 것은 사람의 힘이 미치는 바가 아니며 이것은 앞으로 필부가 일어나 천자가 되는 자가 있음에 틀림없으리라. 枯死한 社木이 다시 살아나게 된 것은 오랫동안 廢絶되어 있던 가문인 公孫氏가 곧 부흥하려고 함에 틀림이 없을 것이다'라고 생각하였다. 그러나 眭弘으로서도 공손씨의 소재를 알지 못하였으며 곧 설명하기를 先師 동중서의 말에 비록 천자의 자리를 이어 법도를 지키더라도 聖人의 受命을 해할 수 없다고 하였다. 漢의 황실은 堯의 후예로서 국가를 계승한 명운을 가지고 있다. 한의 황실은 천하에 물어 賢人을 구하여 여기에 제위를 넘기고 물러나서 스스로 方 100리의 땅에 封侯가 되고 殷·周 二王의 자손과 같이 천명에 承順하여야 할 것이라고 하였다. 眭弘은 그의 벗인 內官長 賜에게 부탁하여 이 글을 상주하였다. 이 때 昭帝가 어려 대장군 霍光이 정무를 잡고 있었는데 眭弘을 미워하여 廷尉에게 내려보냈다. 廷尉는 內官長 賜과 眭弘이 함부로 妖言을 만들어 대중을 현혹시켜 大逆不道하다고 주상하였다. 모두 다 死刑에 처하였다. 5년 뒤 孝宣帝가 민간으로부터 일어나 황제가 되고 眭弘의 아들을 불러 郞의 벼슬을 주었다.

이에 관한 보다 상세한 내용은 『漢書』오행지 7中之上의 '大石自立' 기사와 7中之下의 '枯木復生' 기사에 실려 있다. 이 기사에 따르면 京

房易傳을 인용하여 '枯木復生人君亡子'라 하였고 실제로 昭帝가 죽은 후 태자가 없어 昌邑王 賀를 불러 제위에 앉혔다. 그러나 賀는 狂亂失道하여 대장군 霍光에 의해 폐위되고 昭帝의 형 衛太子의 孫이 제위에 오르니 그가 宣帝이다. 선제의 본명은 앞서 본 벌레 먹은 잎새에 새겨져 있던 '公孫病已'의 '病已'였다. 그리고 大石自立에 관해서는 庶士가 천하의 왕이 되는 징조로 보고, 이것이 산에서 일어나면 同姓이 王이 되고 평지에서 일어서면 異姓이 왕좌를 차지한다고 보았다.

위의 기사들을 좀더 오행설의 측면에서 추구한다면, 大石自立에 대해서는 『漢書』 오행지 7中之上에 白祥에 해당하는 것으로 기술되어 있다.[24]

한편 앞의 84장의 후반부의, '이운 남기 새잎 나니이다'는 五行說의 枯樹의 復生으로서 동 오행전에서 다음과 같이 草妖에 속하는 것으로 되어 있다.

　　傳에 이르되, 보는 것이 밝지 못한 것을 알지 못함이라 한다. 그 허물은 느슨함이며, 그 벌은 오랜 더위이고 그 극단은 병이다. 때로는 草妖가 있고 때로는 껍질, 비늘, 털이 없는 동물의 이변이 일어나고 때로는 羊의 화가 있고, 때로는 눈병이 발생하며 때로는 赤眚과 赤祥이 생긴다. 이것은 水가 火에 손상을 끼친 것이다.
　　傳曰 視之不明 是謂不悊 厥咎舒 厥罰恒奧 厥極疾 時則有草妖 時則

---

24) 傳에 이르되, 말이 순하지 못한 것을 다스리지 못함이라 한다. 그 허물은 참람함이며 그 벌은 恒陽이다. 그 극단은 근심이다. 어떤 때는 詩妖가 일어나고 어떤 때는 껍질이 있는 동물의 이변이 일어나고, 어떤 때는 개의 재화가 일어나고, 어떤 때는 口舌의 병이 일어나며, 어떤 때는 白眚과 白祥이 일어난다. 이것은 木이 金에 손상을 끼친 것이다.
　　傳曰 言之不從 是謂不艾 厥咎僭 厥罰恒陽 厥極憂 時則有詩妖 時則有介蟲之孽 時則有犬禍 時則有口舌之痾 時則有白眚白祥 惟木沴金
라 하여, 帝王의 言 즉 말이 不順할 때에 恒暘(가뭄)을 비롯하여 白眚白祥 등의 災異가 나타나는데 石自立이나 石自移의 災異는 白祥에 속한다고 하였다.

有嬴蟲之孽 時則有羊禍 時則有目痾 時則有赤眚赤祥 有水沴火

이로써 보건대 용비어천가 제84장의 앞 구절은 전한 소제 때 일어난 草妖로서, 枯木復生이라는 災異는 昭帝에게 후사가 없어 민간에서 제왕이 迎立된다는 실제를 나타낸 것으로서 파악되고 있었음을 알 수 있다. 이러한 사실을 원용하여 뒷구절에서 "나라가 오래건마는 天命이 다해 갈새 이운 남기 새잎 나니이다"라고 하여 고려왕조를 대신하여 조선왕조가 새로이 개창됨을 노래한 것이다. 이는 德源에 큰 나무 한 그루가 있었는데, 말라죽은 지 여러 해가 된 이 나무에서 조선개국 1년 전에 다시 잎이 돋아나니 그 때 사람들이 개국의 전조라고 하였다는 이야기를 읊은 것이다.

네번째는 용비어천가 제50장의 다음 구절이다.

내 임금 그리사 後宮에 드실제 하늘별이 눈[雪] 같더이다.
내 백성 어여삐 여기사 長湍을 건느실제 흰 무지개 해에 꿰니이다.

앞구절은 唐 中宗을 韋后가 독살하고 정권을 잡아 전횡하게 되자 뒤에 황제가 된 玄宗이 韋氏 세력을 꺾고 그 일족을 소탕하려고 할 때에 하늘에서 天星이 눈처럼 떨어졌다는 이야기를 말한다. 당시 현종은 위씨 일당을 치면서 "하늘의 뜻이 이러하니 지체 말고 나아가라"고 하며 위후를 목베고 정권을 잡았다. 뒷구절은 고려 우왕 때 왜구 500척이 鎭浦에 머무르며 삼남을 노략질하자 조정에서 태조 이성계를 楊廣·全羅·慶尙 三道 都巡察使로 삼아 파견했을 때의 이야기이다. 즉 군사가 長湍에 도착하자 '白虹貫日' 현상이 나타났는데 占者가 싸움에 이길 징조라고 하였다는 것이다. 그런데 앞구절에서 지적한 天星의 낙하 현상에 대해『新唐書』권21 志22 天文2 星變條에서는,

개원 2년 5월 을묘 그믐에 별이 서북쪽으로 흘러갔다. … 하늘에 별이 모두 움직이더니 새벽에 가서야 그쳤다. 점에 이르되, "별은 백성의 무리이다. 흘러가는 것은 그 위치를 잃는 것이다"라고 하였다.

> 開元二年五月乙卯晦 有星西北流 … 天星盡搖 至曙乃止 占曰 星 民
> 衆 流者失其所也

라고 하여 天星이 民衆이라 한다면 玄宗의 擧事에 王과 民이 동참한
것이라 하겠다. '白虹貫日'에 대해서는『新唐書』권36 志26 五行3의
'虹蜺' 기사에서,

> 당릉 원년 6월 무자 虹蜺이 하늘에 뻗쳤다. 蜺[암무지개]은 북두성의
> 精이다. 점에 이르되, "후비가 몰래 왕을 위협하는 것이다" 또 이르되
> "오색이 갈마들어 궁전에 비치면 병란이 있다"고 하였다.
> 　　唐隆元年六月戊子 虹蜺互天 蜺者 斗之精 占曰 后妃陰脅王者 又曰
> 　　五色迭至 照于宮殿 有兵

라고 하였고,『高麗史』오행지2에서는,

> (인종 8년) 10월 무자 밤 2경에 白虹이 북서와 남서쪽에서 서로 부딪
> 쳐 땅에 이르러 발견되었는데 밤 3경에 없어졌다. 태사가 아뢰기를,
> "白虹이 나타나면 그 아래에서는 피를 흘리는 일이 일어난다고 합니
> 다. 백홍은 백가지 재앙의 근본이며 모든 변란의 바탕이 되므로 진실
> 로 반성하고 몸을 닦아서 天意에 보답해야 할 것입니다"라고 하였다.
> 그러므로 重華殿에 재앙을 가시게 하기 위한 道場을 설치하고 17일간
> 기도하였다.
> 　　(仁宗八年) 十月戊子 二更白虹相衝 乾坤方至地發見 三更乃滅 太史
> 　　奏曰 白虹出其下有血 白虹是百殃之本 衆亂所基 固當修省 以荅天意
> 　　故重華殿 置度厄道場一七日

라고 하였다. 이들 두 사서는 용비어천가의 '白虹貫日'과 똑같은 현상
을 대상으로 한 것은 아니나 白虹을 百殃의 本이라든가 하는 식으로
풀이함으로써 전승의 표징으로 해석하고 있지 않다. 그리고『高麗史』
권47 천문지1 우왕 원년의 기사에는,

> 11월 갑술에 해에 귀가 달리고(해무리) 해를 등지고 白虹이 해를 꿰
> 뚫으니 서운관에서 아뢰기를, "근자에 해에 귀가 달리고 해를 등지고

백홍이 해를 꿰뚫은 것은, 문헌을 상고해 보면 마땅히 女樂을 해산하고 賢良을 받아들여야 할 것입니다"라고 하였다.

十一月甲戌 日珥 日背 白虹貫日 書雲觀奏曰 近者 日珥日背 白虹貫日 以本文考之 宜釋女樂 入賢良

라고 하여 오히려 咎徵으로 해석하여 天譴으로 받아들이고 있는 듯하다. 그렇게 본다면 백홍관일 현상을 승전의 瑞兆로 해석하는 것은 전통적인 오행설적 해석과는 다르다고 할 수 있다. 따라서 이성계의 일거일동과 연관된 여러 가지 천변들을 이처럼 瑞兆로서 받아들이는 것은 일견 오행사상의 미숙성을 드러내고 있다고 할 것이다. 여기에는 가능한 한 천재지변을 새 왕조 개창의 祥瑞로 해석함으로써 천명의 소재를 더욱 확고히 하려는 정치적 의도가 숨어 있었으리라 생각된다.

이 밖에 태조 이성계에 속하는 상서적 기사로는 용비어천가 제9장에 威化島에서 회군할 때 동북지방의 인민과 여진족들까지 이성계를 따랐다는 사실과 함께 기록된 다음 동요가 있다.

　　西京의 城 밖에는 불빛이요
　　安州城 밖에는 연기로다
　　李元帥 그 사이에 다니시니
　　우리 백성을 구해 주소

이는 오행설에서 보면 앞서 인용한 '傳曰 言之不從 … 時則有詩妖'의 '詩妖'에 속하는 것으로서 오늘날의 유언비어에 해당한다.

셋째, 太宗에 얽힌 祥瑞.

　　용비어천가 제100장
　　물 위의 龍이 江亭을 向하오니 천하 정할 징조시로다
　　집 위의 흰 龍이 御床을 向하오니 寶位 타실 祥瑞시로다

앞구절은 宋 太祖 趙匡胤이 周나라 世宗을 따라 淮南지방으로 나

·아가 江亭에서 싸울 때 용이 水中에서 조광윤을 향하여 뛰쳐나오니
모두 놀랍게 여기며 장차 임금이 될 징조라고 하였다는 이야기다. 뒷
구절은 태종이 송도 楸洞에 있을 때의 일로 을묘년(定宗 원년, 1399) 9
월 어느 날 새벽 白龍이 침실 위에 나타나 태종이 있는 곳으로 향하였
는데, 이윽고 雲霧가 자욱이 끼고 용은 어디로 갔는지 알 수 없었다는
이야기다. 용의 출현이 王者의 탄생을 예시하는 상서임은 새삼 설명할
필요가 없다. 여기서 문제는 태종의 등극을 위한 조짐으로서 白龍이
나타난 점이다. 앞서 度祖에 관한 기사에서는 백룡을 도와 흑룡을 죽
인 이야기를 검토해 보았는데, 태종의 왕위계승에서도 역시 동중서의
三統說, 즉 黑統·白統·赤統의 순서에 따라 고려의 黑統을 이은 白
統왕조로서의 瑞祥으로 보고자 한다.

　다음으로 용비어천가 제101장에 나오는 다음 구절의 의미를 살펴보
기로 하자.

　　天下에 功이 크시되 太子位 다르시거늘 太白이 낮에 돋우니
　　定社에 功이 크시되 世子位 비시거늘 赤祲이 밤에 비추니

　앞구절은 唐 고조를 이을 후계자 경쟁에서 태자 建成과 둘째 아들
元吉을 물리치고 승리한 셋째 아들 당 태종이 태자로 책봉되고 즉위하
게 되는 과정에서 일어난 천변의 한 장면을 읊은 것이다. 즉 형인 태자
건성과 원길로부터 가해지는 위험이 급박해져 이를 역습할 대비를 갖
추고 있을 때 太白星이 하늘에 뻗치는 현상이 나타났다. 太史令 傅奕
이 은밀히 상주하길, "太白은 秦나라 分野에 보이니 秦王(뒤의 태종)
이 장차 천하를 갖게 될 것입니다" 하니 고조가 그 奏文을 태종에게
통보하였다. 결국 이 때에 형인 건성·원길을 모두 쏘아 죽이고 황태
자에 오르게 되었다. 당제국의 창업에 뛰어난 역할을 담당한 태종이
손위의 두 형제를 밀어내고 결국 제위를 쟁취하는 과정에서 태백성이
나타나 그 전조를 드러냈던 것이다.

　조선의 태종도 이른바 두 차례에 걸친 왕자의 난을 치르고 실권을

장악한 후 정권을 차지하였으며, 또한 당 태종이 당제국의 창업에 기여한 것과 마찬가지로 조선왕조의 개창에 큰 역할을 하였음은 두루 아는 바이다. 이에 용비어천가는 당 태종이 승리를 앞둔 순간에 태백성이 나타난 사실과 대비하여 조선 태종에게는 赤祲이 밤에 비추는 천변을 나타냈다고 읊고 있다. 芳幹의 난을 선동한 朴苞는 赤祲이 보이자 방간의 집에 찾아가 "하늘에 妖氣가 있으니 조심하기 바랍니다"라고 하여 적침이라는 천변이 일어난 사실에 주목하고 있다.

예컨대 조선과 당나라의 개국 초에 벌어진 형제 사이의 권력투쟁 과정에서 나타난 赤祲과 太白星이라는 두 가지 천변은 정변의 전조로서 읊어지고 있는 것이다. 태백(金星)은 五星의 하나로 辰星(水星), 熒惑(火星), 歲星(木星), 鎭(塡)星(土星)과 더불어 각각 오행의 水, 金, 火, 木, 土에 배당된다.『漢書』천문지에 보면 태백성의 출현은 天下革, 更王, 諸侯와 王의 근심, 亡國, 兵象, 장군과 재상의 죽음, 人民流亡, 女主의 득세 등을 나타내는 조짐으로 설명되어 있다.『新唐書』권33 志23 天文3에서는 '太白晝見 占曰 兵起 臣彊', '太白經天者 陰乘陽也'라고 해서 태백성의 출현을 병란이나 모역 등의 전조로 보고 있다.

앞의 방간의 난 직전에 나타난 赤祲 현상과 관련하여『高麗史』오행지에서는,

> 명종 3년 12월 경진에 적침이 동쪽에 나타났다. 일관이 아뢰기를, "赤氣가 옮길 때 그 밑에 叛民이 있다"라고 하였다. … 7년 12월 임신에 적기가 남쪽에 나타나자 태사가 아뢰기를, "그 밑에 복병이 있을 것이다"라고 하였다.
> 明宗三年十二月 庚辰 赤祲見于東方 日官奏 赤氣移時 下有叛民 …
> 七年十二月 壬申 赤氣見南方 太史奏 下有伏兵

라 하였고『新唐書』권34 志24 五行1의 赤眚赤祥에서는,

> 경룡 2년 7월 계사에 적기가 하늘에 걸치고 빛이 땅을 밝히더니 사흘 만에야 그쳤다. 적기는 피를 상징하는 것이다.

景龍二年七月癸巳 赤氣際天 光燭地 三日乃止 赤氣 血祥也

라는 기록이 보인다. 적침이란 赤氣라고도 하여 붉은 빛이 서리는 현
상인데 오행설에서는 '火不炎上'에 속하는 이변이다. 위의 인용에서 볼
수 있듯이 적침은 병란, 특히 반란·반역 등을 예시하는 재이로서 파
악되고 있다. 한편 용비어천가 제9장의 赤祲에 관한 주에 '天人精氣相
動也'라고 한 것도 참고가 될 것이다. 주에 따르면 적침 현상은 방간
편에서 발견한 것으로 되어 있는데, 그렇다면 방간 편에서 보았을 때
는 불리한 반란·반역의 예시인 반면 방원 편에게는 유리한 천변이 될
수도 있는 것이다.

5. 結言

용비어천가에서 읊은 天命思想의 배경을 파악하기 위하여 중국의
선진시대까지 거슬러 올라가 그 연원에서부터 살펴보았다. 중국에서도
천명사상의 기원은 매우 오래 된 듯하나 이것이 이론화된 것은 戰國時
代 말기의 鄒衍에 의해서다. 그는 당시 君主들이 음란 사치하여 德을
숭상할 수 없음을 보고 음양의 변화를 관찰하여 이른바 五德終始說을
제창하였다. 중국의 역대 왕조는 이 설을 수용하여 반드시 어떠한 德
을 왕조의 천명으로 받아들이게 되었다. 周왕조는 丹書와 赤鳥로 상징
되는 火德의 왕조요, 秦왕조는 흑룡의 출현으로 상징되는 水德의 왕조
로 보았다. 漢제국의 경우는 成紀에 황룡이 나타난 것으로써 土德으로
보기도 하고 황하의 金堤가 터진 것으로써 水德으로 보기도 하며, 白
帝子(白龍)를 죽인 赤帝子(赤龍)의 설화로부터 赤帝, 즉 火德이라고
보는 설까지 자못 복잡한 천명설이 뒤얽혀 있다.
우리 나라에는 신라의 경우 小昊 金天氏의 후예로서 金德의 왕조로
보고 金氏 왕족, 金城, 그리고 가야에서도 金德說이 적용된 듯하다. 그

리하여 김씨왕의 시조왕인 미추왕 원년에는 용이 나타나는 瑞祥이 보이고 있다. 고구려에서도 동명왕 3년에 나타난 黃龍과 慶雲을 서상으로 설명하고 있다. 백제에서도 온조왕 10년에 神鹿이 잡히고 25년에 왕궁의 우물이 넘치자 이를 '大王勃興之兆'의 조짐으로 보고 있다. 통일신라에서는 문무왕 11년 唐軍이 백제부흥군을 도와 신라를 공격하려 한다는 말을 듣고 이에 대비하여 甕浦를 수비하던 중 배에 白魚가 뛰어들었다는 祥瑞를 기술하고 있다.

태봉국의 궁예는 연호를 '水德萬歲'로 고쳐 水德에 의한 천명설을 내세웠다. 고려왕조의 경우 시조설화에 등장하는 龍女·黃龍·豚에 관한 이야기나 왕건이 태어날 때 蛟龍의 서린 모습이 나타났다고 하는 이야기는 모두 水德왕조의 상징으로 보인다. 이어 태조 원년에 能允의 집 정원에 피어난 瑞芝도 왕조 탄생의 서상으로 기록되고 있다.

용비어천가에 나타난 조선왕조의 천명설은 먼저 度祖에 관한 것으로서 그가 쏘아 죽인 까치를 뱀이 나무 위에 올려놓았다는 이야기는 수덕에 속하는 뱀, 즉 고려왕조의 무력함을 나타낸 듯하다. 또 백룡을 도와 흑룡을 죽인 이야기는 아마도 삼통설에 따른 것으로서, 즉 黑統·白統·赤統의 순서에 따라 흑통을 이어 백통 왕조가 출현한다는 것과 관련된 듯하다. 태조에 관한 祥瑞로는 金尺, 白虹貫日, 木子乘猪下, 朝鮮卜世八百 卜年八千, 枯木再起 등을 들 수 있다. 이 중 木德왕조로서 水德왕조를 이긴다는 내용은 水德인 猪(고려왕조)를 타고 내려와 800世, 8000年을 지속한다는 이야기에서 엿보인다. 800世, 8000年은 목덕인 8數의 배가수이기 때문이다. 그리고 枯木復盛이 개국의 전조라는 해석은 漢 眭弘이 상세히 설파한 바 있다. 마지막으로 태종의 경우에는 다시 백룡이 출현하고 있는데, 이는 아무래도 도조 때의 백룡과 같이 삼통설에 의한 白統왕조의 의미로 풀어야 할 것이다. 그리고 赤祲 현상은 태종이 그의 최후의 경쟁자를 무너뜨리는 조짐으로 설명되고 있다.

결국 용비어천가에서 조선 창건의 필연성을 부여하기 위해 채용한 천명설은 전통적인 五德說이나 三統說 등에 근거를 두고 있는 것으로 보이며, 더러는 天變地異를 자의적으로 원용하여 天命의 징표인 瑞祥으로 돌려 해석함으로써 의도하는 바를 애써 증험하려 한 것으로 보인다.

Natural Disasters and the Politics of the Rule of the Rights in the Ancient Korea

by

Yi Hi-dok

This study analyzed and examined the entries of natural calamities and terrestrial upheavals recorded in *Samguk-sagi* in relation to the Chinese theory of the unity of the Heaven and man.

Chapter 1. In the ancient Korean view of nature and Confucian political thought the Three Kingdoms and the Unified *Shilla* surveyed their view on nature in terms of natural calamities and terrestrial upheavals. In the first place, we came to know that the important natural calamities such as the eclipse of the sun, the phases of the moon, the five stars, comets, meteors and white rainbows recorded in *Samguk-sagi* have something in common with the entries of natural calamities in the ancient Chinese histories. The same is true in the ease of terrestrial upheavals such as droughts, earthquakes, storms uprooting trees and twice flowerings of peaches and prunes in a year. Besides, we know that the ancient Korean's view on nature regarding natural calamities is also based on the traditional Chinese view. Accordingly, they interpreted natural and terrestrial calamities in terms of good omens and heavenly punishments. We also came to know that this phenomenon is in accord with the Chinese theory of the unity of Heaven and man. In this context we found the possibility of interpreting the entries of natural calamities and terrestrial upheavals of the Three Kingdoms and the Unified *Shilla* recorded in *Samguk-sagi* in relation to the Chinese Confucian political ethics based on the theory of the unity of Heaven And man.

In Chapter 2, we divided the Three Kingdoms' view on nature into natural calamities and terrestrial upheaval, and analyzed and examined the records of terrestrial upheavals in *Koguryŏ'*, *Paekche* and *Shilla* in this order.

In the examination of *Koguryŏ'*s terrestrial upheavals, these were compared with the contemporary records of "The Book of Five Elements" in the History of Late *Han.* In the case of many terrestrial upheavals of *Koguryŏ* there are some elements showing the view of nature peculiar to *Koguryŏ*, but the majority is the same or similar to those of China. This was due to the fact that *Koguryŏ* imported from China not only Confucianism, Buddhism and Taoism but also laws and institution in organizing and running their ancient state. However, *Koguryŏ'*s entries of terrestrial upheavals were simple records of the fact instead of interpreting them in light of the Five Elements of Chinese Cosmogony. We could not infer their meanings and therefore, we have to conjecture their meanings in comparison with those of China.

*Paekche'*s entries of terrestrial upheavals were also compared with the "Book of Five Elements" of the History of Late *Han.* However, compared with the entries of terrestrial upheavals of *Shilla* and, *Koguryŏ*, those of *Paekche* were meagre in quantity and quality. It was therefore not easy to grasp their view on nature from their records of terrestrial upheavals. Be that as it may, the appellations and contents of the events led us to conjecture that theirs originated from the traditional Chinese view. It is because the Three Kingdoms accommodated and quoted more or less the Chinese view on nature. We could understand that in their view on nature the Three Kingdoms accommodated the Chinese thought of the Five Elements based on the theory of the unity of heaven and man in order to realize the benevolent administration of the ruler.

Shilla's entries of terrestrial upheavals were also analysed and examined in light of the Chinese "Book of Five Elements" in the History of Late *Han*. Some of Shilla's entries were in accord with those of Chinese true to the names and others were different in nature from the Chinese. There were many more entries of droughts than other events and many more anti-drought rituals in the entries of *Shilla* than the other two kingdoms. In time of drought, they distributed grains and took other practical measures for relief work on the one hand and practised various rituals to counter drought on the other hand. For instance, the king refrained from luxurious food and drink, released prisoners or reduced their sentence as a sign of his benevolence. They thought that drought was caused by the heavenly instruction due to lack of virtue on the part of the king, and the king, taking its responsibility, reflected on his conduct and ruled with benevolence in response to the heavenly instruction.

This was an act of ritual on the part of the king as a ruler to fulfil his responsibility for a benevolent administration. By so doing the king obeyed the mandate of the heaven which took the virtuous rule as an obligation. The ruler's benevolent administration was a political thought handed down in China from the period before the Han dynasty. In general, *Shilla* accommodated to a great extent the

Chinese view on nature of the Late *Han* period and thus the Chinese theory of the unity of heaven and man became a keynote of political thought of *Shilla*.

Chapter 3 surveys the view of nature of the Three Kingdoms by analyzing and examining the entries of their natural (or heavenly) calamities. The eclipse of the sun occupied the preeminent position among natural calamities. A relatively larger of number of the solar eclipse was recorded and there were claims that they were transcribed from official Chinese histories. Of course, there were not without some bases which support such claims. One of which is that the Three Kingdoms were not able to make an accurate astronomical measurement of the eclipse of the sun. But the records of solar eclipse in the Three Kingdoms include some independent measurements. Even if we compare these with Oppolzer's Table of the Eclipse of the Sun, we cannot obtain a clear-cut, conclusion.

Be that as it may, the Three Kingdoms seem to have an obvious cognition about the extraordinary omens the eclipse of the sun had in store. Notwithstanding some uncertainties in the entries of solar eclipses in *Samguk-sagi*, the Three Kingdoms recognized them along the Chinese view. Accordingly, the eclipse as a heavenly punishment was sometimes taken as an omen presaging the death of a king and at other times as a similar heavenly punishment. There are some coincidences in the Korean and Chinese entries of natural disasters which leave room to doubt Korean transcriptions of Chinese historical materials. However, there are such entries as the sun without tight, the halo of the sun, white rainbow and long stars which did not appear in the Chinese records. In light of the fact that many entries of terrestrial upheavals recorded in

Samguk-sagi were originally of the Three Kingdoms, the significance of natural disasters and terrestrial upheavals in the Three Kingdoms period must be understood as an institution based on the thought of the unity of heaven and man. There remain so few materials adequately to grasp the meaning of natural and terrestrial disasters that it is not easy to determine whether the Three Kingdoms accommodated the theory of the unity of heaven and man or not. Notwithstanding the dearth of materials, a series of astronomical observations during the reigns of *Koguryŏ*'s Kings *Ch'adae* and *Pongsang*, and especially *Kim Yushin*'s view on natural calamities advocated on the occasion of a revolt during the last days of Queen *Sŏndŏk*'s reign enable us to understand the existence of the theory of the unity of heaven and man in the Three Kingdoms period. Therefore, many and diverse entries of natural disasters in *Samguk-sagi* were not simple records, but products of observation and recording on the basis of their view on astronomy which they took in high esteem.

Chapter 4 analyses and examines good omens during the Three Kingdoms period. According to the theory of the unity of heaven and man, if a ruler persisted in his degenerate administration, the heaven admonishes and punishes him through natural disasters and terrestrial upheavals ; on the contrary, if he ruled with benevolence the heaven shows him good omens. We know that the Three Kingdoms accommodated the Chinese theory of good omens because *Samguk-sagi* listed many auspicious symbols such as dragons, tortoises, heavenly horse, white deer, one-homed deer, etcetera : Chinese symbols of good omen. It is said that good omens appeared when the ruler's virtue reach the eight directions of heaven, earth, plants, trees, fowls, beasts, mountains and hills. Good omen differed according to the kind of virtues. They believed that good omens were a result of abundant virtues of a ruler, and when such good omens appeared, the people presented them to the ruler and received recompensations for them. When they appeared they assured the ruler's benevolent administration. The Korean rulers of the Three Kingdoms period accommodated the Chinese symbols of good omen to show off their benevolent administration. By so doing, rulers of the Three Kingdoms tried to justify and strengthen their rulership by this theory of the unity of heaven and man.

Chapter 5 further explores the way in which the natural disasters and terrestrial upheavals developed in the Unified *Shilla* period following the Three Kingdoms period. Firstly, the terrestrial upheavals of this period were analysed and examined in light of the contemporary "Book of the Five Elements" in the History of *T'ang*. According to the order of wood, fire, earth, water, and metal of the Chinese "Book of the Five Elements," *Shilla*'s terregterial upheavals were examined, for example, the signs of heavenly punishment such as resurrection of a dead wood, water turned into blood, twice flowerings of peach and prune in a year drought and etcetera, and signs of good omens such as red bird, white pheasants, gromwell and etcetera. These were Chinese symbols which traditionally represent the heavenly instructions. *Shilla* differed in its interpretation and application of the heavenly punishment from that of the Chinese "Book of the Five Elements" in the History of *T'ang*, but the *Shilla* and Chinese systems were basically formed in the same category and ideological foundation.

Chapter 6 analyzes and examines *Shilla*'s natural disasters in light of the "Book of the Five Elements" in the History of *T'ang* and their implications. *Shilla*'s entries of the eclipses of the sun were said to have been transcribed from those of China. However, this author is of the opinion that the entries of solar eclipses after the unification of the two kingdoms were the result of their independent observation and measurement. Some entries such as the five stars and comets coincide with those of China, but the sun without light, the halo of the sun, the long star and others were independently observed and measured by *Shilla*. Anyhow, the entries of wideranging astronomical phenomena including the eclipses of the sun in the *Shilla* records were made on the ideological background based on astrological aspects as well as on the Chinese theory of the unity Heaven and man.

The last Chapter 7 examines the relation between natural and terrestrial disasters and politics in the Three Kingdoms and the Unified *Shilla* period. Natural disasters and terrestrial upheavals were understood as a heavenly punishment for the ruler's degenerate administration and conversely the theory of good omens as ideal symbols of benevolent administration. This means that the Korean politics in the ancient times upheld righteous government as an ideal based on the mandate of heaven.

찾아보기

李 熙 德

연세대학교 사학과 및 동 대학원 수료, 문학박사
서울농업대학(현 서울시립대), 세종대, 단국대 교수를 거쳐
연세대 문리대 교수, 동 문리대 학장 역임, 동 대학 교수 정년
韓國史研究會 대표간사, 국사편찬위원 역임
韓國思想史學會 회장(현)

저서 : 『高麗儒教政治思想의 研究』(1984),
　　　『韓國古代自然觀과 王道政治』(1994),
　　　『高麗時代 天文思想과 五行說 研究』(1999)

韓國古代 自然觀과 王道政治

李 熙 德 著

초판 1쇄 인쇄 · 1999년 10월 15일
초판 1쇄 발행 · 1999년 10월 22일

발행처 · 도서출판 혜안
발행인 · 오일주
등록번호 · 제22 - 471호
등록일자 · 1993년 7월 30일
121 - 210 서울 마포구 서교동 326 - 26
전화 · 02) 3141 - 3711, 3712
팩시밀리 · 02) 3141 - 3710

값 20,000원

ISBN 89 - 85905 - 88 - 0 93910